108
Lf 12

DE

L'AUTORITÉ JUDICIAIRE

EN FRANCE,

PAR

M. HENRION DE PANSEY,

CONSEILLER D'ÉTAT,
PRÉSIDENT À LA COUR DE CASSATION,
CHEF DU CONSEIL DE S. A. S. MONSEIGNEUR LE DUC D'ORLÉANS,
OFFICIER DE LA LÉGION D'HONNEUR.

> Les Royaumes, sans bon ordre de justice,
> ne peuvent avoir durée ne fermeté aucune.
> *Préambule de l'Ordonnance de 1453.*

A PARIS,

CHEZ THÉOPHILE BARROIS PÈRE, LIBRAIRE,
RUE HAUTEFEUILLE, N° 28.

M. DCCC. XVIII.

DE L'IMPRIMERIE DE P. DIDOT, L'AINÉ,

CHEVALIER DE L'ORDRE ROYAL DE SAINT-MICHEL,

IMPRIMEUR DU ROI.

TABLE DES CHAPITRES.

FIN DE LA TABLE DES CHAPITRES.

DE L'AUTORITÉ JUDICIAIRE.

INTRODUCTION.

De l'Administration de la Justice en France, et du Conseil d'État, depuis l'établissement de la Monarchie jusque vers la fin du quinzième siècle.

Je vais parler de l'autorité judiciaire, de sa nature, de ses attributions, de son influence, des éléments qui la composent, des divisions dont elle est susceptible, de ses rapports avec la puissance législative, le pouvoir administratif, et le commandement militaire; de l'obligation où est le prince de la déléguer; enfin de la hiérarchie des tribunaux, des devoirs que la loi leur impose, et des prérogatives qui appartiennent à chacun d'eux.

Dans les discussions auxquelles m'entraînera l'examen de ces différents objets, mes regards se porteront souvent sur nos anciennes ordonnances, sur les écrits de ces magistrats, de ces jurisconsultes qui ont répandu tant de lumière sur les seizième et dix-septième siècles, et auxquels la France doit la plus belle organisation judiciaire qui ait jamais existé. Je rappellerai fréquemment leurs pensées et leurs institutions; je les reproduirai successivement, et à mesure que j'aurai besoin d'autorités et d'exemples. En exposant ce qu'ils ont dit et ce qu'ils ont fait, j'aurai encore un autre avantage, celui de présenter une histoire assez complète des tribunaux français depuis le quinzième siècle.

Celle des temps antérieurs n'offre pas le même intérêt; cependant il faut la connoître : car, pour juger sainement un tableau, il faut en avoir toutes les parties sous les yeux. D'ailleurs, nous sentirons mieux ce que nous devons aux grands hommes dont je viens de parler, en voyant le point d'où ils sont partis. Enfin on sera moins travaillé du desir d'innover, et l'on s'attachera davantage à l'ordre établi, lorsque l'on saura combien il a coûté de temps, de méditations et d'efforts.

Une nation telle que celle des Francs, une nation de soldats étoit trop étrangère aux principes de l'organisation sociale, pour sentir la nécessité de séparer les pouvoirs. Cette belle conception étoit loin de tous les esprits : au contraire, la règle de ces temps-là étoit que le droit de juger les habitants d'une contrée étoit inséparable de celui de les conduire à la guerre; et le capitaine d'un territoire en étoit toujours le premier magistrat. Ces hommes, qui n'estimoient que la profession des armes, qui portoient la liberté jusqu'à la licence, et les vertus guerrières jusqu'à une sorte de férocité, auroient rougi de plier sous une autorité purement civile. En conséquence, l'administration de la justice et le commandement militaire, cumulativement réunis dans la main des comtes et des seigneurs de fief, suivoient la hiérarchie des pouvoirs, et résidoient éminemment dans la personne du roi, juge en dernier ressort de toutes les affaires, comme généralissime de toutes les armées. Ainsi l'histoire du conseil d'état se liera nécessairement à celle des tribunaux.

Les détails relatifs à cet ancien état de choses formeront la matière de cette Introduction. Je les divise en cinq époques.

La première, depuis l'établissement de la monarchie jusqu'à la fin de la seconde race.

La seconde, depuis Hugues Capet jusqu'en 1270.

La troisième, depuis 1270 jusqu'en 1302.

Sous la quatrième, je ne parlerai que du parlement. J'exposerai le résultat des ordonnances qui le concernent depuis 1302 jusqu'en 1363.

Sous la cinquième, je présenterai l'histoire du conseil d'état depuis le commencement du quatorzième siècle jusqu'à la fin du quinzième.

Enfin cette Introduction sera terminée par des détails historiques sur la manière dont il a été pourvu aux offices de judicature depuis le commencement de la troisième race jusqu'en 1814.

§. I.

De l'Administration de la Justice en France, et du Conseil d'État, depuis l'établissement de la Monarchie jusqu'à la fin de la seconde race.

La justice, sous les deux premières races, étoit rendue au peuple par les seigneurs, dans leurs fiefs

1.

ou bénéfices; par les comtes, les envoyés du roi, et les centeniers, dans les terres immédiatement soumises à la jurisdiction royale. S'il s'élevoit des difficultés entre les comtes, les évêques, les abbés, en un mot entre les personnes que les Capitulaires appellent *potentiores*, elles étoient portées devant le roi lui-même (1), qui les jugeoit ou les renvoyoit, suivant leur nature, au comte du palais ou à l'archi-chapelain, deux des grands-officiers de la couronne dont nous aurons encore occasion de parler.

Enfin les prétentions des grands de l'Etat, lorsqu'elles intéressoient l'ordre public, étoient discutées dans les assemblées générales de la nation (2).

_____

(1) *Ut episcopi, abbates, comites et potentiores quique, si causam inter se habuerint, et si pacificare noluerint, ad nostram jubeantur venire præsentiam, neque illorum contentio alibi judicetur; ne propter hoc pauperum et minùs potentium justitiæ remaneant, atque nullus comes palatii nostri, potentiorum causas, sine nostra jussione, finire præsumat; sed tantùm ad pauperum et minùs potentium justitias finiendas sibi sciat esse vacandum.* Capit., liv. 3, chap. 77.

Ut homines boni generis, qui in suis comitatibus, injustè vel iniquè se agunt, ad præsentiam regis ducantur; ut rex super eos distractionem faciat incarcerandi vel exilandi, usque ad emendationem illorum. Capit. de l'an 813, art. 12.

(2) Il y a beaucoup de preuves de cette assertion : nous nous contenterons de rapporter le témoignage d'Hertius, savant publiciste allemand. Voici comme il s'exprime dans le second volume de ses Œuvres, chap. 5, §. 36: *In comitatibus populi generalibus causas principum, sive primorum, quales tunc fuére duces, episcopi, comitum præci-*

Les centeniers étoient des juges subalternes préposés pour rendre la justice dans des arrondissements
peu considérables, ordinairement composés d'environ
cent chefs de familles. Suivant du Cange, ces officiers
n'exerçoient leur jurisdiction que dans les campagnes.
Centenarii, dit cet auteur (1), *qui centenis præerant
judices minores qui per centenas jus dicebant, et co-
miti suberant.*

Les centeniers ne connoissoient que des affaires peu
considérables.

Suivant un capitulaire de l'an 813, ils ne pouvoient
juger *neque ad mortem, neque ad libertatem amitten-
dam, aut ad res reddendas vel mancipia.* Les affaires
de cette importance devoient être portées aux plaids
du comte ou de l'envoyé du roi. *Sed ista in præsen-
tia comitis, vel missorum nostrorum judicentur* (2).

C'étoit alors une règle inviolable qu'aucune affaire
ne pouvoit être jugée par un homme seul : en conséquence, les seigneurs de fiefs étoient obligés de s'ad-
joindre un certain nombre de leurs vassaux; et les

---

pui, *saltem illas quæ rempublicam attinebant decisas fuisse, exemplis
compluribus probat contingens.*

(1) Gloss., *verbo Centenarii.*

(2) Voici l'idée que nous donne de ces centeniers la loi des Lombards, liv. 2, tit. 52:

*Volumus ut comites nostri libertatem habeant inquisitionem facere
de vicariis et centenariis, qui magis per cupiditatem quàm propter
justitiam faciendam sæpissimè placita tenent, et indè populos nimis
affligunt.*

comtes avoient des assesseurs, auxquels on donnoit la dénomination de scabins, *scabini*. Ces officiers, au nombre de sept au moins, composoient le tribunal du comte; ils étoient aussi quelquefois présidés par l'envoyé du roi. L'envoyé les nommoit sur la présentation du peuple.

Un capitulaire de Charlemagne nous apprend encore que, dans certaines circonstances, plusieurs comtes se réunissoient pour former un tribunal (1).

Le roi surveilloit ces différents tribunaux par les envoyés dont nous venons de parler, *missi dominici*, qui parcouroient successivement les provinces, et recevoient les plaintes de tous ceux qui se croyoient en droit d'en former.

S'il étoit constaté qu'un seigneur ou un comte avoit refusé d'assembler son tribunal et de rendre la justice,

---

(1) *Ut unusquisque missorum nostrorum in placito suo notum faciat comitibus, qui ad ejus missaticum pertinent, ut in illis mensibus, in quibus ille legationem suam non facit, conveniant inter se, ut communia placita faciant, tam ad latrones distringendos quàm ad cœteras justitias faciendas.* Cap. Carol. Magn. liv. 3, chap. 87.

Les Anglois ont très heureusement appliqué cet ancien usage à leurs juges de paix, qui ne peuvent faire seuls que les actes d'instruction, et qui, pour juger définitivement, sont obligés de se réunir au nombre de trois ou quatre. Le brevet de nomination de chaque juge de paix lui indique le lieu de la réunion et ceux qui doivent la composer. Peut-être seroit-il sage de donner la même organisation à nos juges de paix, au moins dans certains cas, sur-tout si l'on augmentoit leur compétence. Ce ne seroit pas imiter les Anglois, mais prendre d'eux ce qu'ils tiennent de nous.

l'envoyé du roi s'établissoit chez lui avec toute sa suite, et y vivoit à ses dépens jusqu'à ce qu'il eût réparé ses torts (1). Lorsque le seigneur ou le comte avoit jugé, la partie qui vouloit se pourvoir devoit s'adresser au roi lui-même, qui recevoit son appel et réformoit le jugement, s'il étoit contraire aux lois (2).

L'erreur de ceux qui ont pensé que l'on appeloit du centenier au comte, et du comte à l'envoyé du roi, provient de la surveillance que les envoyés exerçoient sur les comtes, et les comtes sur les centeniers. Mais les personnes seules étoient subordonnées; les juridictions ne l'étoient pas. Toutes placées sur la même ligne, elles ne différoient qu'en ce que l'envoyé tenoit ses plaids pendant quatre mois de l'année, et le comte

---

(1) *Si vassus noster justitiam non fecerit, tunc et comes et missus noster ad ipsius casam sedeant et de suo vivant quousque justitiam faciat.* Capit. de l'an 879, art. 14.

Et si forsan Francus aut Longobardus habens beneficium, justitiam facere noluerit, ille judex, in cujus ministerio fuerit, contradicat illi beneficium suum, interim dùm ipse, aut missus ejus, justitiam faciat. Capit. de l'an 793, art. 10.

(2) . . . *Si aliquis episcopus, abbas aut abbatissa, vel comes, aut vassus noster, suo homini contra rectam justitiam facit, et si indè ad nos reclamaverit, sciat quia sicut ratio et lex atque justitia est, hoc emendare faciemus.* Capit. de l'an 869. Voyez aussi l'art. 8 du second capitulaire de l'an 855.

Le chapitre 243 du livre 5 de la collection intitulée *Capitularia*, etc. porte: *Ut si quis voluerit dicere quod ei justè non judicetur, tunc in præsentiam nostram veniat : aliter verò non præsumat in præsentiam nostram venire pro alterius justitiá dilatendá.*

pendant les huit autres; que le comte et l'envoyé pouvoient condamner à mort, prononcer sur les questions de liberté, et sur les demandes en restitutions,
et que les centeniers n'en avoient pas le droit.

Les grands changements survenus dans les premiers
fiefs en 615, dans les comtés et dans les fiefs de la
création de Charles Martel en 877, n'en apportèrent
aucun dans cet ordre de choses. Quoique, par les capitulaires de ces deux époques, les fiefs et les comtés
eussent été rendus héréditaires et patrimoniaux, les
rois continuèrent de surveiller les seigneurs et les
comtes, et de recevoir l'appel de leurs jugemens.

Dans un pareil état de choses, le prince devoit nécessairement avoir un conseil; mais de quelles personnes
étoit-il composé? de quelle manière étoit-il organisé?

C'est ce que l'on entrevoit à peine dans les anciens
monuments. Voici ce que j'en ai recueilli de moins
vague.

Toutes les affaires qui se portoient devant le roi
étoient d'abord remises à deux des grands-officiers de
la couronne, le comte du palais et l'archi-chapelain.
Le premier recevoit celles des laïques; le second, celles
des ecclésiastiques. Le comte, assisté de deux officiers
que les chroniques du temps appellent *scabini comitis palatii*, statuoit sur les affaires qui concernoient
les gens de peu de considération (1); mais il lui étoit

_____

(1) Lorsque les affaires présentoient des questions d'un intérêt général, les rois se rendoient en personne aux assises du comte du palais;

défendu de juger celles des grands; il étoit obligé de les présenter au roi, et de lui en faire le rapport. Le roi, d'après le compte que lui en rendoient ses envoyés, statuoit de même sur les plaintes et les requêtes qu'ils avoient reçues dans le cours de leurs missions. Enfin, si l'affaire étoit de nature à exiger le secret, le comte introduisoit la partie plaignante dans le cabinet du roi, qui l'écoutoit, disent les anciennes chroniques. *honorabiliter, patienter, vel misericorditer*, suivant sa qualité. Ce mot *misericorditer* prouve que les pauvres partageoient ce privilége avec les grands.

Mais comment ces rois pouvoient-ils à-la-fois gouverner et remplir les fonctions de juge?

D'abord, on voit que le comte du palais et l'archichapelain étoient autorisés à juger eux-mêmes une grande partie des affaires, et que celles des hommes puissants étoient les seules qui fussent immédiatement soumises à la décision du roi.

Secondement, les hommes puissants, les comtes et

---

alors les jugements étoient intitulés de leur nom, et faisoient mention qu'ils étoient émanés d'eux. Marculfe donne la formule des jugements ainsi prononcés par le roi : et il en reste deux exemples, l'un rendu par Clotaire II, et rapporté par M. Bignon; l'autre de Charles-le-Chauve, que l'on trouve dans les Mélanges du P. Labbe. Il arrivoit quelquefois que ces assises étoient composées d'hommes de la plus haute qualité. Les jugements étoient intitulés de leurs noms, et les comtes du palais n'y figuroient que comme chargés de l'instruction et du rapport de l'affaire. Du Cange en rapporte un de cette espèce dans sa quatorzième Dissertation sur la Vie de Saint Louis.

les seigneurs, fiers et braves, dédaignant de demander une justice qu'ils pouvoient se rendre eux-mêmes, décidoient sans doute la plupart de leurs différents par la voie des armes. Enfin, si l'on en croit les historiens d'alors, les rois consacroient des journées entières, et même quelquefois une partie des nuits, à l'examen et au jugement des procès portés devant eux.

Frédegaire raconte (1) que Dagobert, dans un séjour qu'il fit à Dijon, s'occupa tellement du soin de rendre la justice à ses sujets, *ut nec somnum caperet, nec cibo saturaretur, intentissimè cogitans ut omnes cum justitiâ receptâ, de conspectu ejus remearent.*

Charlemagne, aussi grand administrateur que grand capitaine, ne passoit pas un jour, même dans le cours de ses voyages, ou, ce qui est la même chose, de ses conquêtes, sans s'occuper des affaires des particuliers. Il y consacroit, dit Eginard, son historien, le temps où il s'habilloit. Il faisoit appeler ceux qui se présentoient pour lui demander justice, les écoutoit, et les jugeoit. *Litigantes introduci jubebat, et lite cognitâ, sententiam dicebat* (2).

---

(1) Vie de Dagobert, chap. 21.

(2) L'abbé de Mably, dans ses observations sur le règne de cet empereur, rend le même hommage à son respect pour les droits des citoyens, et à son amour pour la justice. Voici ses termes : « Croira-t-on « que je parle de la cour d'un roi, si je dis que les officiers du palais « étoient chargés d'aider de leurs conseils ceux qui venoient y chercher « du secours contre la misère, l'oppression et la calomnie; ou ceux

Louis-le-Débonnaire s'occupoit avec la même assiduité du soin de rendre la justice. Un capitulaire de l'an 819 porte : *Ludovicus pius ita statuit : hoc missi nostri notum faciant comitibus et populo, quod nos in omni hebdomadarum die, ad causas audiendas et judicandas sedere volumus.*

Dans l'examen de ces affaires, les rois avoient pour conseils ou pour assesseurs habituels le comte du palais et l'archi-chapelain. Sans doute aussi les envoyés qui se trouvoient auprès de la personne du roi étoient appelés à ces délibérations; et ces envoyés, institués pour surveiller et, dans beaucoup de circonstances, pour présider les tribunaux, étoient nécessairement versés dans la connoissance des lois.

Voilà déja un conseil que l'on peut regarder comme en permanence auprès des rois de la première et de la seconde race. Ils en avoient encore deux autres : l'un, qu'ils composoient des grands de l'Etat, à leur choix, et que l'on appeloit proprement *le conseil;* l'autre, bien plus solennel, n'étoit rien moins que l'assemblée

---

« qui, s'étant acquittés de leur devoir avec distinction, avoient été ou-
« bliés dans la distribution des récompenses? Il étoit ordonné à chaque
« officier de pourvoir à leurs besoins, de faire passer leurs requêtes
« jusqu'au prince, et de se rendre leurs solliciteurs. Qu'il est beau de
« voir les vertus les plus précieuses à l'humanité devenir les fonctions
« ordinaires d'une charge, et, par une espèce de prodige, les courti-
« sans changés en instruments du bien public, en ministres de la bien-
« faisance du prince! »

générale qui se tenoit tous les ans au mois de mars,
et ensuite au mois de mai.

Je dis que ce conseil étoit composé des grands de
l'Etat; cela résulte de ces expressions que l'on trouve
fréquemment dans les monumens anciens : *Inito consilio cum proceribus.* Quels étoient ces grands? en quel
nombre étoient-ils? étoient-ils choisis dans l'ordre de
la noblesse? ou dans l'ordre ecclésiastique? ou, ce qui
est plus vraisemblable, dans l'un et dans l'autre. C'est
ce que l'on ne voit pas. Mais de la manière indéfinie
dont le mot *proceres* est employé, on peut raisonnablement conjecturer que lorsque le prince tenoit un
conseil, il y appeloit ceux des grands qu'il reconnoissoit pour être les plus versés dans la matière qu'il se
proposoit de soumettre à leur délibération ; de manière
qu'il ne pouvoit pas arriver qu'un membre du conseil
opinât sur des choses qu'il n'entendoit pas.

Ce conseil délibéroit sur la guerre, sur la paix, sur
les alliances à former ou à rompre, sur la police intérieure, sur les objets qu'il convenoit de soumettre aux
assemblées générales de la nation; et très fréquemment sur des procès que le prince, à raison de leur
importance ou des difficultés qu'ils présentoient, ne
vouloit pas décider lui-même : le conseil les jugeoit
ou les renvoyoit à l'assemblée générale.

Ce fut, au rapport de Frédegaire, dans un de ces
conseils, *inito consilio cum proceribus*, que fut résolue
la guerre que Pepin fit au roi des Lombards, au sujet du
pape Etienne; résolution que Pepin fit ensuite confirmer

par une assemblée du Champ de Mars. *Cum Francis et proceribus suis, placitum in Campo Martio tenens.*

Ce fut encore à ce conseil que Clotaire soumit le jugement de la reine Brunehaut. Pour donner une idée de l'importance de ceux qui le composoient, je rapporterai la manière dont le prince leur parla ; la voici : *Dummodo vos, dulcissimi commilitones, et præeminentes Franciæ primores, decernatis cui subjaceat supplicio tanti obnoxia sceleris* (1).

Il arrivoit aussi, et même assez fréquemment, que le prince renvoyoit des procès à l'assemblée générale, et les soumettoit à sa décision. On lit dans la chronique de Fuldes (2), qu'en l'an 670, Childéric, de l'avis des grands, *suadentibus potentibus*, fit enfermer l'évêque d'Autun dans un monastère, pour y demeurer jusqu'à ce qu'il eût été statué sur son affaire par l'assemblée générale : *donec conventus haberetur, ac denuò deliberaretur quid fieri placeret.* Ce fut de même par une assemblée générale de la nation que Charlemagne fit juger Tassillon, duc de Bavière.

Ainsi, pour les affaires journalières et ordinaires, le prince avoit habituellement auprès de sa personne un conseil composé de quelques uns de ses officiers, notamment du comte du palais et de l'archi-chapelain. S'agissoit-il d'objets plus importants, il assembloit les

---

(1) Aimoin, liv. 4, chap. 1er.

(2) chap. 21.

grands de l'Etat dans lesquels il reconnoissoit le plus
de zèle et de capacité; enfin il déféroit à l'assemblée
de la nation tout qui tenoit essentiellement à l'ordre
public. Dans ces grandes assemblées, tout se réunissoit pour opérer le bien général. La volonté du roi,
l'expérience des hommes les plus considérables dans
l'état civil, les lumières du clergé, et, ce qui est sujet
à moins d'écarts que les lumières, le bon sens des.
chefs de l'armée.

Il est impossible de parler de ces assemblées sans
s'arrêter un instant sur le phénomène qu'elles présentent. En elles résidoit la suprême puissance; et tous
ceux qui les composoient, accoutumés à l'emploi de
la force et constamment couverts de leurs armes, pouvoient à tous les instants en abuser. Comment donc
est-il arrivé que la nation n'a été ni opprimée par ses
rois, ni entraînée par ses chefs dans les abymes de
l'anarchie? quel génie a si long-temps maintenu l'équilibre entre ces deux pouvoirs? quelle main avoit tellement affermi la barrière qui les séparoit, qu'elle ne
fut pas même ébranlée par les grands mouvemens inséparables d'un changement de dynastie, et qu'elle
n'a cédé qu'au torrent irrésistible du régime féodal?

Cela s'explique fort naturellement.

Ces réunions, d'abord excessivement nombreuses,
finirent bientôt par n'être plus composées que du roi
et des grands de l'Etat, c'est-à-dire, des évêques et
des hommes les plus considérables par leurs places et
leurs propriétés. Ainsi le chef et les membres de ces

assemblées étoient également intéressés au maintien
de l'ordre public, ou, ce qui est la même chose, du
gouvernement établi; et en général, les hommes sont
sages et modérés toutes les fois qu'ils ont plus à perdre
qu'à gagner en s'écartant de la sagesse et de la modération. D'ailleurs, l'ambition de chacun étòit contenue
par l'ambition de tous; et celle des rois, par cet amour
de l'indépendance né avec les Francs, qu'ils avoient
apporté dans les Gaules, et qui est le dernier des sentiments que perd une nation guerrière, généreuse, et
continuellement en armes.

Mais ce qui contribua le plus puissamment au maintien de cet ordre de choses, c'est qu'il n'étoit pas le
fruit des combinaisons de l'esprit; qu'il n'avoit pas
été établi par des spéculateurs plus ou moins habiles,
mais qu'il étoit sorti comme de lui-même du caractère,
des mœurs, des habitudes, et de l'esprit général de la
nation; qu'il existoit par la seule force des choses, et
que le peuple trouvant ses lois en harmonie avec ses
penchants, leur obéissoit bien moins par un sentiment
de crainte que par une sorte d'instinct, et parceque,
sans autre régulateur que sa volonté, il auroit fait
à-peu-près ce qu'elles lui commandoient. Et voilà les
constitutions stables. Il n'y a point de bonté absolue
dans les gouvernements. Le meilleur est celui qui convient le mieux à la nation pour laquelle il est établi; et
il n'y en a qu'un seul qui puisse parfaitement convenir
à chaque nation : c'est celui qui est tellement pris dans
son caractère et ses habitudes, tellement calculé sur

la nature et l'étendue de ses relations et de son territoire, enfin sur ses véritables intérêts, qu'il est à présumer que le temps seul et le cours naturel des choses
le lui auroient donné. Que ceux qui osent entreprendre d'organiser des sociétés se persuadent donc bien
profondément qu'une constitution n'est pas un acte
de pure création; autrement, quelque puissant que
soit leur génie, ils survivront souvent à leur ouvrage.

Cette organisation subsista jusque vers la fin de la
seconde race. La révolution qui porta Hugues Capet
sur le trône la fit entièrement disparoître.

§. II.

De l'Administration de la Justice et du Conseil d'État depuis Hugues Capet jusqu'au douzième siècle.

Les grands qui avoient souffert que la couronne
passât sur la tête de Hugues Capet, bien plus par indifférence que par le sentiment de leur infériorité, n'oublioient pas que le nouveau roi avoit été leur égal :
de là des prétentions immenses et des entreprises de
toute espèce; de là le relâchement de tous les ressorts
de l'administration; de là, enfin, de très grands chan-
gemens dans le régime de la justice.

Les trois premiers furent : *d'abord*, le refus de
recevoir les envoyés du roi, ces *missi dominici*
qui, sous les deux premières races, surveilloient les

juges inférieurs; *ensuite*, l'extinction du privilége donné à certaines personnes, de ne pouvoir être jugées que par le prince ou par les officiers de son palais. Le troisième fut encore plus considérable, et opéra une véritable révolution : le droit d'appel fut aboli; et les grands feudataires, ensuite tous les seigneurs haut-justiciers, devinrent juges souverains, et par conséquent législateurs dans leurs seigneuries. De là cette division de la France en pays de *l'obéissance le roi* et *hors l'obéissance le roi* (1); de là ces maximes qui régnoient encore vers la fin du treizième siècle. *Bers si a toutes justices en sa terre; ne li roi ne puet mettre ban en la terre au baron sans son assentement, ne li Bers ne puet mettre ban en la terre au vavasor* (2). *Chascuns des barons si est souverains en se baronnie* (3).

Plusieurs causes influèrent sur cette révolution; la grande puissance des seigneurs, la foiblesse du nouveau ministère, et sur-tout l'usage du combat judiciaire, usage devenu si général que presque toutes les questions et de droit et de fait se décidoient par le duel.

On regardoit le duel comme un jugement de Dieu; nos pères croyoient fermement, ou si l'on veut stu-

---

(1) Établissement de S. Louis, liv. 2, chap. 15.

(2) *Idem*, liv. 1, chap. 24.

(3) Beaumanoir, chap. 34.

pidement, que Dieu lui-même présidoit à ces combats, pour faire éclater la vérité et triompher l'innocence. On sent combien cette opinion s'opposoit à ce que l'on soumît de nouveau l'affaire à la décision d'un tribunal supérieur; c'eût été se révolter contre les décrets de la Providence.

Ces combats se faisoient avec la plus grande solennité. Les formalités religieuses et militaires qui devoient les précéder; les précautions pour éviter les sortiléges, pour que le soleil n'incommodât pas l'un des combattants plus que l'autre; les cas où l'on pouvoit se faire représenter par des champions; la position du champ de bataille; enfin l'armure des combattants, tout étoit réglé avec beaucoup de précautions par l'usage et les statuts.

Je dirois des choses très curieuses, si je développois ces détails; mais ce seroit trop m'écarter de mon sujet. Cependant, avant d'y rentrer, je dois faire encore une remarque.

Le duel, comme l'on voit, terminoit les procès; mais toutes les affaires n'étoient pas réglées par la voie des armes. Dans certains cas, par exemple, lorsque la coutume étoit bien notoire, les juges statuoient sur les moyens des parties; mais celle qui succomboit n'étoit pas sans ressources : elle avoit celle de fausser la cour qui avoit prononcé.

Fausser une cour de justice, c'étoit en accuser les membres d'avoir jugé *déloyaument*, et d'être *faux, traîtres et méchants*.

L'atrocité d'une pareillé accusation frappoit tous les juges d'une interdiction absolue jusqu'à ce que l'injure fût effacée par le sang. *Car cour qui est faussée ne peut plus faire esgart, ne recort, ne connoissance qui soit valable* (1).

Comme l'honneur des corps est solidaire, le fausseur étoit obligé d'offrir le gage de bataille à tous les membres de la cour, à ceux dont le suffrage lui avoit été favorable, comme à ceux qui avoient opiné contre lui. S'il ne le faisoit pas, il étoit à l'instant décapité.

S'il offroit de justifier son accusation par les armes, il falloit qu'il se battît contre tous les pairs *un à un.* S'il sortoit vainqueur du combat, le jugement étoit reconnu mauvais et son procès gagné; *mais s'il ne les vainque tous en un jour, il doit être pendu* (2).

Il est vraisemblable que les épreuves de l'eau, du feu et de la croix, assez fréquemment employées dans les siècles précédents, avoient donné l'idée de cette manière de procéder. Quoi qu'il en soit, elle fut en usage depuis Hugues Capet jusque vers la fin du treizième siècle, et même on en trouve des exemples pendant le cours du quatorzième. Un ancien auteur parle avec beaucoup de détails d'un combat judiciaire ordonné par sentence du Châtelet de Paris, de l'an 1386,

---

(1) Assises de Jérusalem, chap. III.

(2) Assises de Jérusalem, chap. III. Celui qui étoit condamné à mort ne pouvoit pas fausser le jugement; car tous l'auroient fait *pour sauver ou alongier leur vie,* dit Beaumanoir, chap. 61, p. 316.

sur une plainte en adultère rendue par un marchand de la rue Saint-Denis contre un de ses voisins (1).

Comme à côté des égarements les plus déplorables de la raison humaine se place quelquefois un peu de bien, le combat judiciaire fit disparoître un abus qui, dans les siècles précédents, avoit causé beaucoup de désordres; le conseil d'état ne fut plus, comme sous les deux premières races, une cour de justice.

Ce conseil, exclusivement renfermé dans les bornes naturelles de ses attributions, ne s'occupoit que des intérêts de l'Etat et du prince. Aussi, malgré le peu de lumières de ces temps-là, voit-on les règles de l'administration se développer successivement, et la prérogative royale faire chaque jour de nouveaux progrès. Cela prouve encore que ces conseils étoient composés des hommes les plus sages et les plus recommandables par leur expérience dans les affaires, et par le rang qu'ils tenoient dans l'Etat (2).

---

(1) *Joannis Galli Arresta parlamenti*, Quæst. 55.

(2) Peut-on en douter, lorsque l'on voit dans les conseils de Philippe-Auguste ce Jean Guérin, depuis chancelier de France, dont Rigord, dans la Vie de ce prince, dit qu'il devint le conseiller spécial du roi, par son insigne prudence, et l'incomparable vertu de ses conseils : *propter prudentiam et incomparabilem concilii virtutem, et alias animi dotes.*

Une décision du conseil, donnée à Tours en 1224, et conservée dans le Trésor des Chartres, nous donne la même idée du conseil d'état. Les évêques de Coutances, d'Avranches et de Lizieux se prétendoient dispensés de servir dans les armées de Louis VIII, quoique propriétaires

Ici se présente une réflexion.

Sous les deux premières races, les conseils, perpétuellement distraits par les affaires litigieuses, ne surent ni prévoir ni prévenir les événements qui firent descendre du trône les successeurs de Clovis et de Charlemagne ; et lorsqu'ensuite, sous les premiers Capétiens, le conseil n'est plus occupé que des affaires publiques et de l'administration intérieure, l'autorité royale, si foible, si bornée sous Hugues Capet, mine insensible-

---

de fiefs sous sa mouvance. Ils se fondoient sur une prétendue possession. Le conseil du roi, devant qui cette affaire fut portée, ordonna une enquête. Le jugement, suivant l'usage d'alors, est signé par tous les membres du conseil; et ces membres sont : Jean, roi de Jérusalem; Guérin, évêque de Senlis, chancelier de France; Barthélemy de Roy, chambrier; Mathieu de Montmorency, connétable; Gaucher, archevêque de Sens; Pierre, évêque de Meaux; Millon de Châtillon, évêque de Beauvais; Robert, évêque de Troyes; Regnaut, évêque de Nevers; Jacques, évêque de Soissons; Enguerran de Coucy, chambellan de France; Adam de Beaumont; Guy de Merville; Jean de Beaumont; Jean Le Maréchal; Jean d'Osny, prieur de Viry. Cette sentence est rapportée dans la Vie du chancelier Jean Guérin, par François Duchesne.

Les Chroniques du temps nous apprennent que Saint Louis appeloit souvent dans ses conseils le savant et judicieux Beaumanoir.

On voit, par le discours du chancelier de Rochefort, à l'ouverture des états-généraux de 1483, que, dans tous les temps, nos rois ont regardé le choix des membres de leur conseil comme l'un des objets les plus dignes de leur sollicitude. On lit dans ce discours, que le roi étant dans l'intention de réorganiser son conseil, il invite les états à lui indiquer des hommes *d'un caractère propre à lui concilier l'amour de ses sujets et l'estime de ses voisins; à qui l'expérience du passé ait appris à prévoir l'avenir; et qui, sur le modèle du ciel, fassent mouvoir les ressorts du corps politique sans confusion et sans embarras.*

ment les digues que lui opposoient les grands vassaux, les renverse, et finit par couvrir toute la surface de la France.

Indépendamment d'un conseil politique et d'administration, les premiers rois de la troisième race en assembloient encore d'extraordinaires, que l'on peut appeler législatifs. En voici la cause et l'objet.

On vient de voir que chaque seigneur avoit dans sa terre le dernier ressort de la justice; ainsi les rois n'exerçoient l'autorité judiciaire, et par conséquent n'étoient réellement souverains que dans les fiefs de leur mouvance immédiate. En effet, *point de souverain sans cour souveraine*.

On convenoit, à la vérité, que la puissance législative étoit un des attributs de la couronne de France. Mais on méprisoit les actes de cette puissance; et, n'ayant ni le droit de ressort, ni des forces capables d'en imposer à leurs vassaux, les rois étoient également dans l'impuissance et de connoître et de réprimer les infractions à leurs ordonnances.

Chaque jour fortifioit et légitimoit ces abus; cependant les attaquer de front eût été une entreprise aussi vaine qu'imprudente. Les rois, qui ne le sentoient que trop, imaginèrent un moyen très sage et très propre à suppléer à leur impuissance : ce fut de s'environner d'une partie des hauts barons, de délibérer avec eux les lois qu'ils vouloient promulguer, et de leur faire jurer qu'ils joindroient leurs forces à celles du roi pour en procurer l'exécution.

C'est avec cette solennité qu'en 1230 fut rédigée l'ordonnance concernant les Juifs et les usuriers. Le préambule porte qu'elle est faite pour l'utilité générale du royaume, de la volonté expresse du roi, et par le conseil de ses barons ; *pro utilitate totius regni nostri, de sincerâ voluntate nostrâ, et de communi concilio baronum nostrorum.* Elle est signée des comtes de Boulogne, de Champagne, de la Marche, de Montfort, de Saint-Paul, d'Auvergne ; et l'article 5 est conçu en ces termes : *Et si aliqui barones noluerint hoc servare, ipsos ad hoc compellemus, ad quod alii barones nostri, cum posse suo, bonâ fide nos juvare tenebuntur ; et si aliqui in terris baronum inveniantur rebelles, nos et alii barones nostri juvabimus ad compellendos rebelles predicta statuta servare* (1).

Comme les rois étoient les maîtres de choisir, pour délibérer leurs ordonnances, ceux des barons qui avoient le plus de dévouement pour leur personne, on sent combien cet usage pouvoit donner d'extension à l'autorité royale.

Tel fut le conseil d'état sous les premiers Capétiens. Pendant ce période, on le voit exclusivement occupé des affaires publiques, et constamment étranger à l'exercice de l'autorité judiciaire ; mais bientôt il sera

---

(1) Ordonnance du Louvre, tome 1ᵉʳ.... L'ordonnance de 1223, également relative aux Juifs, fut faite de même *per assensum baronum.... quod juraverunt tenendum.* Le *Stabilimentum feudorum* de l'an 1209 est dans la même forme.

tellement surchargé d'affaires litigieuses, qu'il faudra le décomposer pour former d'une partie de ses membres une cour de justice : et comme la seule force des choses l'avoit contenu dans les limites de ses attributions naturelles, ce sera la même cause qui l'en fera sortir. Mais avant d'entrer dans ces détails, nous croyons devoir nous arrêter sur deux grandes innovations qui datent de la même époque, et qui contribuèrent puissamment à l'extension de la justice royale.

§. III.

Que, pendant le même période, deux Institutions nouvelles, les Communes et les Bourgeoisies, contribuèrent encore puissamment à l'extension de la Justice royale.

L'avénement de Hugues Capet au trône détendit tous les ressorts de l'autorité, et le champ le plus vaste fut ouvert à l'ambition des seigneurs. Ils s'y précipitèrent, et profitèrent avec tant d'habileté de la foiblesse du nouveau gouvernement, que plusieurs d'entre eux élevèrent leurs forces au niveau de celles du roi ; et que tous, en se réunissant en plus ou moins grand nombre, pouvoient impunément se soustraire à son obéissance. La France, sous un chef sans pouvoir, présentoit le déplorable spectacle d'une monarchie divisée en une multitude de petites souverainetés qui ne connoissoient d'autres lois que les caprices et l'avidité d'un tyran sous le nom de seigneur.

Telle étoit, au commencement du douzième siècle, l'excès de l'oppression, que les habitans des campagnes, accablés d'exactions de toutes espèces, et réduits à la servitude la plus humiliante, avoient perdu jusqu'au sentiment de leur dégradation. Mais, dans les villes, l'industrie, toute grossière qu'elle étoit, et le peu de commerce que l'on faisoit alors, donnoient une sorte d'aisance à quelques habitants. Cette aisance leur procuroit des loisirs; ces loisirs leur faisoient éprouver le besoin de se rapprocher; et, dans ces communications, les maux de chacun s'aggravant des maux de tous, toutes leurs pensées se réunissoient dans le vœu de briser le joug sous lequel ils gémissoient. Mais l'autorité royale étoit trop foible pour les protéger, et ils auroient vainement imploré la justice et l'humanité de leurs seigneurs. Opposer la force à la violence, et l'insurrection à la tyrannie, étoit donc la seule ressource de ces malheureux. Enfin ils en usèrent; et, dans plusieurs villes (1), ne prenant conseil que de leur désespoir, les habitants se réunirent, se formèrent en cor-

(1) Celle de Noyon donna l'exemple. Laon et Beauvais furent les premières qui le suivirent. Ainsi les communes ont commencé à s'établir dans des villes épiscopales. Cela est remarquable; mais cela s'explique : les évêques de ces trois villes en étoient en même temps les seigneurs; et par conséquent ils joignoient, à l'ascendant qu'ils tenoient de la puissance spirituelle, tous les moyens d'oppression que leur donnoit la puissance féodale. *Voyez* la note suivante.

poration, se lièrent par des serments mutuels, s'orga-
nisèrent en milice, se donnèrent des règlements, et se
choisirent des officiers municipaux, auxquels ils conférèrent le pouvoir judiciaire pour faire exécuter ces
règlements, et le commandement militaire, à l'effet de
les appeler aux armes toutes les fois qu'il seroit nécessaire de repousser la force par la force.

Mais ce mouvement n'étoit encore qu'une insurrection, et, suivant l'expression des auteurs du temps,
turbulenta conjuratio. Pour lui imprimer un caractère
légal, il falloit la confirmation du seigneur : ne voulant
pas la donner, et n'osant la refuser, les seigneurs prirent le parti de la vendre; les habitants l'achetèrent
moyennant des sommes plus ou moins considérables (1).

---

(1) Guibert nous a transmis l'Histoire de l'établissement de la commune de Laon, vers l'an 1110. En voici les détails. L'évêque s'y opposa
de toutes ses forces. Ce prélat avoit été élu à la recommandation du
roi d'Angleterre, dont il étoit référendaire. Plus propre à aggraver les
maux de son diocèse qu'à les calmer, il en fomenta les troubles, il en
augmenta les désordres. Trois ans après son élection, il eut part à l'as-
sassinat de Gérard de Crecy, homme respectable par son rang et par
ses vertus, qui fut massacré dans une église. Laon étoit alors le théâtre
de tous les crimes : les étrangers y étoient impunément pillés et outra-
gés, les domestiques du roi même n'étoient pas à l'abri des insultes; les
nobles y exerçoient des violences et des cruautés dont Guibert trace un
tableau qui fait frémir. Les habitants n'envisagèrent de ressources que
dans l'établissement d'une commune. Ils profitèrent de l'absence de
leur évêque pour obtenir le consentement des ecclésiastiques; ils achetèrent à prix d'argent celui des nobles, et la commune fut jurée. L'é-
vêque, à son retour, fut fort irrité; on l'apaisa avec de l'argent. La

Ces diplomes, que l'on appela Chartes de commune, différoient par quelques nuances; mais tous étoient uniformes sur les points suivants:

1° Affranchissement de toutes les servitudes personnelles;

2° Abonnement des taxes arbitraires à des sommes déterminées;

3° Ces chartes renfermoient un certain nombre de dispositions législatives qui régloient les principaux actes civils, et fixoient les peines des délits les plus ordinaires, et notamment des délits de police;

4° Elles garantissoient aux membres de la commune le droit de n'être jugés que par leurs pairs, c'est-à-dire

---

concession du roi manquoit; on l'obtint en payant de nouvelles sommes. Mais les habitants ne jouirent pas long-temps d'un privilége qu'on leur avoit vendu si cher. L'évêque, impérieux et violent, ne pouvoit s'accommoder d'une administration qui rétablissoit l'ordre dans la ville, et ne lui permettoit plus d'abuser de son autorité; il employa tous ses efforts pour faire abolir la commune. Les bourgeois alarmés offrirent 400 livres au roi pour obtenir qu'elle fût maintenue; l'évêque en offrit 700, et la commune fut supprimée.

Les nobles s'étoient joints à l'évêque, qui avoit fait venir des gens de ses terres, et en avoit rempli sa maison et les tours de son église. Les habitants, au désespoir, prirent les armes contre lui. Après avoir tenté de se défendre, il fut réduit à se cacher; mais il fut bientôt découvert et mis en pièces. Les désordres furent extrêmes, son palais brûlé; dix églises, quantité de maisons réduites en cendres; la ville, presque détruite, abandonnée de ses citoyens, dont les uns cherchoient à se soustraire aux fureurs du peuple, les autres au châtiment de leurs excès; et ce ne fut qu'au bout de seize ans que la commune de Laon fut rétablie. *Ordonnance du Louvre,* préface du tome XI.

4.

par des officiers de leur choix, qui avoient la manutention des affaires de la commune, y maintenoient
la police, et y rendoient la justice;

5° Ces officiers étoient autorisés à armer les habitants toutes les fois qu'ils le jugeoient nécessaire pour
la défense de la commune et de ses priviléges, soit
contre des voisins entreprenants, soit contre le seigneur lui-même.

Dans la charte de commune de la ville de Saint-Jean-
d'Angely, Philippe IV non seulement permet, mais ordonne aux habitants de s'armer et de repousser par la
force toutes les entreprises contre leurs droits et leurs
priviléges.

Dans celle de la ville de Roye il est dit que, si un
étranger cause quelque dommage à la commune, et
qu'il se refuse à la sommation de le réparer, le maire,
à la tête de ses concitoyens, ira détruire l'habitation
du coupable, et que, si les forces de la commune sont
insuffisantes, le roi y joindra les siennes.

Ces villes étoient nommées villes de commune. On
les appeloit aussi villes municipales, et quelquefois
villes de lois. *Il y a*, dit la Coutume de Boulogne, *au
pays de Boulonnois cinq villes de lois ayant maires et
échevins qui ont connoissance du fait politique, et de
toutes matières survenantes aux bourgeois.* Ces cinq
villes étoient des villes de commune.

Cette jurisdiction, conférée à des officiers municipaux, étoit un attribut essentiel de la commune; c'é-
toit son caractère extérieur le plus apparent, et ce qui

distinguoit éminemment les villes en mairie, ou éche-
vinage, des villes en prévôtés, c'est-à-dire, de celles où
la justice étoit rendue par des officiers du roi ou des
seigneurs.

Maintenant que nous savons quelle fut l'origine des
communes, et quelles étoient les principales dispositions des chartes qui les établissoient, il nous sera
facile de concevoir comment cette institution a con-
tribué à donner de l'extension à la jurisdiction royale.

Ces abonnements des exactions arbitraires à des
sommes déterminées, ces modérations de certains
droits, et l'abolition des servitudes personnelles, opéroient une diminution dans les produits du fief; et l'une
des règles les plus constantes de la jurisprudence féodale étoit que le vassal ne pouvoit *abréger* son fief,
c'est-à-dire, en diminuer la valeur sans l'autorisation
de tous les seigneurs dont il relevoit, en remontant
graduellement jusqu'au roi, seigneur suzerain de tous
les fiefs du royaume. La confirmation du roi pouvoit
donc seule imprimer aux chartes de commune un caractère légal et irrévocable.

Ces confirmations, que les rois vendirent quelquefois, mais qu'ils ne refusèrent jamais, n'étoient, dans
leur principe, que des actes de la puissance féodale.
Mais, comme dans la personne du roi la suzeraineté se
combinoit avec la souveraineté, ces deux prérogatives
se confondirent dans des esprits peu familiarisés avec
la distinction des pouvoirs. Au milieu de cette confusion d'idées, ce fut la souveraineté qui prévalut; et l'on

regarda ces diplomes non seulement comme des actes de l'autorité royale, mais comme autant d'engagements pris par le roi de défendre les franchises et les libertés des villes qui les obtenoïent.

Cette opinion une fois établie, l'autorité royale se plaça d'elle-même entre les seigneurs et leurs vassaux. Les rois, depuis si long-temps étrangers à la majeure partie de leurs sujets, redevinrent ce qu'ils n'auroient jamais dû cesser d'être, les gardiens de tous les droits, les vengeurs de toutes les oppressions, les protecteurs de tous; enfin il se forma entre eux et le peuple une sorte de coalition contre leur ennemi commun, contre la puissance féodale (1).

Cette ligue appartient aux premières années du douzième siècle. C'est un des événements les plus remarquables de notre histoire : il partage celle de la troisième race de nos rois en deux époques très distinctes.

Dans la première, la puissance royale, comprimée par celle des seigneurs, et méconnue dans la plus grande partie du royaume, ne s'exerçoit dans toute sa plénitude que dans les terres qui relevoient nuement de la couronne; dans toutes les autres, les rois en étoient réduits aux stériles honneurs de la suzeraineté. Dans

---

(1) Environ cent ans après, il se fit de même une coalition en Angleterre; mais elle fut entre les grands et le peuple, contre les entreprises de la couronne sur les droits et les priviléges des uns et des autres. Cette différence explique beaucoup de choses. *Voyez la grande Charte d'Angleterre.*

la seconde époque, ce n'est plus seulement comme suzerains que les rois agissent : ils combinent avec tant d'habileté leurs forces avec celles des villes de commune, que bientôt on les voit commander en souverains, et, par un système d'administration aussi sage que constamment suivi, rattacher successivement à leur sceptre toutes les prérogatives que les seigneurs en avoient arrachées.

Cette addition de force n'est pas le seul avantage que les rois retirèrent de cette nouvelle institution : les communes servirent encore, et très efficacement, à multiplier les justices royales.

Inutilement les habitants des villes de commune auroient-ils eu recours au remède extrême d'une résistance ouverte ; inutilement auroient-ils obtenu les concessions les plus avantageuses, et les garanties les plus solennelles, s'ils fussent demeurés justiciables des cours féodales, dans tous les cas, et notamment pour les délits qu'ils pourroient commettre : ces cours, uniquement composées de seigneurs de fief, n'auroient pas tardé à rétablir, par des jugements, les vexations abolies par les chartes. .

Ce danger étoit trop réel pour n'être pas senti. Il le fut, et l'on y pourvut en insérant dans toutes les chartes de commune une disposition qui constituoit les officiers municipaux juges des différents qui s'élevoient entre les membres de la commune (1).

---

(1) Les mots *liberté*, *franchise*, consignés dans les chartes de com-

Cependant il restoit à décider une question d'une grande importance: celle de savoir quelle étoit la nature de ces nouvelles justices.

Comme, malgré les motifs qui les avoient fait établir, elles n'en étoient pas moins des démembrements des cours féodales, on ne manquoit pas de raison pour soutenir qu'elles conservoient le caractère de justices seigneuriales; et que, par conséquent, ces nouveaux juges ne pouvoient exercer les fonctions judiciaires que sous la dépendance du seigneur, magistrat, propriétaire du territoire.

Les partisans de la couronne voyoient la chose différemment. Ils disoient: Toute justice émane du roi; le roi seul peut donc déléguer le droit de rendre la justice; la création d'une justice est un acte de la souveraineté, et le roi est le seul souverain du royaume; la loi peut seule conférer une jurisdiction; et la puissance

mune, firent sur les esprits un effet presque magique. A l'instant se firent apercevoir les premiers linéaments de la civilisation à laquelle nous sommes parvenus. Dans plusieurs de ces villes de commune on vit les habitants, fiers de l'indépendance qui leur étoit assurée, ne prêter serment de fidélité à leur seigneur que sous la condition qu'il jureroit de maintenir leurs priviléges. Dans la charte de commune accordée par Humbert, seigneur de Beaujeu, aux habitants de Belleville, ceux-ci exigèrent qu'il y fût stipulé qu'Humbert et ses successeurs jureroient de maintenir leurs libertés et leurs franchises; et, pour plus grande garantie, demandèrent que vingt gentilshommes, vassaux du seigneur, prêtassent le même serment. On voit de même un seigneur de Moirans en Dauphiné obligé de fournir un certain nombre de garants de sa fidélité à observer la charte de commune de cette ville.

législative est exclusivement concentrée dans la main du roi. On ajoutoit : Ce n'est donc pas dans les chartes données par les seigneurs que l'on peut voir le titre en vertu duquel les justices municipales sont établies. Ces lettres ne sont évidemment que des actes de la puissance féodale. On ne peut donc trouver ce titre que dans les confirmations données par le roi; ainsi le roi confirme les chartes de commune, comme suzerain et comme roi : comme suzerain, il ratifie la suppression ou l'abonnement de certains droits féodaux ; comme roi, il donne l'existence aux justices municipales.

Ces principes ne pouvoient pas être raisonnablement contestés. Cependant les hauts barons affectèrent de les méconnoître ; mais ils prévalurent dans les seigneuries secondaires ; et, se propageant avec l'autorité royale, ils suivirent ses progrès. Enfin la puissance féodale ayant, sur tous les points du royaume, reculé devant la prérogative de la couronne, il fut universellement reçu que, dans les villes de commune, les jurisdictions municipales appartenoient à la classe des jurisdictions royales, et que les officiers municipaux ne pouvoient administrer la justice qu'au nom du roi, comme ses officiers, et conformément à ses ordonnances.

Mais, si les justices municipales émanoient du roi, si lui seul avoit pu les créer, il pouvoit incontestablement les abolir : cette conséquence ne pouvoit pas échapper. Aussi voit-on plusieurs suppressions de ces justices ordonnées par le roi, tantôt sur la demande des communes elles-mêmes, tantôt pour les punir d'avoir abusé de leurs priviléges ; et lorsque, par l'article 71 de l'ordonnance de Moulins, Charles IX enleva la connoissance des affaires civiles à toutes les justices municipales, on ne vit dans cette grande mesure qu'un exercice légitime de la prérogative royale.

Si les chartes de commune donnèrent beaucoup d'extension à la justice royale, elle n'en reçut pas moins d'une innovation à peu près du même genre, et qui eut lieu presque à la même époque. Je parle des bourgeoisies et des avoueries.

Des Bourgeoisies et des Avoueries.

Les vexations des seigneurs donnèrent lieu à l'établissement des communes. Les bourgeoisies eurent une origine plus noble : la nation en fut redevable à la bienfaisance de ses rois; Louis VI donna l'exemple.

D'abord on recréa les *municipies;* c'est-à-dire, que l'on rétablit dans leurs priviléges les villes qui, sous les Romains, avoient le droit de se gouverner elles-mêmes. Ces villes municipales, que l'on confondit bientôt avec les villes de commune, étoient en petit nombre. Quant aux autres, administrées, avant l'invasion des Francs, par des préfets du choix des Romains, et que, par cette raison, on nommoit villes préfectorales, elles n'avoient jamais joui d'aucun privilége, et leur condition étoit à peu près la même que celle des habitants des campagnes. Louis-le-Gros conçut la noble idée de les faire sortir de cet état de dégradation. Ce prince et ses successeurs donnèrent des lettres d'affranchissement à toutes les villes de leur domaine qui témoignèrent le désir d'en avoir; on en offrit même à quelques unes qui n'en sollicitoient pas.

On se demande, sans doute, pourquoi des lettres d'affranchissement, et non des chartes de commune? Voici la manière dont cela peut s'expliquer.

Les habitants des villes seigneuriales, victimes tout à-la-fois des vexations de leur seigneur, et des violences des seigneurs voisins, n'avoient ni l'appui de la force contre ces derniers, parcequ'ils étoient sans armes et sans point de réunion; ni le secours des lois contre les premiers, parcequ'inutilement auroient-ils demandé justice à des hommes qui, exerçant et la puissance législative et l'autorité judiciaire, faisoient exécuter comme juges ce qu'ils avoient ordonné comme législateurs.

Pour faire cesser un état de choses aussi déplorable, il ne suffisoit pas d'abolir les servitudes personnelles, de réduire les prestations que leurs excès rendoient insupportables, et d'abonner les taxes arbitraires à des sommes déterminées. Il falloit des garanties pour l'avenir: les villes qui se formèrent en commune les arrachèrent des seigneurs; et ces villes, érigées en corps politique, eurent une jurisdiction indépendante du seigneur, des officiers de leur choix, et en quelque sorte le droit de paix et de guerre, c'est-à-dire, le droit de s'armer pour repousser la force par la force.

Dans les villes royales, l'idée de demander ces garanties ne pouvoit se présenter à l'esprit de personne. Ces villes, sous l'égide de l'autorité du roi, qui chaque jour s'étendoit et s'affermissoit davantage, n'avoient pas à redouter les invasions des seigneurs voisins. Quant à la justice, rien n'en motivoit la concession aux officiers municipaux : le roi n'auroit pu conférer qu'une jurisdiction royale; et cette jurisdiction existoit dans toutes les villes du domaine de la couronne. D'ailleurs, quelle apparence que les rois voulussent jamais retirer des privilèges qu'ils accordoient d'une manière si libérale.

Aussi, dans ces concessions nouvelles que, pour les distinguer des chartes de commune, on appela *chartes de bourgeoisie*, ne voit-on aucune de ces mesures défensives prises par les vassaux contre leurs seigneurs : au surplus, identité parfaite; même réunion des habitants en corporation; même faculté de se choisir des officiers municipaux, mais seulement pour administrer les affaires communes : et, quant aux droits seigneuriaux, même modération de ceux que leurs excès rendoient insupportables; même abonnement des taxes arbitraires à des sommes déterminées; enfin, même concession de différents privilèges.

Les heureux effets de cette innovation ne tardèrent pas à se faire sentir. Telle est la force de l'espèce d'instinct qui repousse les mesures arbitraires, que les nouveaux bourgeois, par cela seul qu'ils n'étoient plus soumis qu'à des droits déterminés et connus, se crurent rendus à la liberté. Les habitants des lieux voisins partagèrent cette opinion, et les villes de bourgeoisie devinrent l'objet de tous les vœux et de toutes les espérances.

Alors il se fit un mouvement général dans les esprits : les vassaux des seigneurs, qui n'avoient encore senti que le poids de leurs fers, en sentirent la honte; les charges féodales, celles même que l'habitude avoit rendues supportables, parurent un joug aussi odieux qu'avilissant; les exactions, les servitudes personnelles, que les seigneurs avoient jusqu'alors appelées leurs droits, ne furent plus regardées que comme l'abus de la force, abus qui devoit disparoître sitôt qu'il seroit possible de lui opposer une force supérieure. Si cette vérité ne fut pas clairement aperçue, du moins on l'entrevit; et la plupart de ceux qui, n'étant pas attachés à la glèbe, avoient la libre disposition de leur personne et de leurs biens, transférèrent leur domicile dans les villes royales.

Ces changements de domicile s'opéroient par une double déclaration : l'une au seigneur du lieu que l'on abandonnoit; l'autre à l'officier royal de la ville que l'on choisissoit pour sa résidence.

Mais cet accroissement de population dans les villes royales, en augmentant chaque jour les justiciables du roi, diminuoit dans la même proportion ceux des seigneurs. Frappés du danger qui les menaçoit, ils prirent le seul moyen capable de les en garantir : ils donnèrent des lettres de bourgeoisie aux villes de leurs domaines. Ces lettres étoient semblables à celles du roi, et renfermoient les mêmes concessions; mais elles n'inspirèrent pas la même confiance, et les changements de domicile continuèrent.

Cependant un obstacle s'opposoit à ce que ces changements fussent aussi nombreux qu'ils auroient dû l'être. Pour jouir des droits de bourgeoisie dans une ville royale, il falloit y faire une résidence réelle et habituelle; en conséquence, s'éloigner de son domicile d'origine, de ses relations, de ses propriétés, de ses moyens de subsistance: et tout le monde n'étoit pas en état d'acheter la liberté à un si haut prix.

Mais l'autorité royale prenant chaque jour de nouveaux développements, il s'établit une sorte de jurisprudence suivant laquelle, pour s'affranchir de la juridiction d'un seigneur, il suffisoit de le désavouer, et de s'avouer bourgeois du roi (1).

---

(1) Tout le temps que le nom de bourgeois ne fut employé que comme un titre de distinction et de privilége, il ne fut au-dessous de personne; quand il fut employé pour désigner une classe de citoyens subordonnée, il fut dédaigné des classes supérieures. Nous ne nous servons ici de ce nom que selon la première de ces deux acceptions.

En ce sens, le noble comme le roturier fut susceptible de la bourgeoisie. Rien n'est plus commun que les chartes où l'on voit des noms considérables avec la qualification de bourgeois. Le continuateur du Glossaire de du Cange cite des lettres de 1126, qui sont au trésor des chartes, dans lesquelles Richard des Costes est qualifié à-la-fois écuyer et bourgeois de Lyon. Il en cite d'autres de 1474, par lesquelles Jeanne de Gournay, veuve d'Aimery de Duras, chevalier, obtient du roi, pour elle et ses hoirs, le titre et les priviléges de bourgeois de Bor-

Alors on distingua plusieurs espèces de bourgeoisies : il y eut des bourgeoisies réelles et des bourgeoisies personnelles; des bourgeoisies royales et des bourgeoisies seigneuriales ; des bourgeois du roi et des bourgeois de seigneurs; des bourgeois du dedans et des bourgeois du dehors ; des bourgeois par résidence et des bourgeois par aveu ou par avouerie.

Ces avoueries ébranloient la puissance féodale jusque dans ses fondements. Avertis, par cette innovation, de ce qu'ils avoient à craindre de l'autorité royale, les seigneurs s'agitèrent sur tous les points du royaume, et les réclamations les plus fortes s'élevèrent de toute part. Philippe-le-Bel, dont la politique fut toujours

---

deaux. A la tête d'une requête présentée au roi par les bourgeois de Béziers, vers l'an 1260, on trouve le nom d'un bourgeois issu d'un père qui portoit le titre de chevalier. En 1298, un acte de notoriété atteste que, dans la Provence et dans la sénéchaussée de Beaucaire, les bourgeois avoient le droit d'être armés chevaliers sans être obligés d'en obtenir la permission du prince, de porter les marques, et d'user des prérogatives de la chevalerie. Joignez à ces preuves une foule d'exemples de personnes nobles, qualifiées bourgeois de telle ou telle ville, rapportés dans le traité de la Roque sur la noblesse. Un bourgeois d'Auxerre ayant été anobli, et se croyant par là exempt de la contribution qu'il payoit comme bourgeois, des lettres de Philippe VI, en 1341, déclarèrent que son anoblissement ne changeoit rien à sa bourgeoisie. Enfin on sait que, dans les plus anciens temps, il y a eu des villes qui ont joui du privilège d'anoblir ceux [de leurs bourgeois qu'elles jugeoient à propos. Il n'y avoit donc point d'incompatibilité entre les titres de bourgeois et de nobles ; et les nobles, par conséquent, ont toujours été susceptibles de la bourgeoisie. (*Voyez la Préface du tome XII des Ordonnances du Louvre.*)

d'élever ses prétentions au-dessus du but qu'il se proposoit d'atteindre, afin d'avoir l'air de faire des concessions à ceux même qu'il dépouilloit, accueillit ces plaintes et les calma, non en abolissant les avoueries, mais en les assujettissant à des règles qui en tempéroient les abus, du moins les plus graves.

Ce règlement est de l'an 1287. Son objet, porte le préambule, est *d'ôter les fraudes et malices dont nos sujets sont durement grévés et durement plaignants.*

L'article 1ᵉʳ règle les formalités à remplir pour acquérir le droit de bourgeoisie. Nous les ayons indiquées plus haut.

Cet article ajoute que celui qui veut s'agréger à la bourgeoisie d'une ville doit y acheter une maison de la valeur *de 60 sous parisis au moins.*

Par l'article 3 il lui est ordonné d'y demeurer, lui ou sa femme, depuis la veille de la Toussaints jusqu'à la veille de la Saint-Jean, sans qu'il leur soit permis de s'en absenter, si ce n'est pour affaires, pour mariage, pour maladie, pour pélerinage, ou autres cas semblables.

L'article 4 permet au mari et à la femme d'aller où il leur plaît, pour leurs moissons, fenaison, vendange, et autres affaires, depuis la veille de la Saint-Jean jusqu'à la veille de la Toussaints.

Cette obligation de résider une partie de l'année dans le lieu de la bourgeoisie fit illusion aux seigneurs. Telle fut leur imprévoyance, qu'ils ne virent pas combien l'ordonnance elle-même renfermoit de moyens d'éluder son exécution; et leur irritation se calma : c'est tout ce que vouloit Philippe le Bel. Bientôt les abus reparurent, et la France se couvrit de bourgeois du roi, et par conséquent d'hommes justiciables des seuls officiers royaux, *de corps et de meubles,* suivant l'expression de l'ordonnance de 1287, c'est-à-dire, pour crime, et en matières personnelles.

§. IV.

De l'Administration de la Justice, et du Conseil d'État, depuis la fin du douzième siècle jusqu'en 1270.

La grande affaire des rois étoit de se ressaisir du dernier ressort de la justice; mais les seigneurs, qui connoissoient toute l'importance de cette haute prérogative, l'auroient défendue avec succès si l'on eût entrepris de l'attaquer ouvertement : on le savoit, et l'on s'y prit avec plus de ménagement et d'adresse. Philippe Auguste fit le premier pas.

Avant ce prince, lorsque le seigneur *veeoit le jugement de sa cour,* c'est-à-dire, refusoit justice, il ne restoit définitivement d'autre ressource que de lui déclarer la guerre, si l'on étoit assez puissant pour la faire avec succès. Philippe Auguste établit qu'en ce cas il seroit libre de se pourvoir à la cour du seigneur dominant; on nommoit ce recours à la justice supérieure *appel de défaute de droit.*

Ce règlement subordonnoit, à la vérité, la justice des barons à celle du roi; mais il leur donnoit la même prérogative sur leurs vassaux, et ils gagnoient plus qu'ils ne perdoient. D'un autre côté, il ne touchoit à leur autorité que dans les cas où ils ne jugeoient pas à propos d'en faire usage; enfin ils étoient les maîtres de l'annuler, en rendant la justice qui leur étoit demandée. Aussi ne voit-on pas qu'il ait excité aucune réclamation; et même cette coutume étoit déja tellement affermie au commencement du treizième siècle, que Jean de Nesle porta à Philippe-Auguste une plainte contre la comtesse de Flandre, qui, disoit-il, avoit refusé d'assembler sa cour pour juger un différent qui s'étoit élevé entre elle et lui. Le roi fit ajourner la comtesse devant la cour des pairs. Elle y comparut, et soutint que l'affaire devoit être renvoyée devant la cour des pairs de Flandre. «C'est moi seule, disoit-«elle, qui dois être jugée par les pairs de France, mais «uniquement dans le cas où je refuserois d'assembler «ma cour pour faire justice à mon vassal. Je ne la lui «refuse pas; je suis prête à convoquer mes pairs pour «examiner ses prétentions et ses titres : *le recours au* «*roi n'est permis que dans le cas de déni de justice ;* «je dois et je veux la rendre moi-même à mes hommes «de fiefs. »

Cette défense étoit au moins très plausible. Cependant la comtesse de Flandre perdit sa cause; et la cour des pairs retint par-devers elle la connoissance de l'affaire : *Judicatum est quod Joannes de Nigella non debebat reverti ad curiam comitissæ, et quod comi-tissa debebat ei respondere in curiâ domini regis, ubi eam appelaverat de juris defectu.* Cette affaire, com-mencée sous Philippe-Auguste, ne fut jugée qu'en 1224.

Voilà un acte de supériorité bien marquée. Ces cas se présentoient à la vérité bien rarement; mais cette première conquête de l'autorité royale sur les grands vassaux familiarisoit les esprits avec l'idée de la supé-riorité de la couronne, et c'étoit avoir beaucoup fait. Saint Louis acheva la révolution. Il faudroit de longs développements pour exposer les obstacles qu'il eut à vaincre, et sur-tout pour donner une idée de l'art et de la sagesse qu'il employa pour les surmonter; mais comme, ici, mon unique objet est de montrer com-ment le conseil du roi, depuis si long-temps étranger aux affaires litigieuses, en fut tout-à-coup surchargé; je ne dirai que ce qui va le plus directement à ce but.

En 1260, Saint Louis fit un règlement (1) par lequel il défendit le combat judiciaire dans toutes les justices de ses domaines, et ordonna que les appels de faux jugements portés devant ses cours seroient décidés sans bataille, et uniquement d'après les moyens res-pectifs des parties.

Dix ans après, en 1270, parut le règlement connu sous le nom d'*Établissements de Saint Louis*. Ce prince, le premier de nos législateurs depuis Charlemagne, y

(1) Ordonnance du Louvre, tome Ier.

proscrit de nouveau le combat judiciaire dans toutes les justices de ses domaines, *et en toutes querelles.* Comme, en l'an 1260, il établit que l'on pourra fausser sans combattre, et, ce qu'il n'avoit pas fait dans son premier règlement, il substitua à la pratique monstrueuse du duel judiciaire des formes et des règles qui supposent dans Saint Louis des connoissances et des vues très supérieures à son siècle.

Le texte des Etablissements qui permet de fausser sans combattre mérite d'être connu ; c'est le chapitre 6 du livre Ier. Il forme une des grandes époques de notre histoire. C'est cette loi qui, en conférant à nos rois le dernier ressort de la justice, les a ressaisis de la puissance législative (1).

On ne pouvoit attaquer les jugements que d'une seule manière; en les faussant.

Fausser un jugement, c'étoit, comme nous l'avons déja dit, accuser les juges de l'avoir rendu méchamment, comme faux, traîtres et menteurs.

On pouvoit diriger cette accusation contre les pairs du fief, ou, dans certaines circonstances, contre le

---

(1) «Se aucuns veut fausser jugement en païs là où faussement de «jugement afiert, il n'i aura point de bataille, més li cleim, li respons, «et li autre errement du plet, seront rapportés en nostre coûr; et selon «les erremens du plet l'en fera tenir, ou depiécer les erremens du plet, «tôt le jugement: et cil qui sera treuvé en son tort l'amendera par la «coustume du païs et de la terre; et se la défaute est prouvée, li sires «qui est apelés il perdra ce qu'il devra par la coustume du païs et de «la terre.» *Etablissements*, liv. Ier, chap. 6.

seigneur. Dans les deux cas, il y avoit duel. Dans le premier, le gage de bataille se donnoit contre les jugeurs : le seigneur le recevoit, et l'affaire se terminoit dans sa cour; mais si lui-même étoit pris à partie, la contestation étoit dévolue à la cour de son dominant; il étoit obligé d'y suivre son justiciable, et là s'engageoit le duel judiciaire.

Lorsqu'il fut établi qu'à la cour du roi on pouvoit fausser sans combattre, les appels furent plus fréquemment dirigés contre les seigneurs. En effet, la partie condamnée y trouvoit le double avantage de sortir d'un tribunal dont elle avoit à se plaindre, et d'éviter les hasards d'un combat (1).

---

(1) On ne sait ce qui doit le plus étonner, ou l'extravagance du combat judiciaire, ou l'obstination des seigneurs à maintenir cet usage. A la vérité, la sagesse des règlements de Saint Louis, et l'exemple des justices royales, en avoient ramené quelques uns à des idées plus saines; mais le nombre en étoit encore si peu considérable trente ans après les établissements, que Philippe-le-Bel, n'osant attaquer de front cet abus, l'autorise en temps de paix, et ne défend le duel judiciaire que lorsqu'il sera en guerre. C'est la disposition de son ordonnance de l'an 1296, dont l'article 2 porte: *Tant que la guerre du roi durera, il n'y aura pas de gages de bataille, et l'on plaidera à l'ordinaire dans les justices royales et dans les subalternes.*

Cette défense fut si peu respectée, que Philippe-le-Bel fut obligé de la renouveler par une seconde ordonnance du 9 janvier 1303. Enfin, trois ans après, en l'an 1306, il en parut une troisième, par laquelle, après avoir déclaré qu'il est résulté des deux précédentes que beaucoup de crimes sont restés impunis, faute de preuves testimoniales, Philippe-le-Bel ajoute: *Pour ôter aux mauvais, dessus dits, toute cause*

Ainsi tous les vassaux immédiats de la couronne, et par conséquent tous les hauts barons, se trouvèrent,

---

de mal faire, nous avons attrempé nos dittes ordonnances, et voulons qu'il y ait lieu à gages de bataille toutes les fois que le corps de délit sera certain, que le crime emportera peine de mort, qu'il ne pourra pas être prouvé par témoins, et qu'il y aura, contre celui qui en sera soupçonné, présomption semblable à vérité.

On voit, par les anciens monuments de notre jurisprudence, que, jusqu'à la fin du quatorzième siècle, lorsqu'une affaire criminelle se présentoit dans les quatre circonstances prévues par l'ordonnance de 1306, on suppléoit à l'insuffisance des preuves par le duel judiciaire. *Joannes Gallus* (Jean le Coq), dans son Recueil des arrêts rendus pendant le quatorzième siècle, en rapporte un du parlement de Paris, qui ordonna le duel judiciaire sur une accusation d'adultère intentée contre Jacques Legris, par Jean de Carouge, son voisin, tous deux habitants de Paris. Le combat eut lieu le jour de Saint-Thomas de l'année 1386, près l'abbaye Saint-Martin-des-champs : Jacques Legris fut tué. *Joannes Gallus*, conseil de l'un des accusés, qui fut témoin du combat, et dont les ouvrages qui sont parvenus jusqu'à nous annoncent un homme de beaucoup de sens, croyoit cependant que Dieu intervenoit dans ces combats pour la manifestation de la vérité. En effet, après avoir rendu compte de la manière dont Jacques Legris fut tué, il ajoute : *Habeo scrupulum quòd fuerit Dei vindictá, et sic pluribus visum fuit qui duellum viderunt.*

J'aime à croire que cet arrêt est le dernier qui ait ordonné un duel judiciaire; du moins je n'en connois pas de postérieur.

En Angleterre, cet abus a subsisté beaucoup plus long-temps. En 1571, un combat judiciaire fut ordonné sous l'inspection des juges du tribunal des plaids communs; mais le combat n'eut pas lieu, parceque la reine Élisabeth, interposant dans cette affaire son autorité, ordonna aux parties de terminer à l'amiable leur différent : cependant, afin de conserver leur honneur, la lice fut fixée et ouverte, et l'on observa avec beaucoup de cérémonies toutes les formalités préliminaires d'un

dans beaucoup de circonstances, forcés de comparoître devant la cour du roi, de s'y défendre, et par conséquent de reconnoître sa supériorité.

Cette première innovation étoit la plus difficile; bientôt il s'en fit une seconde, et dont l'influence fut encore plus étendue.

Saint Louis, comme nous en avons déja fait l'observation, n'abolit le combat judiciaire que dans ses domaines : forcé à de grands ménagements envers des seigneurs qui se prétendoient législateurs dans leurs terres, et qui jouissoient paisiblement de cette prérogative, il ne pouvoit leur donner que des conseils et des exemples.

Ce que l'autorité du roi auroit vainement essayé de faire, l'autorité de la raison ne tarda pas à l'opérer.

L'usage pratiqué dans les justices royales dessilla les yeux sur l'absurdité du combat judiciaire; bientôt la procédure établie par le règlement de Saint Louis fut adoptée par un grand nombre de seigneurs, et les appels de toutes ces justices se portèrent encore définitivement devant le roi.

Une nouvelle manière de fausser les jugements, qui s'introduisit quelque temps après, multiplia encore

---

combat. (*Spelmanni Gloss.*, voc. *Campus*, p. 103.) En 1631, on ordonna un combat judiciaire, sous l'autorité du grand connétable et du grand maréchal d'Angleterre, entre Donald lord Rea et David Ramsay; mais cette querelle se termina aussi sans faire verser de sang, par la médiation de Charles Ier.

beaucoup ces appels. *Il sont*, dit Beaumanoir, *deux manières de fausser jugement desqueles li un des apiaux se doit demener par gages, si est quant l'en ajoute avec l'apel vilain cas; l'autre se doit demener par erremens seurquoi li jugemens fut fes* (1).

Il résulte de ce texte, que toutes les fois que le fausseur appeloit de la sentence, *sans vilain cas*, c'est-à-dire, sans accuser le seigneur ou les juges d'être faux et menteurs, la question sur l'appel étoit décidée par les moyens qu'il avoit employés devant le premier tribunal; et c'est précisément l'appel tel que nous le pratiquons aujourd'hui.

Comme il étoit libre à chacun de fausser *sans vilain cas*, on sent combien ce nouvel usage dut multiplier les appels.

Pierre Desfontaines (2), qui paroit avoir écrit quelques années avant Beaumanoir, rapporte qu'il a vu un appel de la cour du comte de Ponthieu en celle du roi; que le comte réclama l'ancien usage; et que, malgré son opposition, l'affaire fut jugée par droit et sans combat judiciaire (3).

---

(1) Coutume de Beauvoisis, chap 67, p. 337.

(2) Conseils, chap. 2, art. 17.

(3) En 1306, Philippe-le-Bel, comme on vient de le voir dans la note précédente, autorisa le duel judiciaire toutes les fois que celui qui seroit violemment soupçonné d'un crime ne pourroit en être convaincu par témoins. Cependant la noblesse françoise tenoit telle-

Cependant un appel dans la forme usitée aujourd'hui n'auroit pas été reçu. Suivant la procédure établie par les Etablissements de Saint Louis, il falloit dire que l'on faussoit le jugement. Ainsi, pour que l'innovation fût moins sensible, ce prince, aussi habile que sage, conserva le mot; mais la chose fut réellement changée.

Enfin les seigneurs de fiefs, qui ne regardoient le droit de rendre la justice comme la plus belle de leurs prérogatives, que parceque juger c'étoit combattre, s'éloignèrent des tribunaux à mesure que les combats judiciaires devinrent moins fréquents; ils furent remplacés par des baillis et des prud'hommes; et l'ordre judiciaire, replacé sur ses véritables bases, fut dès-lors à-peu-près tel qu'il est aujourd'hui.

A mesure que, dans une justice seigneuriale, on adoptoit la jurisprudence des Etablissements, l'appel tel que nous le pratiquons aujourd'hui étoit substitué au combat judiciaire; et comme la dévolution de ces appels avoit lieu suivant la loi des fiefs, c'est-à-dire, du seigneur inférieur au seigneur supérieur, tous étoient définitivement portés devant le roi, non comme roi, mais comme chef de la hiérarchie féodale, et comme

---

ment à cet usage, qu'en l'an 1315 les nobles de Bourgogne, de Moulins, de Langres et du comté de Forez obtinrent de Louis-Hutin une ordonnance qui leur permit, *quant aux gages de bataille, d'en user comme ils faisoient anciennement*. Néanmoins l'ordonnance de 1306 prévalut; mais cet abus ne cessa que pour faire place à un autre, celui des cartels.

le grand fieffeux du royaume, ainsi que l'on s'expri-
moit alors.

Dans *les cours le roi*, ou, ce qui est la même chose,
dans les justices royales, le régime étoit différent.
Comme on tenoit alors que l'appel *contenoit félonie
et iniquité*, le respect pour le roi, dont ces cours
étoient les organes, avoit fait rejeter la voie de l'appel; et celle de la supplication étoit la seule ouverte.
contre les jugements émanés d'elles (1).

Ces supplications étoient de deux sortes : les unes
adressées au roi, les autres au tribunal qui avoit rendu
le jugement.

La supplication étoit présentée au roi lorsque la
partie condamnée se plaignoit d'une erreur de droit (2);
et pour simple mal jugé, ou pour erreur de fait, elle
étoit portée devant le tribunal qui avoit rendu le jugement (3).

Ainsi, dès-lors, on connoissoit le recours en cassation et le pourvoi en requête civile; et, ce qui est assez
remarquable, ces deux manières d'attaquer les juge-

---

(1) « Se aucune des parties se sent du jugement greuée, et que le'n
« leur ait fet tort, et grief qui soit appert, il en doit tantost appeller
« sans demorer, au chief seigneur, ou à la cort de celuy de qui il tien-
« dra de degré en degré, etc....

« Souplication doit estre faite en cort de roy, et non pas appel; car
« appel contient felonie, et iniquité. » *Établissements de Saint Louis*,
liv. 2, chap. 15.

(2) Établissements, liv. II, chap. 15.

(3) *Idem*, liv. Ier, chap. 80.

ments en dernier ressort avoient lieu dans les mêmes circonstances et à-peu-près de la même manière qu'aujourd'hui.

On ne voit pas quels étoient les délais pour présenter la supplication au roi; mais celle au juge devoit être faite dans le jour même de la prononciation du jugement. Si le bailli l'accueilloit, il rassembloit les mêmes juges, leur en adjoignoit quelques autres, et l'affaire étoit soumise à un nouvel examen; *mais si le bailli ne vouloit faire l'amendement du jugement, on pouvoit appeler devant le roi.*

§. V.

De l'Organisation judiciaire et du Conseil d'Etat depuis l'an 1270 jusqu'en 1302.

Cependant la révolution s'étoit faite si promptement, que l'on n'avoit pas songé à établir une cour supérieure investie du droit de recevoir les appels et les supplications dont nous venons de parler. Le jugement en étoit donc naturellement et même nécessairement dévolu à ceux qui, précédemment, jugeoient les affaires dont les rois avoient coutume de connoître.

Ces affaires, suivant qu'elles présentoient plus ou moins de difficultés, étoient portées ou au conseil d'état, ou devant le roi lui-même, ou à un tribunal que l'on nommoit *les plaids de la porte.*

Ce tribunal étoit établi dans le palais du roi; on lui

donnoit cette dénomination de *plaids de la porte*, sans doute parcequ'il étoit dans le lieu le plus accessible au public.

Le sire de Joinville, parlant de ces plaids dans la Vie de Saint Louis, dit que ce prince avoit coutume de l'envoyer, avec les sires de Nesle et de Soissons, aux plaids de la porte, et que s'il y avoit quelque chose qu'ils ne pussent bonnement vider, ils en faisoient leur rapport au bon roi, qui, lors, envoyoit quérir les parties, et jugeoit leurs causes.

Pasquier, dans ses Recherches, liv. 2, chap. 3, dit qu'il a trouvé un rôle, fait avant que le parlement fût rendu sédentaire, qui est terminé par ces mots : «M. Pierre de Sargives, Gilles de Compieigne, et Jean «Maillière : ces trois orront les plaids de la porte, et «aura Gilles de Compieigne autant que M. Pierre de «Sargives, et mangera avecques le chambellan.»

Jean de Joinville nous dit, comme on vient de le voir, que lorsqu'il ne pouvoit *bonnement* vider une affaire, il la renvoyoit au roi. Alors, en effet, les rois étoient dans l'usage de juger eux-mêmes ; en voici un exemple : Le chambellan de Longueville se plaignoit que le seigneur d'Harcourt, à la tête d'une troupe armée, l'avoit assailli, maltraité, et contraint de signer certains accords contre lesquels il réclamoit. Philippe-le-Bel jugea lui-même cette affaire ; son jugement, consigné dans les registres nommés *olim*, sous la date de 1296, est conçu dans les termes qui suivent : «Nous, «de notre souveraineté et de notre plein pouvoir, or-

« donnons et voulons que cette présente notre ordon-
« nance ait force de jugement; nous voulons que toutes
« conventions qui ont été faites, et toutes obligations,
« quelles qu'elles soient, entre les seigneurs d'Harcourt
« et de Longueville, pour raison desdits contents,
« soient nulles, et que toutes les lettres sur ce faites
« d'une part et d'autre nous soient livrées et rendues. »

Si les gens tenant les plaids de la porte délaissoient
souvent au roi le jugement des affaires qui leur étoient
soumises, parcequ'ils en trouvoient la solution trop
difficile, il arrivoit encore plus fréquemment que les
rois s'abstenoient de juger par le même motif. Alors
ils renvoyoient à leur conseil.

Comme le conseil du roi ne pouvoit donner aux affaires des particuliers que les moments qu'il n'étoit pas
obligé de consacrer aux affaires publiques, il résultoit
de cet état de choses, et que l'on ne pouvoit jamais
savoir pour quel jour il falloit donner les ajourne-
ments, et qu'il étoit impossible de prévoir quel seroit
le terme d'un procès.

Cependant les appels devenoient chaque jour plus
nombreux; il falloit donc les assujettir à des formes
déterminées : c'est ce que l'on fit en fixant quatre époques dans l'année, pendant lesquelles le conseil, ou du
moins une partie du conseil, seroit exclusivement occupé à les recevoir et à les juger. Ces époques étoient
les fêtes de la Toussaint, de la Chandeleur, de Pâques,
de l'Ascension, et quelquefois de l'Assomption. Alors
le conseil prenoit la dénomination de *parlement*, et

chaque parlement celle de l'époque à laquelle il étoit réuni; ainsi l'on disoit: *Le parlement de la Toussaint, le parlement de la Chandeleur*, etc.

Le conseil, ainsi réuni en parlement, se divisoit en deux chambres: l'une, que l'on appeloit *des enquêteurs,* étoit uniquement occupée à faire des enquêtes, c'est-à-dire, à constater par la preuve testimoniale les usages des tribunaux et les conventions des parties, alors presque toutes verbales, attendu que très peu de personnes savoient écrire; l'autre, que depuis on a nommé *la grand'chambre,* jugeoit les procès sur les requêtes des parties et sur les plaidoyers des avocats, ou sur le rapport des enquêteurs, lorsque la décision du point en litige avoit été subordonnée à la preuve testimoniale.

Les deux chambres restoient assemblées jusqu'à ce qu'elles eussent statué sur toutes les affaires instruites; on renvoyoit au prochain parlement celles dont l'instruction n'étoit pas complète.

Dans l'intervalle d'un parlement à un autre, les conseillers d'état reprenoient leurs fonctions ordinaires.

Ainsi le conseil existoit sous deux dénominations; mais lors même qu'il prenoit celle de parlement, c'étoit toujours le conseil d'état, et le roi y délibéroit les lois et les actes d'administration générale que les circonstances pouvoient exiger.

Cela explique la variété que l'on remarque dans la forme des ordonnances de ce temps-là. Celle de 1272, concernant les nouvelles avoueries, commence par ces mots: *Præcepit dominus rex et voluit in pleno parla-*

mento quod, etc. Une autre de la même année, relative aux sergents à gages, finit ainsi : *Per regem Philippum Parisiis in parlamento Ascensionis*, anno 1272.

Une troisième, qui fut faite au parlement de la Chandeleur de l'an 1290, et qui ordonne à tous les Juifs venus d'Angleterre de sortir du royaume, commence par cette formule : *Ordinatum fuit, domino rege præsente et præcipiente.* Mais il en est d'autres, en nombre à-peu-près égal, dans lesquelles il n'est question que du conseil, et qui commencent ou finissent par ces formules : *Ordinatum fuit per dominum regem et ejus consilium* (1). *Il est accordé par le roi et par son conseil, et commandé à garder* (2). Enfin il y a quelques ordonnances qui ne parlent ni du parlement ni du conseil. Il en reste deux de l'année 1274 : l'une du 23 octobre, concernant les avocats et leurs honoraires; l'autre, de la veille de Saint-André, qui finissent simplement par ces mots : *Datum Parisiis.* D'autres, qui sont de Philippe-le-Bel, portent, et rien de plus : *Philippe, par la grace de Dieu, roi de France. Donné à Paris, le,* etc.

On peut conjecturer que les ordonnances promulguées dans cette dernière forme avoient été rendues par les rois, de leur propre mouvement, et seulement de l'avis de quelques personnages graves qui

(1) Ordonnance de l'an 1277, touchant la manière de rendre les jugements en Touraine.

(2) Ordonnance touchant les retraits lignagers en Normandie, du 29 septembre 1278.

n'étoient point de leur conseil; que celles portant *datum in parlamento* avoient été délibérées par le parlement, le roi y séant; enfin, que la formule *donné par le roi et son conseil* indique les lois faites dans le conseil et dans l'intervalle d'un parlement à un autre.

Les lois, ainsi données de l'avis du conseil, étoient adressées au parlement le plus prochain, qui les faisoit transcrire dans ses registres. Cette formalité étoit indispensable. Puisque le parlement étoit obligé de juger en conformité de ces lois, il falloit bien qu'il les connût. Voici des exemples de ces enregistrements.

L'ordonnance de 1287, portant que les justices temporelles seront dorénavant exercées par des personnes laïques, commence par ces mots : *Ordinatum fuit per consilium domini regis ;* et au bas est écrit : *Hæc ordinatio registrata est inter judicia, consilia et arresta* (1) *expedita in parlamento omnium Sanctorum, anno* 1287.

_____

(1) On appeloit *arresta*, arrêts, les jugements rendus par la grand'-chambre sur les plaidoiries des avocats. Leur formule étoit : *Quibus rationibus utriusque partis hinc indè auditis, dictum fuit per arrestum curiæ*, etc. On appeloit jugements, *judicia*, ceux qui étoient rendus sur les procès par écrit et sur les enquêtes faites par l'un des juges commis à cet effet, qui en faisoit son rapport à la chambre. Leur formule étoit : *Visâ inquestâ et diligenter inspectâ, etc., pronuntiatum fuit per curiæ judicium.* On nommoit *consilia* les jugements par lesquels on donnoit aux parties des délais pour instruire leur procès et consulter leurs avocats. Leur formule étoit : *Dies consilii assignata est tali, super tali lite, ad aliud parlamentum proximum.* Enfin il y avoit une quatrième espèce de jugements, par lesquels la cour enjoi-

La forme de cet enregistrement n'indique qu'une opération purement matérielle. Dans celui de l'ordonnance touchant les bourgeoisies, on voit le mot *approbata*, qui suppose une délibération, et par conséquent la faculté de faire des remontrances sur les dispositions de la loi.

Cette ordonnance touchant les bourgeoisies ne fut d'abord qu'un règlement général fait par le parlement hors la présence du roi, mais de son commandement. Elle commence et finit ainsi : *Icelle ordonnance faite par la cour de notre seigneur li roi, et de son commandement..... Entend la cour que cette ordonnance soit tenue, non contrestant* (1) *tout usage ou saisine. Fait au parlement de la Pentecôte de l'an* 1277.

Six ans après, Philippe-le-Bel fit examiner ce règlement par son conseil, ordonna qu'il auroit force de loi dans tout le royaume, et fit apposer au bas la formule suivante : *Dominus rex, anno* 1293, *apud Pontisaram cum majori et saniori parte sui consilii voluit*

---

gnoit aux baillis, sénéchaux, et autres juges inférieurs, de faire telle enquête, de se conformer aux ordonnances, et en général aux ordres qui leur étoient adressés : ces jugements s'appeloient *mandata;* leur formule étoit : *Injunctum est baillino tali,* etc. Les arrêts de règlement que les cours de parlement étoient en usage de faire sous le bon plaisir du roi avoient pris leur origine dans ces jugements appelés *mandata;* et ceux nommés *consilia* avoient donné naissance à la formule *Des appointements au conseil à écrire et produire.*

(1) Nonobstant.

et præcepit quod dicta ordinatio per TOTUM *regnum observetur.*

Il manquoit encore à cette ordonnance la formalité de l'enregistrement. Deux ans après, cette formalité fut remplie dans les termes qui suivent: *Anno* 1295, *præsentibus duce Burgundiæ comite Sancti Pauli, constabulario, episcopis Tresensi et Dolensis, fuit recitata prædicta ordinatio et* APPROBATA *in parlamento omnium Sanctorum, præsente toto parlamento* (1).

Cet état de choses avoit beaucoup d'inconvénients. Je vais indiquer celui qui se fit sentir le premier, du moins qui fut le premier auquel on remédia.

Le parlement étoit composé de tous les membres du conseil; mais aucun d'eux n'étoit spécialement délégué pour y rendre la justice: de manière qu'il pouvoit arriver qu'une audience manquât, parceque les juges n'étoient pas assez nombreux, et que le lendemain la délibération fût entravée par leur trop grand nombre.

Philippe-le-Bel fit disparoître cet inconvénient par une ordonnance qu'il publia au parlement de la Toussaint de l'an 1291.

Les deux premiers articles de cette ordonnance sont

_____

(1) « Or estoient ces parlements de telle et si grande recommandation, que Frédéric II, empereur de ce nom, en 1244, ne douta de vouloir remettre à iceluy tous les différents qu'il avoit avec le pape Innocent IV, ausquels n'y alloit que du nom et tiltre de l'empire. » PASQUIER, *Recherches*, liv. II, chap. 2.

relatifs aux affaires qui se jugeoient sur les requêtes des parties, c'est-à-dire, sans audition de témoins. Philippe-le-Bel les partage en deux classes : celles des pays coutumiers, et celles des pays de droit écrit. Pour statuer sur les premières, il ordonne que, pendant toute la durée de chaque parlement, trois personnes *de son conseil* siégeront et donneront audience tous les jours de la semaine. Il nomme de suite ceux qui feront ce service dans le prochain parlement. Il désigne de même les membres de son conseil qui jugeront les causes des pays de droit écrit. Ils seront au nombre de quatre : ils siégeront les vendredi, samedi et dimanche de chaque semaine, et même tous les jours, si les affaires l'exigent.

Dans l'article 3, le législateur s'occupe des affaires dans lesquelles des témoins avoient été entendus. Comme l'examen des enquêtes exigeoit plus de temps et d'attention, il porte à huit le nombre des enquêteurs, et il les partage en deux sections, dont l'une siégera les lundi et mardi, et l'autre les mercredi et jeudi.

Enfin, par l'article 4, il est enjoint à ceux que le parlement chargera de faire des enquêtes, de les examiner dans leur cabinet, diligemment et avec la plus grande attention, et de ne se présenter, pour en faire le rapport, que lorsque la cour les mandera (1).

---

(1) Ces ordonnances prouvent que, dans son origine, le parlement fut un démembrement du conseil d'état ; aussi voyons-nous que telle

Les choses demeurèrent en cet état jusqu'en l'an 1302.

§. VI.

Du Parlement depuis 1302 *jusqu'en* 1363.

On venoit de remédier à un inconvénient; il en restoit un autre non moins grave. Les parlements,

---

étoit l'opinion de Bodin, de Pasquier et de Loyseau. Voici ce que nous lisons dans leurs écrits :

« Les commissions et arrêts de la cour sont conçus sous le nom et
« scel du roi; et même les commissions de la cour, encore qu'elles
« soient conçues au nom de la cour, sont scellées du petit scel du roi,
« à une fleur de lis : au lieu que les autres magistrats, baillifs, séné-
« chaux, etc., ayant puissance ordinaire, décernent leurs commissions
« sous leurs noms et sous leurs scels; *ce qui est retenu de l'ancienne*
« *forme, alors que le parlement étoit le conseil privé du roi.* Lequel
« conseil n'ayant puissance ordinaire, ne fait rien de soi. » BODIN, *Ré-*
publique, liv. IV, chap. 4.

« A l'égard du parlement, lorsqu'il étoit ambulatoire, il est certain
« que les officiers d'icelui étoient révocables, à sçavoir qu'ils n'étoient
« que commissaires, et non pas officiers ordinaires; car c'étoit une
« assemblée de certains personnages du conseil du roi, qu'il choisis-
« soit et députoit une fois ou deux l'an pour juger en son nom, et
« comme ses assesseurs, certaines grandes causes touchant les droits de
« sa couronne, et les procès des pairs de France : d'où s'ensuit que ce
« n'étoit pas une justice ordinaire, au moins que les juges du parle-
« ment n'étoient pas vrais officiers....

« Ainsi qu'encore aujourd'hui le conseil privé du roi n'a point de
« jurisdiction ordinaire, et les conseillers d'icelui ne sont que commis-
« saires : aussi n'ordonnent-ils rien en leur nom, mais font toujours

comme nous venons de le dire, étoient composés de membres du conseil d'état; mais, pour l'ordinaire, le conseil accompagnoit les rois dans leurs voyages : il falloit donc aussi que les plaideurs suivissent la cour.

Philippe-le-Bel sentit combien ces déplacements nuisoient au bien de la justice; et, par l'article 62 de son ordonnance du 23 mars 1302, il ordonna que dorénavant le parlement siégeroit dans Paris. Voici les termes de cet article 62 : *Propter commoditatem subjectorum nostrorum et expeditionem causarum proponimus ordinare, quod duo parlamenta Parisiis bis tenebuntur in anno.*

On voit, par ce texte, que Philippe-le-bel n'entendoit prendre qu'une mesure purement administrative; qu'il n'avoit d'autre objet que d'accélérer l'expédition

---

« parler le roi en tout ce qu'ils ordonnent. *Comme pareillement fait « encore le parlement, ensuite de ce qu'il faisoit lorsqu'il étoit le con- » seil du roi.*» LOYSEAU, *des Offices,* liv. I, chap. 3, n°s 86 et 87.

« Ayant été le parlement arrêté dans la ville capitale de la France, et « le roi dégarni (ce lui sembloit) de son ancien conseil, pour en avoir « voulu accommoder ses sujets, cette nouvelle police donna achemine-« ment à une autre, d'autant qu'il fut nécessaire au prince d'avoir gens « autour de soi pour lui administrer conseil aux affaires qui se présen-« toient pour l'utilité du royaume. Ces personnages étoient pris tant du « corps du parlement sédentaire que des princes et grands seigneurs de « la France, selon les faveurs qu'ils avoient de leur maître. Ce conseil, « dans les vieux registres, est tantôt appelé *conseil secret,* tantôt *conseil « étroit,* tantôt *grand-conseil;* mot qui à la fin gagna le dessus des deux « premiers, parcequ'il étoit dédié pour décider toutes les grandes affaires « de la France. » *Recherches de Pasquier,* liv. II, chap. 6.

des affaires; et que le parlement, rendu sédentaire à Paris, sans attributions, sans prérogatives nouvelles, ne fût que ce qu'il étoit dans le temps où, comme partie intégrante et active du conseil d'état, il suivoit le roi dans ses voyages.

Si les choses fussent demeurées dans cet état, le parlement n'auroit jamais été qu'une cour de justice ordinaire. Mais cette innovation fut bientôt suivie d'une seconde, et non moins importante : pour l'exposer, il faut que je rentre dans le régime féodal.

Depuis long-temps toutes les justices étoient patrimoniales; chaque seigneur haut-justicier, magistrat suprême de son territoire, en étoit le premier juge et en présidoit le tribunal.

Ces tribunaux étoient composés de tous les vassaux immédiats de la seigneurie. Les deux premiers devoirs de tous les propriétaires de fiefs étoient de servir leur seigneur à la guerre et dans sa cour de justice; et, comme juger c'étoit combattre, puisque les affaires se terminoient presque toutes par le combat judiciaire, le service aux plaids et le service militaire étoient également commandés par l'honneur. *Un pair*, dit Pierre Desfontaines (1), *ne pouvoit pas dire qu'il ne jugeroit pas, s'ils n'étoient que quatre, ou s'ils n'y étoient tous, ou si les plus sages n'y étoient. C'est comme s'il eût dit dans la mêlée qu'il ne secourroit pas son seigneur, parcequ'il n'avoit auprès de lui qu'une partie de ses*

_____

(1) Chap. **XXI**, art. 37.

hommes. Ce n'est pas tout : le jugement délibéré, le ministère des vassaux n'étoit pas consommé; ils devoient tous être présents lorsqu'on le prononçoit, afin qu'ils pussent dire *oïl* à celui qui, voulant le fausser, leur demandoit *s'ils ensuivoient. C'est*, dit le même Pierre Desfontaines, *une affaire de courtoisie et de loyauté, et il n'y a là ni fuite ni remise.*

Devant ces tribunaux se portoient généralement toutes les affaires qui intéressoient les prérogatives du seigneur (1), les domaines, les droits et les charges des vassaux; de manière que la règle de ces temps-là étoit qu'un propriétaire de fiefs ne pouvoit être jugé que par ses pairs (2).

Comme la France étoit alors gouvernée moins comme une monarchie que comme un grand fief, et que les usages du régime seigneurial formoient, à très peu de chose près, tout le code des François, les rois, presque sans autorité comme souverains, mais revêtus de toute celle que donnoit la qualité de seigneur dominant, avoient, comme tous les seigneurs justiciers, leur cour féodale, composée des vassaux immédiats de

---

(1) Lorsque l'affaire intéressoit directement le seigneur, il établissoit et régloit la cour, mais ne jugeoit pas. Son adversaire pouvoit l'appeler au combat, mais en lui rendant le fief qu'il tenoit de lui.

(2) *Nemo beneficium suum perdat, nisi secundùm consuetudinem antecessorum nostrorum, et per judicium parium suorum.* Const. de l'empereur Conrad.

Ces notions sont plus développées dans mon ouvrage intitulé : *Des Pairs de France, et de l'ancienne Constitution française.*

la couronne. Ils étoient les présidents de cette cour, et toutes les affaires qui intéressoient personnellement les hauts barons devoient y être portées (1).

Tel étoit donc, dans le treizième siècle, notre régime judiciaire. L'administration suprême de la justice étoit partagée entre la cour féodale du roi, qui connoissoit de toutes les contestations qui intéressoient directement les Pairs de France, et le conseil du roi, qui, sous la dénomination de parlement, jugeoit en dernier ressort, et à des époques déterminées, les affaires ordinaires.

A peine le parlement fut-il rendu sédentaire à Paris, que la majesté de son costume (2), sa dignité dans

---

(1) On sait que le code connu sous la dénomination d'*Assises de Jérusalem* n'est autre chose que le recueil des usages alors reçus en France. Voici, relativement à la manière dont la justice étoit administrée à cette époque, ce que nous y lisons, chap. II. « Le duc Godefroy de Bouillon establi deus cours : l'une-ci est la haute court, de que il fut governor et justicier; et l'autre-ci est la court des borgés, en laquele il establi un home en son leuc à être governor et justicier, lequel est appelé visconte, et establi à être juges de la haute court ses homes chevaliers qui lui estoient tenus de foi par l'omage qu'ils lui avoient fait; et de sa court de la borgésie, borgois de ladite cité.... les plus sages.... Et establi que lui et ses homes, et lor fiés, et les chevaliers fussent menés par la haute court.... »

(2) « Il n'est permis aux magistrats de France, fors qu'aux seuls parlements, de porter robes d'escarlate, ou couleur de pourpre, estant certain que l'escarlate et le cramoisi sont les vraies couleurs et habits des rois. » LA ROCHE-FLAVIN; *des Parlements de France*, liv. X, chap. 24.

« Outre les robes de pourpre, ou escarlate, les rois ont communiqué

l'exercice de ses fonctions, la sagesse de ses arrêts, et l'usage où étoient les rois de délibérer avec lui sur les plus grands intérêts de l'Etat, le rendirent l'objet de la vénération universelle. Le droit d'avoir cette cour pour juge immédiat, et de ne pouvoir être traduit devant aucun autre tribunal, fut mis au rang des plus belles prérogatives. Les rois se l'attribuèrent pour toutes les affaires qui intéressoient leur domaine et leur couronne, et la conférèrent aux grands du royaume et aux établissements publics qu'ils vouloient le plus favoriser (1). On lit dans des lettres de sauve-garde de l'an 1358 (2), que Jeanne de Navarre, veuve de Charles-le-Bel, en jouissoit; et que le duc d'Orléans, oncle du roi, avoit le même privilége (3). Enfin les pairs de

---

« leurs autres habits royaux, sauf le sceptre et la couronne, au chan-
« celier et aux présidents des parlements.

« Le premier ornement qu'ils leur ont donné a été celui de la tête,
« que le vulgaire appelle un *mortier*.... Que nos rois aient usé de ces
« mortiers pour bonnets, il en appert par quelques effigies de rois en-
« core affublés ou couverts de leurs mortiers. On en voit aux verrières
« de la Sainte-Chapelle, qui sont du temps de Saint Louis.... Outre
« laquelle tiare ou mortier, nos rois leur ont communiqué leurs habits
« et manteaus royal, tel que nous voyons qu'ils portent, d'escarlate,
« longs et fourrés.... Que tels habits, robes et manteaus fussent l'habit
« des rois, Monstrelet le dit, parlant de l'entrée du roi Charles VII à
« Rouen. » *Ibidem*, chap. 25.

(1) L'hôpital général de Paris en jouissoit encore en 1789.

(2) *Ordonnance du Louvre*, tome III, p. 328.

(3) Dans un lit de justice tenu par Henri II, le 2 juillet 1549, le chancelier Olivier portant la parole au nom du roi, et déroulant aux

France, qui sentirent combien les formes de procéder nouvellement introduites embarrasseroient un tribunal uniquement composé de hauts barons, placèrent

yeux du parlement les titres de cette illustre compagnie au respect des nations, disoit :

« L'opinion et l'estime du parlement étoit telle par toute la chrétienté, « que communément les grands princes étrangers se soumettoient « volontairement au jugement de ce parlement. L'empereur Frédéric II, « étant entré en grands différents et débats avec le pape Innocent IV, « jusqu'à venir aux armes, en façon que le pape l'avoit privé de l'em- « pire au concile de Lyon, soumit au jugement du roi et de ses pairs, « en son parlement, tous les différents qu'il avoit avec le pape. Du temps « du roi Philippe-le-Bel, en l'an 1312, le différent du comté de Namur « fut décidé au parlement; et ne refusa point, Jean, comte de Namur, « se soumettre au jugement du roi et de son parlement, encore qu'il « eût pour partie Charles de Valois, frère du roi, qui prétendoit ladite « comté lui appartenir; et fut l'arrêt donné contre Charles de Valois. « En l'an 1320, Philippe, prince de Tarente, se soumit au jugement du « parlement, pour un différent qu'il avoit avec le duc de Bourgogne, « touchant certains frais qu'il convenoit faire pour le recouvrement de « l'empire de Constantinople; et fut l'arrêt donné, le roi présent et séant « en son parlement, au profit du prince de Tarente. Ce prince de « Tarente fut celui qui, peu après, par jugement du parlement, amenda « les injures qu'il avoit dites au chancelier de France. En l'an 1342, fut « donné arrêt au parlement, entre le duc de Lorraine et Guy de Châ- « tillon, qui avoit épousé dame Marie de Lorraine, sa sœur, sur le « différent qu'ils avoient ensemble, touchant le partage de ladite sœur, « tant au duché de Lorraine que autres terres, dont ils s'étoient volon- « tairement soumis au jugement du parlement. En l'an 1390, le dau- « phin de Viennois et le comte de Savoie se soumirent au jugement du « parlement, touchant le différent de l'hommage du marquisat de Sa- « luces et de plusieurs places et seigneuries contentieuses entre eux, « lequel jugement fut donné au profit du dauphin; et, par autre arrêt,

la cour féodale du roi dans la cour du parlement. La fusion fut telle, que bientôt les deux corps n'en firent qu'un seul; et ce nouvel ordre de choses fut érigé en loi fondamentale de l'Etat par l'ordonnance du mois de décembre 1363, qui, après avoir dit que le parlement est le modèle et le régulateur de tous les tribunaux du royaume, *totius justitiæ regni nostri speculum clarissimum*, ajoute que ceux-là seuls qui, comme les pairs de France, en ont le droit, pourront porter directement leurs affaires à cette cour : *Ordinamus et statuimus quod nulla causa indicta nostrâ curiâ parlamenti introducatur, nisi sit talis quod jure suo ibidem debeat agitari, sicut sunt causæ parium Franciæ.*

C'est à cette réunion que le parlement devoit et la magnifique qualification de *Cour des pairs*, et cette haute importance qui, pendant près de cinq siècles, a jeté tant d'éclat sur la magistrature françoise.

« le comte de Savoie fut condamné envers le dauphin, pour restitution « de fruits, dommages et intérêts, en 200,000 francs d'or. Du temps du « roi Charles VI, ceux de Cambray furent appelés au parlement, pour « certains excès par eux faits au mépris d'aucuns arrêts : et combien « qu'ils ne fussent sujets au parlement, toutefois, pour la grande réputation de la cour, ils comparurent et plaidèrent, et enfin réparèrent « les excès. Et, d'assez fraîche mémoire, aucuns chevaliers espagnols « apportèrent au parlement un traité fait et passé entre le roi de Castille et le roi de Portugal, pour le faire publier à huis ouverts : ce qui « fut fait; et eurent acte de la publication. La plupart des anciennes « ordonnances sont faites au parlement, le roi y séant; ou autre de « par lui. »

§. VII.

Du Parlement, considéré dans ses rapports avec l'Administration publique, et comme Cour des Pairs.

Considéré comme corps politique, le parlement n'é-toit plus ce tribunal purement judiciaire, dont les attributions se bornoient à faire l'application des lois civiles aux débats qui s'élevoient entre des particuliers : c'étoit la réunion des hommes les plus éminents par la naissance, les dignités, et l'expérience dans les affaires ; en un mot, c'étoit la cour des pairs.

Le roi lui-même en étoit le président ; les princes du sang royal et les représentants de ces hauts barons qui ont laissé de si profonds souvenirs, c'est-à-dire, les pairs de France, partageoient avec les magistrats le titre et les fonctions de conseiller en cette auguste cour.

Eh ! qu'elles étoient importantes et nobles, ces fonctions !

La cour des pairs, placée sur les degrés du trône, en étoit tout à-la-fois le plus bel ornement et le plus ferme appui. De ce poste éminent, en même temps qu'elle donnoit à tous l'exemple de l'obéissance et de la fidélité, elle étendoit sa sollicitude sur toutes les parties de l'administration publique. Gardienne de l'autorité royale, des lois fondamentales de l'Etat, de l'indépendance de la couronne, elle les défendoit avec un courage infatigable contre les entreprises de la puissance spirituelle, contre l'audace des séditieux et des novateurs, contre le gouvernement lui-même, s'il manquoit d'énergie, ou s'il se méprenoit sur ses véritables intérêts.

Supérieurs à toutes les classes de la société, par la dignité de leurs fonctions, par le rang qu'ils occupoient, et par le respect dont ils étoient environnés, les personnages qui composoient cette illustre compagnie formoient une espèce de milieu entre le prince et la nation. Auprès du prince, ils étoient les organes du peuple; et, faisant planer son autorité sur les grands et sur les petits, ils comprimoient l'arrogance des uns, la jalousie des autres, et les contenoient tous dans les bornes de la subordination et du devoir. Investis d'une autorité secondaire, à la vérité, mais héréditaire comme celle du prince lui-même, ils avoient le même intérêt que lui à la conservation de l'ordre établi : aussi, lorsqu'ils se trompoient dans les moyens qu'ils employoient pour le maintenir, il n'arrivoit jamais que l'on accusât leurs intentions. Enfin cette cour étoit l'ancre qui fixoit le vaisseau de l'Etat, et l'empêchoit de se briser contre les deux grands écueils des gouvernements, l'arbitraire et l'anarchie.

Cependant elle ne brilloit que des rayons que le trône réfléchissoit sur elle. Par elle-même, sans autorité politique, elle ne partageoit avec le prince ni la puissance législative, ni le pouvoir exécutif; tout ce qu'elle pouvoit, elle le tenoit de lui: lorsqu'elle agissoit, c'étoit toujours en son nom, et sous son bon plaisir. Si quelquefois elle arrêtoit momentanément l'exécution de ses ordres, ce n'étoit jamais que par de simples remontrances, qui n'avoient pas de suite nécessaire ; et c'est dans ce droit de déposer aux pieds du souverain de très humbles et très respectueuses remontrances, que se concentroient les fonctions qui lui étoient inhérentes, et qui lui appartenoient en propre. Ainsi, telle étoit l'admirable organisation de cette cour : sans altérer l'unité de pouvoir qui constitue l'essence des monarchies, sans aucune participation à l'exercice de ce même pouvoir, elle en étoit la régulatrice, elle en modéroit l'action, elle préservoit la nation et le prince lui-même du danger des résolutions précipitées, et de celles qui, belles en théorie, n'auroient donné dans la pratique que des résultats désastreux ; et cela par le moyen le plus simple et le moins propre à inquiéter l'autorité ; par un moyen que les lois autorisoient, et qui, toujours employé dans les formes les plus respectueuses, ne pouvoit que rendre l'autorité plus douce, plus mesurée, et par conséquent plus durable.

A qui la France étoit-elle redevable de cette institution ? au temps et aux circonstances. Elle n'auroit pas traversé tant de siècles si elle n'eût été que l'ouvrage des hommes. Sortie pour ainsi dire d'elle-même, des mœurs, des habitudes et de l'esprit général de la nation, on pouvoit dire d'elle : *prolem sine matre creatam.*

§. VIII.

Détails historiques sur le Conseil d'Etat, depuis le commencement du quatorzième siècle jusqu'à l'Etablissement du Grand-Conseil, en 1497.

Le conseil étoit alors divisé en deux sections : les maîtres des requêtes de l'hôtel, et les conseillers d'état.

Les fonctions des maîtres des requêtes de l'hôtel étoient de recevoir les placets présentés au roi, de les examiner, de rejeter les demandes déraisonnables ; et, quant à celles qui leur paroissoient justes, de faire dresser les lettres nécessaires par le notaire du roi, qui faisoit les fonctions de greffier auprès d'eux. Ces lettres étoient terminées par cette formule : *in requestis hospitii;* ou *ès requêtes de l'hôtel.* Elles étoient ensuite portées au conseil du roi, où, après une nouvelle discussion, elles étoient définitivement rejetées ou admises.

Cela est prouvé par des lettres du mois d'août 1361 (1), à la fin desquelles on lit : *Autrefois ainsi signées;* ensuite est écrit : *Après ce, de votre commandement, vues, et les articles contenus en icelles, corrigées par le conseil et par le procureur du roi en parlement, et depuis rescrites, et à moi ainsi baillées pour signer.*

_____

(1) Ordonnance du Louvre, tome III, p. 519.

Ces lettres, ainsi rédigées par les maîtres des requêtes, corrigées et adoptées par le conseil, étoient envoyées au sceau. Le chancelier avoit encore le droit de les examiner et d'y faire les corrections qu'il croyoit convenables. Suivant l'article 44 de l'ordonnance du mois de mars 1356, l'une des fonctions de ce premier magistrat étoit *de voir et examiner, corriger, passer et sceller les lettres qui seront à passer et à sceller;* et, par l'article 12 de l'ordonnance du 14 mai 1358, il lui est enjoint de ne pas sceller les lettres passées au conseil, lorsqu'elles ne seront pas revêtues des formalités prescrites par cet article (1).

Quelques unes des lettres ainsi dressées par les maîtres des requêtes, approuvées par le conseil et scellées, avoient force de loi dans tout le royaume : tels étoient les priviléges accordés à des villes. Il étoit encore dans les attributions des maîtres des requêtes de faire les règlements que les corps et communautés demandoient au roi.

Les maîtres des requêtes avoient aussi une jurisdiction. Dans l'ordonnance du mois de décembre 1363, rendue en conséquence de l'assemblée des trois états de la Languedoc, on lit, art. 18 : «Voulons et ordon-«nons que toutes jurisdictions soient laissées aux juges «ordinaires,.... excepté tant seulement que les maîtres «des requêtes de l'hôtel auront la connoissance des «offices et aussi des officiers de notre hôtel, en action

_____

(1) Ordonnance du Louvre, tome III, p. 226.

«personnelle pure, en défendant tant seulement, et
«non pas en demandant.»

Le roi étoit toujours accompagné de quelques maîtres des requêtes; aussi sont-ils désignés, dans quelques ordonnances, sous la dénomination de *poursui-*
vants le roi; et, comme ils auroient pu abuser de cette
prérogative, il leur étoit expressément défendu de
rien demander, ni pour eux, ni pour leurs parents ou
amis. L'ordonnance du mois de mars 1356 renferme à
cet égard une disposition que nous croyons devoir
transcrire; c'est l'article 47 : «Nous ferons jurer au
«chancelier, aux maîtres des requêtes, et aux autres
«officiers qui sont entour de nous, comme nos cham-
«bellans et autres, que par devers nous ils ne procure-
«ront ne à eux, ne à leurs amis, *aucuns dons* de l'ar-
«gent de nos coffres, ne autrement; ne requerront de
«passer graces, ne rémissions; mais, si aucunes choses
«nous veulent demander pour eux ou pour leurs amis,
«ils nous requerront en audience, présent notre grand-
«conseil, où la plus grande partie.»

Il n'y avoit, du temps de Saint Louis, que deux maîtres des requêtes; leur nombre, beaucoup augmenté
sous Philippe-le-Bel, fut réduit à six par l'article 47
de l'ordonnance de 1357, rendue, sur les remontrances
des trois états, par Charles V, pendant la prison du roi
Jean.

Cet article porte : «Pour ce qu'il est venu à notre
«connoissance, par le bon avis des trois états, qu'aux
«requêtes de l'hôtel avoit trop grand nombre de per-

« sonnes, et aucuns qui étoient en icelles, non agréables
« au peuple, nous avons ordonné, établi et retenu cer-
« tain nombre de personnes sages, expertes, loyaux et
« pleins de grant science et mûreté, c'est à savoir,
« quatre clercs et deux laiz. »

Telles étoient les fonctions des maîtres des requêtes.

A l'égard du conseil, voici comme les choses se
passèrent après l'institution du parlement. « Ayant été,
« dit Pasquier (1), le parlement arrêté dans la ville ca-
« pitale de la France, le roi dégarni de son ancien
« conseil, pour avoir voulu en accommoder ses sujets;
« cette nouvelle police donna acheminement à une
« autre, d'autant qu'il fut nécessaire au prince d'avoir
« gens autour de lui, pour lui donner conseil aux affai-
« res. Ces personnages étoient pris tant du corps du
« parlement que des princes et grands seigneurs, selon
« les faveurs qu'ils avoient de leurs maîtres. Ce conseil
« est tantôt appelé *conseil secret*, tantôt *conseil étroit*,
« tantôt *grand-conseil*. »

On lui donnoit aussi quelquefois le titre de *conseil
préexcellent*, de *conseil prééminent*. La dénomination
de *grand-conseil* étoit la plus ordinaire; elle a prévalu
jusqu'au règne de Charles VIII.

Ce grand-conseil, ou du moins une partie de ses
membres, suivoit les rois dans tous leurs voyages. Cela
est prouvé par différentes lettres ou règlements, dans
lesquels on lit : *Le grand-conseil du roi, étant avec lui*

---

(1) Recherches, chap. 6.

en Bourgogne : *Le conseil du roi tenu à Nismes* : *L'ho-norable conseil du roi*, *étant avec lui à Avignon* ; et même le roi Jean, pendant sa prison en Angleterre, avoit avec lui une partie de son conseil (1).

On voit, par la grande ordonnance de 1356, ren-due sur l'avis des trois états, que le grand-conseil, devenu, par l'institution du parlement, tout-à-fait étranger aux affaires des particuliers, ne s'occupoit que de celles du gouvernement. Je transcris les arti-cles 42 et 43 de cette ordonnance :

« Comme pour le temps passé il y ait eu, en aucuns « des grands conseillers de ce royaume, tout plein de « négligence sur le gouvernement du royaume, de venir « tard en besogne, et, quand on y étoit venu, de petite- « ment besogner ; nous avons, pour obvier à ce, en- « joint étroitement à tous ceux que nous avons main- « tenus et retenus dudit grand-conseil, par le bon avis « et conseil desdits trois états, que dorénavant, *sur* « *ledit gouvernement que nous leur avons commis*, ils « entendent et veillent diligemment toutes autres be- « sognes arrière mises ; et ainsi leur avons fait jurer sur « saints Evangiles, et outre leur avons enjoint que « chacun jour, heure du soleil levant, ils viennent au « lieu que nous leur avons député et ordonné. » (Art. 42.)

« Nous leur avons fait jurer que du tout ils vaqueront « et entendront aux choses touchant le gouvernement « de ce royaume et de la chose publique. » (Art. 43.)

---

(1) Ordonnance du Louvre, tome III, p. 212.

Aux termes du même règlement, les gens du grand-conseil ne commenceront point de nouvelles affaires qu'ils n'aient terminé les anciennes, à moins qu'il n'y ait nécessité; et, dans ce cas, ils en rendront compte au roi. Ils auront des gages, qu'ils perdront pour les jours qu'ils ne viendront pas au conseil à l'heure marquée; et s'ils y manquent souvent, ils seront destitués.

L'article 11 de l'ordonnance donnée à Compiègne le 14 mai 1358, porte que toutes les affaires seront examinées au conseil, en présence de trois personnes au moins de ceux qui le composent, et seront décidées par leur avis, en présence du régent; et les lettres expédiées sur les affaires seront souscrites par ceux qui auront assisté au conseil, avant que d'être signées par les secrétaires ou notaires; et lorsque ces formalités n'auront pas été remplies, il est défendu au chancelier de les sceller, et à quelque personne que ce soit d'y avoir égard.

On trouve dans les ordonnances de cette époque plusieurs autres règlements relatifs au conseil. En voici quelques uns.

Les gens du grand-conseil ne pourront faire le commerce ni personnellement, ni par des personnes interposées, ni s'associer avec des commerçants, *sur peine de perdre la marchandise et d'être puni à notre volonté.* Le motif de cette défense est consigné dans le règlement. *C'est que marchandise en est moulte empirée, et le peuple grevé* (1).

---

(1) Ordonnance de décembre 1351, art. 24.

Il ne sera plus fait d'ordonnance, et il ne sera plus accordé de priviléges que de l'avis du conseil (1).

Le chancelier, nonobstant tous les ordres qu'il pourroit recevoir, ne scellera aucunes lettres portant aliénation des domaines du roi, forfaitures, épaves et confiscations, qu'il n'ait déclaré au conseil ce que la chose peut valoir par an. *Avons déclaré et déclarons dès maintenant que tout ce qui sera fait au contraire soit nul et de nulle valeur* (2).

On délibérera dans le conseil sur les dons, les graces, etc., qui seront demandés au roi; et il y aura au moins deux conseillers, qui seront nommés dans les lettres qui seront expédiées sur demandes, à peine de nullité desdites lettres, *qui ne seront point signées ni scellées; et si elles le sont, on n'y obéira point* (3).

Ces règlements ne nous apprennent pas quel étoit alors le nombre des conseillers d'état; cependant on y entrevoit qu'il étoit peu considérable. Un registre de la chambre des comptes donne plus de lumières sur ce point; on y voit qu'en 1350 le conseil du roi n'étoit composé que de cinq personnes (4).

---

(1) Ordonnance portant règlement sur tous les officiers du royaume, donnée à Paris, le 27 janvier 1359, art. 29.

(2) Ordonnance du mois de mars 1356, art. 45.

(3) Ordonnance du 27 janvier 1359, art. 21.

(4) Je parle de ce registre sur la foi de MM. de Laurière et Secousse, dont l'exactitude et la profonde érudition sont bien connues. Dans une de leurs notes sur le mandement adressé à la chambre des comptes le

Indépendamment de ce conseil, qui vraisemblablement ne connoissoit que des affaires ordinaires et journalières, les rois en assembloient fréquemment de beaucoup plus nombreux, que les actes de ces temps-là appellent *consilium plenius* (1). Ces conseils extraordinaires étoient composés de conseillers d'état, de plusieurs membres du parlement ou de la chambre des comptes, d'évêques, de barons, et de bourgeois *sages et discrets* (2); et même, lorsqu'il s'agissoit d'objets d'une haute importance, par exemple, de délibérer sur des points de législation, sur des règlements généraux, en un mot, sur des mesures d'une grande influence sur l'ordre public, il arrivoit souvent que le roi, accompagné de son conseil, se rendoit en personne au parlement ou à la chambre des comptes, et délibéroit avec les magistrats de ces deux cours. Pour

25 mars 1350, on lit : « Le conseil, comme nous l'apprenons du re-
« gistre C de la chambre des comptes, étoit alors composé de Guillaume
« Flotte, seigneur de Revel, chancelier; de Matthieu de Trie, seigneur
« de Moucy, et de Pierre de Beaucou, chevaliers, d'Enguerand du petit
« Cellier, et de Bernart Fermant, trésoriers. Chaque conseiller d'état
« avoit 1000 livres de gages, et le roi ne faisoit rien que par leur avis.
Ordonnance du Louvre, tome III, p. 330.

(1) Dans les lettres de l'an 1357, en faveur des habitants de Ville-
franche en Périgord, le roi renouvela une défense précédemment faite.
Deliberatione maturá super hoc in nostro grandi consilio pleniori.

(2) L'ordonnance de 1360, qui permet aux Juifs d'habiter le royaume
pendant vingt ans, porte : « Et sur ce délibération, avis et conseil avec
« aucuns prélats, comtes, barons, gens d'église, bourgeois sages et dis-
« crets, et autres habitants de notre royaume. »

s'en assurer, il ne faut qu'ouvrir les trois premiers tomes des Ordonnances du Louvre (1).

Tel fut le conseil du roi depuis 1302 jusqu'au règne de Charles VI. On voit que rien n'étoit plus simple que son organisation. Un petit nombre de conseillers et de maîtres des requêtes accompagnoient toujours le roi, et formoient son conseil ordinaire.

Lorsque les affaires exigeoient un plus grand concours de lumières et des formes plus solennelles, on réunissoit à ces conseillers des hommes d'une capacité bien connue, choisis dans toutes les classes de la société, notamment dans le parlement et dans la chambre des comptes; et jamais on ne soumettoit à leur délibération que des affaires d'administration et de gouvernement. « Ce grand-conseil, dit Pasquier (2), du com-«mencement n'étoit fondé en jurisdiction contentieuse;

---

(1) L'ordonnance de 1360, citée dans la note précédente, finit par ces mots: *Par le roi en son conseil, étant en la chambre des comptes.*

Des lettres du 19 novembre 1363, portant annulation des procédures au sujet des créances des Lombards, sont ainsi terminées: *Données à Paris, en la chambre de notre parlement.*

Au dos d'une déclaration donnée en faveur de l'université de Paris, et adressée au Châtelet, est écrit: *Declaratio supra scripta fuit in camera parlamenti, septimá die maii* 1245, *præsentibus infrà scriptis.* Suivent les noms des souscripteurs, au nombre de quarante-quatre; savoir: vingt-quatre laïques et vingt clercs, dont deux évêques.

Dans les lettres données par le roi Jean, le 16 novembre 1353, on lit: *Nostri consiliarii fideles et dilecti, nostrum parlamentum tenentes.*

(2) Recherches, liv. XI, chap. 6.

«car telles matières étoient réservées pour la connois-
«sance de la cour de parlement; ains seulement con-
«noissoit de la police générale de la France, concer-
«nant ou le fait des guerres, ou l'institution des édits
«dont la vérification appartenoit au parlement.

«Et dura, continue Pasquier, cet état de choses jus-
«que vers le commencement des factions qui inter-
«vinrent entre la maison d'Orléans et celle de Bour-
«gogne, auquel temps, ainsi que toutes les choses de
«la France, se trouvèrent grandement brouillées et en
«très grand désarroi; aussi ceux qui avoient la force
«et puissance par devers eux, pour gouverner toutes
«choses à leur appétit, faisoient évoquer les négoces
«qu'il leur plaisoit par devers le conseil du roi, qui
«étoit composé ou de Bourguignons ou d'Orléanois,
«selon que les uns ou les autres des deux factions
«avoient le crédit en la cour du roi Charles VI, qui
«alors étoit mal disposé de son bon sens; et, par cette
«voie, frustroient ceux de la cour du parlement des
«causes qui leur étoient affectées. Ainsi joüans ces
«grands seigneurs à *boutte-hors;*... et à peu dire, toutes
«et quantes fois que les seigneurs qui gouvernoient
«avoient envie d'égarer quelque matière en faveur des
«uns ou des autres, ils en usoient en cette manière, la
«quelle depuis fut très curieusement gardée par le duc
«de Bethfort, pendant que les Anglois occupoient une
«grande partie du royaume... Et plusieurs autres telles
«causes qui empêchèrent au long aller de telle façon
«ce conseil, que l'on fut contraint, pour la multitude

« des procès, de faire nouveaux conseillers, qui com-
« mencèrent de prêter le serment, à leur réception, et
« au roi et à la cour de parlement, comme s'ils eussent
« été du corps de cette cour. »

Après l'expulsion des Anglois, Charles VII auroit
pu rappeler son conseil à sa véritable institution, et le
rétablir dans sa dignité primitive; mais les circonstances
s'y opposèrent. Sous la régence du duc de Bedfort, les
confiscations s'étoient multipliées; beaucoup de grandes maisons, et une multitude de particuliers, avoient
été dépouillés et leurs biens vendus; des réclamations
s'élevoient de toutes parts. Charles VII pensa, et je
crois avec raison, que des contestations de cette nature
devoient plutôt être jugées par la loi politique que par
la loi civile. Il en attribua la connoissance à son conseil
d'état, de manière qu'au lieu de diminuer le nombre
déja si considérable des conseillers, il fallut encore
l'augmenter.

Tel étoit l'état des choses à l'avénement de Charles VIII. Les états-généraux, assemblés à cette époque,
lui firent de très sérieuses représentations sur les fréquentes évocations à son conseil; et comme la réforme
de cet abus rendoit inutile la majeure partie des membres qui le composoient, pour que cette réforme ne
s'étendit pas jusque sur les personnes, ils lui suggérèrent
l'idée de composer de la majeure partie de ces conseillers une cour de judicature, qui connoîtroit des affaires
qui lui seroient successivement attribuées. C'étoit per-
pétuer l'abus des évocations; mais du moins les parties,

renvoyées à ce tribunal, y trouvoient les formes conservatrices de la procédure judiciaire.

Charles VIII adopta cet expédient; et de la majeure
partie de ses conseillers, il forma (1) cette cour établie
à Paris, sous la dénomination de *grand-conseil*, et qui
a existé jusqu'en 1790.

Dès-lors, cette qualification de *grand-conseil*, sous
laquelle le conseil du roi étoit habituellement désigné
depuis la fin du treizième siècle, cessa de lui appartenir.

Charles VIII recomposa un nouveau conseil d'état,
formé d'un petit nombre de personnes, que l'on appela
conseil d'état ou *privé*, et qui, rendu à ses attributions
naturelles, ne s'occupa plus que des affaires publiques
pendant les premières années qui suivirent ce changement (2).

---

(1) Édit du 2 août 1497.

(2) Ces abus ne tardèrent pas à se renouveler. Les états-généraux d'Orléans, frappés des inconvénients qui en résultoient, demandèrent qu'ils
fussent réformés. Voici comme ils s'expriment dans le cahier de leurs
doléances, article 185:

« Se trouvent aussi plusieurs qui, par le moyen de leur crédit pour
« travailler leurs parties, font évoquer à tous propos matières pures
« civiles au conseil privé du roi, indignes d'empêcher si noble compa-
« gnie, en laquelle ne se doit traiter que de matières d'État et de grand
« poids; supplient sa majesté ordonner qu'en son conseil ne se traiteront
« aucunes matières civiles et criminelles de partie à partie, et en laisser
« la connoissance aux juges ordinaires, par-devant lesquels soient dès
« à présent renvoyés toutes causes de cette qualité, pendantes audit
« conseil privé. »

Je m'arrête à cette époque, par la raison que, dans le cours de cet ouvrage, j'aurai souvent occasion de rappeler les faits et les lois postérieurs; et même je serai plus d'une fois obligé de rétrograder, notamment dans le chapitre relatif à la cassation des jugements en dernier ressort.

§. IX.

Des différentes manières dont il a été pourvu aux Offices de judicature depuis le commencement de la troisième race jusqu'en l'année 1814.

L'idée de séparer et de placer dans des mains différentes le commandement militaire, l'administration de la justice et la manutention des finances; cette idée, si simple, si fortement indiquée par la nature des choses, ne s'est présentée que fort tard à l'esprit de nos pères. Pendant toute la durée de la première race, et sous la seconde, jusqu'au règne de Charles-le-Chauve, les gouverneurs des différents comtés qui partageoient le royaume étoient investis, chacun dans son gouvernement, de la triple fonction de conduire les hommes à la guerre, de leur rendre la justice, et de percevoir les revenus de la couronne.

La révolution qui rendit les comtés héréditaires et patrimoniaux n'apporta d'abord aucun changement à cet ordre de choses. Les comtes, devenus par cette révolution propriétaires des droits régaliens dans leurs gouvernements, s'en regardèrent comme les souverains, et en confièrent l'administration à des officiers qu'ils appelèrent *vicomtes,* auxquels ils attribuèrent toutes les fonctions qu'ils exerçoient sous l'autorité du roi, en leur qualité de gouverneurs. Mais ils ne tardèrent pas à reculer devant leur ouvrage : effrayés de l'exemple qu'ils venoient de donner, et craignant que ces vicomtes n'en usassent à leur égard comme eux-mêmes en avoient usé envers le roi, ils les supprimèrent, et leur substituèrent des agents d'un ordre inférieur, sous la modeste qualification de prévôts ou préposés, *præpositi;* mais pour cette fois plus prévoyants, ils se réservèrent le commandement militaire, et ne déléguèrent à ces préposés que l'administration de la justice et la perception de leurs revenus. Les rois adoptèrent cette mesure. Il y eut un prévôt à Paris; il en fut successivement établi dans les principales villes du domaine royal. Ces prévôts du roi, comme ceux des seigneurs, n'eurent dans leurs attributions que la justice et la finance. Voilà notre premier pas vers la séparation des pouvoirs.

Quant à la jurisdiction de ces prévôts, elle embrassoit toutes les affaires qui, par la loi des fiefs, n'étoient pas dévolues aux cours féodales.

Ces prévôtés se donnoient à ferme (1), à l'enchère et

---

(1) « Il n'y a point de plus notable et signalé témoignage de cette « vente, ou plutôt location publique d'office, que ce qui est écrit dans « la Chronique de Flandre, chap. 33, que le roi Philippe-le-Bel, pour-

au plus offrant : la durée du bail étoit pour l'ordinaire
de trois ans. Cette aliénation des fruits se faisoit quelquefois non par un bail proprement dit, mais pour un
certain temps, et pour une somme capitale, ce qui
constituoit une espèce de vente. Cette vente ou le bail
à ferme conféroient au fermier le droit d'administrer
la justice.

Les baux des prévôtés ne comprenoient que ce que
l'on appeloit le domaine muable de la seigneurie, c'est-
à-dire, les objets dont le produit est susceptible d'augmenter ou de diminuer, *comme prés, rivières, sceaux,*
écritures, et autres fermes qui croissent et apetissent.

Le prévôt avoit, comme fermier, le bénéfice que
l'exploitation de ces différents objets pouvoit lui procurer ; et, comme juge, il avoit les émoluments de la
justice, et notamment une partie des amendes qu'il
prononçoit lui-même. On voit, par un règlement que
Blanche, comtesse de Champagne et de Brié, fit en 1202
pour toutes ses prévôtés, que le prévôt avoit la totalité
des amendes au-dessous de 20 sous, et le cinquième de
celles qui excédoient cette somme.

Il y avoit de grands inconvénients à donner ainsi
aux prévôts les amendes qu'ils prononçoient eux-mêmes. Philippe-Auguste y pourvut, en leur donnant des

---

« suivant la canonisation du roi Saint Louis, en fut refusé par le pape
« Boniface VIII, pour ce qu'il fut trouvé qu'il avoit mis ses bailliages et
« et prévôtés à ferme, dont plusieurs étoient déshérités. » LOYSEAU, *des*
Offices, liv. III, chap. I, n° 77.

assesseurs, par son testament de l'an 1290, dont la première disposition porte: *Les baillis établiront par prévôté, dans les seigneuries du roi, quatre hommes sages et de bonne renommée, sans le conseil desquels, ou de deux au moins, aucune affaire des villes ne sera traitée, à l'exception qu'à Paris il y aura les six personnes nommées par le roi* (1).

Philippe-le-Bel porta la précaution encore plus loin. Par sa grande ordonnance du mois de mars 1302 il veut: «Que s'il arrive que quelques unes de ses pré- «vôtés soient vendues ou données à ferme, ce ne soit «qu'à des personnes fidèles, capables, et qui aient bon «renom, mais néanmoins bien solvables. Défend aux «prévôts qui tiendront à ferme leurs prévôtés, de taxer «les amendes, ni même de les prononcer, voulant «qu'elles le soient par les sénéchaux, baillis ou éche- «vins, à raison des usages des lieux; et enjoint qu'il «ne soit mis dans chaque prévôté qu'un prévôt, ou «deux au plus.»

«Enfin, dit Loyseau, le roi Charles VIII, par son «ordonnance de l'an 1493, retrancha ce mal par la ra- «cine, séparant fort à propos les droits et profits doma- «niaux de la justice d'avec l'office de juge, et ordon- «nant que les droits, dépendants des prévôtés, fussent

***

(1) En 1202, la prévôté de Paris étoit affermée 3,700 livres.

Le montant total de la recette des prévôtés du roi s'éleva, pour cette année 1202, à la somme de 32,000 francs. Le roi n'avoit alors que quarante-neuf prévôtés.

«baillés à ferme séparément; et, quant à la charge de
«juge, qu'il y fût pourvu, en titre d'office, de person-
«nages capables, par élection des praticiens du siége,
«auxquels seroient attribués gages suffisants, qui se-
«roient pris sur cette ferme: de sorte que les prévôtés
«ne furent plus conférées en garde, mais en office; et
«ceux auxquels elles furent conférées s'appelèrent pré-
«vôts, et non plus gardes de la prévôté, comme ils
«faisoient lorsque le domaine faisoit partie d'icelles, et
«que le roi en étoit le vrai seigneur, ainsi que d'un
«comté, châtellenie ou autre seigneurie.» LOYSEAU,
des Offices, liv. III, chap. I, n° 81.

Je passe à ce qui concerne ces baillis dont il est
question dans les deux textes des ordonnances de Philippe-Auguste et de Philippe-le-Bel, que je viens de rapporter. J'en parlerai comme j'ai fait des prévôts; lais-
sant à l'écart les points controversés, je ne présenterai
que des notions que l'on peut regarder comme certaines; et même je me bornerai à celles qui sont nécessaires pour lier les temps modernes aux temps anciens,
et donner des idées exactes sur les divers changements
que les siècles ont fait successivement éprouver à la
manière de pourvoir aux places de judicature.

Cette dénomination de bailli dérive du mot *bail*,
qui, dans l'idiome du moyen âge, étoit généralement
employé comme synonyme de tutelle, garde, administration: ainsi, donner à quelqu'un le bail d'un mi-
neur, c'étoit lui en conférer la tutelle.

Ainsi, avoir le bail d'un domaine, d'une justice,

c'étoit en être le régisseur, l'administrateur ; en un mot, c'étoit en avoir la garde. De là vient que, sur la fin du règne de Saint Louis, la prévôté de Paris ayant cessé d'être donnée à ferme, le prévôt quitta la qualification de fermier, pour prendre celle de garde de la prévôté de Paris.

Les prévôts, fermiers du domaine et de la justice, les exploitoient à leur profit, moyennant un prix de ferme déterminé le plus souvent par des enchères. Les baillis, simples régisseurs, simples gardiens, comptoient au trésor public des produits de l'une et de l'autre.

Les prévôts et les baillis différoient encore de deux autres manières : 1°, quant aux attributions judiciaires; 2°, en ce que la ferme des prévôtés ne comprenoit que les domaines *muables,* c'est-à-dire, ceux dont le produit étoit variable; et que la recette des baillis se composoit de toutes les prestations fixes et des droits éventuels, dont la quotité étoit déterminée, et que, par ce motif, on appeloit le domaine non muable.

Je vais présenter l'énumération des objets qui entroient dans ce domaine non muable. En la rapprochant de ce que nous avons dit plus haut du domaine muable, on aura un tableau fort exact des revenus de la couronne pendant les douzième et treizième siècles. Nous nous occuperons ensuite des fonctions judiciaires attribuées aux baillis, et de la manière dont ces fonctions leur étoient conférées.

Chaque bailli, dans la circonscription de son bailliage, qui renfermoit ordinairement plusieurs prévôtés, étoit chargé de la recette des exploits, amendes, confiscations et forfaiture des biens des champions vaincus en duel (1), et des filles de mauvaise vie (2); des aubaines, déshérences, bâtardises, morte-main, et fors-mariages; des fermages, des métairies non comprises dans les baux des prévôtés; des bois, forêts, vignes et carrières; des dîmes seigneuriales, et autres redevances en nature; des rentes en argent, cens, rachats, reliefs, profit de fiefs, régale des évêchés, quint-denier de manumissions faites par les vassaux, droits de francs-fiefs et de nouveaux acquêts des gens de main-morte; des sommes payées pour renouvellement de priviléges; des monnoies, du droit de procuration ou gîte; du prix de la vente d'abeilles trouvées errantes (3); de la taxe sur les juifs; en un mot, de tout ce qui n'étoit pas compris dans les baux des prévôtés de France.

Telles étoient les fonctions des baillis, comme receveurs; maintenant occupons-nous de celles qu'ils exerçoient comme juges.

---

(1) Dans un compte de 1265, rapporté par Brussel, dans son Traité de l'Usage des Fiefs, tome Ier, p. 466, on lit: *de bonis cujusdam pugilli victi, XVI libras.*

(2) Dans le compte du bailli de Sens, du terme de la Chandeleur 1253, il est fait la recette que voici: *De rebus cujusdam garciæ captæ in quodam cellario, solidos quinquaginta.*

(3) Dans le compte du bailli d'Orléans, du terme de la Toussaint 1298, il est fait recette pour abeilles trouvées à Lorris: *De apibus inventis apud Loriacum, 3 solidos.*

Du Cange pense qu'il y avoit des baillis sous la seconde et même sous la première race; mais il n'appuie
son opinion sur aucun monument; et d'ailleurs elle est
contredite par ses savants annotateurs.

Suivant Brussel (1), l'institution des baillis ne remonte pas plus haut que les premières années du douzième siècle; et même, s'il faut l'en croire, ils ne furent
d'abord établis que dans les terres des hauts seigneurs:
ce ne fut, ajoute-t-il qu'en l'année 1190 que, pour la
première fois, il en fut créé dans les seigneuries domaniales. Enfin, dit encore notre auteur, jusqu'à cette
époque de 1190, les baillis, dans les lieux où il en existoit, confondus avec les prévôts, sous le rapport judiciaire, n'en étoient distingués par aucune prérogative,
et n'avoient sur eux aucune supériorité.

Il n'entre pas dans mon sujet de suivre Brussel dans
le détail des raisonnements, des faits et des chartes
sur lesquels il fonde ces quatre assertions. Cependant
je m'arrête un instant sur les deux dernières, pour dire
qu'elles paroissent très bien justifiées par une ordonnance de cette année 1190, ordonnance que l'on désigne sous le nom de Testament de Philippe-Auguste,
parcequ'elle a pour objet de régler l'administration
du royaume pendant une croisade que ce prince pro-
jetoit.

En effet, l'article 2 de cette ordonnance porte : *Nous
avons établi des baillis dans les terres de notre domaine*

(1) Usage des Fiefs, liv. II, chap. 35.

qui sont distinguées par des dénominations propres;
lesquels baillis, etc.; IN TERRIS NOSTRIS QUAE PROPRIIS
NOMINIBUS DISTINCTAE SUNT, BAILLIVOS NOSTROS POSUI-
MUS.

Ces expressions ne conduisent-elles pas naturellement à l'idée qu'avant cette création de baillis il n'en
existoit pas dans les domaines de la couronne? Effectivement, s'il n'eût été question que d'en augmenter le
nombre, Philippe-Auguste auroit dit: Reconnoissant
l'insuffisance de nos baillis, nous en instituons dans
telle et telle ville, où le bien de la justice et de notre
service exige qu'il en soit établi.

Les fonctions de ces baillis sont réglées par cette
même ordonnance. Elle porte, article 2: *Les baillis*
assigneront chaque mois une assise ou un jour auquel
chacun recevra promptement justice, et le roi ses droits;
ils tiendront registre des amendes: OMNES QUI CLAMO-
REM FACIENT RECIPIENT JUS SUUM PER EOS, ET JUSTITIAM,
ET NOS JURA NOSTRA. Voilà bien les baillis revêtus de la
double attribution de juge et de receveur des droits
domaniaux.

Les articles 6 et 7 soumettent les prévôts à la surveillance et à la juridiction des baillis. *Les baillis,*
portent ces deux articles, *informeront le roi des délits*
des prévôts; les baillis ne pourront destituer les pré-
vôts, si ce n'est pour meurtre, pour rapt, pour homi-
cide et pour trahison; le roi se réservant d'en faire
justice exemplaire quand il aura été informé du fait.

Les baillis n'étoient institués que pour trois ans; s'ils

avoient administré de manière à mériter d'être maintenus, ce n'étoit jamais dans le même bailliage.

Leur nomination appartenoit au roi. On ne prit d'abord aucune mesure propre à s'assurer de leur capacité, sans doute par le motif que le peu de durée de leurs fonctions atténuoit beaucoup le danger des mauvais choix. Le mieux cependant étoit de les prévenir ; et, par sa grande ordonnance du mois de mars 1302, Philippe-le-Bel, voulant se mettre tout-à-la-fois au-dessus de ses affections personnelles et à l'abri des pièges de l'intrigue, statua qu'à l'avenir les baillis seroient élus et institués par délibération de son grand-conseil : *Eligantur et instituantur ex deliberatione nostri magni concilii.* (Art. 14.)

Dans la même ordonnance, Philippe-le-Bel, parlant de cette disposition, l'appelle *salubre decretum;* d'où l'on peut conclure qu'elle fut d'abord religieusement observée.

La même ordonnance règle la formule du serment que les baillis devoient prêter avant d'entrer en exercice. Nous allons rapporter cette formule, parcequ'elle donne une idée très juste de l'étendue des devoirs et des fonctions de ces officiers.

Les sénéchaux, les baillis, les viguiers, etc., jureront qu'ils feront justice aux grands et aux petits, et à toutes personnes, de quelque condition qu'elles soient, sans acception ;

Qu'ils conserveront les droits du roi sans faire préjudice à personne;

Qu'ils ne recevront or ni argent, ni aucun autre don, quel qu'il soit, si ce n'est de choses à manger ou à boire;

Qu'ils ne souffriront pas que l'on fasse aucun présent à leur femme, à leurs enfants, leurs frères, leurs neveux, leurs nièces, ni qu'on leur donne aucun bénéfice.

S'ils reçoivent du vin en présent, ce ne sera qu'en barils ou en bouteilles.

Ils ne pourront rien recevoir, à titre de prêt, des personnes de leurs bailliages, ni de ceux qui auront ou seront sur le point d'avoir des causes devant eux.

Ils jureront qu'ils ne feront aucun présent à ceux qui seront du conseil du roi, à leur femme ni à leurs enfants, etc.;

Qu'ils n'auront pas de part dans les ventes des bailliages, des prévôtés, des revenus du roi, ni dans les monnoies;

Qu'ils ne soutiendront pas les fautes, les injures, les exactions, les usures et les vices des officiers qui leur seront soumis, mais qu'ils les puniront.

Les prévôts, les viguiers, les baillis, et les officiers qui leur seront soumis, jureront qu'ils ne donneront rien à leurs supérieurs, à leur femme, leurs enfants, leurs domestiques, leurs parents, leurs amis, ni qu'ils ne seront pas à leur service.

Les sénéchaux et les baillis jureront qu'ils ne recevront des baillis inférieurs, des vicomtes, etc., aucun gîte ni aucun repas, etc.;

Qu'ils ne recevront aucun présent des personnes religieuses qui seront domiciliées dans le lieu de leur administration, pas même des choses à boire ou à manger, si ce n'est des personnes riches, et une fois ou deux l'année au plus;

Qu'ils ne feront aucune acquisition d'immeubles dans leurs bailliages, tant que leur office durera;

Qu'ils ne contracteront pas mariage dans le lieu de leur administration, et qu'ils ne permettront pas que leurs enfants, leurs sœurs, leurs nièces, leurs neveux, etc., s'y marient;

Qu'ils ne mettront ou ne tiendront aucun en prison pour dettes, à moins qu'ils ne se soient obligés par corps, par lettres passées sous le scel royal;

Qu'ils ne confieront ou ne donneront à ferme les prévôtés du roi, ses autres offices et revenus qu'à des personnes capables.

Il en sera de même des écritures des sergenteries et des vigueries, etc.

Qu'ils ne feront rien en fraude de tout ce qui a été marqué ci-dessus.

Une ordonnance du mois de mars 1356 prouve encore, d'une manière bien frappante, que nos rois mettoient au rang de leurs premiers devoirs de ne conférer les places judiciaires qu'à des hommes dignes de les remplir. Par l'article 47 de cette ordonnance, Charles V veut que le chancelier, les maîtres des requêtes, les chambellans, etc., jurent *sur les saints Evangiles de Dieu*, qu'ils ne lui demanderont à part et en parti-

culier aucune place de bailli, sénéchal, ou autres officiers de justice; *mais qu'ils nous le feront savoir, afin
que, sur ce, nous puissions avoir avis et connoissance
des mérites des personnes qu'ils voudroient pourvoir
à aucuns desdits offices, et en parler, sur ce, aux
gens du grand-conseil;* CAR C'EST NOTRE INTENTION DE
POURVOIR AUX OFFICES, ET NON PAS AUX PERSONNES (1).

Cette mesure n'ayant pas suffi pour mettre les rois
à l'abri des surprises, il en fut pris une plus efficace,
par un édit du mois de janvier 1404: ce fut d'attribuer
au parlement le choix des baillis et sénéchaux.

Ce mode de nomination aux places des tribunaux
inférieurs fut changé par un édit de Louis XII, de l'an
1499. L'article 47 de cet édit porte : «Nous ordonnons
«que l'élection des lieutenants des baillis, sénéchaux,
«et autres nos juges, se fera en l'auditoire desdits
«siéges, appelés nos baillis, sénéchaux, et autres nos
«officiers, dedans quinze jours après la vacation des-
«dits offices.»

---

(1) Cette disposition de l'ordonnance de 1356 fut provoquée par les
états-généraux tenus à Paris au mois de janvier de cette même année.
On lit dans le cahier de leurs doléances l'article suivant : «*Item*, qu'il
«plût à M. le Duc (Charles V, alors régent du royaume), que tous ceux
«desdits offices, et tous ceux qui seroient près du corps de M. le Duc,
«jurassent qu'ils ne feroient, ne procureroient être fait à part, vers
«M. le Duc, baillis, sénéchaux, prévôts, vicomtes, châtelains, capi-
«taines, ne grands officiers, si ce n'étoit par M. le Duc et son grand-
«conseil, par bonne et mûre délibération en pourvoyant aux offices et
«non aux personnes.»

Enfin, sur les remontrances des états d'Orléans, la disposition suivante fut insérée dans l'ordonnance de 1560 : « Quant aux siéges subalternes et inférieurs, nos « officiers du siége où l'office sera vacant s'assemble- « ront dedans trois jours ; et, appelés les maires, « échevins, conseillers, capitouls de la ville, éliront « trois personnages qu'ils connoîtront en leur con- « science les plus suffisants et capables, qu'ils nous « nommeront et présenteront, pour à leur nomination « pourvoir celui des trois qu'aviserons. » (Art. 39.)

Ce règlement étoit fort sage ; mais ce ne fut, suivant l'expression de Pasquier, qu'un *édit de parade*. On en verra la preuve lorsque j'exposerai les changements, ou plutôt les abus que la vénalité des offices introduisit dans cette partie de l'administration publique. Comme alors, le mode de pourvoir aux places de judicature fut le même pour tous les tribunaux indistinctement, je n'ai plus rien de spécial à dire concernant les bail- liages, les sénéchaussées et les prévôtés. Je vais m'oc- cuper des cours souveraines.

Je ne parlerai d'abord que du parlement de Paris, parcequ'il fut la seule cour souveraine du royaume jusqu'en l'année 1444, époque de la création du par- lement de Toulouse.

Avant le quatorzième siècle, les appels des jugements rendus par les baillis et les prévôts établis dans les seigneuries domaniales se portoient au conseil d'état : une simple commission du roi imprimoit à ceux qui le composoient le double caractère d'administrateurs et de juges. Comme juges, ils se réunissoient en tribunal quatre fois l'année, aux fêtes de la Toussaint, de Noël, de Paque et de la Pentecôte. Ce tribunal n'offroit pas toujours la réunion de tous les conseillers d'état; souvent il n'étoit composé que d'un certain nombre désigné par le roi; et, comme alors le conseil suivoit la cour, cette jurisdiction s'exerçoit alternativement dans toutes les résidences royales. Ces déplacements étoient ruineux pour les plaideurs, et nuisoient beaucoup à l'expédition des affaires. Frappé de ces inconvénients, Philippe-le-Bel ordonna que le parlement tiendroit ses séances à Paris, et qu'il n'en auroit plus que deux, l'une à la Toussaint et l'autre à Pâque.

Cette innovation, n'ayant pour objet que le nombre et le lieu des séances du parlement, ne porta pas son influence sur le mode de sa composition; ce mode resta le même. Tous les ans deux listes, publiées l'une à la Toussaint et l'autre à Pâque, proclamoient les noms de ceux qui devoient composer le parlement à chacune de ces deux époques; et l'inscription sur l'une de ces listes n'étoit pas un titre pour être porté sur l'autre. Dans cet ordre de choses, les rois avoient d'autant moins de précautions à prendre pour éviter les mauvais choix, qu'indépendamment du peu de durée des fonctions qu'ils conféroient, le nombre des magistrats du parlement étoit peu considérable; que presque tous étoient pris dans le conseil d'état, et qu'ainsi leur capacité étoit bien connue.

Nous disons que le nombre des magistrats qui composoient le parlement étoit peu considérable.

Ce nombre est fixé par une ordonnance de Philippe-le-Long, du 3 décembre 1319. On y lit : *Il n'y aura au parlement nul prélat, le roi se faisant conscience de les empêcher de vaquer au gouvernement de leur spiritualité. En parlement, il y aura un baron ou deux, outre le chancelier et l'abbé de Saint-Denis, qui y seront; il y aura huit clercs et deux laïcs.* Les articles 1, 2, 3, 4 et 5 bornent le nombre des conseillers à quatre pour les requêtes, à seize pour les enquêtes, indépendamment de vingt-quatre rapporteurs.

L'usage de ne conférer les offices que pour l'un des deux parlements, et seulement pour la durée d'une session, se perdit dans la confusion et les désastres des guerres qui agitèrent constamment le règne de Philippe de Valois; il paroît même que le désordre fut porté au point que ces places, considérablement multipliées, et devenues des objets de spéculation, se donnoient à des hommes qui les sollicitoient non pour en remplir les devoirs, mais pour en percevoir les émoluments.

Ces abus sont prouvés par l'ordonnance qui les réforme; cette ordonnance est du 11 mars 1344. Elle diminue le nombre des conseillers au parlement, et le réduit, pour la grand'chambre, à trois présidents et trente conseillers *prenants gage* (1); à quarante pour

---

(1) Les trois présidents dénommés dans l'ordonnance sont **Messires** Simon de Bussi, Jacques le Vacher et Pierre Denneville.

les enquêtes, et huit pour les requêtes. Tout ce qui excède ce nombre est supprimé. L'ordonnance renferme la nomenclature des magistrats qui conserveront leur place, et ajoute : *Combien que moult de personnes aient été et soient ès dits états, celles ci-dessus nommées sont élues à demeurer pour exercer lesdits états; cependant, s'il plaît aux autres venir exercer lesdits offices, ils le peuvent, mais ils ne prendront gage.*

L'ordonnance est terminée par la disposition suivante : *Le roi a ordonné que nul ne soit mis au lieu et nombre de l'un des susdits états, quand il vaquera, se il n'est témoigné au roi, par le chancelier et par le parlement, être suffisant à exercer ledit office, et être mis audit nombre et lieu.*

Cette disposition est remarquable : on y voit que le roi prend l'engagement de ne conférer les offices du parlement qu'à ceux dont la suffisance lui sera certifiée par cette compagnie, réunie sous la présidence du chancelier.

Cependant il n'y avoit encore que quarante-deux ans que le parlement étoit sédentaire à Paris; et déjà l'expérience avoit averti les rois qu'ils ne pouvoient échapper aux pièges de l'intrigue et aux séductions de leurs courtisans, dans le choix des magistrats, qu'en associant les magistrats eux-mêmes à l'exercice de cette branche de la prérogative royale.

Les troubles qui désolèrent la France pendant le règne malheureux du roi Jean, et les factions qui la déchirèrent sous Charles VI, firent plus d'une fois perdre de vue la sagesse de cette disposition; mais, constamment invoquée, elle fut souvent exécutée. Pasquier (1) en rapporte plusieurs exemples; je me bornerai à ceux qui suivent : «Le 17 septembre 1400, «le roi Charles VI nomme dix conseillers à la cour de «parlement, et lui mande qu'elle choisisse le plus ca- «pable. Et maître Nicole Baye, l'un des plus dignes «greffiers qui fut jamais au parlement, fut élu greffier «le 17 novembre ensuivant, par le scrutin tant des sei- «gneurs du parlement que du grand-conseil, où se «trouvèrent quatre-vingts personnes. En cas semblable, «Messire Jean de Popincourt, premier président, étant «allé de vie à trépas, et Maître Henri de Merle III «ayant été pourvu en son lieu, par lettres du 2 mai « 1403, par le roi, il déclara n'en vouloir user, sinon «de tant que la cour l'eût pour agréable; et y vint le « chancelier, ès mains duquel s'opposa Lochet, second «président : sur quoi le chancelier dit que le roi vouloit «qu'on élût de Merle, attendu le grand âge et indispo- «sition de Lochet; et pour ce que les conseillers ne «vouloient élire publiquement, ils se retirèrent l'un «après l'autre près du chancelier, et fut élu de Merle; «et, au lieu de lui, Maître Jacques du Tailly président «des requêtes. Le 12 novembre 1404, fut ordonné «que, combien que le roi eût donné l'office de greffier «criminel, toutefois qu'il seroit passé outre à l'élec- «tion; et le lendemain fut élu du Boys, présents les

_____

(1) *Recherches*, liv. IV, chap. 17.

«avocats et procureur du roi; et le sieur Roman, aussi
«élu conseiller.»

Cet usage déja si bien établi, comme on le voit par
les exemples que nous venons de rapporter, reçut une
nouvelle sanction par un édit du 7 janvier 1404; édit
par lequel le roi ordonne, «Que quand les places des
«présidents et des autres gens de son parlement vien-
«dront à vaquer, le chancelier se transportera au par-
«lement, et qu'en sa présence il sera procédé à l'élec-
«tion d'hommes suffisants.»

Ce règlement fut exécuté jusqu'à l'occupation de
Paris par les Anglois, c'est-à-dire, jusque vers l'an 1420,
époque à laquelle cette belle institution fut ensevelie,
comme tant d'autres, sous les ruines du gouvernement
légitime. Elle reparut après la rentrée de Charles VII
dans sa capitale. Louis XI, qui lui succéda, mit dans
cette partie de l'administration publique l'arbitraire
qu'il porta dans toutes les autres. Par une haine aussi
aveugle qu'impolitique contre ceux qui avoient montré
de l'attachement pour son prédécesseur, ou, ce qui est
la même chose, pour leurs devoirs, il les destitua. Leurs
places, et celles qui vinrent à vaquer, furent le plus
souvent livrées à l'intrigue, à la faveur, et même à l'a-
varice des courtisans, qui en faisoient un honteux
trafic.

Ces désordres sont retracés avec autant d'énergie
que de liberté dans les remontrances que les états-généraux de 1483 adressèrent à Charles VIII. On y lit:
«Comme un roi ne peut suffire seul à rendre la justice

«à tous ses sujets, il a été nécessaire qu'il se fît rem-
«placer par un grand nombre d'officiers subordonnés
«les uns aux autres, et répandus dans toutes les pro-
«vinces de la monarchie; mais il doit bien prendre
«garde à quelles mains il confie ce précieux dépôt;
«autrement il est responsable devant Dieu et devant
«les hommes de toutes les injustices qui se commet-
«tent en son nom. C'est pour cette raison que nos plus
«grands rois, tels que Saint Louis, Philippe-le-Bel,
«Charles V, et le glorieux Charles VII, considérant
«qu'ils ne pouvoient avoir par eux-mêmes une con-
«noissance assez exacte de leurs sujets pour n'être pas
«souvent exposés à se tromper dans le choix qu'ils en
«feroient, avoient ordonné que toutes les fois qu'il
«vaqueroit une place de judicature, le tribunal où elle
«vaqueroit éliroit, à la pluralité des voix, les trois
«hommes qu'il croiroit le plus capables de la bien rem-
«plir, et les présenteroit au roi, qui conféreroit la place
«à un des trois; par ce moyen la conscience du roi étoit
«déchargée, et les places étoient toujours bien rem-
«plies.

«Mais, depuis la mort de Charles VII, ce bel ordre
«a été entièrement perverti, et l'on a fait un trafic hon-
«teux de tous les emplois: souvent on donnoit à des
«facteurs les provisions d'un office avec le nom en
«blanc, pour y inscrire celui qui offriroit une plus
«grosse somme de deniers. Par là les places ont été
«avilies, la porte a été ouverte à la corruption, et
«l'exercice de la justice est devenu un brigandage. »

«On a vu de nos jours les vicomtés, les prévôtés, «vigueries, et les charges de l'élection, toutes places «qui demandent une probité et des lumières reconnues, «puisqu'elles donnent le droit de prononcer sur la vie «et sur la fortune des citoyens; on a vu ces charges «conférées à des militaires, à des veneurs ou à des étran-«gers, gens non lettrés ni experts, lesquels, incapables «de les remplir par eux-mêmes, les affermoient à qui-«conque leur en offroit des profits plus considérables.

«Pour remédier à ces étranges abus, et accomplir «le vœu du roi, qui desire de faire régner la justice sur «son peuple; il semble aux trois états qu'on doit, avant «tout, remettre en vigueur les élections, et ne jamais «s'en départir toutes les fois qu'il sera question de pour-«voir à un office de judicature; car justice ne peut être «exercée, sinon par des gens justes.»

Ces abus firent place à un meilleur ordre de choses sous le règne de Charles VIII, et disparurent entière-ment sous Louis XII. Ce prince étoit trop occupé du bonheur de ses sujets pour ne pas apporter une atten-tion religieuse dans le choix de ceux auxquels il con-fioit le droit de disposer de leur honneur, de leur for-tune et de leur vie; et cependant ce fut lui, ce fut *le Père du peuple* qui introduisit en France la vénalité des offices. Séduit par l'espoir de réunir à sa couronne le royaume de Naples et le duché de Milan, il sacrifia des sommes si énormes à cette brillante chimère, qu'il se vit dans la nécessité de vendre les offices de finances. Cette mesure, exclusivement appliquée aux places de

cette nature, n'effraya d'abord personne : « Mais (1),
« comme en France une ouverture pour tirer de l'ar-
« gent, étant une fois commencée, s'accroît toujours
« de temps en temps parmi l'extrême dévotion et obéis-
« sance de ce peuple, et sous le spécieux et ordinaire
« prétexte de la nécessité publique, le roi François, suc-
« cesseur de Louis XII, pratiqua tout ouvertement,
« et sans restriction, la vénalité publique des offices,
« qu'il établit comme un nouveau revenu ordinaire
« de son domaine ;... et, soit sous lui ou ses successeurs,
« la vénalité s'est glissée même à l'égard des offices de
« judicature, qui ont été mis en taxe. »

Un fonctionnaire créé par François Ier, sous le titre
de receveur des parties casuelles, recevoit les offres
et l'argent de ceux qui aspiroient aux places vacantes.
Mais pour se dérober, s'il étoit possible, ce qu'un
pareil trafic avoit d'odieux, cet argent étoit reçu comme
un simple prêt : « Toutefois, ce sont encore les termes
« de Loyseau (2), le parlement, qui ne pouvoit approu-
« ver la vénalité des offices de judicature, laquelle néan-
« moins il ne pouvoit prohiber, en espérance d'y voir
« quelque jour une réformation, et afin que, parmi
« cette tolérance forcée, la mémoire de la raison et du
« devoir ne se perdit, faisoit toujours prêter aux offi-
« ciers, lors de leur réception, le serment prescrit par
« les anciennes ordonnances, de n'avoir acheté leur

---

(1) LOYSEAU, des Offices, liv. III, chap. I, nos 91 et 93.
(2) Ibid , n° 94.

«office directement ni indirectement; en quoi on en-
«tendoit taisiblement excepter le prêt entré aux coffres
«du roi : ainsi on a tenu fort long-temps en justice
«contentieuse, que ces offices n'étoient nullement vé-
«naux.»

Les premiers états-généraux qui eurent lieu après
cette innovation furent ceux tenus à Orléans en l'année
1560. Animés du même esprit que les cours souveraines, esprit qui étoit celui de la nation entière, ils demandèrent, par l'article 164 de leurs remontrances, le
rétablissement des élections. On ne vouloit ni choquer
un vœu aussi raisonnable, ni renoncer aux profits de
la vénalité : pour concilier des choses aussi inconci-
liables, on n'imagina rien de mieux que de consigner
dans l'ordonnance d'Orléans un texte qui rétablit les
élections (1), et de continuer de vendre les offices.
Ainsi les offices étoient toujours électifs de droit, mais
vénaux de fait.

On pensoit que le temps et l'habitude plieroient in-
sensiblement les idées aux vues du gouvernement, et
que la vénalité cesseroit d'être odieuse lorsque tous les
magistrats, devenus acquéreurs de leurs offices, seroient tous intéressés à la justifier. On ne se trompoit
pas. Mais combien de temps il a fallu pour opérer cette
révolution dans les esprits : les offices étoient vénaux

_____

(1) C'est l'article 399, qui porte : *Advenant vacation d'office en nos
parlements et cours souveraines, voulons que l'ordonnance faite pour
les élections soit gardée.* Cette ordonnance est celle de 1484.

dépuis plus de quarante ans ; et les états-généraux réunis à Blois en 1588 demandoient encore le rétablissement des élections. On lit dans leurs cahiers : « Que « la réduction faite des offices de judicature, tant en « vos cours souveraines, bailliages, sénéchaussées, ad- « venant ci-après vacation d'iceux, comme aussi des « prévôts, des maréchaux et vice-baillis, soit procédé « à l'élection selon la forme portée par vos ordonnances, « et pourvu par votre majesté gratuitement, *sans priè-* « *res, poursuites, ou faveur d'aucune personne,* et dé- « clarer les provisions autrement obtenues nulles ; dé- « fendre à vos juges auxquels ils s'adresseront y avoir « égard, et déclarer les peines indictes par vos ordon- « nances encourues par les contrevenants. »

Enfin en 1597 (1), voyant qu'il n'étoit plus possible d'espérer le rétablissement des élections, les cours souveraines abolirent le serment dont nous avons parlé plus haut, et les récipiendaires ne furent plus obligés de jurer qu'ils n'avoient acheté leurs offices ni directement ni indirectement. C'étoit la dernière digue : une fois rompue, les choses prirent le cours que nous leur avons vu suivre jusqu'à ces derniers temps.

Mais tandis que, d'une part, on vendoit les offices, et que, de l'autre, on réclamoit les élections, des deux côtés on se réunissoit dans la pensée de chercher un moyen propre à atténuer autant qu'il étoit possible les inconvénients de la vénalité. Ce moyen, on crut

---

(1) Loyseau, *des Offices*, liv. III, chap. 1, n° 96.

le trouver en établissant que les pourvus d'offices ne seroient admis à en exercer les fonctions qu'après un examen et des informations qui garantiroient leur suffisance et leur capacité (1).

---

(1) Le chancelier de l'Hôpital ne croyoit pas qu'il fût au-dessous de ses hautes fonctions de s'occuper lui-même de l'examen de ceux qui aspiroient à des places de judicature. Brantôme raconte que, « Un jour « étant avec M. de Strozzi chez l'Hôpital, on vint lui dire qu'il y avoit « un président et des conseillers nouveaux qui vouloient se faire rece-« voir en leurs charges; soudain, dit-il, il les fit venir devant lui, qui « ne bougea de sa chaise : les autres trembloient comme feuille au vent. « Il fit apporter un livre du code sur sa table, et l'ouvre lui-même; et « leur montra l'un après l'autre une loi à expliquer, leur en faisant sur « elle des demandes, interrogations et questions : ils lui répondirent « si impertinemment, et avec un si grand étonnement, qu'ils ne fai-» soient que vaciller et ne savoient que dire; si bien qu'il fut contraint « de leur en faire une leçon, et puis leur dire que ce n'étoient que des « ânes; et qu'encore qu'ils eussent près de cinquante ans, qu'ils s'en « allassent encore aux écoles étudier.

« M. de Strozzi et moi nous étions auprès du feu, qui voyions toutes « leurs mines plus ébahies qu'un pauvre homme qu'on mène pendre : « nous en riions sous la cheminée tout notre soûl. — Après qu'ils eurent « passé la porte, M. le chancelier se tourna vers nous, et nous dit : « Voilà de grands ânes; c'est grande conscience au roi de constituer ces « gens-là en sa justice.

« M. de Strozzi et moi lui dîmes : Monsieur, possible leur avez-vous « donné le gibier trop gras, et plus qu'il n'étoit à leur portée; lorsqu'il « se mit à rire, et dire : Sauf votre grace, ce ne sont que des choses « triviales qu'ils doivent savoir. »

On peut encore juger de la sévérité que le chancelier de l'Hôpital portoit dans ses examens, par la manière dont il parle du choix des juges, dans une lettre qu'il écrivoit au chancelier Olivier : « Si on les « choisissoit, dit-il, avec discernement et non au hasard; si on ne les

Cette conception appartient aux états-généraux d'Orléans. En effet, nous lisons dans les remontrances de cette mémorable assemblée, article 184, «Que, *doren-* «*avant,* afin que la justice soit administrée par per- «sonnes qui puissent la rendre et administrer, que tous «officiers de justice subalterne royaux, ou des sei- «gneurs particuliers, notaires, sergents, et autres mi- «nistres de justice, soient examinés par les lieutenants «des baillis, sénéchaux et juges de provinces, en pleine «audience, pour connoître la suffisance qu'ils auront «en la charge qu'on entend leur commettre, aupara- «vant que de la pouvoir exercer.

«En quoi faisant, soient lesdits baillis tenus de s'en- «quérir diligemment de la prud'hommie, bonne vie, «et légalité desdits officiers, auparavant que de les «instituer, sur peine, et faute de ce faire, de répondre «des fautes qu'ils feront, avec ledit seigneur qui les «aura présentés.»

Ce vœu des états-généraux fut érigé en loi par l'ordonnance de 1566; ordonnance délibérée à Moulins, par des magistrats choisis dans tous les parlements, et réunis sous la présidence du chancelier de l'Hôpital.

Aux termes de l'article 10 de cette ordonnance, «Les «examens doivent être faits à l'ouverture des livres

---

« prenoit que parmi des hommes d'un âge mûr et d'une conduite éprou- «vée; s'ils joignoient à l'instruction la pratique des lois et du palais; «s'ils étoient enfin équitables, désintéressés, inaccessibles à la faveur et « à la haine, etc.»

«de droit, sans bailler thêmes particuliers à ceux qui
«se présenteront; auxquels examens enjoignons à nos
«dites cours vaquer soigneusement, et ne recevoir en
«icelles, sinon ceux qui seront approuvés par les deux
«tiers de la compagnie qui aura assisté à l'examen,
«sans qu'on puisse bailler délai d'étude, ou sac à rap-
«porter, à ceux qui se trouveront capables ou suffi-
«sants.»

On retrouve ces dispositions dans l'ordonnance de
Blois, articles 101 et 102.

Cependant les offices, quoique vénaux, n'étoient que
viagers : au décès du titulaire, ils rentroient dans la
main du roi, qui les aliénoit moyennant une nouvelle
finance. Cette mine ne parut pas encore assez riche à
ceux qui l'exploitoient : l'un d'eux, nommé Charles
Paulet, secrétaire de la chambre du roi, présenta au
gouvernement un projet qui consistoit à déclarer les
offices patrimoniaux, héréditaires et aliénables, en
faveur de ceux qui, dans les premiers jours du mois
de janvier, verseroient dans le trésor public une somme
égale à la soixantième partie de leur finance. Ce projet
fut accueilli d'abord par un arrêt du conseil, du 4 décembre 1604, et, peu de jours après, par une déclaration du roi, du 12 du même mois. Cette déclaration
ne fut pas adressée aux cours souveraines : on étoit
trop persuadé qu'elle n'obtiendroit pas leur sanction;
on se contenta de la faire publier à l'audience du
sceau, c'est-à-dire, dans l'intérieur de la chancellerie,
et en présence des officiers chargés de concourir, avec

le chancelier de France, à l'apposition du sceau de l'État aux actes publics (1).

Cette déclaration a reçu l'exécution la plus entière; et, depuis sa publication, les offices de judicature, tout à-la-fois vénaux et héréditaires, ont circulé dans le commerce jusqu'en 1789, époque à laquelle la vénalité des offices a été ensevelie sous les ruines de toutes nos anciennes institutions. Alors le choix des juges fut confié à des assemblées électorales composées de tous les François ayant droit de cité.

Ce mode de pourvoir aux offices de judicature fut bientôt remplacé par un autre entièrement conforme au régime qui avoit existé depuis 1302 jusqu'en 1344. La Constitution de l'an 8 conféra au chef du gou-

---

(1) Pour connoître la manière dont les meilleurs esprits du seizième siècle envisageoient la vénalité des offices, il ne faut que lire ce qu'en dit BODIN, dans sa *République*, liv. V, chap. 4. Voici ses termes: « Il « est impossible de voir jamais la distribution des peines et loyers, tant « que les princes mettront en vente les états, offices et bénéfices, qui « est la plus dangereuse et pernicieuse peste qui soit ès républiques;.... « car il est bien certain que ceux-là qui mettent en vente les états, offi- « ces et bénéfices, ils vendent aussi la chose la plus sacrée du monde, « qui est la justice; ils vendent la république; ils vendent le sang des « sujets; ils vendent les lois; et, ôtant les loyers d'honneur, de vertu, « de savoir, de piété, de religion, ils ouvrent les portes aux larcins, aux « concussions, à l'avarice, à l'injustice, à l'ignorance, à l'impiété; et, « pour le faire court, à tous vices et ordures. Et ne faut point que le « prince s'excuse sur la poureté; car il n'y a excuse du monde véritable « ni vraisemblable, de chercher la ruine d'un état sous le voile de « poureté. »

vernement le droit exclusif de nommer les ministres de la justice.

Tout le temps que les élections eurent lieu, les informations et les examens furent regardés comme inutiles, et ils étoient impossibles pendant le régime impérial, régime sous lequel tout étoit entraîné par la volonté d'un seul. Cependant cette volonté, si inflexible, si impérieuse, hésitoit devant l'importance des places de judicature; et si elle ne croyoit pas devoir assujettir ses choix à des formes légales, parceque son système d'administration ne comportoit aucune espèce de gêne, du moins elle provoquoit les renseignemets et les conseils. Toutes les fois que, dans une cour ou dans un tribunal, il vaquoit une place, le ministre de la justice ordonnoit au président et au procureur général de cette cour de lui indiquer les trois personnes qu'ils croyoient les plus propres à la bien remplir. Ces listes étoient mises sous les yeux du chef du gouvernement: souvent il suivoit leur indication; [mais, soit qu'il s'y référât, soit qu'il nommât de son propre mouvement, le pourvu de l'office étoit admis à en exercer les fonctions, sans examen, sans informations, et sur la seule présentation du décret qui lui en conféroit le titre.

Tel étoit l'état des choses au mois d'avril 1814.

CHAPITRE PREMIER.

Des différentes espèces de Gouvernements; des carac-
tères qui les distinguent. Que dans tous l'Autorité
judiciaire est une branche du Pouvoir exécutif.

LA souveraineté réside dans la puissance législative;
et c'est la manière dont cette puissance est organisée
qui donne la forme aux divers gouvernements, et qui
en constitue la nature.

Si cette puissance est disséminée entre tous les citoyens, qui l'exercent, soit par eux-mêmes, soit par
des mandataires de leur choix, le gouvernement est
démocratique.

Il est aristocratique, si la puissance législative est
confiée à un corps permanent et héréditaire. Enfin il
est monarchique, toutes les fois que le droit de commander et d'imposer des lois à une nation est concentré
dans la main d'un seul.

Il y a deux espèces de monarchie : la monarchie absolue et la monarchie tempérée.

Lorsque le même individu est tout à-la-fois la loi,
l'Etat et le prince, et qu'il n'y a dans l'empire que deux
ordres de personnes, un homme qui veut, et des hommes qui obéissent, la monarchie est absolue, et le

gouvernement despotique, ou plutôt il n'y a pas de gouvernement.

La monarchie est tempérée lorsque la puissance absolue, si redoutable, si désastreuse quand elle repose sans limitation dans la main d'un seul, est réglée de manière que le prince ne peut en user arbitrairement que dans des cas extrêmement rares ; que, dans tous les autres, elle est modifiée par des lois fondamentales, et que la puissance législative et le pouvoir exécutif sont assujettis à des règles qui garantissent la sagesse et la stabilité des lois, la sûreté des propriétés et la liberté des personnes.

Ainsi l'organisation de la monarchie tempérée, ou, ce qui est la même chose, le règlement de la puissance, présente trois problèmes; et de la manière dont ils sont résolus dépend le plus ou le moins de perfection de cette espèce de gouvernement.

Ces trois problèmes sont :

Dans quelles circonstances le prince peut-il agir par puissance absolue ?

Comment peut-on modifier l'exercice de la puissance législative sans choquer la nature du gouvernement monarchique, sans détruire l'unité qui en constitue l'essence ?

Quelle garantie peut-on donner à une nation qu'elle ne sera pas opprimée par le pouvoir exécutif?

Voilà les gouvernements que l'on regarde comme primitifs, et auxquels les publicistes sont convenus de donner la dénomination de gouvernements simples. Ces trois manières de constituer un Etat, la monarchie, l'aristocratie, et la démocratie, sont également bonnes, toutes les fois qu'elles conviennent à la nation qui les reçoit ou qui les adopte; mais, par une fatalité qu'il est impossible de méconnoître, parcequ'elle est attestée par l'expérience de tous les siècles, chacun de ces gouvernements renferme un principe de dissolution qui, se développant avec plus ou moins de lenteur, suivant les circonstances, corrompt leur nature, et les conduit, par une pente nécessaire, à un état de choses aussi vicieux que le gouvernement auquel il correspond est bon en lui-même. Ces corrélatifs sont, le despotisme pour la monarchie limitée; une oligarchie tyrannique pour l'aristocratie; et, pour les gouvernements populaires, l'anarchie ou une turbulente ochlocratie.

Pour assurer la stabilité des trois gouvernements primitifs, il falloit donc étouffer le germe de dissolution inhérent à chacun d'eux; mais par quel moyen? C'étoit le problème à résoudre. Les législateurs, les publicistes de tous les siècles en ont constamment et laborieusement cherché la solution, et toujours sans succès : *car nulle précaution ne peut empêcher que chacune de ces trois espèces, réputées bonnes, ne dégénère dans son espèce correspondante; tant le bien et le mal ont ici de ressemblance et d'affinité* (1).

---

(1) MACHIAVEL, *Discours sur Tite-Live*, chap. 2.

Parcourir ce cercle de gouvernements bons et mauvais : de la monarchie, par exemple, passer soit à une forme de république, soit à un despotisme réel ; de là se précipiter dans les abymes de l'anarchie ; y périr ou remonter, à travers une longue et douloureuse série de crimes et de malheurs, à cette monarchie que l'on avoit quittée, et qui, toujours travaillée par les mêmes principes de dissolution, dégénérera quelque jour encore dans l'un de ces corrélatifs : telle étoit donc la déplorable destinée des nations. Cette destinée, toutes la subiroient encore, si des génies supérieurs, sortant des routes ordinaires, n'avoient conçu l'heureuse idée de réunir dans une même constitution la monarchie, l'aristocratie et la démocratie.

Cette idée est en effet très heureuse ; puisque, attachant l'existence et la conservation de ces trois pouvoirs à la condition qu'aucun d'eux ne franchira ses limites constitutionnelles, elle établit entre eux une réaction nécessaire, qui neutralise autant qu'il est possible le principe de dissolution inhérent à leur nature.

Nous disons que, par la nature des choses, ces pouvoirs réagissent les uns sur les autres, se contiennent et s'équilibrent réciproquement : en effet, si la partie démocratique venoit à prévaloir, le gouvernement dégénéreroit en une sorte de république turbulente et factieuse ; et bientôt le prince et les grands seroient victimes de la tyrannie populaire ; tyrannie mille fois plus insupportable que le despotisme d'un seul. De même, la constitution seroit renversée et la liberté perdue, si la branche aristocratique s'élevoit au-dessus des deux autres. Enfin tout ce que le prince ajouteroit à son autorité diminueroit celle des deux chambres.

Mais cette surveillance réciproque seroit une occasion de débats interminables, si le pouvoir qui l'exerce n'étoit pas investi d'une force capable d'arrêter à l'instant, et par le seul effet de sa volonté, les écarts et les entreprises qu'il croit devoir réprimer. Cette force existe : c'est le *veto*, ou, en d'autres termes, la faculté d'empêcher; faculté qui, donnant à chacune des trois branches de la constitution le droit et la puissance d'annuler tout ce qui pourroit compromettre non seulement son existence, mais ses plus légères prérogatives, assure à cette espèce de gouvernement une fixité, une stabilité qui manque à tous les autres.

Cependant l'équilibre n'est pas encore parfaitement établi. La chambre des communes, choisie par la nation, composée de citoyens de toutes les classes, dépositaire des doléances du peuple, et gardienne de ses libertés, a, par la nature des choses, une si grande popularité que, mal intentionnée, ou séduite par de fausses théories, elle pourroit corrompre l'opinion publique au point de mettre le trône en danger. Cette crise est prévue, et le remède est aussi prompt qu'efficace : la constitution donne au roi la faculté de proroger cette chambre, et même de la dissoudre; faculté dont il use avec la plus entière indépendance, sans autre régulateur que sa volonté, sans autre juge que sa conscience.

Là ne s'arrête pas encore la sollicitude de la loi constitutionnelle : elle déclare la personne du roi inviolable et sacrée; elle le proclame le chef suprême de l'Etat; elle met à sa disposition toutes les forces de terre et de mer; elle le rend l'arbitre de la paix et de la guerre; elle attache à sa couronne le droit d'instituer tous les juges, de nommer à tous les emplois civils et militaires, et de faire tous les règlements relatifs à l'exécution des lois; en un mot, elle lui confère toutes les attributions du pouvoir exécutif, pouvoir dont l'influence est incalculable.

Ce pouvoir a cela de commun avec la puissance législative, que les actes qui en émanent portent, comme les lois elles-mêmes, l'empreinte de l'autorité publique, et commandent également l'obéissance.

La puissance législative et le pouvoir exécutif diffèrent, en ce que la première n'agit que par des décisions générales et permanentes, du moins dans l'intention du législateur; et que les actes du pouvoir exécutif ne sont que des décisions particulières, toujours relatives aux circonstances, et mobiles comme elles.

Autre différence : le pouvoir exécutif consiste plus en action qu'en délibération; au contraire, la puissance législative, toute en délibération, appartient exclusivement au domaine de la pensée.

Enfin on ne peut, sans de très grands inconvénients, diviser entre plusieurs l'exercice du pouvoir exécutif; et il y en a de plus graves encore à concentrer indéfiniment, et sans limitation, la puissance législative dans la main d'un seul.

Si l'on décompose le pouvoir exécutif, on voit qu'il se divise en trois branches.

La première est relative aux choses qui sont du droit des gens, c'est-à-dire, qui intéressent la sûreté extérieure de l'Etat, et ses relations avec ses voisins.

La seconde embrasse tous les actes du droit politique, c'est-à-dire, les actes qui concernent la sûreté intérieure de l'Etat, et qui dérivent des rapports qui existent entre le gouvernement et les gouvernés.

La troisième a pour objet le droit civil, c'est-à-dire, le droit de punir les crimes et de régler les intérêts privés par l'application des lois générales.

La première de ces trois branches conserve la dénomination de pouvoir exécutif; la seconde prend celle de pouvoir administratif; la troisième constitue l'autorité judiciaire.

CHAPITRE II.

De l'Autorité judiciaire, de son objet et de son influence.

L'AUTORITÉ judiciaire consiste, comme nous venons de le dire, dans le droit de punir les crimes et de régler les intérêts privés par l'application des lois civiles et criminelles.

Ce droit embrasse une sphère immense.

Organe de la puissance législative, c'est l'autorité judiciaire qui lui donne la vie, et qui la met en action, c'est elle qui, faisant prévaloir les droits du plus foible sur les prétentions du plus fort, assure le règne de la loi et la paix entre les citoyens; c'est elle qui forme la morale publique, en flétrissant les actions malhonnêtes, et en retranchant de la société ceux qui en ont commis de criminelles; en un mot, c'est elle, c'est cette autorité tutélaire qui donne à chacun cette opinion de sa sûreté, sans laquelle l'homme, inquiet sur sa liberté, sur sa fortune, sur son existence même, ne fait rien pour acquérir, parcequ'il n'est pas sûr de conserver, et se regarde comme étranger dans sa propre patrie.

Il y a bien peu de lois qui n'aient des lacunes et des obscurités. Les juges expliquent et suppléent; le peuple, qui n'a jamais imploré vainement le secours des tribunaux, confondant le magistrat et la loi, les respecte également l'un et l'autre: et le respect d'une nation pour ses lois et pour ses magistrats est le plus sûr garant de son obéissance et du maintien de l'ordre public.

Combien de séditions prévenues ou étouffées par le seul ascendant des magistrats! Après s'être livré aux plus violentes diatribes contre les plébéiens, Coriolan sortoit du sénat. Le peuple se précipitoit sur lui. Les patriciens s'avançoient pour le défendre. Encore un instant, et le sang couloit. Un tribun s'écrie: «Vous «voulez le punir, et il n'est pas jugé!» A ces paroles

les armes tombent, et Rome doit son salut aux formes judiciaires. On connoît une foule d'exemples pareils.

Les désordres, qui n'ont eu d'autre cause que des vices dans l'organisation judiciaire, ne sont pas moins nombreux. L'homme qui a le plus profondément réfléchi sur l'ordre social, Machiavel, n'hésite pas d'attribuer la plupart des maux de sa patrie à la circonstance que le tribunal établi à Florence pour juger les crimes publics n'étoit pas composé d'un assez grand nombre de magistrats (1).

Lors même que, long-temps déchirée par des discordes civiles, une nation a perdu ses institutions, ses lois et ses mœurs, le mal n'est pas sans remède, si l'autorité judiciaire n'est pas totalement anéantie, si les tribunaux conservent encore le sentiment de leur indépendance, de leurs devoirs et de leur dignité. Par eux la loi reprendra son empire; et, par une sage, ferme et constante administration de la justice, ils dissiperont les factions, ils comprimeront les séditieux, ils raffermiront les propriétés, ils feront renaître la sécurité dans les ames, ils rétabliront la concorde entre les citoyens, et ils finiront par replacer l'ordre social sur ses anciennes bases. Écoutons le chancelier de l'Hôpital faisant l'ouverture des états de Blois : «Les maux

_____

(1) «Contre des citoyens ambitieux, contre des coupables puissants, «un tribunal de huit juges ne sauroit suffire. Il faut que ceux-ci soient «nombreux, parceque, dans ces circonstances, la réunion de très peu «d'hommes n'a juste que la force du nombre.» *Discours sur Tite-Live*, liv. I, chap. 7.

« de la France sont grands, disoit-il ; de longues guerres
« étrangères et civiles ont épuisé ses ressources ; la li-
« cence des camps a corrompu les hommes ; il est des
« coupables qui n'espèrent trouver leur sûreté particu-
« lière que dans un bouleversement général : c'est aux
« tribunaux qu'il appartient d'arrêter ces désordres, de
« réprimer les séditieux et de dissiper les factions ; qu'ils
« s'arment de vigilance et de célérité ; et que par la
« fidèle exécution des lois ils contribuent à sauver la
« patrie.»

La constitution de l'Etat elle-même est sous l'influence de l'autorité judiciaire. Le seul déplacement
de cette autorité a ébranlé, jusque dans ses fondements,
le plus puissant empire du monde, l'empire romain.
Le peuple avoit la majeure partie de la puissance législative, une part dans l'exercice du pouvoir exécutif, et
encore, dans certaines circonstances, le droit de juger.
Le sénat, investi de la plus grande partie du pouvoir
exécutif, n'avoit que quelques branches de la puissance
législative ; mais la presque totalité de l'autorité judiciaire résidoit dans ses mains. Cette organisation main-
tenoit l'équilibre entre les deux ordres de l'Etat ; et
Rome, libre, glorieuse et triomphante, accomplissoit
ses hautes destinées. Les Gracques, qui, comme tous
les factieux, vouloient augmenter la puissance du peuple
pour en faire l'instrument de leur ambition, firent ordonner que les juges seroient pris parmi les chevaliers (1).

_____

(1) Ce changement eut une telle influence, que Tibérius Gracchus,

Alors le sénat ne fut plus assez fort pour résister au peuple, et bientôt se développèrent ces germes d'anarchie qui, moins de cent ans après, firent de la reine des nations l'esclave des Césars.

L'autorité judiciaire étend encore plus loin son influence sur la constitution de l'Etat : elle la ramène à son principe lorsqu'elle est corrompue; elle la tempère et la corrige lorsqu'elle est vicieuse (1).

Que le prince ne puisse déléguer cette autorité qu'à des mandataires dont l'aptitude et la liberté soient garanties par la double restriction qu'il ne les choisira qu'entre ceux que la loi lui désigne, et qu'il sera dans l'impuissance de révoquer les pouvoirs qu'il leur con-

---

qui en fut l'auteur, se vantoit d'avoir, par ce seul acte, coupé les nerfs de l'ordre des sénateurs.

(1) « Les monarchies ont besoin de se renouveler, et de ramener leurs « lois à leurs principes; et le royaume de France nous fournit un « exemple des bons effets qu'on doit en attendre. Cette monarchie existe « sous des lois et des institutions; elle en a plus qu'aucune autre mo- « narchie connue. Les parlements, et sur-tout celui de Paris, sont les « gardiens de ces institutions et de ces lois. Ils ont soin de les renou- « veler de temps en temps par de grands exemples contre quelque « grand du royaume, ou même par des arrêts absolument en opposi- « tion à la volonté du roi; et ce royaume s'est conservé jusqu'à présent, « parceque ce corps a été un des plus constants à réprimer l'ambition « de cette noblesse: s'il la laissoit impunie quelques instants, les dés- « ordres se multiplieroient à l'infini, et il en résulteroit, ou qu'on ne « pourroit plus punir les coupables sans courir les plus grands risques, « ou que la monarchie seroit dissoute. » MACHIAVEL, *sur Tite-Live*, liv. III, chap. 1.

férera ; que l'ordre des jurisdictions soit invariable ; que l'on ne connoisse ni les commissions ni les évocations ; que l'honneur, la liberté, la vie et la fortune des citoyens, soient inviolablement sous la garde des formes judiciaires, et quelque mauvais que soit d'ailleurs le gouvernement, on le supportera ; et même l'habitude pourra le faire aimer. Si l'on veut y faire attention, on reconnoîtra qu'il y a dans l'Europe plusieurs gouvernements qui ne diffèrent guère de ceux d'Asie que par l'indépendance de l'ordre judiciaire. Les derniers font horreur, et les autres n'effraient personne (1).

C'est sur-tout dans les monarchies qu'il importe que l'autorité judiciaire soit bien constituée.

Chaque espèce de gouvernement a des principes de dissolution qui lui sont particuliers et qui tiennent à sa nature.

Il est dans l'essence des monarchies d'avoir des dis-

---

(1) « La puissance des empereurs pouvoit plus aisément paroître tyrannique que celle des princes de nos jours. Comme leur dignité étoit un assemblage de toutes les magistratures romaines ; que dictateurs, sous le nom d'empereurs, tribuns du peuple, proconsuls, censeurs, grands-pontifes, et quand ils vouloient consuls, ils exerçoient souvent la justice distributive ; ils pouvoient aisément faire soupçonner que ceux qu'ils avoient condamnés, ils les avoient opprimés ; le peuple jugeant ordinairement de l'abus de la puissance par la grandeur de la puissance : au lieu que les rois d'Europe, législateurs et non pas exécuteurs de la loi, princes et non pas juges, se sont déchargés de cette partie de l'autorité, qui peut être odieuse ; et, faisant eux-mêmes les graces, ont commis à des magistrats particuliers la distribution des peines. » *Grandeur et Décadence des Romains*, chap. 16.

tinctions, des rangs, et des priviléges : de là, différents ordres dans l'Etat, des grands et des petits, des hommes revêtus du triple éclat des honneurs, du pouvoir, et des richesses; et d'autres, en beaucoup plus grand nombre, réduits à traîner leur pénible existence entre les humiliations, l'indigence et le travail. Comme, en général, les grands et les petits oublient que cet ordre de choses n'est établi ni pour eux ni contre eux, mais uniquement pour le bien de la société, il arrive trop souvent que les premiers, regardant ces avantages comme leur propriété, mettent de l'arrogance et de la dureté dans leurs rapports avec les seconds; et que ceux-ci, ne voulant voir dans leur dépendance qu'une suite de l'injustice des hommes et du sort, sont naturellement disposés à concevoir des jalousies, des défiances et des haines d'autant plus actives, que le mépris est la chose du monde que l'homme supporte le plus impatiemment.

Ces dispositions réciproques, qui dans les monarchies constituent les différentes classes de citoyens dans un état habituel de réaction, forment un des germes de dissolution de cette espèce de gouvernement.

Ce germe est indestructible, parcequ'il tient à la nature des choses. Cependant, s'il vient à faire explosion, il produira les effets les plus désastreux; et cette explosion est inévitable, si les actes d'oppression que les grands pourroient se permettre ne sont pas à l'instant réprimés.

La puissance répressive ne peut résider que dans les mains du prince ou dans celles des magistrats.

Deux raisons principales s'opposent à ce que le prince exerce lui-même cette branche de son autorité. D'abord, obligé d'appliquer alternativement des lois pénales aux grands et aux petits, il pourroit finir par être odieux à tous; en second lieu, le peuple, qui le verroit constamment environné de ceux qu'il regarde comme ses ennemis, ne croiroit jamais avoir obtenu une justice complète, lors même qu'il auroit prononcé en sa faveur.

Il est donc de l'intérêt et de la sagesse du prince de ne jamais intervenir dans les discussions de cette espèce, et d'en renvoyer la décision à ses tribunaux.

Le vrai magistrat, tout entier à l'exercice de ses fonctions, étranger, pour ainsi dire aux autres classes de la société, ne partage ni leurs passions, ni leurs plaisirs, ni leurs prétentions, ni leurs jalousies. Plein de cette idée qu'il est l'organe de la loi, qu'il est la loi vivante, il a un grand caractère. Toujours dans la solitude du cabinet ou sous les regards du public, ses mœurs sont simples et graves. Son mépris pour le luxe et ses habitudes modestes l'élèvent au-dessus de tous les genres de séduction. Comme l'estime de ses concitoyens est le dernier terme de son ambition, on se plaît à la lui accorder; et il marche couvert de la vénération qu'il est impossible de refuser à la réunion du savoir et de la vertu.

Si les hommes propres à former de pareils magistrats paroissent rares, c'est qu'ils sont épars et qu'ils cachent leur vie; mais les moyens de les découvrir sont dans les mains du gouvernement. Que seuls ils soient appelés à remplir les places de la magistrature, que le prince les environne d'un appareil imposant, sur-tout, qu'il les couvre de sa bienveillance; et, tranquille sur la paix intérieure de ses états, il pourra ne se réserver que les actes qui font aimer l'autorité, et renvoyer à ses cours l'application des lois et des mesures qui pourroient la rendre odieuse.

C'est la pensée de Machiavel, lorsque dans son livre intitulé *le Prince*, il dit : « La France tient le premier «rang parmi les états bien gouvernés. Une des institu- «tions les plus sages, c'est sans contredit celle des par- «lements; dont l'objet est de veiller à la sûreté du gou- «vernement et à la liberté des peuples. Les auteurs de «cette institution, connoissant, d'un côté, l'insolence «et l'ambition des nobles, de l'autre, les excès aux- «quels le peuple peut se porter contre eux, ont cher- «ché à concilier les uns et les autres, mais sans l'inter- «vention du roi, qui n'auroit pu prendre parti pour «le peuple sans mécontenter les grands, ni favoriser «ceux-ci sans s'attirer la haine du peuple. Pour cet «effet, ils ont institué une autorité qui, sans que le roi «eût à s'en mêler, pût réprimer les grands et favoriser «le peuple. Il faut convenir que rien n'est plus propre «à donner de la consistance à un gouvernement et à «assurer la tranquillité publique. Les princes doivent «apprendre par là à se réserver la distribution des «graces et des emplois, et à laisser aux magistrats le «soin de décerner les peines, et en général la dispo-

« sition des choses qui peuvent exciter du mécontentement (1). »

CHAPITRE III.

Que jamais le Prince ne doit s'immiscer dans l'exercice de l'Autorité judiciaire.

Dans les monarchies tempérées, chaque branche de la souveraineté a des limitations qui lui sont propres. La principale pour l'autorité judiciaire est que le prince soit obligé de la déléguer à des mandataires de son choix, à la vérité, mais qui soient inamovibles.

Il y a des fonctions que le prince ne peut pas déléguer; d'autres qu'il peut déléguer ou remplir lui-même; d'autres enfin qu'il doit déléguer.

Le prince ne peut pas déléguer les attributs essen-

---

(1) *Du Prince,* chap. 19.

Le cardinal de Retz exprime là même idée dans le passage suivant : « Les rois qui ont été sages, et qui ont connu leurs véritables intérêts, « ont rendu les parlements dépositaires de leurs ordonnances, particu- « lièrement pour se décharger d'une partie de l'envie et de la haine « que l'exécution des plus saintes et des plus nécessaires produit quel- « quefois. Ils n'ont pas cru s'abaisser en s'y liant eux-mêmes; semblables « à Dieu, qui obéit toujours à ce qu'il a commandé une fois. » *Mémoires du cardinal de Retz,* tome I, p. 149, édit. de 1717.

tiels de la souveraineté, parceque ce seroit choquer la nature du gouvernement.

Il est libre au prince de déléguer ou de se réserver le commandement militaire et le pouvoir administratif; mais il doit déléguer l'autorité judiciaire.

L'usage de déléguer le pouvoir administratif et le commandement militaire n'a d'autre motif que l'impossibilité où sont les princes de remplir eux-mêmes tant de fonctions diverses. Mais ils doivent déléguer l'autorité judiciaire, parcequ'ils ne pourroient l'exercer sans danger pour la liberté civile.

Cependant la justice est une dette du prince, et cette dette résulte d'un contrat présumé entre lui et ses sujets : comme ceux-ci sont obligés de le servir en personne, il doit donc lui-même leur rendre la justice.

Rien d'ailleurs n'est plus propre à nourrir l'affection mutuelle des princes et des sujets que la communication habituelle que la distribution de la justice établit entre eux.

Et combien n'est-il pas consolant pour celui qui a perdu sa cause de pouvoir dire : «Le prince, que rien «ne peut corrompre, et qui ne peut avoir d'autre inté- «rêt que celui de la justice, a entendu tous mes griefs «et pesé toutes mes raisons!»

Enfin les juges les plus sages, les plus purs, les plus éclairés, liés par des formes souvent minutieuses, ou arrêtés par le sens équivoque de la loi, éternisent les procès : au contraire, le prince, interprète de la loi et juge des formes, ne voit que la justice, et la rend.

A ces considérations on pourroit joindre beaucoup d'exemples; mais tout cela disparoit devant des motifs d'une tout autre importance.

Si le prince, qui est investi de la puissance législative et du pouvoir exécutif, se réservoit encore l'exercice de l'autorité judiciaire, cette réunion confondroit des choses essentiellement différentes, et qui doivent nécessairement demeurer séparées.

En effet, comme le prince, en exerçant l'autorité judiciaire, n'en auroit pas moins la puissance législative, il pourroit indifféremment appliquer la loi comme juge, ou la modifier comme législateur; et de là, ces rescrits qui causèrent tant de maux aux Romains sous les empereurs qui eurent la manie de juger.

Ce n'est pas tout : la loi, qui cesseroit d'être la règle invariable et nécessaire des jugements, tomberoit dans le mépris; les formes lentes et solennelles, établies pour assurer la sagesse et la stabilité de la législation, seroient négligées, parceque la nation ne les regarderoit plus que comme un vain appareil; les gouvernants sentiroient moins la nécessité de mettre la puissance législative en action; et bientôt les rapports des citoyens entre eux n'auroient d'autre régulateur que la volonté versatile du prince.

Ajoutons que le prince, en vertu du pouvoir exécutif, auroit encore l'exécution de ses jugements. Ses agents auroient donc le pouvoir d'exécuter tyranniquement des sentences qui pourroient être injustes.

«Dans les Monarchies, dit Montesquieu (1), si le «prince jugeoit lui-même, la constitution seroit dé-«truite, les pouvoirs intermédiaires anéantis; on verroit «cesser toutes les formalités des jugements; la crainte «s'empareroit de tous les esprits; on verroit la pâleur «sur tous les visages. Plus de confiance, plus d'honneur, «plus d'amour, plus de sûreté, plus de monarchie.»

A ces motifs généraux s'en joignent de particuliers aux procès criminels.

Dans les monarchies, c'est le prince, comme partie publique, qui accuse et qui poursuit la punition des crimes. S'il les jugeoit, il seroit tout-à-la-fois la partie, l'accusateur et le juge.

Les amendes et les confiscations appartiennent au prince : s'il jugeoit, il seroit encore, sous ce point de vue, juge et partie.

Enfin, s'il jugeoit les criminels, il perdroit le plus bel attribut de la souveraineté, celui de faire grace; car il seroit contre toutes les convenances que le prince donnât la vie à celui qu'un instant auparavant il auroit jugé digne de mort.

Ces principes étoient déja si bien connus dans le quatorzième siècle, que, dans le procès de Jean V, duc de Bretagne, en 1378, et dans celui de Charles II, roi de Navarre, en 1386, l'un et l'autre accusés de félonie, la présence des rois Charles V et Charles VI donna lieu à des protestations de la part des pairs de France.

(1) *Esprit des Lois*, liv. VI, chap. 5.

Voici la seconde de ces deux protestations, telle qu'elle est consignée dans les registres du parlement : «Le sa-«medi second jour de mars l'an 1386, fut le roi, notre «sire, en son parlement, en sa majesté royale, présents «le roi d'Arminie, le duc de Bourgogne, le duc de «Touraine, les évêques de Laon, Beauvais et Noyon, «pairs de France, etc.; et avant que le procureur du «roi eût fait aucunes requêtes, les pairs exposèrent au «roi, par la bouche de M. le duc de Bourgogne, doyen «des pairs, qu'au vivant de feu le roi Charles, der-«nièrement trépassé, que l'on fit le procès contre le «duc de Bretagne, auquel faire furent adjournés les «pairs : iceux pairs maintindrent devant le roi qu'à eux «appartenoit la décision, détermination et jugement «de la cause; requérants que ainsi fût déclaré, ou qu'ils «eussent lettres que si le roi déterminoit la cause, et «donnoit le jugement et arrêt, qu'ils eussent lettres «que ce fut sans leur préjudice; et que, par ce, aucun «nouvel droit ne fût acquis au roi : laquelle lettre si, «comme ils disoient, leur fut octroyée; mais elle ne «fut oncques faite.»

Lors du procès fait au marquis de Saluces, il fut re-présenté à François Ier, *par vives raisons et autorités divines et humaines* (1), disent les historiens, qu'il ne

---

(1) «Quand le roi François Ier fit constituer le chancelier Poyet pri-«sonnier, il ne voulut pas être son juge, ni même assister au jugement, «ains le renvoya au parlement de Paris; et comme il eut récusé tous les «présidents et conseillers de la cour, le roi lui permit d'avoir deux juges

pouvoit assister au jugement, puisqu'il y alloit de la confiscation du marquisat de Saluces.

Dans le procès du duc de la Valette, renvoyé à une commission composée de conseillers d'état et de magistrats du parlement, le président de Bellièvre dit à Louis XIII, qui présidoit lui-même cette commission, « Qu'il voyoit dans cette affaire une chose étrange, un « prince opiner lui-même au jugemeut d'un de ses su- « jets; que les rois ne s'étoient réservé que les graces, « et qu'ils renvoyoient les condamnations vers leurs « officiers. Et votre majesté voudroit bien voir sur la « sellette un homme devant elle, qui, par son jugement, « iroit dans une heure à la mort! Que la face du prince, « qui porte les graces, ne peut soutenir cela; que sa vue « seule levoit les interdits des églises; que l'on ne de- « voit sortir que content de devant le prince. »

Dans la dernière séance, et lors du jugement défini- tif, le même président dit: « Cela est un jugement sans « exemple, voire contre tous les exemples du passé « jusqu'à huy, qu'un roi de France ait condamné, en

---

« de chacun parlement. En quoi chacun peut juger combien la justice a « été sincèrement administrée en ce royaume au prix des autres. » Bodin, qui rapporte ce trait historique dans sa *République,* liv. IV, chap. 6, rapproche la conduite de François Ier de celle du roi d'Angleterre, qui, dans le même temps, mit de même en jugement son chancelier Thomas le Moore, et souffrit que ce fût son ennemi et son successeur qui lui fit son procès: *cette condamnation,* ajoute Bodin, *donna très mauvais bruit au roi d'Angleterre, tant envers les étrangers qu'envers ses sujets, plus pour la forme de procéder que pour le fonds en soy.*

«qualité de juge, et par son avis, un gentilhomme à
«mort. »

Au surplus, cette question n'en est plus une pour
nous; il ne nous est pas même permis de la discuter.
La charte la décide; elle porte : *Toute justice émane
du roi; elle s'administre en son nom, par des juges
qu'il nomme et qu'il institue. Les juges nommés par le
roi sont inamovibles* (1).

Ainsi la justice émane du roi, mais il n'en est pas
l'organe; elle s'administre en son nom, mais il n'en
est pas l'administrateur; il en est la source, mais les
justiciables ne la reçoivent pas immédiatement de lui :
elle ne peut se répandre sur eux que par des canaux
intermédiaires.

En un mot, la justice ne peut être rendue que par
des hommes auxquels le roi confère le caractère de
juge, et la loi le privilége de l'inamovibilité (2).

Les paroles suivantes de Montesquieu termineront
ce chapitre : *Quelques empereurs romains eurent la fu-
reur de juger; nuls règnes n'étonnèrent plus l'univers
par leurs injustices.* Esprit des Lois, liv. VI, chap. 5.

_____

(1) En Angleterre il y a un statut de la seizième année du règne de
Charles Ier, conçu en ces termes : *Soit déclaré que ni sa majesté, ni
son conseil privé, n'ont jurisdiction, pouvoir, ou autorité d'examiner ou mettre en question, déterminer ou disposer des biens des sujets
de ce royaume.*

(2) Les termes de la charte sont si généraux et si absolus, que j'ai
cru devoir supprimer le Chapitre III de la première édition de cet ouvrage, qui avoit pour objet d'établir que dans certaines circonstances
que j'indiquois, le roi pouvoit rendre des jugements.

CHAPITRE IV.

Que la disposition de la Charte par laquelle le Roi s'est interdit l'exercice des fonctions judiciaires doit s'appliquer aux deux Chambres.

PAR quels motifs le roi s'est-il imposé l'obligation de déléguer l'exercice de l'autorité judiciaire? On ne peut pas s'y méprendre : c'est que, dans sa profonde sagesse, il a reconnu que la réunion, même partielle, de l'autorité judiciaire, de la puissance législative et du pouvoir exécutif, n'étoit jamais sans de graves inconvénients.

A la vérité, ces inconvénients sont moindres à l'égard des deux chambres, par la raison qu'elles sont étrangères au pouvoir exécutif; mais le principe n'en seroit pas moins altéré, puisqu'elles concourent à la confection des lois : et d'ailleurs, si elles avoient la faculté de se constituer en tribunal, les citoyens qui se verroient traduits devant des juges auprès desquels les lois n'auroient ni gardiens, ni vengeurs, pourroient concevoir des inquiétudes. En effet, ce tribunal, qui ne rendroit compte de ses jugements à aucune autorité supérieure, seroit, par le fait, au-dessus des lois, puisqu'il lui seroit libre de ne les appliquer que quand il voudroit, et comme il lui plairoit. Et ce qui seroit encore plus alarmant : en vertu du droit d'empêcher, qui lui appartient comme législateur, il seroit le maître de paralyser toutes les mesures que les autres branches de la législature croiroient devoir prendre pour réprimer les excès qu'il pourroit commettre comme juge.

CHAPITRE V.

Exception à la règle établie dans le Chapitre précédent. Dans les Gouvernements mixtes, il y a des circonstances où la branche aristocratique de la Constitution peut, et même doit se constituer en Tribunal; quelles sont ces circonstances.

Les lois sont faites pour les besoins de la société; toutes les lois, même les lois fondamentales, doivent donc avoir une certaine flexibilité qui permette des exceptions, mais des exceptions tellement nécessaires, tellement commandées par la force des choses, que, loin d'altérer la règle, elles la confirment et la fortifient.

Ainsi, quelque puissants que soient les motifs de refuser aux chambres toute participation aux fonctions judiciaires, cependant, s'il étoit bien reconnu que dans telle ou telle circonstance l'intérêt de la société exige une dérogation à la règle, il faudroit la faire fléchir, et ne plus se la rappeler que pour n'admettre que les exceptions rigoureusement nécessaires, et les renfermer dans les bornes les plus étroites.

Ces circonstances existent; elles sont au nombre de deux.

1° Toutes les fois que la puissance législative est divisée, qu'elle s'exerce collectivement par le roi, par la chambre des pairs et par celle des députés, il importe éminemment au maintien de la constitution et à la stabilité du gouvernement, que ces différents pouvoirs ne puissent jamais prévaloir les uns sur les autres : aussi chacun d'eux a-t-il un principe de vie et des moyens de conservation qui lui sont propres. La prérogative royale se défend par le pouvoir exécutif, et la chambre des communes par sa popularité ; à l'égard des pairs, la loi les place sous la garde de l'opinion publique, et leur donne en éclat, en priviléges, en considération, ce qui leur manque en force réelle.

Investis des plus hautes fonctions, dépositaires de la puissance publique, à titre héréditaire et patrimonial, les pairs occupent le sommet de la hiérarchie sociale; l'égalité constitutionnelle cesse pour eux, et ils forment dans l'état un ordre privilégié, un ordre supérieur à toutes les classes de citoyens ; en un mot ils ne sont pairs qu'entre eux.

Si, dans les affaires criminelles, ils étoient traduits aux cours d'assises et devant les jurés ordinaires, ils ne jouiroient donc pas du droit commun à tous, de ne pouvoir être condamnés que par le jugement de leurs pairs. Ainsi, dans tous les cas où une accusation doit être portée devant des jurés, c'est à la chambre des pairs qu'il appartient de statuer sur celles intentées contre ses membres. Ainsi la disposition de l'article 34 de notre charte constitutionnelle n'est pas un privilége, mais l'application littérale et nécessaire de la loi commune.

2° Un acte ministériel attaque la constitution : il faut une réparation à la société; c'est elle-même qui la demande par l'organe de ses représentants, et qui se rend l'accusatrice du ministre qu'elle croit prévaricateur. Mais devant qui portera-t-elle son accusation? Ira-t-elle, dans l'attitude d'un plaignant, demander justice aux tribunaux ordinaires, à des tribunaux qui n'exercent qu'un pouvoir secondaire? Non; sa dignité en seroit blessée: d'ailleurs le prévenu pourroit craindre que l'autorité d'un si puissant accusateur n'altérât l'indépendance de ses juges. Cette accusation ne peut donc être intentée que devant l'une des deux autres branches de la puissance législative. Ce ne sera pas devant celle qui repose dans la main du roi, parcequ'elle y est jointe au pouvoir exécutif; l'accusation sera donc nécessairement portée devant la chambre des pairs. Là, point de supériorité, point d'influence à craindre, puisque le juge et l'accusateur sont placés sur la même ligne constitutionnelle.

Voilà les deux circonstances devant lesquelles fléchit le principe que jamais l'autorité judiciaire ne doit être unie à la puissance législative. Peut-être quelques autres dérogations peuvent-elles encore être tolérées; mais elles doivent être en fort petit-nombre, et des motifs de la plus haute importance doivent les justifier.

Cependant il reste une dernière difficulté. Aux termes de la charte, nul ne peut s'immiscer dans l'exercice des fonctions judiciaires, s'il n'est institué juge par le roi.

Que l'on voie cette institution royale, en faveur du premier institué, dans l'acte par lequel le roi lui confère la dignité de pair de France, cela se conçoit; mais lorsque son fils, sans autre formalité que sa réception à la chambre des pairs, y figure comme juge, et prend part au jugement d'un procès, on peut se demander s'il est pourvu de cette institution que la charte exige si impérieusement, et sans laquelle toute participation aux fonctions judiciaires est une forfaiture. La difficulté ne seroit pas levée, quand même la réception du nouveau pair seroit précédée du consentement du roi: l'institution d'un juge est un acte par lequel le prince transmet à celui qui en est l'objet l'exercice d'une partie de la puissance publique; et cette transmission ne peut pas être l'effet de l'approbation donnée à un simple acte de réception.

Cependant le nouveau pair sera, comme son prédécesseur, investi du pouvoir de juger; et ce pouvoir, il le tiendra, comme le veut la charte, de l'institution du roi. Cette institution existe en effet; elle est dans l'acte de création de chaque pairie.

Ce n'est pas seulement au premier institué que les

fonctions attachées à la dignité de pair de France sont
conférées : tous ceux qui doivent lui succéder sont
également appelés à les remplir; et chacun d'eux a,
dans l'acte d'érection de la pairie, une vocation directe, formelle et spéciale. Ainsi tous, jusqu'au dernier des descendants mâles, sont institués juges par ce
titre primitif; et la seule différence qui existe entre les
pairs de France considérés comme juges et les juges
ordinaires, c'est que ceux-ci sont institués individuel-
lement, et que les pairs de France exercent les fonctions judiciaires en vertu d'une institution collective.

CHAPITRE VI.

*Que l'Autorité judiciaire se compose de deux éléments,
la Jurisdiction et le Commandement. Définition de
la Jurisdiction. Du Commandement uni à la Jurisdiction, de son étendue, et de ses effets.*

L'AUTORITÉ judiciaire se compose de deux éléments,
la jurisdiction et le commandement.

Le mot *jurisdiction* est formé de ces deux autres,
jus et *dicere*. Aussi dit-on : *Jurisdictio à jure dicendo.*

Ainsi la loi confère une jurisdiction toutes les fois
qu'elle donne le droit d'appliquer les lois générales
aux cas particuliers, par des décisions dont elle règle

la forme, et qu'elle prend l'engagement de faire exécuter; ainsi l'action de la jurisdiction commence au moment où le juge prend connoissance de l'affaire qui lui est soumise, et finit à l'instant où il a définitivement prononcé (1). En un mot, le pouvoir jurisdictionnel est tout entier dans la faculté de connoître et de juger, *in notione et judicio*, comme parlent les jurisconsultes. *In notione,* c'est-à-dire, dans le droit d'ordonner tout ce qui est nécessaire pour éclairer la religion du magistrat; ce qui comprend la vocation, *vocationem,* ou, ce qui est la même chose, le droit d'appeler tous ceux dont l'assistance en cause peut être utile au bien de la justice.

Mais que seroit-ce qu'un jugement sans moyens d'exécution? un simple conseil, toujours méprisé par celui dont il choqueroit les intérêts.

Cette réflexion a frappé tous les législateurs, et tous ont joint le commandement à la jurisdiction; et c'est, comme nous venons de le dire, cette union du commandement à la jurisdiction qui constitue l'autorité judiciaire, ou, ce qui est la même chose, le *mixtum imperium* des Romains.

Nous ne donnerions donc qu'une idée très impar-

---

(1) *Quumque jurisdictio in sola notione consistat, sequitur, ut ea tantùm in decernendo et judice dando sit posita : ut, simul ac aliqua vis et coactio accedit, statim sese exserat imperium; ut non exsequutio, sed sententia, sit extremum in jurisdictione.* HEINECCIUS, ad Pand., lib. II, tit. 1, §. 244.

faite de l'autorité judiciaire, si, après avoir défini la jurisdiction, nous ne faisions pas voir en quoi consiste le commandement judiciaire.

Le mot *commandement*, pris dans une signification absolue, embrasse tous les genres de pouvoir, et caractérise éminemment la souveraineté; mais, appliqué aux autorités secondaires, il a une signification beaucoup plus restreinte.

Sous ce point de vue, le commandement judiciaire se divise en deux branches, la coërcition et l'exécution.

La coërcition consiste dans le droit qui appartient à tous les juges de punir par des peines légères, telles qu'une amende peu considérable, ou un emprisonnement de peu de durée, les injures qui leur seroient faites dans l'exercice de leurs fonctions.

Dans les lois romaines, ce droit est généralement appelé *coërcitio*; quelquefois cependant elles le nomment *imperium*; et c'est en prenant le mot *imperium* dans cette signification, que les jurisconsultes disent: *Jurisdictio inhæret, cohæret, et adhæret imperio.*

En effet, tous les juges, quelque degré qu'ils occupent dans la hiérarchie judiciaire, ont ce droit de coërcition; il leur est également assuré et par les lois romaines (1) et par les lois françoises.

---

(1) *Cui jurisdictio data est, ea quoque concessa esse videntur sine quibus jurisdictio explicari non potest.* L. 2, ff. de Jurisdictione.

Sine modicâ coërcitione nulla est jurisdictio. L. ult., de Officio ejus cui...

Cette coërcition n'est qu'une foible partie du commandement judiciaire. L'autre branche est beaucoup plus importante; c'est le commandement proprement dit.

Mais, en s'unissant à la jurisdiction, ce commandement se tempère et se modifie de manière qu'il n'a ni la même liberté dans ses mouvements, ni la même sphère d'activité que celui qui réside dans la main des principaux agents de l'ordre administratif.

Il étoit impossible d'assujettir à des règles invariables le pouvoir confié à ces agents, parceque obligés de prévoir et de prévenir tout ce qui pourroit troubler l'ordre public, ils ne peuvent, le plus souvent, prendre conseil que des circonstances.

Mais il n'en est pas de même du commandement uni à la jurisdiction. Comme cette union n'est fondée que sur la nécessité d'assurer le règne de la loi, le juge ne peut commander qu'au nom de la loi, que dans les formes par elle établies, et pour l'exécution des ordres qu'elle l'autorise à donner. Mais le juge ne peut statuer que de deux manières : par des ordonnances pour citer et faire comparoître devant lui ; par des jugements pour prescrire ou défendre, pour condamner ou absoudre.

Pour remplir le vœu de la loi et le but de cette institution, il suffisoit donc qu'au droit de juger fût unie

---

Contemni non patiatur, qui jus reddit. L. 19, de Officio Præsidis.
Magistratus jurisdictionem suam pœnali judicio defendere potest.
L. 1, Si quis jus...

une portion de la force publique telle qu'elle pût assurer l'exécution de tous les ordres, de toutes les ordonnances, de tous les jugements, en un mot, de tous les décrets de la justice; et en effet, c'est à cette exécution que se borne le commandement judiciaire.

En résumant cette théorie, on voit que l'autorité judiciaire a deux parties très distinctes, la jurisdiction et le commandement; que la jurisdiction est concentrée dans le double droit de connoître des procès et de les terminer par des jugements; et que, par son union avec la jurisdiction, le commandement se modifie de manière que tous ses mouvements sont réglés par la loi, et qu'il ne peut agir que pour faire exécuter les décrets de la justice. En dernière analyse, tout cela s'explique par les mots suivants : *Notio, vocatio, coërcitio, judicium, et executio.*

Cette décomposition de l'autorité judiciaire n'étoit rien moins qu'inutile; elle nous conduira à la solution de plusieurs difficultés. Et d'abord elle va nous servir à classer les juges et les tribunaux, et à assigner à chacun d'eux le rang qu'ils doivent occuper. Nous parlons de rangs et de classifications. Sans doute, on voit déja qu'une autorité ainsi composée, pouvant facilement se diviser, peut être répartie d'une manière inégale, et par conséquent donner lieu à des distinctions entre les juges et les tribunaux.

Ces distinctions seront la matière des chapitres suivants. Nous commencerons par ce qui concerne la personne des juges, et les qualifications qui les distinguent.

CHAPITRE VII.

Des Juges, des Qualifications qui les distinguent,
et de la Hiérarchie qui existe entre eux.

Les gouvernements reposent sur deux colonnes, la justice et la force; mais la force, sans la justice, les précipiteroit dans l'anarchie; et sans la force, la justice méprisée ne seroit qu'un vain nom. Il est donc également nécessaire que la justice dirige l'emploi de la force, et que la force fasse respecter les actes de la justice. De leur union dépend, en effet, la stabilité des empires et la tranquillité des peuples. C'est en ne les séparant jamais que les rois, s'élevant à toute la hauteur de leurs destinées, se montrent les images et les organes de la Divinité, et que, couverts des rayons de sa gloire, ils inspirent aux hommes amour, crainte et respect, et les conduisent, par l'heureux mélange de ces sentiments, au bonheur et au bien.

Lorsque le prince délègue et le droit de distribuer la justice et celui d'assurer l'exécution des lois et des jugements par l'emploi de la force publique, il confère donc l'exercice de ses plus hautes et de ses plus nobles prérogatives.

Mais il ne cumule pas toujours ces deux attributions. Il peut les séparer; et, en effet, souvent il les sépare.

Il y a des fonctions judiciaires de trois sortes : avec jurisdiction et commandement, avec jurisdiction sans commandement, avec commandement sans jurisdiction.

Ainsi la jurisdiction et le commandement sont tantôt unis et tantôt séparés ; et c'est leur union ou leur séparation qui distingue les différents officiers de justice, et qui leur assigne le rang qu'ils doivent occuper dans la hiérarchie judiciaire.

• Le premier appartient à ceux qui, dans une circonscription déterminée, ont tout à-la-fois, par le droit de leur office, et à titre universel, et la jurisdiction et le commandement. On leur donne l'imposante qualification de *magistrat,* parcequ'on leur doit toute la soumission qu'ils doivent eux-mêmes aux lois, et que, suivant l'expression des lois romaines, ce sont des puissances, *potestates.* En effet, et les personnes et les choses, tout est soumis à leur autorité ; ils sont les arbitres de toutes les destinées, les gardiens de toutes les propriétés, les juges de toutes les conventions, les garants de l'exécution de tous les engagements (1) : obéissante à leur voix, la force publique exécute tout ce qu'ils ont ordonné ; et c'est son plus noble usage.

---

(1) *Magistratûs hanc esse vim, ut præsit, præscribatque recta, et utilia, et conjuncta cum legibus. Ut enim magistratibus leges, in populo præsunt magistratus ; verèque dici potest, magistratum legem esse loquentem, legem autem mutum magistratum.* Cicero, de Legibus, lib. III.

C'est, nous le répétons, c'est aux hommes revêtus de ce grand caractère, et à eux seuls, qu'appartient le titre de magistrat. Comme l'usage n'est rien moins que conforme à cette théorie, je l'appuierai des deux autorités les plus graves que l'on puisse invoquer en cette matière.

« Ceux, dit Bodin, qui ont charge publique ordi-
« naire et honorable, et puissance de commander avec
« jurisdiction, ce sont ceux-là qui proprement s'ap-
« pellent *magistrats* (1). »

Celui de tous les jurisconsultes françois qui a le mieux connu la nature des offices, Loyseau, s'exprime à-peu-près dans les mêmes termes; les voici : « Outre
« les officiers des cours souveraines extraordinaires, il
« n'y a d'ailleurs que ceux de la justice ordinaire qui
« soient vrais magistrats; ayant seuls puissance ordi-
« naire, jurisdiction entière, et vrai détroit et terri-
« toire, qui est à nous la marque de la jurisdiction et
« magistrature (2). »

Les fonctions judiciaires avec *jurisdiction*, mais sans *commandement*, sont celles qui ne confèrent que le droit de connoître d'un certain genre d'affaires, et de juger jusqu'à une certaine somme. Comme ces attributions sont des démembrements de la jurisdiction ordinaire, par conséquent des exceptions au droit commun, et qu'il est de règle que les exceptions doivent

---

(1) *République*, liv. III, chap. 3.
(2) *Des Offices*, liv. I, chap. 6, n° 48.

être renfermées dans les limites les plus étroites, ces sortes de tribunaux ne peuvent, sans excéder leurs pouvoirs, sortir du cercle dans lequel la loi a jugé à propos de les circonscrire. Ainsi, toutes les fois qu'elle ne leur confère pas explicitement, et par une disposition formelle, le droit de faire exécuter leurs jugements, la jurisdiction seule leur est transmise; le commandement reste attaché à la justice territoriale. Ils ne peuvent donc prendre d'autre qualification que l'honorable qualification de juge, puisque le titre de magistrat appartient exclusivement à ceux qui réunissent le commandement et la jurisdiction.

Et quand même, par dérogation à la règle, la loi conféreroit le commandement à un tribunal d'exception, les officiers de ce tribunal ne seroient pas autorisés à prendre la qualité de magistrat. Loyseau, qui fait cette judicieuse remarque, en donne les raisons suivantes: «Les élus de France, officiers des gabelles, «des eaux et forêts, prévôts des maréchaux, les consuls «et autres juges extraordinaires, ne sont pas des ma-«gistrats, quoiqu'ils aient préhension, vocation, voire «même le droit de glaive, c'est-à-dire, le pouvoir de «condamner à mort; car nous tenons en France qu'il «n'y a que ceux de la justice ordinaire qui soient vrais «magistrats, ayant seuls puissance ordinaire, juris-«diction entière, et vrai détroit et territoire.... et «jurisdiction universelle sur les personnes et les «choses qui sont en icelui; de laquelle justice, ces «autres justices extraordinaires et extravagantes sont

«démembrées, *et extra ordinem utilitatis causâ con-*
«*stitutæ* (1). »

Comme les tribuns à Rome, parmi nous les officiers
du ministère public ont *commandement* sans *jurisdic-*
tion. Ils ont le commandement, parcequ'ils sont autorisés à disposer de la force publique toutes les fois que
son emploi est nécessaire pour que force reste à justice; ils n'ont pas la juridiction, parcequ'ils ne sont
pas investis du droit de rendre dès jugements. Sont-ils
vrais magistrats? D'après les bases que nous venons
d'établir, la question n'est pas difficile à résoudre. Cependant Loyseau paroît disposé à leur accorder cette
prérogative. Voici comme il s'exprime à cet égard :
« Quant aux avocats et procureurs du roi des bailliages
«et prévôtés, il y a beaucoup d'apparence de les tenir
«pour magistrats, pour ce qu'ils sont comme contrô-
«leurs de la justice, et qu'en certains cas ils peuvent
«enjoindre aux sergents d'emprisonner; et partant,
«*prehensionem habere videntur;* et ainsi le tient Bodin,
«dans sa *République*, qui pourtant est un peu suspect
«en ce point-ci, pour ce qu'il étoit procureur du roi à
«Laon (2).»

Je pense avec Loyseau que les fonctions de ce ministère sont tellement importantes, qu'il est dans les
convenances de donner à ceux qui en sont investis la
qualification de magistrat.

(1) *Des Offices*, liv. I, chap. 6, n°ˢ 48 et 49.
(2) *Ibid.*, liv. I, chap. 6, n° 64.

CHAPITRE VIII.

Des prérogatives attachées à l'exercice de l'Autorité judiciaire.

LES principales prérogatives des magistrats et des juges sont :

L'inviolabilité des juges dans l'exercice de leurs fonctions, et le respect dû aux magistrats dans toutes les circonstances ;

Le droit de commander, au nom de la loi, à tous les citoyens ;

La préséance sur leurs justiciables dans les actes et dans les cérémonies publiques ;

Enfin le droit d'imprimer l'authenticité aux actes émanés d'eux.

Des nombreux devoirs des rois, le premier, le plus impérieux est, sans contredit, celui de rendre la justice à leurs sujets.

Cette importante fonction est si essentiellement inhérente à la royauté, que pour concilier l'obligation de la remplir avec la nécessité de la déléguer, la loi se prête à une fiction fort remarquable. Elle identifie le juge avec la personne du prince, et suppose que c'est le prince lui-même qui parle par l'organe des juges.

Cette fiction, qui est une vérité légale, et qui explique l'usage de placer le nom du prince à la tête des jugements, établit une différence bien frappante entre les fonctions judiciaires et les autres fonctions publiques. Les délégués du prince, dans toutes les parties d'administration, agissent en son nom; et c'est ce qui fait leur gloire et leur force : mais c'est le prince lui-même qui proclame les décisions de ses délégués de l'ordre judiciaire.

Ainsi les juges participent à l'inviolabilité attachée à la personne du prince. Ainsi, pour nous servir des expressions de Loyseau, *tout officier, quelque petit qu'il soit, exerçant sa charge, est sacré et inviolable....* *C'est une branche du crime de lèse-majesté, d'attenter à sa personne.* Et comme, aux yeux de la loi, c'est le prince qui est offensé, et qu'elle voit dans le juge un tiers entre la personne offensée et l'auteur de l'offense; faisant taire la règle qui défend de se faire justice à soi-même, non seulement elle confie au juge le soin de sa propre vengeance, mais elle lui en fait un devoir rigoureux (1).

Il y a néanmoins une distinction à faire. Si l'injure ne comporte qu'une peine légère, telle qu'une amende peu considérable ou un emprisonnement de peu de

---

(1) *Que cil qui tenront le parlement, ne souffrent pas euls vitupe-rer par oultrageuses paroles de avocat, ni de parties. Car lhoneur du roi, de qui ils representent la personne, ne le doit mie souffrir.* Règlement donné en 1344, par Philippe de Valois, pour le parlement, art 17. *Ordonnance du Louvre*, tome II, p. 228.

durée, le juge offensé l'infligera lui-même; mais s'il y a lieu à peine afflictive ou infamante, il doit renvoyer le prévenu devant les tribunaux criminels.

Cependant il ne descendra pas dans l'arène pour demander justice; elle lui sera rendue sur la poursuite du ministère public. On vient d'en lire le motif.

Et que l'on ne croie pas que ce respect n'est dû au juge que lorsque, couvert des insignes de la magistrature, il distribue la justice, ou que, descendu de son tribunal, il remplit néanmoins quelques fonctions publiques. L'injure seroit la même, et appelleroit la même peine sur son auteur, si elle avoit pour cause quelques actes émanés du juge dans l'exercice de son ministère. *Car alors*, dit Loyseau, *rapportant l'effet à sa cause, il est vrai de dire qu'il est outragé en tant qu'officier, et partant c'est le prince qui est outragé en sa personne* (1).

Mais si le juge n'a été insulté ni dans ses fonctions, ni à raison de ses fonctions, sera-t-il assujetti à la loi commune, et n'aura-t-il d'autres réparations à prétendre que celles dues à tous les citoyens? A cet égard Loyseau fait une distinction que nous adoptons, et que nous allons transcrire. «En ce point-ci, il faut dis-«tinguer les magistrats et principaux officiers d'avec «les autres; car les magistrats étant en la sauve-garde «spéciale du prince souverain, duquel ils font la plus «haute fonction, sont sacrés et inviolables en tous

---

(1) *Des Offices*, liv. I, chap. 6, n° 15.

« temps et en tous lieux. *Lege horatia, de sacro-sanctis*
« *magistratibus;* sauf s'ils étoient en habits déguisés
« et inconnus.... Mais les simples officiers non magis-
« trats, qui n'ont le commandement, n'étant pas sacrés
« (c'est-à-dire, mis en la sauve-garde publique comme
« sont les magistrats), bien que toujours ils soient en
« honneur, néanmoins n'ont pas continuellement ce
« second effet de puissance publique, que ce soit re-
« bellion de les outrager, mais ne l'ont seulement qu'en
« l'acte de leur exercice, auquel précisément ils repré-
« sentent le prince (1). »

A l'obligation d'honorer les magistrats et les juges
se joint celle encore plus étroite d'obéir aux commandements de la justice.

Tous les jugements sont terminés par un mandement de les mettre à exécution. Dans ces mandements,
c'est le prince qui, déployant son autorité souveraine,
commande lui-même l'obéissance. Toute opposition,
toute résistance de fait, seroit donc un acte de *re-*
bellion. Ce mot est de Loyseau, qui ajoute : « Aussi
« voyons-nous qu'un petit sergent, porteur du mande-
« ment de son juge, fera des commandements et des
« défenses à un grand seigneur, enlevera ses biens, les
« vendra ; voire le mettra lui-même prisonnier, si le
« cas y échet ; et faut qu'à tout cela il obéisse, ou s'il
« prétend qu'on lui fasse tort, qu'il se pourvoie par les
« voies de justice, implorant l'aide du magistrat supé-

___

(1) *Des Offices,* liv. I, chap. 6, nos 14 et 15.

«rieur, sans résister par voie de fait: Encore qui obser-
«veroit l'ordonnance de Moulins, article 31, comme
«elle a lieu ès états bien policés, sitôt que le sergent
«auroit touché de sa verge celui qu'il voudroit empri-
«sonner, il seroit tenu de le suivre volontairement,
«sous peine de rebellion. Tel est l'effet de la puissance
«publique, que tout officier au fait de sa charge a puis-
«sance légitime sur tous sujets de son prince, de quel-
«que qualité qu'ils soient (1). »

Le jugement est-il inique, évidemment inique? n'importe. La loi donne des moyens pour se soustraire à
son exécution, et il n'est pas permis d'en employer
d'autres. Ces moyens sont l'opposition ou l'appel, s'il
est rendu en première instance; l'opposition, la requête
civile, ou la demande en cassation, s'il est rendu en
dernier ressort.

Mais s'il pouvoit arriver que le juge refusât de recevoir l'opposition, ou que dans le cas où l'appel est
suspensif, il ordonnât de passer outre à l'exécution
de son jugement, au moins alors ne seroit-il pas permis
de repousser la force par la force? car ici l'acte du juge
ne peut être regardé que comme un acte de force et de
violence. Bodin, qui se fait cette question, y répond
par la distinction suivante : « Ou le grief est irrépa-
«rable, ou bien il se peut réparer : si le grief se peut
«réparer, il n'est pas licite de faire résistance ; si le cas
«est irréparable, comme s'il est question de la vie,

_____

(1) *Des Offices*, liv. I, chap 6, n° 11.

« ou de peine corporelle, et que le magistrat voulût
« passer outre à l'exécution, sans déférer à l'appel, en
« ce cas il seroit licite de résister, non pas pour offenser
« le magistrat, ains seulement pour défendre la vie de
« celui qui seroit en danger, et que la défense fût sans
« fraude : autrement il n'est pas permis de résister au
« magistrat en l'exécution tortionnaire des biens, ores
« qu'il excédât son pouvoir, et qu'il ne déférât à l'appel,
« ou qu'il fît injure : attendu qu'on se peut pourvoir
« par appellation, par requête civile, par action d'in-
« jure (1), et autres moyens justes et légitimes. Mais il
« n'y a loi divine ni humaine qui permette de revenger
« ses injures de fait et de force contre les magistrats,
« comme quelques uns ont pensé, qui font ouverture
« aux rebelles pour troubler tout un Etat ; car s'il est
« permis aux sujets de se revenger de fait et de force
« contre les magistrats, on usera des mêmes arguments
« pour résister au prince souverain, et fouler les lois
« aux pieds (2). »

Que celui qui a droit de commander ait la préséance
sur ceux qui sont tenus de lui obéir, cela ne peut pas
faire le moindre doute : cependant le prince, auquel seul
il appartient de distribuer les honneurs et d'assigner les
rangs, peut, par des motifs dont il ne doit compte à

---

(1) Dans l'idiome du palais, on nomme *prise à partie* ce que Bodin
appelle *action d'injure*.

(2) *De la République*, liv. III, chap. 5.

personne, modifier, à cet égard, la prérogative des magistrats et des juges.

Enfin, c'est encore un des priviléges des magistrats, des juges, et en général de tous ceux qui exercent des fonctions judiciaires, qu'ils communiquent la puissance publique dont ils sont investis à tous les actes qui dépendent de leur ministère ; que ces actes, par le fait seul qu'ils sont revêtus de leurs signatures, sont authentiques, font foi pleine et entière, et ne peuvent être attaqués que par la voie de l'inscription de faux.

Les juges ont encore une autre prérogative, qui est d'une haute importance, et qui les distingue éminemment des fonctionnaires de l'ordre administratif : c'est l'inamovibilité. Nous en parlerons dans le Chapitre suivant.

CHAPITRE IX.

De l'Inamovibilité des Juges.

LES fonctions judiciaires peuvent être déléguées de trois manières : en commission, en charge, ou en titre d'office.

Les commissions sont révocables à volonté.

Les charges ne confèrent de même que des fonctions temporaires ; mais le temps en est déterminé par la loi, et pendant sa durée elles sont irrévocables.

Ceux qui sont pourvus en titre d'office sont inamovibles, et ne peuvent être destitués que pour forfaiture préalablement et régulièrement jugée.

La première question qui se présente est de savoir auquel de ces trois modes est due la préférence.

La réponse est que chacun des trois est préférable aux deux autres, suivant la nature du gouvernement.

S'il est despotique, il ne doit et il ne peut y avoir que de simples commissions. En effet, dans cette espèce de gouvernement, l'idée de l'inamovibilité, l'idée d'un droit quelconque ne peut pas se présenter à l'esprit. Pour assurer l'exercice de ce droit pendant un temps plus ou moins long, il faudroit des garanties contre les caprices du despote; ce qui choqueroit la nature du gouvernement.

Dans les républiques, c'est la loi qui confère elle-même les pouvoirs; et il n'y a point d'autorité qui puisse détruire son ouvrage, par conséquent point de destitution arbitraire : d'un autre côté, si les fonctionnaires étoient inamovibles, l'habitude du pouvoir éveilleroit leur ambition, et la liberté publique seroit en danger.

Au contraire, dans les monarchies, où les plus hautes dignités sont encore à une distance incommensurable de la dignité suprême, où la loi de l'Etat élève entre le prince et ses sujets une barrière que les ambitions les plus audacieuses sont forcées de respecter, non seulement la stabilité du gouvernement n'est pas menacée par l'inamovibilité des places, mais il est nécessaire que les offices de judicature jouissent de cette prérogative, et même c'est elle qui constitue principalement les monarchies tempérées.

S'il en étoit autrement, si la crainte des destitutions arbitraires planoit sur les tribunaux, on pourroit craindre que le prince s'immisçât dans l'exercice de l'autorité judiciaire; car celui qui dispose des juges est facilement soupçonné de disposer des jugements.

A ce motif d'inquiétude s'en joindroit un autre.

Où il y a un prince, il y a une cour, c'est-à-dire, des intrigues, et des grands, que leur naissance, leurs dignités et leur service associent à l'exercice du pouvoir suprême; et ils peuvent en abuser. Sans doute cette pensée est bien au-dessous d'eux, et les juges sont trop au-dessus de pareilles craintes; mais l'opinion en sera effrayée, et l'on dira: Comment l'homme isolé, l'homme que rien ne recommande, osera-t-il lutter contre un adversaire qui a dans sa main les destinées de celui auquel il demande justice? et le juge lui-même, quelle seroit sa position, si son existence pouvoit être à tous les instants compromise par l'intrigue et par la calomnie? «Alors qui seroit le sujet qui le respecteroit, qui «le craindroit, qui lui obéiroit? Au contraire, si l'Etat «est perpétuel, il s'assurera et commandera avec di- «gnité; il fera tête aux méchants, il prêtera l'épaule «aux gens de bien, il vengera les outrages des affli- «gés, il résistera à la violence des tyrans, sans peur, «sans crainte, sans frayeur qu'on le dépouille de son «état, s'il n'a forfait(1).»

Ainsi, relativement à la durée des fonctions judiciaires, le principe est qu'elles doivent être conférées en commission dans les gouvernements despotiques; en charge dans les républiques; en titre d'office dans les monarchies tempérées.

Cette inamovibilité des juges, si nécessaire dans les monarchies, est aujourd'hui l'une des bases de notre droit public; mais il n'en a pas toujours été ainsi : avant de se fixer sur ce point, notre législation a éprouvé plusieurs changements. Comme il en est qui sont assez remarquables, je vais en dire un mot, toutefois en me renfermant dans ce qui s'est passé depuis l'avénement de Hugues Capet au trône jusqu'en l'année 1467.

La France étoit couverte de fiefs, et dans chaque fief s'élevoit un tribunal qui connoissoit de toutes les affaires relatives à la seigneurie. Ce tribunal étoit composé du seigneur, qui en étoit le président, et de ses vassaux, c'est-à-dire, de ceux qui tenoient des fiefs sous sa mouvance immédiate.

Tous les vassaux étoient tenus de servir leur seigneur à la guerre et dans sa cour de justice : ces deux obligations étoient également de rigueur; et manquer à l'une ou à l'autre, c'étoit commettre une félonie, que la loi punissoit par la commise, c'est-à-dire, par la confiscation du fief.

---

(1) *République de* Bodin, liv. IV, chap. 4.

Ainsi, dans ces temps-là, non seulement les juges étoient inamovibles, mais leurs fonctions, inhérentes à la glèbe, étoient comme elle héréditaires, et comme elle transmissibles par la voie du commerce.

Vers la fin du treizième siècle les seigneurs abandonnèrent les fonctions judiciaires, et en confièrent l'exercice aux hommes de loi. Le régime que l'on quittoit, régime sous lequel ces fonctions étoient patrimoniales et héréditaires, devoit naturellement conduire à l'idée de l'inamovibilité. Il en fut autrement; et les nouveaux juges ne reçurent que de simples commissions, révocables à volonté; et même on alla si loin, que, lorsque le roi nommoit des juges pour connoitre des appels, il ne les instituoit que pour une session, de manière qu'il falloit à celui qui avoit été membre du parlement de Noël, une nouvelle commission pour siéger dans celui de Pâque.

Cet ordre de choses subsista jusque vers la fin du quatorzième siècle. Pendant les troubles qui agitèrent les règnes de Charles VI et de Charles VII, on négligea de renouveler ces commissions, et les juges qui en étoient pourvus continuèrent d'exercer par une espèce de tacite réconduction.

Ce calme ne fut pas de longue durée. Louis XI, qui regardoit les serviteurs de Charles VII comme ses ennemis personnels, destitua la majeure partie des hommes en place, et sur-tout un grand nombre de magistrats. Le chancelier lui-même, Juvénal des Ursins (1) fut compris dans cette espèce de proscription. Il en résulta ce qui ne manque jamais d'arriver : ces actes arbitraires firent une foule de mécontents, jetèrent l'effroi dans tous les esprits, et il se forma une de ces conspirations sourdes qui échappent aux coups comme aux recherches de l'autorité, parceque l'on ne

---

(1) Les chanceliers de France, d'abord révocables à volonté, comme tous les grands officiers de la maison du roi, n'ont joui du privilége de l'inamovibilité que vers la fin du quinzième siècle, vraisemblablement par suite de l'édit de 1467, qui conféra ce privilége à tous les magistrats.

Le passage suivant, de la vie du chancelier de l'Hôpital, par François Duchesne, donne beaucoup de consistance à cette manière de voir. « Ce fut en présence du chancelier de l'Hôpital que furent faites les « célèbres remontrances au roi Charles IX, au mois de mai de l'année « 1565, par messieurs de la cour du parlement de Paris, sur la tempo- « ralité des offices du royaume, où il lui fut soutenu que l'office de « chancelier de France étoit du nombre des offices domestiques de la « maison du roi; et par conséquent révocables *ad libitum;* qu'il sou- « loit être supprimé par la mort du roi qui l'avoit créé; et qu'il ne fut « rendu perpétuel que depuis Guillaume de Rochefort, lequel fut « pourvu par le roi Charles VIII. »

Nous dirons que les chanceliers de France, placés sur la même ligne que le sénéchal, le bouteiller, le chambellan et le connétable, n'étoient comme eux que les premiers officiers de la maison du roi. On voit, en effet, que les attributions de cette dignité ne furent définitivement ré- glées que par l'ordonnanac du mois de mars 1356, dont l'article 44 porte : « Avons ordonné que le chancelier de France ne se mêlera « dorénavant que du fait de la chancellerie tant seulement, comme de « voir, corriger et examiner, passer et sceller les lettres qui seront à « passer et à sceller; et aussi de ce qui touche et regarde le fait de jus- « tice; et aussi de donner et ordonner les offices, en tant comme à lui « peut appartenir à cause dudit office. »

voit ni agitateurs, ni point de réunion, ni signes de ralliement, mais qui n'en sont pas moins dangereuses; car il ne faut qu'un chef à des mécontents pour devenir des factieux. Ces chefs ne se firent pas long-temps desirer. On les trouva dans ces grands du royaume que Louis XI entreprit de faire plier sous son autorité. Autour d'eux, comme dans un foyer commun, se réunirent tous les éléments de sédition; et bientôt éclata cette insurrection presque générale, que l'on appela la Ligue du bien public, ligue formidable, qui faillit perdre et l'Etat et le prince.

Plus tard, Louis XI, réfléchissant sur les causes de cette redoutable conspiration, crut l'apercevoir dans ces destitutions trop nombreuses et trop légèrement prononcées qui avoient signalé son avènement à la couronne; et, pour ôter à ses successeurs jusqu'à la tentation de commettre la même faute, il donna le célèbre édit de 1467, qui déclare les juges inamovibles, et convertit leurs commissions en offices.

Sur cet édit, sur les évènements qui le préparèrent, sur les solennités dont le roi crut devoir l'environner, il y a un très beau passage dans le Traité des Offices du savant et judicieux Loyseau. Je vais le transcrire. «Le premier roi qui rendit en France les officiers per- «pétuels et non destituables, fut Philippe-le-Bel, qui, «en l'an 1302, après une recherche et réformation gé- «nérale, destitua ceux qui avoient malversé, et con- «firma les autres en leurs offices, ordonnant qu'ils ne «pourroient être destitués; mais, à mon avis, ce fut

«plutôt un privilége qu'il donna aux bons officiers de
«son temps, en récompense de leur intégrité, qu'une
«règle générale et perpétuelle pour l'avenir.

«De fait, deux des plus accorts de ses successeurs
«ont heurté lourdement à cette pierre d'achoppement,
«et tous deux ont vu leur Etat en hasard, pour avoir
«trop hardiment destitué leurs officiers. L'un est
«Charles V, dit le Sage, qui, pendant la captivité du
«roi Jean, son père, désappointa (par l'avis néan-
«moins des trois états) plusieurs des principaux offi-
«ciers du royaume, dont il accrut fort le parti du roi
«de Navarre, son ennemi, qui fut cause qu'inconti-
«nent après il les rétablit tous; et, pour ce faire, alla
«exprès au parlement, où il prononça lui-même un
«arrêt par lequel il déclara cette privation avoir été
«faite contre raison et justice, et comme telle la cassa
«et annula.

«L'autre fut Louis XI, lequel, à son avénement,
«changea la plupart des principaux officiers du royau-
«me, qui fut l'une des principales causes de cette mé-
«morable guerre civile, nommée Bien public : ce
«qu'ayant bien reconnu, il ordonna, en l'an 1467, que
«désormais les officiers de France ne pourroient être
«destitués sans forfaiture jugée; même connoissant,
«par expérience, la grande utilité de cette sienne or-
«donnance, et craignant qu'après son décès elle ne fût
«non plus observée que celle de Philippe-le-Bel, il s'a-
«visa, quinze ans après qu'elle fut faite, et étant au lit
«de la mort, de la faire jurer par Charles VIII, son fils

«et successeur, lui remontrant, dit l'histoire, que l'ob-
«servation d'icelle seroit une des grandes assurances
«de son Etat; et, non content de la lui avoir fait jurer,
«il envoya tout à l'instant au parlement l'acte de ce
«serment, pour y être publié et enregistré (1).

Cet édit de 1467, qui nous présente un roi donnant
lui-même des bornes à son autorité, en renonçant à
une prérogative dont personne ne lui contestoit l'exercice, est sans contredit l'un des plus beaux monuments
de notre législation; en conséquence je crois devoir la
transcrire en entier.

«Louis, etc.... Comme, depuis notre avénement à la
«couronne, plusieurs mutations ayant été faites en
«nos offices, laquelle chose est advenue à la pour-
«suite et suggestion d'aucuns et nous non advertis
«duement; par quoi ainsi entendu avons, et que bien
«connoissons être vrayesemblable, plusieurs de nos
«officiers doutant choir audit inconvénient de muta-
«tion et destitution, n'ont pas tel zèle et ferveur à notre
«service qu'ils auroient se n'étoit ladite doute; savoir
«faisons que nous, considérant qu'en nos officiers
«consiste, sous notre autorité, la direction de faits
«par lesquels est policée et entretenue la chose publi-
«que de notre royaume, et que d'icelui ils sont mi-
«nistres essentiaux, comme membres du corps dont
«nous sommes le chef, voulant extirper d'eux icelle
«doute, et pourvoir à leur sûreté en notre service,

---

(1) *Des Offices*, liv. I, chap. 3, n°s 96, 97, 98, 99 et 100.

« tellement qu'ils aient cause d'y persévérer ainsi qu'ils
« doivent ;

« Statuons, ordonnons par ces présentes, que désor-
« mais nous ne donnerons aucun de nos offices, s'il
« n'est vacant par mort ou par résignation faite du
« gré et consentement du résignant, dont il apparoisse
« duement, ou pour forfaiture préalablement jugée et
« déclarée judiciairement, et selon les termes de jus-
« tice, par juge compétent, et dont il apparoisse sem-
« blablement, etc., etc.

« Si donnons en mandement à nos amés et féaux, etc.

« Donné à Paris, le 21 octobre l'an de grace 1467. »

Cet édit de 1467, religieusement observé, étoit devenu une loi fondamentale de l'Etat, lorsque notre
assemblée dite constituante, qui, croyant établir une
monarchie qu'elle appeloit constitutionnelle, posoit
les bases d'une véritable république, renversa tout
l'ordre judiciaire, et convertit les offices de judicature
en simples charges, dont elle borna la durée à l'espace
de quatre ans.

Cette garantie, quoique d'une si courte durée, ne
tarda pas à effrayer les tyrannies qui suivirent ; l'idée
qu'un homme pût être impunément juste pendant
quatre années, tourmentoit les séditieux : cependant
telle étoit la force de l'opinion, que l'on n'osoit attaquer de front le principe qui garantissoit au juge l'exercice de ses fonctions pendant un temps déterminé.

La France étoit couverte de sang et de débris, et ce
principe surnageoit encore ; mais on déplaçoit les tri-

bunaux, ou l'on changeoit leur dénomination, et l'on disoit : ce n'est pas le juge qui est destitué, c'est sa place qui est supprimée.

En l'an 8 parut une nouvelle constitution. Dans le besoin que chacun éprouvoit de se reposer sous le gouvernement d'un seul, on donna à l'ordre judiciaire une organisation monarchique, et les juges furent nommés à vie, et déclarés inamovibles.

Ils ne jouirent pas long-temps de cette belle prérogative. Elle commençoit à peine à rendre quelque considération à l'ordre judiciaire, que le gouvernement ombrageux, comme toutes les autorités mal affermies, eut recours au misérable expédient dont nous venons de parler. En 1810 on changea la dénomination des cours d'appel en celle de cours impériales ; et, par suite de cette innovation, tous les juges furent privés de leurs offices. On ne s'arrêta pas là : il fut statué que les nouveaux pourvus ne jouiroient du privilége de l'inamovibilité qu'après une épreuve de cinq années.

Enfin le roi, que le ciel nous a rendu, ce roi si ardemment desiré, et dont la trop longue absence nous a coûté tant de sang et de larmes, nous a donné une constitution qui restitue à la magistrature le privilége de l'inamovibilité. Ainsi, désormais, les juges ne seront plus des instruments mobiles sous la main du pouvoir ; et leur noble indépendance les élèvera au-dessus de tous les genres de séduction.

CHAPITRE X.

Des Devoirs des Juges, et des Règles qu'ils doivent suivre dans l'exercice de leurs Fonctions.

Dans le lit de justice tenu à Rouen le 17 août 1563, pour l'enregistrement de l'édit portant déclaration de la majorité de Charles IX, le chancelier de l'Hôpital disoit aux magistrats de cette cour :

«Je ne parlerai des préceptes qui enseignent la ma-
«nière de bien juger, car vous en avez les livres pleins :
«vous admonesterez seulement comment vous vous
«devez comporter en vos jugements, sans blâme, te-
«nant la droite voye, sans décliner à dextre ni à se-
«nestre. Vous jurez à vos réceptions de garder les or-
«donnances; les gardez-vous bien?.... Messieurs, faites
«que les ordonnances soient par-dessus vous. L'ordon-
«nance est le commandement du roi; et vous n'êtes
«pas par-dessus le roi. Il n'y a prince ou autre qui ne
«soient tenus garder les ordonnances du roi.... Si vous
«trouvez, en pratiquant, que l'ordonnance soit dure,
«difficile, malpropre et incommode pour le pays où
«vous jugez, vous la devez pourtant garder jusqu'à ce
«que le prince la corrige, n'ayant pouvoir de la chan-
«ger, mais seulement d'user de remontrance. Au de-
«meurant, messieurs, prenez bien garde, quand vous

« viendrez en jugement, de n'y apporter point d'ini-
« mitié ni de préjugés.... Je vois chacun jour des hommes
« passionnés, ennemis ou amis des personnes, des sec-
« tes et des factions, qui jugent pour ou contre, sans
« considérer l'équité de la cause. Vous êtes juges du
« pré ou du champ, non de la vie, non des mœurs, non
« de la religion. Vous pensez bien faire d'adjuger la
« cause à celui que vous estimez plus homme de bien,
« ou meilleur chrétien, comme s'il étoit question entre
« les parties de celui qui a meilleure doctrine ou autre
« quelconque suffisance, non de la chose qui est ame-
« née en jugement. Si vous ne vous sentez assez forts et
« justes pour commander à vos passions, et aimer vos
« ennemis selon que Dieu le commande, abstenez-vous
« de l'office de juge. Il y a aucuns juges qui craignent
« la réputation et opinion du peuple, disant : Si je juge
« autrement qu'au desir du peuple, que dira le peuple ?
« Il est écrit en l'Exode : *Judicio non sequeris turbam,*
« *neque plurimorum sententiæ acquiesces, ut à vero*
« *devies,* etc. »

A ces préceptes généraux je vais joindre quelques
règlements particuliers.

L'ordonnance de 1454 défend aux juges de quitter
leurs places pendant les audiences, *pour aller parler*
au conseiller, ou autre, de quelconque chose que ce
soit. (Art. 4.) Et l'ordonnance de 1493 leur enjoint *de*
tenir silence pendant que l'on expédiera les procès ou
autres affaires. (Art. 4.)

Ce qui concerne les rapports est réglé avec beaucoup de soin, par une ordonnance de Charles VII, de 1454.

L'article 111 de cette ordonnance veut que les noms des rapporteurs soient tenus secrets, et que si les parties en ont connoissance, il en soit à l'instant nommé d'autres.

L'article 113 exige que chaque rapporteur fasse l'extrait des pièces du procès, et que cet extrait soit écrit de sa main, ou de celle des conseillers ou greffiers, sans pouvoir se servir à cet effet de leurs serviteurs, ou autres de la cour.

L'ordonnance du 28 octobre 1446 porte, article 13 : « Ordonnons qu'en jugeant les procès, les inventaires « seront lus tout au long, afin que rien ne soit omis « qui fasse à la décision du procès que l'on jugera. »

L'article 114, ajoutant à cette sage précaution, porte : *Et pour plus sûrement procéder audit rapport, et que, par inadvertance, ou autrement, ne soit aucune chose célée ou omise, voulons et ordonnons les inventaires des parties être duement et entièrement lus par autre que le rapporteur, et aucun de nos conseillers pour assister audit rapporteur, pour faire lecture des lettres et productions, et sur icelles vérifier l'extrait dudit rapporteur ; et voulons nosdits présidents et conseillers être curieux de bien et véritablement faire vérifier les extraits, mêmement en grandes matières, et qui en briefs jours ne se peuvent expédier, afin que besoin ne soit en la conclusion des opinions de revoir et visiter les lettres et productions des parties.*

Enfin une ordonnance du 14 décembre 1437 enjoint aux rapporteurs d'écrire de leur propre main les arrêts rendus sur leurs rapports.

L'ordonnance de 1446 règle la manière dont les présidents doivent se conduire dans les délibérations de leurs compagnies, et en prenant les opinions. L'article 14 porte : *Ordonnons que les présidents oient bénignement les opinions des conseillers, en faisant le jugement des procès, et ne dient chose pourquoi leur opinion puisse être aperçue, jusqu'à ce que tous les conseillers présents au jugement aient dit leur opinion ; sauf toutefois que si, par lesdits présidents, rapporteurs, ou autres, étoit aperçu qu'aucun des opinants errast en fait, il l'en pourroit advertir.*

Je trouve dans l'ordonnance du 11 mars 1344 une règle qu'il n'est pas inutile de rappeler ; la voici : *Au conseil, quand aucun dit son opinion, il ne doit touchier, ne dire nommément ce qui ait été touchié ne dit en sa présence.* (Art. 12.)

L'ordonnance de 1510 prévoit le cas où les opinions seroient divisées, de manière qu'aucune d'elles ne réuniroit la majorité. Voici de quelle manière elle y pourvoit : *S'il advient qu'en jugeant les procès il y ait trois opinions, la moindre se doit réduire à l'une des grandes.*

Dans notre nouvelle organisation judiciaire, les juges doivent consigner dans leurs jugements les motifs de leurs décisions. Les anciennes ordonnances de nos rois leur imposoient la même obligation ; mais, plus prévoyantes et plus sages que les lois nouvelles, elles ne se bornent pas à dire, comme elles, *les jugements seront motivés;* elles portent leur sollicitude beaucoup plus loin : elles assujettissent la rédaction des jugements à des règles telles, que les motifs qu'ils renferment sont nécessairement ceux qui ont déterminé l'opinion de la majorité.

La loi du 24 août 1790, qui a rétabli cet ancien usage, n'ayant prescrit aucune règle à cet égard, on doit naturellement se référer à celles qui existoient auparavant. Elles sont principalement consignées dans une ordonnance de Philippe de Valois, du 11 mars 1344, qui porte :

«Six jours au plus tard après qu'un arrêt aura été «rendu, le juge chargé de sa rédaction le rapportera à «la chambre; et cela lui est enjoint sur son serment.» (Art. 3.)

L'article 4 ajoute que, *ils lisent leur arrêt, et que sitôt qu'on leur dira la correction, ils la fassent, écrivent et relisent.*

Enfin l'article 8 leur enjoint *de faire leur arrêt en leur maison, après dîner, ou de nuit, et non pas en la chambre, s'il n'étoit besoin d'en parler à leurs compagnies.*

Il importe tellement à la sécurité des juges et à la liberté des opinions, que le secret des délibérations soit inviolablement gardé, que cet objet ne pouvoit pas échapper à nos anciens législateurs; aussi voyons-nous que l'ordonnance de 1454 s'en est sérieusement occupée. Après avoir dit que, *par révélation des se-*

*crets de notre dite cour, s'en sont ensuivis plusieurs
maux et esclandres, et en a été empêchée la liberté
de délibérer et juger,* elle ajoute : *voulons et ordonnons que si aucuns présidents, conseillers, greffiers
et notaires, nos avocats et procureurs généraux, ou
autres, sont trouvés coupables en ce, qu'ils soient punis étroitement, selon lesdites anciennes ordonnances,
par privation de gages, offices, ou autrement, ainsi
que notre dite cour verra être à faire, selon la gravité
du cas; et enjoignons à tous nos dits présidents et conseillers, et sur leur serment, que ceux qu'ils trouveront
suspectionnés ou coupables en cette matière, ils les ré-
vèlent en notre dite cour, pour en faire punition convenable; et si aucuns des huissiers d'icelle notre cour,
clercs du greffe, ou notaires, fréquentants icelle, sont
trouvés en ce coupables, que lesdits greffiers, huissiers
et notaires soient privés de leurs offices, et punis d'a-
mendes arbitraires, et les clercs destitués et bannis de
la vicomté de* **Paris,** *et ce à toujours, selon l'exigence
des cas.*

On trouve encore, dans les anciennes ordonnances,
différentes obligations imposées aux juges. En voici
quelques unes.

L'article 150 de l'ordonnance de Blois défend expressément *à tous juges de s'entremettre et de consulter dans les affaires pendantes en leur siége.* L'article 124 de l'ordonnance de 1539 va plus loin : il défend aux juges de solliciter dans les affaires soumises
aux tribunaux dont ils sont membres, *et d'en parler*

aux autres juges, directement ou indirectement, sur peine de privation de l'entrée de la cour, et de leurs gages pour un an, et d'autres plus grandes peines, s'ils y retournent, dont nous voulons être avertis; et en chargeons notre procureur général, sur les peines ci-dessus.

Aux termes de l'édit de 1521, et de l'ordonnance de 1560, les juges ne peuvent traiter, de quelque manière que ce soit, des procès pendants à leur tribunal, à peine, pour le juge, d'une amende arbitraire, et, pour la partie, de la perte de l'objet contentieux et des frais du procès.

L'article 113 de l'ordonnance de 1454, dont nous avons déja rapporté plusieurs dispositions, enjoint aux juges de se livrer à l'étude de la jurisprudence, et notamment des anciens arrêts; *et si aucuns étoient de tout point incurieux de ce, voulons que nos présidents les admonestent et induisent à ce faire, et, si besoin est, nous en avertissent, pour y donner provision telle qu'il appartiendra, sans acception de personne.*

L'ordonnance de Louis XII, de l'an 1499, article 78, va plus loin : elle exige que chaque juge, dans l'année de sa nomination, se procure le recueil des ordonnances des rois, et qu'il en fasse l'objet continuel de ses méditations. Ce même article ajoute : *Voulons qu'en chacune chambre et auditoire il y ait un livre des ordonnances, afin que si aucune difficulté y survient, on ait promptement recours à icelle.*

L'obligation imposée aux juges, par ces deux derniers textes, de faire de l'étude des lois l'occupation de toute leur vie, nous rappelle le passage de M. d'Aguesseau, que nous allons transcrire, et qui terminera ce Chapitre.

«Mépriser la science et n'estimer que l'esprit, c'est «le goût presque universel du siècle présent. L'amour «de la gloire inspiroit autrefois à l'homme le desir «d'être savant; mais on diroit aujourd'hui qu'une va-«nité plus commode ait entrepris de rendre l'igno-«rance honorable, et d'attacher une espèce de gloire «à ne rien savoir. Nos pères croyoient s'élever en res-«pectant la doctrine; nous croyons nous élever encore «plus en la méprisant; et il semble que nous ajoutions «au mérite de notre raison tout ce que nous retran-«chons à la gloire de la science.

«La vanité a trompé l'esprit, et la mollesse a séduit «le cœur; l'homme tout entier s'est laissé flatter par «une fausse idée de supériorité et d'indépendance; l'oi-«siveté s'est ennoblie, et le travail n'a plus été regardé «que comme l'occupation ignoble et presque servile «de ceux qui n'avoient point d'esprit. Cet ancien do-«micile de la plus solide doctrine, ce temple qui n'é-«toit pas moins consacré à la science qu'à la justice, «ce sénat auguste, où l'on comptoit autrefois autant «de savants que de sénateurs, n'a pu se préserver en-«tièrement de la contagion d'une erreur si commune; et «nous ne craindrons point qu'on nous accuse d'avancer «ici un paradoxe, si nous osons dire que le magistrat n'a «point eu d'ennemi plus dangereux que son esprit.

« Qu'y auroit-il, néanmoins, de plus propre à nous
« désabuser de l'esprit humain, que cet esprit même,
« si nous pouvions le voir avec d'autres yeux que ceux
« de notre vanité.

« Cet esprit, qui embrasse tout, et à qui tout échappe,
« qui cherche naturellement la vérité, et qui par lui-
« même n'est presque jamais sûr de l'avoir trouvée,
« éprouve tour-à-tour les surprises des sens, le prestige
« de l'imagination, l'erreur des préjugés, la séduction
« de l'exemple ; borné dans toutes ses vues, trouvant
« par-tout les limites étroites de son intelligence, et
« sentant malgré lui, à chaque pas, la trop courte me-
« sure de sa raison. »

CHAPITRE XI.

Du Serment des Juges, et de l'Etendue des Obligations
qu'il leur impose.

LE premier acte de celui qui est appelé à remplir
des fonctions judiciaires, est de jurer publiquement,
et dans la forme la plus solennelle, que, fidèle applica-
teur des lois, il conformera tous ses jugements à leurs
dispositions.

Ce serment proféré, l'obligation d'obéir aux lois,
cette obligation commune à tous les citoyens, prend

pour le juge un caractère tout particulier : elle devient un devoir de conscience qu'il ne peut pas violer, sans se rendre coupable d'un parjure.

Ainsi le magistrat ne. peut pas dire : Telle disposition législative est déraisonnable, injuste, inique; il faut l'écarter, ou du moins la modifier : ma raison me le conseille, et l'équité me le commande. Ce seroit se constituer juge de la loi, et il a juré d'en être l'esclave.

Cependant il y a chez tous les hommes un sentiment du juste et de l'injuste, qui, antérieur à toutes les institutions, et supérieur à toutes les règles, ne doit fléchir devant aucune. Que fera donc le magistrat, lorsque ce sentiment intérieur, cette voix de l'ame lui défendra ce que la loi lui commande, ce qu'il a juré de faire?

Je vais essayer de répondre à cette question.

D'abord il me paroît de toute évidence que l'intention de la loi qui exige le serment des juges n'est pas de leur imposer l'obligation de se conformer à celles qui choqueroient le droit naturel ou le droit divin. Pour qu'il en fût autrement, il faudroit supposer un législateur d'un orgueil assez extravagant et d'une dépravation assez profonde, pour prétendre que ses volontés doivent prévaloir sur les décrets immuables de la nature et de la Providence. Croyons, pour le bonheur des hommes et l'honneur de l'humanité, que jamais les destinées des nations ne seront confiées à des mains aussi perverses.

Tout ce qui tient au droit naturel et divin, ainsi mis

hors du cercle de la difficulté, le problème devient beaucoup plus facile à résoudre.

La conscience dit aux magistrats : Soyez justes, toujours justes; que jamais l'injustice ne souille les fastes judiciaires. Et ce commandement, la conscience le donne de la manière la plus impérative; mais elle ne va pas plus loin : elle ne va pas jusqu'à donner au juge un moyen infaillible de fixer son opinion sur la justice ou l'injustice d'une loi positive.

Averti, plutôt qu'éclairé par sa conscience, que fera donc le magistrat? Il fera ce qui lui est indiqué par sa conscience elle-même; il interrogera ses lumières et sa raison, et même la raison et les lumières des autres.

Porter un bon jugement sur une loi est peut-être l'opération de l'entendement la plus difficile et la plus compliquée. En effet, cette loi, il faut la considérer dans ses rapports avec le système général de la législation, avec les besoins de la société, avec la situation actuelle des esprits, avec les circonstances dans lesquelles elle a été rendue; il faut rechercher l'intention du législateur dont elle est l'ouvrage; il faut connoître l'opinion de ses interprètes; enfin il faut savoir la manière dont elle a été appliquée, sur-tout dans les temps voisins de sa promulgation; et toutes ces connoissances, qui, ne pouvant être que le fruit de longues études et de profondes méditations, se trouvent à peine dans l'homme le plus laborieux, déjà parvenu au terme de sa carrière, la conscience du magistrat le plus vertueux ne les lui donne pas.

Sage autant que modeste, le juge qui connoît ses devoirs ne se permettra donc jamais de prononcer sur un premier aperçu, et comme par une espèce d'instinct, que telle loi est inique, et qu'il ne se croit pas obligé de se conformer à ses dispositions : au contraire, il la présumera juste par cela seul qu'elle existe; et si son application donne lieu à des dissentiments et à des difficultés, dans une juste défiance de lui-même, il ne rejettera pas un avis uniquement parcequ'il n'est pas le tien; mais, associant son esprit à sa conscience, et son savoir au savoir des autres, il méditera longuement et mûrement sur toutes les raisons de douter, et même il sacrifiera son opinion à celle de la majorité, et se réunira au plus grand nombre, si on lui présente une loi qui, par de hautes considérations, et pour le bien de la justice, lui en impose l'obligation.

Cette loi existe. Elle est de l'année 1510, et du bon roi Louis XII. Son article 32 porte : *S'il advient qu'en jugeant le procès il y ait trois opinions, la moindre se doit réunir à l'une des grandes.*

L'enregistrement de cet édit éprouva de la difficulté. Bodin en parle (1); voici de quelle manière : «Entre «les louables ordonnances faites par Louis XII, il y en «a une qui porte que si les juges sont de trois ou plu-«sieurs opinions, ceux qui tiendront la moindre seront «contraints de se réduire et ranger du côté de l'une des «plus grandes, pour conclure les arrêts. La cour se

_____

(1) *République*, liv. III, chap. 4.

«trouva empêchée sur la vérification de l'ordonnance,
«parcequ'il sembloit fort dur et bien étrange à plu-
«sieurs de forcer la conscience des juges ès faits qui
«sont remis à leur prudence et religion. Toutefois,
«après avoir considéré l'inconvénient qu'on voyoit or-
«dinairement réussir pour la variété d'opinion, et que
«le cours de la justice et la conclusion des arrêts étoit
«souvent empêchée, la cour vérifia l'ordonnance, la-
«quelle, par succession de temps, a été trouvée fort
«juste et utile.... Et, depuis l'ordonnance de Louis XII,
«je n'ai point entendu qu'il y ait eu magistrat qui se
«soit voulu démettre de son état, craignant d'être forcé
«de tenir une opinion contre sa conscience, alors même
«que les états de justice étoient donnés à vertu.»

Bodin ajoute, quelques lignes plus bas : «Me sou-
«vient que le président d'une des chambres des en-
«quêtes de Toulouse, nommé Barthélemy, voyant tous
«les conseillers de sa chambre de même opinion en un
«procès, et directement contre l'o. donnance, il les
«contraignit, .après avoir fait assembler toutes les
«chambres, de changer d'opinion, et juger selon l'or-
«donnance. Toutefois, en ce cas où l'injustice seroit
«évidente au fait qui se présenteroit, les sages magis-
«trats ont accoutumé d'en advertir le roi, pour décla-
«rer son ordonnance, qui est l'un des points concer-
«nant la majesté; et n'appartient pas aux magistrats de
«passer par-dessus l'ordonnance, ni disputer d'icelle,
«étant claire et sans difficulté : ains il la faut bien
«étudier, pour l'exécuter de point en point.»

CHAPITRE XII.

Du Ministère public.

L'ÉTABLISSEMENT d'une partie publique, c'est-à-dire, d'un fonctionnaire obligé, par le titre de son office, de surveiller les actions de tous les citoyens, de dénoncer aux tribunaux tout ce qui pourroit troubler l'harmonie sociale, et d'appeler l'attention des juges et la vengeance des lois sur tous les crimes, même sur les moindres délits, est un des plus grands pas que les hommes aient faits vers la civilisation ; et cette institution appartient aux temps modernes.

Il ne paroît pas que cette grande et salutaire idée se soit présentée à l'esprit des anciens législateurs. Sans doute elle auroit frappé les Romains ; mais elle étoit incompatible avec leurs formes populaires.

Cependant l'empereur Auguste établit dans les provinces des procureurs impériaux, *procuratores Cæsaris* ou *rationales ;* mais ce prince, trop habile pour choquer les formes républicaines dans les points qui n'intéressoient pas directement son autorité, borna les attributions de ces officiers à la manutention de ses domaines, et à la recette des impositions (1); et s'il

---

(1) Tibère maintint cet ordre de choses. On lit dans les annales de

s'élevoit quelques difficultés entre eux et les contribuables, ils étoient obligés de les soumettre au jugement des tribunaux.

L'empereur Claude, dont les règlements n'étoient
guère que les fantaisies d'un imbécille, donna à ces
receveurs du fisc le jugement des affaires fiscales, concurremment avec les pro-préteurs et les pro-consuls;
et même on vit bientôt de mauvais œil ceux des pro-
consuls et des pro-préteurs qui voulurent user de cette
concurrence. Ce qui explique ce conseil d'Ulpien (1),
melius fecerit si abstineat. Enfin, la prérogative du fisc
continuant à s'étendre, une loi de l'empereur Constantin attribua à ces procureurs la connoissance exclusive
de toutes les affaires fiscales (2). Hâtons-nous de le dire
pour la gloire des Romains : leur code renferme bien
peu de lois de cette espèce.

Les Francs trouvèrent ce régime établi dans les
Gaules, et les rois des deux premières dynasties eurent
leurs procureurs, que l'on appeloit tantôt *procurato-*

Tacite, livre IV, « Que ce prince ayant soumis au sénat le jugement du
« procès de Capiton, son procurateur en Asie, accusé par la province,
« déclara hautement qu'il n'avoit donné à Capiton de pouvoir que sur
« ses biens et sur ses esclaves; et que s'il avoit usurpé l'autorité de com-
« mandant, et disposé des soldats, c'étoit au mépris de ses ordres;
« qu'ainsi on eût à rendre justice aux alliés. L'affaire instruite, l'accusé
« fut condamné. »

(1) Dig., L. I, tit. 16, l. 9. *De Officio proconsulis et legati.*

(2) *Ad fiscum pertinentes causas rationalis decidat.* Cod., L. III,
tit. 26, l. 5, *Ubi causæ fiscales...* etc.

res, tantôt *actores regis*. Mais leur bon sens leur fit sentir combien il étoit contraire à la saine raison, et alarmant pour les citoyens, que le régisseur des domaines du prince et le receveur des impositions fût en même temps le juge des difficultés qu'il lui plairoit de susciter. Et ces procureurs furent réduits aux attributions que l'empereur Auguste leur avoit originairement conférées (1).

Cependant l'établissement d'une partie publique qui représente la société, et qui agit en son nom dans toutes les affaires, dans toutes les circonstances qui peuvent l'intéresser, est une institution monarchique, et la France étoit dès-lors en monarchie. Pourquoi donc cette belle idée n'a-t-elle pas frappé l'esprit de nos pères? Il y en a plusieurs raisons. Voici la principale.

Il n'y avoit chez les Francs que deux crimes capitaux : on noyoit les traîtres et on pendoit les poltrons. Tous les autres crimes s'expioient par des compositions, c'est-à-dire, par des sommes pécuniaires que le coupable donnoit à l'offensé ou à sa famille (2). De

(1) Cette double assertion, que les rois des deux premières races avoient des procureurs, et que ces procureurs, étrangers aux affaires publiques et aux fonctions judiciaires, n'étoient chargés que de la manutention du domaine de la couronne et de la défense de ses droits dans les tribunaux, est prouvée par différents capitulaires, par les anciennes formules, et notamment par celles de Marculfe.

(2) La précision avec laquelle tous les délits sont tarifés dans les lois

manière que la poursuite des crimes n'étoit qu'une affaire civile, et n'intéressoit que la partie plaignante.

Ces procureurs du roi, *actores regis*, se perdent dans la confusion des premiers règnes de la troisième

---

saliques, bourguignones, ripuaires et bavaroises, est fort remarquable. En voici quelques exemples tirés de la loi salique :

Si quis ingenuus hominem francum aut barbarum occiderit qui lege salicá vivit, octo mille denariis, qui faciunt solidos ducentos, culpabilis judicetur. Tit. 43, art. 1.

Si romanus homo francum exspoliaverit, bis mille et quingentis denariis, qui faciunt solidos sexaginta duos cum dimidio, culpabilis judicetur. Tit. 15, art. 2.

Si quis uxorem alienam, vivo marito, tulerit, octo mille denariis, qui faciunt solidos ducentos, culpabilis judicetur. Tit. 14, art. 12.

Dans le quatorzième chapitre, intitulé : *De ingenuis hominibus qui ingenuas mulieres rapiunt,* on lit, art. 4 : *Raptor verò bis mille et quingentis denariis, qui faciunt solidos sexaginta duos cum dimidio, culpabilis judicetur.*

Le chapitre 31 est relatif aux mutilations; en voici l'article 1 : *Si quis alteri manum aut pedem truncaverit, vel oculum effoderit, aut auriculam vel nasum amputaverit, quatuor mille denariis, qui faciunt solidos centum, culpabilis judicetur.*

Il restoit encore, dans le quatorzième siècle, des traces de cette ancienne jurisprudence. Elles furent entièrement effacées par l'article 9 de l'ordonnance du mois de mars 1356, qui défend aux juges de recevoir les accusés à composition. Voici les termes de cet article : « Comme « il est venù à notre connoissance que les officiers de nos bailliages et « prévôtés.... ont reçu, en cas criminels et capitaux.... composition dont « les crimes étoient demeurés sans être poursuivis, contre la raison et « le bien de la justice, voulons et ordonnons que toutes telles compo- « sitions cessent dorénavant.... défendons à tous justiciers qu'ils ne re- « çoivent aucunes personnes à composition, en cas de crime, ains soit « fait pleine justice. »

race. Ils reparoissent vers le treizième siècle, mais seulement avec les attributions qu'ils avoient précédemment. Il étoit bien impossible qu'il y eût des accusateurs publics dans un temps où toutes les questions de fait et de droit, et sur-tout les procès criminels, se décidoient par la voie des armes. Qui eût voulu se charger d'un ministère qui l'eût obligé d'entrer en champ clos avec tous les accusés?

Mais à peine le parlement est-il fixé dans la capitale, que l'on y voit un procureur général et des avocats généraux, avec toutes les attributions dont ils jouissoient encore dans ces derniers temps; et, ce qui est fort remarquable, les hommes revêtus de cette nouvelle magistrature déploient, dès le premier instant de leur existence, ce grand caractère qui, pendant près de cinq siècles, a jeté tant d'éclat sur notre ancien ministère public (1).

---

(1) Comment, par quelle série d'idées a-t-on été conduit à cette institution? à qui la devons-nous? quelle est l'époque précise de son établissement? Il paroît que M. d'Aguesseau lui-même l'ignoroit, et qu'à cet égard il en étoit réduit à des conjectures. Voici, en effet, ce que nous lisons dans le tome 5 de ses Œuvres, page 232 : « Par un très « mauvais usage, mais qui a peut-être donné la première idée du mi- « nistère des officiers qu'on a établis dans la suite, pour requérir, au « nom du roi, la mort et la punition des coupables, il étoit autrefois « assez ordinaire que les rois se rendissent eux-mêmes accusateurs des « évêques qui avoient commis des crimes de lèse-majesté. » M. d'Aguesseau rapporte ensuite plusieurs exemples d'accusations intentées contre des évêques par des rois de la première et de la seconde race.

Peut-être n'est-il pas nécessaire de remonter si haut pour trouver

On aime encore à se rappeler que ce fut l'un de ces anciens avocats généraux, Pierre de Cugnières, qui, par sa courageuse résistance aux prétentions de la cour de Rome, sauva l'indépendance de la couronne et les libertés de l'église gallicane du despotisme ultra-montain.

La ville de Tournay étoit un lieu d'asile; une fois dans ses murs, les homicides, sûrs de l'impunité, bravoient la justice et les lois. Dès l'an 1356, le procureur général du roi (1) disant *que tels usages et coutumes ne sont à soutenir; ains sont contre le droit commun et bien de justice; requiert ajournement contre les habitants, afin que s'ils en avoient usé au temps passé par*

---

l'origine de cette institution. L'usage consigné dans le passage suivant de Beaumanoir pourroit en avoir donné l'idée : « Se chil qui vieut accu-« ser vieut, il puet denoncier au juge que tel meffes a été fes à la vüe et « à la scüe de tant de bonnes gens qu'il ne puet estre celé, et seur che « il en doit fere comme bons juge, et en doit enquerre tout soit che que « la partie ne se veuille couchier en enqueste, et se il treuve le meffet « notoire et apert, il le puet justicier selonc le meffet, car mal chose « seroit se l'en avoit ocis mon prochein parent, en pleine feste, ou de-« vant grant plante de bonnes gens, se il convenoit que je me comba-« tisse pour le vengement pourcachier, et pour che puet on en tex cas « qui sont apert aler avant par voie de dénonciation. » *Coutume de Beauvoisis,* chap. 61, second alinéa.

Cet usage de confier, dans certains cas, la poursuite des criminels à un membre du tribunal, peut avoir conduit à l'idée de charger un magistrat de toutes les accusations publiques.

(1) On voit que, dès cette époque, le procureur du roi près le parlement avoit la qualification de *procureur général.* Ordonnances du Louvre, t. III, p. 93.

*abus, il leur fût fait défense que, jusqu'à ce qu'autre-
ment fût ordonné sur ce, dores en avant ils ne usent
de ladite coutume, ne ne reçoivent en leur dite ville
de telle manière de gens.*

Je rapporte ces détails pour faire voir combien, dès
ses premiers pas, la marche du ministère public a été
mesurée. En effet, le procureur général se contente
de dénoncer et de requérir, et il attend de la sagesse
du parlement le remède aux abus qu'il lui défère.

Le parlement permit au procureur général d'assigner
les habitants de Tournay devant lui, et, par provision,
leur fit défense de donner asile aux malfaiteurs.

Les services rendus à la couronne par cette haute
magistrature sont incalculables. Les rois ne dédai-
gnoient pas de consulter leurs procureurs généraux
sur les lois et sur les règlements qu'ils avoient faits. Les
auteurs du Recueil des ordonnances du Louvre en
rapportent une à la fin de laquelle on lit: *Autrefois
ainsi signée, ès requêtes de l'hôtel; après ce de votre
commandement veüe, et les articles contenus en icelle
corrigés par le conseil et par le procureur du roi en
parlement, et depuis récritte, à moi ainsi baillée pour
signer* (1).

Dans un règlement de l'an 1358 on lit: *Et depuis, de
notre commandement, baillé à voir à nos procureurs
et avocats en parlement, desquels la relation ouïe, nous,
par bonne délibération, et pour le profit commun, etc.*

---

(1) Tome III, Table des matices, p. cxxx.

Ces magistrats avoient à peine cinquante ans d'existence, que déja reposoit dans leurs mains et l'exercice de toutes les actions criminelles, et, par une délégation spéciale, la poursuite de toutes les vexations, de tous les abus de pouvoir commis par des hommes assez puissants pour que leur condamnation pût compromettre l'autorité royale, de manière qu'il ne restoit dans la main des rois que ce qui pouvoit leur concilier la reconnoissance et l'amour, c'est-à-dire, le droit de modérer les poursuites, d'adoucir ou de remettre les peines. On voit, par deux ordonnances données, l'une par le roi Jean, en décembre 1355, et l'autre par Charles, régent du royaume, au mois de mars 1356, que pendant les désordres des temps antérieurs, les capitaines, les maîtres des garnisons, le maître des arbalétriers, les amiraux, les maréchaux, le connétable, et même les princes du sang, s'étoient arrogé le droit de faire, lorsqu'ils étoient en voyage, *des prises en bled, vin, vivres, charrettes, chevaux, et autres choses, dont le peuple étoit moult grévé et dommagié.* Les deux ordonnances proscrivent ces vexations, et renferment l'une et l'autre la disposition suivante : *Et jurera le procureur du roi qui est à présent et qui sera pour l'avenir, que sitôt comme il viendra à sa connoissance, il poursuivra lesdits preneurs au plus rigoureusement qu'il pourra, combien que les parties ne fassent aucun pourchas ou poursuites* (1).

_____

(1) *Ordonnances du Louvre,* tome III, p. 134, art. 18.

Par l'intermédiaire de cette magistrature, le roi voyoit tout, entendoit tout, étoit présent par-tout. Il surveilloit l'exécution des lois, la conduite des juges, les actions de tous les citoyens; il concouroit à la confection de tous les règlements de police, et les faisoit exécuter; enfin, il assistoit aux délibérations de tous les corps et de toutes les corporations de l'Etat (1).

La conservation des droits du domaine, des prérogatives de la couronne et de l'autorité royale étoit surtout l'objet de l'infatigable sollicitude de ces magistrats (2). Enfin, tout ce qui pouvoit intéresser l'ordre

---

(1) Après que les états-généraux de 1483 eurent présenté leurs cahiers, le roi nomma des commissaires à l'effet de les examiner. Ces commissaires furent partagés en trois bureaux, dont l'un, présidé par le cardinal de Bourbon, et composé d'évêques et de députés du tiers-état, devoit s'occuper des articles des cahiers relatifs au clergé, notamment de celui qui demandoit le rétablissement de la Pragmatique. Les évêques le rejetoient avec la plus grande chaleur; les députés le défendoient avec non moins de force; et les deux partis s'attaquoient avec beaucoup de violence et d'aigreur. Le procureur général, qui avoit reçu l'ordre d'assister à ces conférences, mit fin à cette lutte, en déclarant: «Qu'étant *le procureur du roi et du royaume*, il étoit autorisé «à prendre connoissance de tout ce qui avoit rapport à la tranquillité «ou à la prospérité de l'Etat; que la Pragmatique sanction étoit de «toutes les constitutions la plus précieuse, puisqu'elle empêchoit que « l'argent ne sortît du royaume, et qu'elle donnoit à l'Eglise des pasteurs « éclairés et vigilants; qu'il ne souffriroit pas qu'on donnât atteinte à ce «sage règlement; et qu'il étoit résolu de traduire au parlement quiconque oseroit s'y opposer désormais. »

(2) Pour s'en convaincre, il ne faut que lire les OEuvres de M. d'Aguesseau. Il y en a bien d'autres preuves. Je m'arrête à celle-ci : En 1454,

public étoit dans les attributions de ce ministère. Si, pendant le cours d'un procès, les parties, après s'être fait justice elles-mêmes, vouloient donner à leur accord la forme et l'autorité d'un jugement, il falloit que le projet en fût soumis aux gens du roi, pour y garder *notre droit et celui de justice*, disent les ordonnances.

Les prérogatives de cette magistrature étoient proportionnées à son importance. La qualification de gens du roi, donnée à ceux qui en étoient investis, réveilloit à tous les instants l'idée des rapports qui existoient entre eux et le monarque.

Les procureurs généraux nommoient tous les procureurs du roi près les bailliages. Ils ont joui de cette

---

l'évêque de Nantes fit traduire un particulier devant son official. Ce particulier déclina la jurisdiction ; et son déclinatoire ayant été rejeté, il appela au parlement de Paris. L'évêque y comparut, et déclara, par le ministère de son procureur, *qu'il ne reconnoissoit aucun supérieur, même temporel, que le pape ; que Constantin avoit donné à l'évêque de Nantes le temporel de cette église, qui ne faisoit pas partie du royaume de France, et qui ne relevoit que du pape.*

Après avoir combattu cette extravagante prétention, le procureur général conclut à ce que l'évêque de Nantes fût contraint, *même par emprisonnement de sa personne*, à déclarer publiquement, en présence de la cour, que, *mal conseillé, et avec un cœur et un esprit endurcis, il avoit dit et fait dire tout ce qu'il avoit proposé contre la souveraineté du roi ; qu'il en demandoit pardon au roi, à la cour, et à la justice ;* qu'il fût enfin condamné au bannissement perpétuel, et que la révocation qu'il feroit de tout ce qu'il avoit dit contre l'autorité du roi fût écrite dans deux tableaux, dont l'un seroit affiché à la grande porte de l'église cathédrale de Nantes, et l'autre dans la grand'chambre du parlement.

prérogative jusqu'en 1522, époque à laquelle un édit a érigé ces commissions en titre d'office. C'est par suite de cet ancien état de choses que, même dans ces derniers temps, les parlements ne donnoient aux procureurs du roi d'autre dénomination que celle de *substitut du procureur général*.

Une ordonnance du mois de décembre 1363, en vingt-deux articles, donnée par le roi Jean, pour régler la manière dont on devoit procéder au parlement, porte, article 19: *Les règlements contenus en cette ordonnance n'auront pas lieu dans les affaires qui regardent le roi, et où son procureur est seul partie, principalement dans les affaires domaniales.* De cette disposition, on avoit fait sortir la maxime que le ministère public ne pouvoit être que difficilement condamné par défaut; que l'on devoit rabattre ceux obtenus contre lui en prouvant qu'il avoit été empêché pour le service du roi. Boutillier, conseiller au parlement pendant les dernières années du quatorzième siècle et les premières du quinzième, magistrat d'un savoir profond, et qui nous a laissé un ouvrage infiniment précieux, parle de cet usage en ces termes: «Est à savoir «que contre le procureur du roi ne se donne légère- «ment défaut comme contre partie privée, pour les «exoines qu'il peut avoir pour le fait du roi; mais «toutefois si le procureur défaut à son jour, défaut «peut être donné, et peut avoir lieu en faveur de la «partie adverse; si ainsi n'est que le procureur ait eu «très légal exoine pour le fait du roi.... et ainsi fut-il

« conseillé par le conseil du roi à Paris. » *Somme rurale*, liv. II, tit. 2.

C'étoit par l'organe de ces magistrats que le roi communiquoit ses intentions et transmettoit ses ordres à ses cours de justice ; et quoiqu'ils ne fissent pas corps avec ces cours, ils en partageoient néanmoins tous les priviléges, toutes les prérogatives (1).

C'étoit encore un des priviléges du procureur général de porter directement à la grand'chambre du parlement les affaires dans lesquelles il étoit partie principale. L'article 5 de la grande ordonnance de 1453, faite pour régler l'administration de la justice et la compétence des tribunaux, monument très précieux de la sagesse de nos pères, après avoir fait l'énumération des causes dont la connoissance immédiate appartient au parlement, ajoute : *Et toutes celles es-quelles notre procureur général seroit principale partie.*

L'importance de ce ministère se déployoit sur-tout dans ces jours solennels que l'on appeloit *mercuriales*,

---

(1) La question s'éleva dans les premières années du quinzième siècle ; elle fut décidée en faveur des officiers du ministère public, par un arrêt du 11 avril 1416, que *Joannes Lucius, Placit. Cur. L. IV*, tit. 9, rapporte en ces termes : *Privilegium curiæ irrogatum, regiæ procurationis triumviro, an complecteretur, addubitatum est. Neque enim orchestram curialem conscindunt, neque quicquam pro imperio ac potestate decernunt : sed in subselliis sedent, et si quid orandum est, ex inferiore loco id faciunt, aperto per initia capite, quoad ei qui fasces habet, fuerit visum. Placuit tamen eos comprehendi; esse enim veluti quoddam curiæ additamentum, quasique corollarium.*

jours de courage et de justice, où les juges se soumettoient à leurs propres jugements; où les censeurs publics se censuroient eux-mêmes; où les négligences les plus légères étoient relevées comme des fautes graves; où celui dont les habitudes étoient peu compatibles avec l'honneur et la gravité de la magistrature, étoit signalé sans ménagement; enfin, pour nous servir des expressions de M. d'Aguesseau, *où le juste venoit rendre compte de sa justice même.*

Ces assemblées, dépositaires et gardiennes de la dignité des cours de justice, étoient sous la surveillance spéciale des officiers du ministère public. Les ordonnances leur faisoient un devoir de les provoquer; de déférer au roi lui-même le tribunal qui avoit refusé de les tenir aux époques fixées par les lois; d'informer le chancelier des résolutions qui s'y prenoient, et d'en suivre l'exécution (1).

---

(1) « Enjoignons à nos avocats et procureurs généraux, sur peine « de privation de leurs charges, de promouvoir lesdites mercuriales, « d'en poursuivre le jugement, et de nous avertir promptement de leur « retardation ou empêchement d'icelles; faire aussi toutes diligences pour « que lesdites mercuriales nous soient, et à notre chancelier, inconti- « nent connues. » *Ordonnance de Blois*, art. 144.

Par les ordonnances de 1539, 1560 et 1579, les mercuriales devoient avoir lieu tous les quinze jours, les mercredis après dîner. Des ordonnances postérieures les avoient réduites à deux par an, l'une à Pâque, l'autre à la Saint-Martin.

Aux termes de ces ordonnances, les mercuriales avoient pour objet d'examiner,

Si les ordonnances étoient exécutées;

Cependant telle étoit l'organisation de ce ministère, qu'avec une sphère d'activité aussi étendue, et pour ainsi dire sans limites, ceux qui en étoient investis ne pouvoient nuire à personne, ne pouvoient jamais être un sujet d'inquiétude ni pour le prince ni pour les citoyens.

Surveillants des juges, ils étoient sous leur surveillance, et même en quelque sorte dans leur dépendance. Ils ne pouvoient pas s'absenter sans leur congé; et lorsqu'ils n'étoient pas dans le lieu des séances de la cour, ils devoient attendre dans une pièce voisine les com-

---

Si les conseillers étoient irrévérents ou désobéissants à nous, à ladite cour, ou aux présidents d'icelle;

S'ils étoient négligents ou nonchalants de venir en ladite cour, aux jours et heures qu'il est requis, et y faire la résidence due et ordonnée;

S'ils faisoient leurs devoirs de rapporter et d'extraire les procès dont ils étoient chargés;

Et, en général, s'ils ne faisoient point choses répréhensibles ou dérogeantes à nosdites ordonnances, et à l'honneur et gravité de ladite cour et présidents d'icelle.

Les mesures d'exécution étoient:

1° Remontrances à ceux qui se trouvoient coupables des fautes, négligences ou irrévérences susdites;

2° En informer le roi, et, à cet effet, en faire registre à part, afin que le roi pût mander un ou plusieurs présidents, et y pourvoir ainsi qu'il appartiendra;

3° Punir sévèrement les contrevenants par la suspension ou privation de leurs offices, ou autres peines, suivant l'exigence des cas;

4° Faire des règlements pour la discipline de la compagnie, lesquels devoient être envoyés au roi et au chancelier.

munications qu'elle voudroit leur faire, ou les ordres qu'elle pouvoit avoir à leur donner (1).

Les délais des procédures couroient contre eux de même que contre tous les citoyens. Le procureur général avoit interjeté appel d'une sentence après l'expiration du terme fixé par la loi; le parlement rejeta cet appel, par arrêt du 12 août 1368. *Joannes Lucius*, qui le rapporte dans son livre intitulé *Placita curiœ*, lib. XI, tit. 10, ajoute ces paroles remarquables : *Digna quidem vox est majestate regnantis, legibus alligatum se principem profiteri.*

Leur présence aux délibérations des cours auroit pu gêner les suffrages, notamment dans les affaires concernant le domaine, les droits et les prérogatives de la couronne. Les ordonnances leur défendent d'y assister, et ne dérogent à cette règle que pour leur permettre d'être présents aux rapports des affaires domaniales (2).

---

(1) « Ne pourront s'absenter de la cour sans congé et licence d'icelle, « et pour nos affaires et celles de ladite cour, à peine de privation de « leurs gages. » *Ordonnance donnée à Is-sur-Tille, en* 1535, *art.* 7.

Des ordonnances postérieures ajoutent : « Pour la seconde fois, sus- « pension de leur office; et pour la troisième, privation.

« Ordonnons qu'iceux nos avocats et procureurs viennent bien matin « au palais, à ce que prompte expédition puisse se faire des matières « dont ils auront charge, et qu'ils soient prêts quand ils seront mandés « en notredite cour. » *Ordonnance de* 1493, *art.* 60.

(2) *Prohibemus ne senescalli aut alii judices consulant patronos, seu advocatos vel procuratores nostros, aut alios, vel cum eis deli-*

Dans les affaires criminelles, le procureur du roi, maitre absolu de dénoncer et de requérir, n'avoit pas le droit de donner une simple citation de sa seule autorité; il falloit qu'un décret du juge lui en donnât le pouvoir. Moins circonscrit, moins gêné dans ses mouvements lorsqu'il agissoit comme défenseur du domaine et des droits de la couronne, il avoit une action directe, et pouvoit assigner à sa requête. Cependant, quoique ces affaires purement civiles ne pussent compromettre ni l'honneur, ni la liberté, ni la vie des citoyens, son droit, à cet égard, recevoit une limitation importante; il ne pouvoit intenter les procès de cette nature qu'après avoir préalablement pris l'avis de l'avocat du roi (1).

---

berent qualiter pronunciare habebunt, vel judicare in causis nostris vel aliis, in quibus ipsi procuratores fuerint vel patroni, sed eos à consilio, seu deliberatione hujusmodi, omninò repellant, ne ibidem intersint. Ordonnance de 1338, art. 12.

« Au jugement des causes du roi, les avocats et procureurs du roi « n'auront point d'opinion, et ne seront pas du conseil quand on vou- « dra juger les procès; toutefois pourront être présents au rapport et « relation d'iceux. » *Ordonnance de* 1490, art. 42.

On retrouve les dispositions de ces deux ordonnances dans l'art. 88 du décret impérial contenant règlement pour la discipline et la police des cours et des tribunaux.

(1) « Aucun, en matière criminelle, ne sera ajourné à la requête de « notre procureur, sans qu'il y ait décret du juge; et ne pourra inten- « ter, notredit procureur, action ne procès en matière civile, sans « avoir le conseil de notre avocat ès lieux où avons avocat, sous peine « d'être condamné, en son propre et privé nom, ès dépens, dommages-

Enfin, toutes les fois qu'ils portoient la parole devant les magistrats, ils devoient être debout, et cela non seulement lorsqu'ils parloient dans les affaires particulières, mais lors même qu'ils faisoient des communications au nom du roi, et comme porteurs de ses ordres.

Depuis long-temps ce point est irrévocablement réglé; mais il a fait le sujet de plusieurs discussions. On lit dans l'Histoire des parlements, par Laroche-Flavin (1), «Que le 21 mai 1597, M. de Saint-Félix, «procureur général, ayant à faire au parlement de «Paris une communication au nom du roi, éleva la «prétention de parler assis; mais qu'il fut délibéré, les «chambres assemblées, conformément à une autre dé-«libération de l'an 1595, sur semblables réquisitions,.... «que le procureur général rendroit sa créance debout, «et en la forme que les gens du roi avoient coutume de «parler à la cour; que la délibération serviroit tant «pour le présent que pour l'avenir, afin qu'il n'en soit

---

«intérêts de la partie intéressée, et en amende arbitraire envers nous «autant qu'il sera trouvé calomnieusement et pour vexer aucun", avoir «intenté ledit procès contre notre présente ordonnance.» *Ordonnance de Louis XII, de l'an* 1499, art. 62.

«Tous décrets seront rendus sur les conclusions de nos procureurs «ou de ceux des seigneurs.

«Selon la qualité des crimes, des preuves et des personnes, la partie «sera assignée, ajournée à comparoir en personne, ou décrétée de prise «de corps.» Art. 1 et 2, tit. 10 *de l'Ordonnance de* 1670.

(1) Liv. II, chap. 7, n° 32.

« plus douté : encore que ledit procureur général fût
« conseiller au privé conseil du roi, la qualité ordinaire
« de procureur général faisant cesser l'extraordinaire.»

Pour la facilité de ceux qui pouvoient avoir des actions ou des accusations à intenter contre les officiers
du ministère public, une ancienne ordonnance leur
enjoignoit de continuer leur résidence dans le lieu où
ils avoient rempli leurs fonctions, pendant cinquante
jours après en avoir cessé l'exercice (1).

La disposition de cette loi, concernant la résidence
des officiers du ministère public pendant cinquante
jours, ne tarda pas à tomber en désuétude; mais, relativement à leurs malversations, elle conservoit toute
sa force ; et tous ceux qui avoient à se plaindre de vexations par eux commises dans l'exercice de leurs fonctions étoient, pour des faits graves et bien établis,
autorisés à les prendre à partie.

Qu'est devenu ce colosse si imposant, ce Briarée aux
cent bras? On le cherche. Néanmoins, dans la personne des successeurs de ces anciens procureurs généraux, à une grande considération qu'ils doivent à la
rectitude de leurs opinions, et à l'étendue de leurs
connoissances, se joint encore un grand pouvoir. Dans

_____

(1) *Ordinamus et statuimus quod post dimissionem dicti officii, in
illo loco debeant per quinquaginta dies immediatè sequentes continuè
residere, et querelantibus de ipsis debeant respondere, ut possint ipsi
querelantes faciliùs consequi jus suum contra eos.* Ordonnance de
1338, art. 34.

leurs mains repose l'action publique, et ils ont le droit de déférer aux tribunaux tous les crimes, tous les délits qui compromettent l'ordre public.

En matière civile, ils ont le droit de requérir. Toutes les affaires concernant le domaine de l'Etat, les femmes mariées, les mineurs, les interdits, les établissements publics, doivent leur être communiquées (1), et les juges ne peuvent statuer qu'après les avoir entendus.

Mais, étrangers à la haute police, ils ne sont plus les surveillants de tous les citoyens, les régulateurs de toutes les corporations; ils n'ont pas même ce que,

(1) Ces fonctions leur sont conservées par l'article 83 du Code de procédure civile, dont voici les termes :

«Seront communiquées au procureur du roi les causes suivantes,

«1° Celles qui concernent l'ordre public, l'Etat, le domaine, les «communes, les établissements publics, les dons et legs au profit des «pauvres;

«2° Celles qui concernent l'état des personnes et les tutelles;

«3° Les déclinatoires sur incompétence;

«4° Les règlements de juges, les récusations et renvois pour parenté «et alliance;

«5° Les prises à partie;

«6° Les causes des femmes non autorisées par leurs maris, ou même «autorisées, lorsqu'il s'agit de leur dot, et qu'elles sont mariées sous le «régime dotal; les causes des mineurs; et généralement toutes celles «où l'une des parties est défendue par un curateur;

«7° Les causes concernant ou intéressant les personnes présumées «absentes.

«Le procureur du roi pourra néanmoins prendre communication «de toutes les autres causes dans lesquelles il croira son ministère né-«cessaire, le tribunal pourra même l'ordonner d'office.»

dans l'idiome de ces derniers temps, on appelle la police administrative, c'est-à-dire, le droit de provoquer des mesures à l'effet de réprimer des désordres prêts à troubler l'harmonie sociale. Ils ne sont plus les gardiens des prérogatives de la couronne, les conservateurs du domaine de l'État, les sentinelles chargées de veiller au maintien des lois fondamentales du royaume. Enfin ils ne sont pas même appelés à concourir à la vérification des pouvoirs que la cour de Rome donne à ses nonces et à ses légats.

Quant aux avocats généraux et aux substituts des procureurs généraux, ce qui les concerne est réglé par l'article 6 de la loi du 20 avril 1810, dont voici les termes :

« Les fonctions du ministère public seront exercées, « à la cour impériale, par un procureur général im- « périal.

« Il y aura des substituts pour le service des audien- « ces à la cour impériale, pour son parquet, pour le « service des cours d'assises et des cours spéciales, et « pour les tribunaux de première instance.

« Les substituts créés pour le service des audiences « des cours impériales portent le titre d'*avocats gé- « néraux*.

« Ceux qui font le service aux cours d'assises et aux « cours spéciales portent le titre de *procureurs impé- « riaux criminels*.

« Ceux établis près des tribunaux de première in- « stance portent le titre de *procureurs impériaux*.

«Les substituts créés pour le service du parquet, ou
«pour résider auprès des cours d'assises ou spéciales,
«sont répartis par le procureur général, les uns pour
«faire auprès de lui le service du parquet, les autres
«pour résider, en qualité de procureurs impériaux cri-
«minels, dans les lieux où doivent siéger les cours d'as-
«sises ou spéciales; et cependant le procureur général
«pourra changer, s'il le trouve convenable, la desti-
«nation qu'il aura donnée à chacun d'eux.

«Dans les cas d'absence ou empêchement des avo-
«cats généraux, les substituts de service au parquet
«pourront porter la parole aux audiences de la cour
«impériale.»

CHAPITRE XIII.

Des différentes espèces de Jurisdictions.

J'AI déja parlé de la jurisdiction : j'ai dit qu'elle consistoit dans le droit de connoître et de juger, *in notione et judicio*; j'ai ajouté que, réunie au commandement, elle constituoit l'autorité judiciaire : ainsi je n'ai
présenté la jurisdiction que comme un des éléments de
cette autorité. Maintenant j'abandonne cette précision;
et, prenant le mot *jurisdiction* dans le sens qu'on lui

donne communément (1), j'en distingue de plusieurs sortes.

La jurisdiction contentieuse et la jurisdiction volontaire.

La jurisdiction ordinaire, et la jurisdiction extraordinaire et d'exception.

La jurisdiction propre et la jurisdiction prorogée.

La jurisdiction en premier et en dernier ressort.

La jurisdiction criminelle.

La jurisdiction temporelle de l'église.

La jurisdiction spirituelle de l'église.

Les appels comme d'abus.

Enfin la jurisdiction qui, supérieure à toutes les autres, annule les jugements contraires aux lois.

Nous allons nous occuper successivement de ces différentes espèces de jurisdictions.

Cette matière est d'un grand intérêt. En effet, on ne verroit pas autant de conflits, autant de variété dans les jugements de compétence, autant de malheureux plaideurs obligés de s'épuiser pendant des années

---

(1) NOODT, dans son Traité *de Jurisdictione et Imperio*, lib. I, cap. 1, explique très bien comment l'usage s'est établi de comprendre sous ce mot *jurisdiction* et le droit de juger et celui de faire exécuter les jugements. Voici ses termes : *Jus dicere est pronunciare id quod omnibus vel pluribus in civitate utile habetur. At quia ea utilitas, sive id jus parùm intelligi solet, præterquàm causá cognitá; etiam frustrà dici, nisi jurisdictioni cogendi vis potestasque insit, facilè obtinuit, ut jurisdictionis appellatione non tantùm juris pronunciatio, sed cognitio quoque atque executio, contineri viderentur.*

entières en frais et en démarches pour savoir enfin
quel sera leur juge, si les justiciables et leurs conseils
connoissoient mieux la nature des jurisdictions; si les
juges n'étoient pas si souvent incertains sur l'étendue
de leur autorité; si les législateurs traçoient d'une main
plus ferme la ligne de démarcation entre les différents
pouvoirs; enfin si cette grande vérité, consignée dans
le préambule de l'ordonnance de 1453, étoit mieux
sentie par les jurisconsultes, par les magistrats, par
les législateurs, *Les royaumes sans bon ordre de jus-*
tice ne peuvent avoir durée ne fermeté aucune.

CHAPITRE XIV.

De la Jurisdiction contentieuse et de la Jurisdiction
volontaire.

Le juge exerce la jurisdiction contentieuse toutes
les fois qu'il prononce sur des intérêts opposés, après
des débats contradictoires entre deux parties dont l'une
a cité l'autre à son tribunal. Tout ce qu'il fait sur la
demande d'une seule personne, ou sur celle de plusieurs d'accord entre elles et sans contradicteur, appartient à la jurisdiction volontaire. *Jurisdictio rectè*
dividitur in volontariam, quæ inter volentes, et sine
causæ cognitione exercetur, et contentiosam, quæ in-

ter invitos et litigantes cum causæ cognitione explicatur.

Ces définitions sont de Heineccius (1). On y voit que deux caractères principaux distinguent ces deux espèces de jurisdiction ; que la contentieuse s'exerce *inter nolentes*, et la volontaire *inter volentes ;* que dans les actes de la première le juge prononce *causâ cognitâ,* et dans ceux de la seconde *sine causæ cognitione.*

De cette dernière différence faut-il conclure que, dans l'exercice de la jurisdiction volontaire, le juge purement passif doit déférer à tout ce que les parties, sans contradicteur et d'accord entre elles, peuvent avoir la fantaisie de lui demander? Non. Il faut appliquer à ces mots, *connoissance de cause,* la judicieuse distinction de d'Argentré.

Ce jurisconsulte dit, comme Heineccius, que la jurisdiction volontaire est celle qui s'exerce *inter volentes et sine cognitione ;* mais, expliquant ce que l'on doit entendre par ces mots, *connoissance de cause,* il en distingue de deux sortes: l'une qui peut résulter de tous les moyens propres à éclairer la religion du juge, et que par cette raison il appelle *informatoriam ;* l'autre qu'il appelle *legitimam* (2), parce que le juge ne peut en faire la base de sa décision que lorsqu'elle lui est parvenue par les voies légales; et c'est de cette seule connoissance que parlent les jurisconsultes, lorsqu'ils

---

(1) *Ad Pandect.*, lib. II, tit. 1, *de Jurisdictione,* n.° 249.
(2) *Coutume de Bretagne,* art. 1, note 1, n° 2.

disent que la jurisdiction volontaire est celle qui s'exerce sans connoissance de cause, *sine causæ cognitione* (1). Telle est donc la précision de cette théorie : dans les actes de la jurisdiction volontaire, le juge peut se dé-cider par ses connoissances personnelles ; dans ceux de la jurisdiction contentieuse, il est obligé de juger *secundùm allegata et probata.* Dans les premiers, il peut prendre pour base de sa décision les faits articulés par le demandeur, ou refuser d'y croire par des motifs qui lui sont personnels; au contraire, dans les seconds, lorsqu'un fait essentiel est dénié par l'une des parties, il ne lui est pas permis de le tenir pour certain, et, quelque connoissance qu'il en ait d'ailleurs, il doit en ordonner la preuve.

Une seconde différence entre ces deux espèces de jurisdictions, c'est que celui qui a recours à la juris-diction volontaire ne demande au juge que l'interpo-sition de son autorité, et que ceux que des prétentions contradictoires forcent de s'adresser aux tribunaux, leur demandent d'abord une sentence, c'est-à-dire, de prendre connoissance de leurs moyens et de les juger, et n'invoquent l'autorité du juge que secondairement, et pour l'exécution de cette même sentence; ce qui a fait dire aux jurisconsultes que la jurisdiction volon-

---

(1) VOET, qui n'a pas saisi cette distinction, et qui sentoit com-bien il étoit inconvenant de faire d'un juge un instrument purement passif, a imaginé une troisième espèce de jurisdiction, qu'il appelle *mixte.*

taire est *magis imperii quàm jurisdictionis*, et que la contentieuse est *magis jurisdictionis quàm imperii.*

De ces notions, les auteurs, d'accord avec les lois romaines, ont tiré la conséquence que le juge peut faire les actes de la jurisdiction volontaire les jours fériés, dans sa maison ou dans tel autre lieu qu'il lui plaît, et même hors de son territoire, quoiqu'il ne puisse exercer la jurisdiction contentieuse que sur son tribunal, dans l'enclave de sa justice, et les jours destinés à l'expédition des affaires (1).

Les actes auxquels ces règles s'appliquent, c'est-à-dire, les actes de la jurisdiction volontaire, sont la

_____

(1) *Ex quibus definitionibus fluit voluntariam quoque loco et de plano explicari posse : contentiosam non nisi pro tribunali.*

Illam et diebus feriatis, hanc fastis tantùm diebus exerceri.

Illam rectè explicari extra territorium ; et quod ad hanc extra territorium judicanti impunè non paretur. HEINECCIUS, *ad Pandect.,* lib. II, tit. 1, n° 250.

Après les textes qui portent : *Feriæ dilationes sunt omnium litium,* les lois romaines ajoutent (L. I, II et III, ff. *de Feriis et Dilat.*): *Fallit ut tutores et curatores dentur et excusentur.*

Si de alendis liberis, parentibus, patronis agatur.

Emancipare ac manumittere licet etiam die dominicá.

Quant à la faculté de faire les actes de la jurisdiction volontaire en tous lieux, même hors de leur territoire, elle est accordée aux juges par les lois I et II, ff. *de Officio proconsulis,* dont voici les termes : *Proconsul ubique quidem proconsularia insignia habet, statim atque urbem egressus est. Potestatem autem non exercet, nisi in eá provinciá solá quæ ei decreta est. Omnes proconsules statim quàm urbem egressi fuerint, habent jurisdictionem, sed non contentiosam, sed voluntariam.*

dation de tutelle, l'adoption, l'émancipation, l'envoi
en possession des biens des absents, l'ouverture des
testaments, le décret afin d'autoriser la consignation
des deniers offerts, l'aliénation des biens des mineurs
et des communautés; « et autres tels actes de cérémo-
« nie ezquels reluit et paroît l'autorité et puissance du
« magistrat, qui partant sont dits, *esse magis imperii*
« *quàm jurisdictionis.* » Ce sont les termes de Loyseau (1).

Ces actes cessent d'appartenir à la jurisdiction volontaire, et passent dans le domaine de la jurisdiction
contentieuse, et en suivent les formes, toutes les fois
qu'ils sont attaqués par des tiers. *Voluntaria jurisdictio transit in contentiosam interventu justi adver-
sarii* (2).

Enfin, de la circonstance que la jurisdiction volontaire appartient plus au commandement qu'à la jurisdiction, résulte la conséquence fort notable que, de

---

(1) *Des Offices,* liv. I, chap. 5, n° 45.

(2) D'Argentré, *Coutume de Bretagne,* art. 1, note 1re, n° 2. Cet
auteur examine avec beaucoup de soin la question de savoir si celui
qui attaque le décret homologatif de l'avis de parents qui l'a nommé
tuteur, doit se pourvoir par opposition devant le même juge, ou s'il
peut déférer ce décret au juge supérieur par la voie d'appel. « Je sais,
« dit-il, que l'usage est de recevoir ces sortes d'appel; mais cette forme
« de procéder n'est rien moins que régulière. » Faber, *ad Codicem,*
lib. VII, tit. 29, defin. 1, pensoit de même: *A tutelæ quidem datione
appellatio regulariter non admittitur, nisi propositâ priùs excusa-
tione, et eâ per judicem rejectâ.*

droit commun, cette espèce de jurisdiction est attachée à la justice ordinaire et territoriale, et que les
juges extraordinaires ne peuvent l'exercer qu'en vertu
d'une délégation expresse (1).

CHAPITRE XV.

De la Jurisdiction propre et de la Jurisdiction déléguée.

Les Romains distinguoient avec beaucoup de soin
ces deux espèces de jurisdictions. La raison en est que
la première avoit une importance et des prérogatives

(1) Cette règle, puisée dans la nature des choses et dans le droit romain, est encore sanctionnée par le suffrage de Loyseau, qui en rend
les raisons suivantes : « Il faut remarquer que le *mixtum imperium*,
« étant metoyen entre le pur commandement et la jurisdiction, avoit
« deux parties : l'une participante, même cohérente tout-à-fait à la ju-
« risdiction, et nécessaire à la manutention d'icelle, comme la légère
« punition ; l'autre plus séparée de la jurisdiction, et, au rebours, plus
« approchante du pur commandement, qui gisoit aux décrets de jus-
« tice, restitution en entier, adoption, manumission, etc. Cette seconde
« partie du *mixtum imperium* n'étoit pas transférée à celui auquel la
« jurisdiction étoit commise, parceque les actes légitimes, qui consistent
« en l'exécution de la loi, ne ressentent point tant la jurisdiction que le
« commandement ; à moins qu'ils ne fussent délégués spécialement. »
Des Offices, liv. I, chap. 5, nᵒˢ 45 et 46.

que la seconde ne partageoit pas. C'étoit une maxime
de leur droit public, que la jurisdiction propre étoit,
dans la main du magistrat qui en étoit investi, une
véritable propriété. Il n'en étoit pas de même de la
jurisdiction déléguée : celui auquel une partie quelconque de la puissance publique étoit transmise par
la voie de la délégation, n'en étoit que le dépositaire,
et ne l'exerçoit qu'au nom et comme mandataire de
l'autorité de laquelle la délégation étoit émanée.

De cette manière de voir, on tiroit la conséquence,
que le magistrat devoit remplir lui-même les fonctions
qu'il ne tenoit qu'à titre de mandat, mais qu'il pouvoit
transmettre l'exercice de celles qui lui étoient propres.
*More majorum ita comparatum est, ut is jurisdictio-
nem mandare possit qui suo jure, non alieno habet.*
Lib. I, ff. *de Jurisdictione.*

Ce texte ne parle que de la jurisdiction propre. Le
suivant s'applique également à l'une et à l'autre : *Quæcumque specialiter lege vel senatusconsulto, vel con-
stitutione principum tribuuntur, mandata jurisdictione
non transferuntur, quæ vero jure magistratus compe-
tunt mandari possunt* (1). En conséquence, les consuls
et les préteurs ne pouvoient pas déléguer le droit de
donner des tuteurs aux pupilles, parcequ'ils n'avoient
pas cette attribution *jure magistratûs*, mais seulement
per novam et adventitiam autoritatem.

Cependant la règle que le magistrat pouvoit trans-

_____

(1) L. I, ff. *De Officio ejus cui,* etc.

mettre l'exercice de la jurisdiction, qui lui appartenoit *titulo officii*, recevoit une exception, relativement aux actes qu'il ne pouvoit faire que sur son tribunal, *qui alibi fieri non poterant, quàm pro tribunali*. Aucun magistrat, disent les jurisconsultes, ne
pouvoit déléguer les actes de cette espèce, parcequ'aucun magistrat ne pouvoit conférer le droit d'ériger un
tribunal.

Tels étoient, relativement à ces deux espèces de
jurisdictions, et les principes des Romains, et les conséquences qu'ils tiroient de ces principes.

La manière dont les choses se passèrent en France
est remarquable. Au milieu des désordres de la conquête, et malgré l'ignorance de ces temps-là, on y suivit la distinction que nous venons d'exposer entre l'autorité propre et l'autorité déléguée. Les premiers rois
francs étoient dans l'usage de joindre l'autorité judiciaire aux bénéfices et aux gouvernements qu'ils conféroient à leurs principaux capitaines : mais cette délégation n'étoit que temporaire ; le feudataire et le gouverneur ne jouissoient que sous le bon plaisir du roi,
et ne rendoient la justice que comme ses mandataires.
Tout le temps que subsista cet ordre de choses, ces
officiers, comme ceux de Rome, qui n'avoient le droit
de juger que par délégation, exercèrent constamment
eux-mêmes les fonctions judiciaires, et ne les déléguèrent à personne. Mais, vers la fin de la première race,
et au commencement de la seconde, après que les
seigneurs et les comtes eurent usurpé la propriété du

pouvoir, des prérogatives et des domaines dont ils n'avoient eu jusqu'alors qu'une jouissance précaire, bientôt, comme les grands magistrats de Rome, on les vit commettre des préposés pour exercer, en leur nom, l'autorité judiciaire. Alors s'éleva un pouvoir intermédiaire entre le prince et ses peuples; la puissance royale fut reculée d'un degré; et cette innovation, à laquelle on ne fit pas d'abord toute l'attention qu'elle méritoit, fut une des principales causes de la chute des deux premières dynasties.

Cependant la propriété du droit de juger avoit également résidé dans la main de la plupart des magistrats de Rome, qui en déléguoient pareillement l'exercice, et il n'en étoit résulté aucun inconvénient (1). Pourquoi donc le même système a-t-il eu en France des suites aussi graves? C'est qu'il n'y a de bonnes lois que celles qui sont en harmonie avec la nature du gouvernement et l'ensemble de la législation. Ainsi l'on pouvoit, sans inconvénient, conférer la propriété d'une portion de la puissance publique à des magistrats dont les fonctions commençoient et finissoient avec l'année, et qui comptoient autant de sur-

_____

(1) Il paroît que les empereurs eurent le bon esprit d'en craindre, et qu'ils privèrent tous les juges du droit de déléguer leur autorité. En effet, les jurisconsultes remarquent que les mots *mandare autoritatem* ne se trouvent pas dans le code, et que le titre *de Officio ejus qui vice præsidis administrat* ne désigne que celui que le prince ou le sénat avoit nommé pour remplir les fonctions du président de la province en son absence.

veillants et de censeurs que de citoyens. Et telle étoit l'organisation de Rome. Mais adapter cette mesure à une monarchie, et souffrir que des parties de cette même puissance fussent possédées à titre patrimonial par des particuliers, et sur-tout par des hommes voués à la profession des armes, c'étoit changer la nature du gouvernement, c'étoit le convertir en une espèce d'aristocratie qui devoit nécessairement en opérer la ruine.

Le temps exerça sur cet abus son influence ordinaire : il l'aggrava. Bientôt ces lieutenants des seigneurs et des comtes que, dans la suite, on appela baillifs, c'est-à-dire, gardiens de la justice, emportés par l'esprit national, qui ne voyoit de bonheur et de gloire que dans les hasards de la guerre, dédaignèrent l'exercice de leurs fonctions, se permirent de les déléguer, et vers le treizième siècle, ces lieutenants avoient eux-mêmes des lieutenants.

L'abus fut porté si loin, que le même baillif avoit plusieurs bailliages (1); des lieutenants, commissionnés par lui, rendoient la justice en son nom; et, le plus souvent, ces commissions étoient à l'enchère. Les lois leur défendoient ce trafic honteux (2), et leur

---

(1) Un règlement donné, en 1361, par le bailliage de Troyes aux drapiers de la même ville, commence ainsi : «Pierre de Fontaine, lieu-«tenant de noble homme, M. Tristan Dubois, chevalier, seigneur de «Fumechon, baillif de Troyes et de Meaux, etc.»

(2) «Défendons à nos baillifs et sénéchaux, et autres nos justiciers,

imposoient l'obligation de résider et d'exercer eux-mêmes. Plus puissants que les lois, ils en bravoient l'autorité.

Cet ordre de choses, tout vicieux qu'il étoit, subsista jusqu'au siècle de François Ier, siècle des grands hommes et des grandes découvertes; celui dans lequel l'esprit humain a déployé le plus de force et de majesté; celui de tous qui a produit les plus grands magistrats et les jurisconsultes les plus profonds; de tous, enfin, le plus précieux pour nous, parceque nous lui devons nos plus belles lois et nos institutions les plus sages.

Ces magistrats, ces jurisconsultes, proclamèrent le principe que, dans une monarchie, la propriété de la puissance publique ne peut résider que dans la main du prince; que nul ne peut exercer l'autorité judiciaire qu'en son nom, comme son mandataire, et sous sa surveillance. En conséquence, dans tous les bailliages royaux, les fonctions des lieutenants furent érigées en titre d'office; et, de simples préposés, des baillifs, ces lieutenants nommés et pourvus par le roi, devinrent ses officiers. Enfin, pour assurer leur indépendance, et sur-tout pour extirper jusqu'aux dernières racines d'un abus qui avoit été si funeste à la France, l'ordonnance d'Orléans défendit aux baillifs de s'im-

---

« que dorénavant, pour commettre leurs lieutenants, ils ne prennent « et n'exigent aucune somme d'iceux lieutenants. » *Ordonnance de* 1453, art. 88.

miscer dans l'exercice des fonctions judiciaires, et ne leur laissa, de leur ancienne autorité, que les préro-gatives honorifiques (1).

Par l'effet de cette innovation, toutes les parties du vaste système de l'organisation judiciaire se trouvèrent enfin assises sur leurs véritables bases; et il fut géné-ralement reçu que l'autorité judiciaire, comme tous les autres pouvoirs, résidoit dans la main du roi; que les juges ne pouvoient l'exercer qu'en son nom, et que, simples dépositaires de cette autorité, ils n'avoient pas le droit de la déléguer.

Mais si l'on eût appliqué ce principe dans toute son étendue, on auroit, dans beaucoup de circonstances, multiplié les frais et retardé l'expédition des procès : on le sentit; et, par un tempérament très sage, il fut établi que le juge saisi d'une affaire, toujours obligé de la juger lui-même, pouvoit déléguer, non à ceux qu'il lui plairoit de choisir, mais à des hommes déja revêtus du caractère de juge, les actes d'instruction qui exige-roient son transport dans des lieux trop éloignés. Et c'est le dernier état.

Cependant on voit tous les jours les cours d'appel et celle de cassation ordonner qu'un procès porté de-vant un tribunal sera jugé par un autre. Cela a lieu dans

_____

(1) Déja cette prohibition existoit à l'égard des seigneurs hauts-jus-ticiers. Cette mesure et quelques autres, qu'il est inutile de rappeler, avoient modifié leur droit de justice de manière qu'il n'avoit plus rien d'inquiétant pour l'autorité royale.

les règlements de juges, lorsque la majeure partie d'un tribunal est récusée, et pour cause de sûreté publique ou de suspicion légitime. Mais il ne faut pas s'y méprendre; dans ces différentes circonstances, ce n'est pas son autorité que la cour supérieure délègue : dans les règlements de juges, tout se réduit, de sa part, à une simple déclaration; elle dit, et rien de plus, que le jugement de telle affaire appartient, non à tel tribunal, mais à tel autre; et, dans les trois autres cas, c'est uniquement par la voie de la subrogation qu'elle agit, et non par celle de la délégation. En effet, ce n'est pas, comme nous venons de le dire, son autorité qu'elle transmet, puisqu'elle ne donne au tribunal auquel elle renvoie l'affaire que le droit d'en connoître, et que ce droit elle ne l'avoit pas.

Il en est de même lorsque le conseil d'état statue sur un conflit, ou que, sans conflit, il renvoie devant les tribunaux une affaire portée devant lui. Sa décision est moins un jugement qu'une simple déclaration; et le juge auquel l'affaire est renvoyée y statue non comme délégué, comme mandataire du pouvoir administratif, mais *jure magistratûs*, et en vertu d'un droit qui lui est propre.

CHAPITRE XVI.

De la Jurisdiction ordinaire et de la Jurisdiction extraordinaire.

POUR saisir la différence qui existe entre les jurisdictïons ordinaires et les jurisdictions extraordinaires, il ne faut que se faire une idée de la manière dont les dernières se sont établies.

L'Etat a si peu d'étendue, que le prince suffit à tous les détails du gouvernement, de l'administration et de la justice : tel Moïse dans le désert; tel Romulus avant la réunion des Albains.

La population augmente, les affaires litigieuses se multiplient, et on sent la nécessité des formes judiciaires. Ces formes lentes et minutieuses absorberoient tous les moments du prince : il ne tarde pas à le reconnoitre, et il délègue le pouvoir jurisdictionnel à un conseil de vieillards qu'il choisit, comme Moïse, ou à un sénat qu'il vient d'établir, comme Romulus.

Ce tribunal, unique dans l'Etat, exerce l'autorité judiciaire dans toute sa plénitude : tous les citoyens sont ses justiciables; ses attributions embrassent tous les genres d'affaires : il a tout ensemble *vocationem*, *notionem*, *judicium* et *executionem*, c'est-à-dire, le droit d'appeler devant lui, d'ordonner les actes d'instruction, de rendre des jugements et de les faire exécuter; en un mot, il a la jurisdiction ordinaire du territoire.

L'Etat s'agrandit encore; le nombre des affaires nuit à leur expédition; les justiciables demandent que la justice soit plus rapprochée d'eux; en un mot, le tribunal ne peut plus suffire. Alors on concentre son autorité dans des bornes plus étroites; et celle qu'il exerçoit au-delà de ces bornes, on la confère à des tribunaux que l'on érige sur les principaux points de l'empire.

Chacun de ces nouveaux magistrats, subrogé aux premiers, a dans sa circonscription tous les pouvoirs qu'ils y exerçoient avant ce nouvel ordre de choses. Comme eux, il a la plénitude de l'autorité judiciaire; et comme eux, par conséquent, il a la jurisdiction ordinaire de son territoire.

Nous n'avons pas encore de tribunaux extraordinaires; mais les relations sociales se sont multipliées avec la population, le commerce, la navigation et les arts; et le législateur est obligé de multiplier les lois. Il faut des codes civil, criminel, de police, de finance, de voierie; il en faut pour régler le régime des douanes, celui des forêts, celui des canaux et des rivières navigables.

Et telle est la complication de ces différents codes; telle est l'étendue et la variété des connoissances que leur application exige, qu'il est presque impossible de les trouver réunies dans la même personne.

De là ces différentes jurisdictions qui, avant le régime actuel, partageoient l'administration de la justice avec les tribunaux primitifs.

Ces jurisdictions, successivement et même assez récemment établies, étoient connues sous les dénominations de bureaux des finances, élections, greniers à sel, traites foraines, amirautés, connétablies, cours des monnoies, cours des aides, tribunal des juges de commerce, table de marbre, des eaux et forêts.

Cependant les tribunaux primitifs, qui, après avoir existé sous différentes modifications, étoient connus depuis la fin du treizième siècle sous les qualifications de bailliages, de sénéchaussées, de vigueries et de prévôtés, n'en étoient pas moins considérés, malgré ces nombreuses distractions, comme ayant la plénitude du pouvoir judiciaire. On disoit de ces tribunaux : leur compétence embrasse tout, à l'exception des cas soustraits à leur jurisdiction par une loi formelle. On disoit des autres : chacun d'eux, sévèrement restreint dans le cercle de ses attributions, ne peut connoître que des affaires qui lui sont spécialement et formellement déléguées.

De là les deux espèces de jurisdictions qui nous occupent : l'une ordinaire, l'autre extraordinaire.

Cette distinction est établie, d'une manière bien tranchante, dans une ordonnance du 28 mars 1355.

L'administration de la justice étoit alors partagée entre différents tribunaux, connus sous les dénominations de châtellenies, prévôtés, bailliages, requêtes de l'hôtel, connétablies, et maîtrises des eaux et forêts.

La compétence de ces tribunaux n'étant pas réglée avec assez de précision, il s'élevoit entre eux de fréquents conflits, aussi contraires à l'ordre public que ruineux pour les plaideurs. Cet objet fixa l'attention des états-généraux du royaume; et, sur leurs remontrances, fut rendue cette ordonnance de 1355, dont l'article 18 porte : *Voulons et ordonnons que toute jurisdiction soit laissée aux juges ordinaires, sans que nos sujets soient désormais traiz et ajournez pardevant les maîtres des requêtes, les connétables et maréchaux, et les maîtres des eaux et forêts; excepté tant seulement.....*

Arrêtons-nous d'abord sur cette première partie de l'article. Le législateur y reconnoît, comme l'on voit, qu'il existe des juges auxquels appartient exclusivement la dénomination de *juges ordinaires*. Et quelles sont leurs attributions? La loi le dit en un seul mot: *Ils ont toute jurisdiction, excepté tant seulement,* etc.; c'est-à-dire, qu'ils ont droit de connoître de toutes les affaires, quels qu'en soient l'objet et la nature; que leur compétence les embrasse toutes, et qu'il n'en est aucune qui leur soit étrangère, à l'exception de celles dont une loi précise attribue la connoissance à des tribunaux d'un ordre différent.

Nous disons d'un ordre différent: en effet, la jurisdiction de ces tribunaux diffère nécessairement de la jurisdiction ordinaire; et l'on ne peut pas s'y méprendre, puisqu'ils ne connoissent que des cas *exceptés* de cette même jurisdiction ordinaire. Et ce point établi, leur dénomination se présente d'elle-même; elle est dans ce mot *excepté*, dont se sert l'ordonnance : ce sont des tribunaux d'exception, des tribunaux extraordinaires.

Là ne s'arrête pas l'ordonnance. Pour prévenir les entreprises de ces juges d'exception, elle entre dans le détail des affaires qu'elle distrait de la jurisdiction ordinaire, et trace autour de chacun d'eux un cercle dont elle ne leur permet pas de sortir. Ce cercle, le voici : *Les maîtres des requêtes auront seulement la connoissance des offices et des officiers de l'hôtel, en action personnelle en défendant; le connétable aura la connoissance des sergents d'armes, en défendant seulement, et en actions personnelles esquelles il n'y aura garde enfreinte* (1) *; et le connétable et les maréchaux connoîtront, en défendant, des actions personnelles entre ceux qui seront présentement à la guerre; les maîtres des eaux et forêts connoîtront de ce qui regarde cette matière.*

La doctrine des jurisconsultes est entièrement conforme à la disposition de cette ordonnance. Tous reconnoissent qu'il existe deux espèces de jurisdictions, l'une ordinaire, l'autre extraordinaire.

«*Ordinaria jurisdictio breviter illa est quœ per*

---

(1) C'est-à-dire, la violation des sauve-gardes accordées par le roi à des monastères, à des communautés, ou à des particuliers.

«*legem vel principem datur universaliter pro modo*
«*territorii* (1).

« *Extraordinaria jurisdictio est quæ non, nisi certis*
« *magistratibus, speciali lege defertur* (2).

«Nous tenons en France qu'outre les officiers des
«cours souveraines extraordinaires, il n'y a d'ailleurs
«que ceux de la justice ordinaire qui soient vrais ma-
«gistrats, ayant seuls puissance ordinaire, jurisdiction
«entière, et vrai détroit et territoire, qui est à nous
«la marque de la jurisdiction et magistrature ; et quant
«aux officiers des justices extraordinaires, ils ont plutôt
«une simple notion ou puissance de juger qu'une vraie
«jurisdiction. Les élus sont juges des aides et des tailles;
«les grenetiers, juges du sel; les-maitres des eaux et
«forêts, des rivières et bois; les prévôts des maréchaux,
«des vagabonds; les juges consuls, du fait de marchan-
«dises; mais les juges ordinaires sont juges des lieux
«et du territoire : *ubi, tanquam magistratus, jus ter-*
«*rendi habent;* et ont justice régulièrement et univer-
«sellement sur toutes les personnes et les choses qui
«sont dans icelui, de laquelle justice, ces autres jus-
«tices extraordinaires et extravagantes sont démem-
«brées, *et extra ordinem, utilitatis causâ, consti-*
«*tutæ* (3).

---

(1) Dumoulin, *ad lib. III Cod.*, tit. 13.

(2) Heineccius, *ad Pand.*, lib. II, tit. 1, n° 251.

(3) Loyseau, *des Offices*, liv. I, chap. 6, n° 48.

«La première distinction (1) à faire est celle des offi-
«ciers qui connoissent de toutes matières civiles, cri-
«minelles, et de toutes autres indistinctement, à l'ex-
«ception de quelques unes qui ont été attribuées à
«d'autres juges; et c'est par cette raison que l'on appelle
«cette jurisdiction *ordinaire*, pour la distinguer de
«celle de ces autres juges, que l'on appelle *extraordi-
«naire*. Ainsi les parlements, les baillifs, les sénéchaux,
«et les autres officiers semblables, exercent la juris-
«diction ordinaire; et les autres qui connoissent des
«finances, des tailles, des aides, des gabelles, des
«monnoies, et d'autres matières distraites de la juris-
«diction ordinaire, sont censés des jurisdictions ex-
«traordinaires.... *Ainsi les juges ordinaires sont ceux
«qui ont naturellement la connoissance de toutes ma-
«tières, sans autres exceptions que de celles qui ont
«été attribuées expressément à d'autres juges.*»

En appliquant ces notions au régime actuel, on voit
que, comme dans l'ancien, nous avons de même des
jurisdictions ordinaires et des jurisdictions extraordinaires. Les cours d'appel et les tribunaux d'arrondissement forment la première classe; la seconde renferme les tribunaux de paix, de police et de commerce.

Cette distinction est bien clairement écrite dans
l'article 4, titre 4, de la loi du 24 août 1790, dont voici
les termes : «Les juges de district connoîtront en pre-
«mière instance de toutes les affaires personnelles,

---

(1) DOMAT, *Droit public*, part. II, liv. II, tit. 1, sect. 2, §. 15.

«réélles et mixtes, en toutes matières, excepté seule-
«ment celles qui ont été déclarées de la compétence
«des juges de paix, les affaires de commerce, dans les
«districts où il y aura des tribunaux de commerce
«établis, et le contentieux de la police municipale.»

Il ne faut que jeter les yeux sur cette disposition,
pour sentir que les tribunaux d'arrondissement, sub-
rogés à ceux de district, *ont seuls*, comme dit Loyseau,
*puissance ordinaire, jurisdiction entière, et vrai dé-
troit et territoire;.... qu'ils sont les juges ordinaires
des lieux et du territoire, ayant justice régulièrement
et universellement sur les personnes et les choses qui
sont en icelui;* ou, pour nous servir des expressions
de Domat, *qu'ils ont naturellement la connoissance
de toutes matières, sans autres exceptions que de celles
qui ont été attribuées expressément à d'autres juges.*

. Mais, si telle est la nature des tribunaux d'arrondissement, les justices de paix, les tribunaux de paix
et de commerce ne peuvent être, et ne sont en effet
que des tribunaux extraordinaires et d'exception.

Cela n'est susceptible d'aucune espèce de difficulté,
puisque, circonscrits par la loi dans un petit nombre
d'affaires dont la connoissance leur est spécialement
déléguée, ces tribunaux n'ont pas cette puissance ordinaire, cette jurisdiction entière et universelle qui
caractérisent les tribunaux ordinaires.

On verra dans le chapitre suivant la conséquence de
cette décision.

CHAPITRE XVII.

Suite du Chapitre précédent; Conséquences qui en résultent, et du Droit de territoire.

Nous venons de dire, avec Dumoulin, que la jurisdiction ordinaire est celle qui est conférée *universaliter et pro modo territorii;* c'est-à-dire, à titre universel et avec droit de territoire. D'abord, qu'est-ce que le territoire jurisdictionnel?

Il ne faut pas s'y méprendre. Le mot *territoire,* pris dans cette acception, ne signifie pas seulement la circonscription d'un tribunal; autrement, chaque tribunal auroit droit de territoire. Pour avoir ce droit, pour être investi de cette haute prérogative, il faut tenir de la loi primitivement, à titre universel et dans une circonscription déterminée, la plénitude de l'autorité judiciaire; ou, ce qui est la même chose, avoir, dans cette circonscription, la répression de toutes les infractions aux lois, et les moyens de coërcition nécessaires pour forcer tous les citoyens à l'obéissance qu'ils leur doivent; sous la seule exception des cas attribués à d'autres juges par des lois spéciales.

C'est en conséquence de ce pouvoir d'inspirer aux citoyens une terreur salutaire, que les Romains ont appelé *territorium* la circonscription dans laquelle le magistrat, c'est-à-dire, l'officier qui a la jurisdiction ordinaire, a le droit de rendre la justice : *Territorium dictum est ab eo quod magistratus, intra fines ejus, terrendi jus habet* (1).

Mais si, dans chaque arrondissement de justice, le droit de territoire n'appartient qu'au magistrat qui en a la jurisdiction à titre primitif et universel, il est clair que, quel que soit le nombre des tribunaux établis dans cet arrondissement, un seul pourra dire : Je suis dans mon territoire. En effet, deux droits universels ne peuvent pas exister simultanément et dans le même degré.

Nous disons dans le même degré, parcequ'il y a autant de territoire judiciaire que la jurisdiction ordinaire a de degrés, et que la dévolution, qui, dans les cas d'appel, transfère cette jurisdiction aux cours souveraines, leur donne un droit de territoire supérieur dans tout leur ressort.

Ainsi, les cours d'appel exceptées, tous les tribunaux extraordinaires sont dans le territoire de la jurisdiction ordinaire dans l'arrondissement de laquelle ils sont établis.

De là cette première conséquence, que le tribunal qui a le droit de territoire a la préséance sur toutes les autorités qui peuvent exister dans son arrondissement. Cet ordre peut être modifié par la volonté du prince

---

(1) Loi CCXXXIX, §. 8, ff. *de Verb. signif.*

ou par des circonstances particulières; par exemple, si l'une de ces autorités a le dernier ressort. Mais voilà le principe; il est bien explicitement énoncé dans la loi suivante: *Cùm plenissimam jurisdictionem proconsul habeat.... majus imperium habet in suâ provinciâ post principem* (1).

Ce texte, comme l'on voit, place le proconsul immédiatement après le prince; et ce n'est pas à raison du nombre et de l'étendue de ses différents pouvoirs, mais uniquement par le motif qu'il avoit la plénitude de la jurisdiction: *Cùm plenissimam jurisdictionem habeat.*

Une autre prérogative, et beaucoup plus importante, dérive encore de ce droit de territoire; c'est que le magistrat qui en est investi connoît des difficultés qui peuvent s'élever pour l'exécution non seulement de ses propres sentences, mais même de celles rendues par les tribunaux extraordinaires et d'exception. La raison en est fort simple: tous les actes relatifs à l'exécution des décrets de la justice appartiennent au pur commandement; et les tribunaux extraordinaires n'ont pas le commandement, à moins qu'il ne leur soit conféré par une loi spéciale (2).

---

(1) Lois VII et VIII, ff. *de Officio procons.*

(2) *Suas sententias exequi non possunt, qui territorium non habent, ut præfecti mercatorum, nisi quatenùs novissimis legibus obtinuerant.* D'Argentré, sur la *Coutume de Bretagne,* art. 19, note 1, n°s 4 et 7.

« Les sergents de la justice ordinaire peuvent exécuter les sentences

Enfin, c'est encore du droit de territoire que déri-vent les principales règles relatives à la compétence et à l'incompétence des tribunaux.

Il y a deux espèces d'incompétences : celle à raison des personnes, *ratione personarum ;* celle à raison des

---

« des juges extraordinaires ; même il n'y a et n'y doit avoir que les ser-
« gents de l'ordinaire qui puissent faire vente de biens à l'encan et par
« subhastation ; parceque c'est comme un acte légitime et dépendant
« de l'action de la loi, laquelle n'appartient qu'à la justice ordinaire. Et
« est vrai, en bonne école, que les oppositions formées aux exécutions
« de biens, faites en vertu des sentences des juges extraordinaires, de-
« vroient être traitées en la justice ordinaire, parceque les juges qui ont
« pouvoir limité, ayant donné leur sentence définitive, ont accompli
« leur pouvoir, et ce qui survient par après est de l'ordinaire, sauf seule-
« ment s'il étoit question de l'interprétation de leur sentence, parcequ'a-
« lors c'est la même notion, et que d'ailleurs c'est toujours à celui à s'in-
« terpréter qui a parlé obscurément.

« Sur-tout quant aux décrets, baux et ventes judiciaires des héri-
« tages, c'est sans doute qu'ils ne peuvent être faits que par-devant le
« juge ordinaire, qui seul peut prononcer *do, dico* et *addico,* et faire
« les actes légitimes, et est seul le juge des lieux et territoire, et par
« conséquent des héritages y enclavés. Et outre que cela est clair en
« point de droit, il s'en ensuivroit autrement deux absurdités fort appa-
« rentes : l'une, que par le moyen des oppositions et autres incidents
« qui surviennent aux décrets, les juges extraordinaires, non lettrés
« pour la plupart, auroient la connoissance d'infinies matières, les
« plus difficiles de la justice ordinaire, étant même un chef-d'œuvre de
« justice de faire bien un décret et une sentence d'ordre ; l'autre, que
« les créanciers et autres ayant intérêt au décret, ne se défiant pas qu'on
« vendît les biens de leurs débiteurs en ces justices borgnes, seroient
« bien souvent surpris et privés de leurs droits. » LOYSEAU, *des Offices,*
liv. I, chap. 6, n°s 51, 52 et 53.

choses, *ratione materiæ*. La première dépend du domicile; la seconde, de la nature de l'objet en litige. La première est établie en faveur des citoyens; la seconde est une disposition d'ordre public. En conséquence, lorsqu'un particulier est traduit devant un tribunal autre que celui de son domicile, il peut en décliner la jurisdiction; mais s'il ne le fait pas, l'incompétence disparoit, et le juge statue légalement. La raison en est, que le droit de réclamer le juge de son domicile n'est autre chose qu'une prérogative personnelle, et qu'il est libre à chacun de renoncer à un privilége qui n'est établi qu'en sa faveur.

Il n'en est pas de même de l'incompétence qui dérive de la nature de l'objet en litige. Etablie, comme nous venons de le dire, par des motifs d'ordre public, pour le maintien des jurisdictions, et à l'effet d'empêcher la confusion des pouvoirs, elle est indépendante de la volonté des parties; et, sans attendre que le déclinatoire lui soit proposé, le juge doit renvoyer l'affaire devant le tribunal investi du droit d'en connoître; s'il se permet de prononcer, son jugement est nul par défaut de pouvoir.

Cette distinction entre l'incompétence *ratione personæ* et celle *ratione materiæ* a, comme l'on voit, une grande influence sur l'organisation judiciaire, et c'est encore le droit de territoire qui en règle l'application. Cela se développe en peu de mots.

Il existe une différence très notable entre les tribunaux extraordinaires et les juges ordinaires. Les premiers n'ayant qu'une autorité partielle et d'exception, et sans influence directe sur les personnes, ne peuvent statuer que sur les contestations dont la connoissance leur est déférée nominativement, et par une loi spéciale; et toutes les fois que l'objet litigieux n'est pas dans leurs attributions, ils doivent se déclarer incompétents; et cela quand même les parties se soumettroient volontairement à leur jurisdiction.

Le juge ordinaire et territorial a bien une autre sphère d'activité : investi d'un droit universel, tout, dans son territoire, est soumis à sa jurisdiction, et son autorité pèse également sur les personnes et sur les choses. Un domicile étranger peut seul le rendre incompétent à raison des personnes : quant aux choses, son pouvoir n'a d'autres limites que celles de l'autorité judiciaire elle-même. Et s'il n'a pas le droit de connoître des affaires administratives, ce n'est pas qu'à cet égard sa compétence soit restreinte; c'est qu'elle ne s'est jamais étendue jusque-là; en un mot, juge naturel et universel de son territoire, il ne connoît pas d'incompétence *ratione materiæ;* et il connoîtroit légalement d'une affaire de commerce, et de toute autre attribuée aux tribunaux extraordinaires, qui seroit portée devant lui, et dont le renvoi ne lui seroit pas demandé.

Telle est la théorie de cette matière; nos anciennes lois l'avoient modifiée, et les nouvelles semblent en écarter l'application.

Dans l'ancien régime, les justices des seigneurs

étoient patrimoniales; et, dans les siéges royaux, les émoluments de la justice étoient, à raison de la vénalité des offices, considérés comme formant pour les juges une espèce de propriété.

Cet ordre de choses avoit altéré la nature primitive des jurisdictions. L'obligation de recourir au juge du domicile, qui n'avoit d'abord été imposée qu'au demandeur, étoit devenue commune aux deux parties. Il n'étoit plus rigoureusement vrai que les juges ne sont établis que pour l'avantage des justiciables, et l'on avoit modifié ce grand principe par la règle qui dit, « Que les jurisdictions appartenant au droit public, les « particuliers ne peuvent pas y déroger. »

En conséquence, les seigneurs ayant droit de justice, les siéges royaux étoient autorisés à revendiquer leurs justiciables, lors même que le tribunal auquel ils avoient déféré le jugement de leur contestation, habile à connoître de l'objet litigieux, n'étoit incompétent qu'à raison du domicile des parties.

La suppression des justices seigneuriales et de la vénalité des offices royaux, en écartant l'obstacle qui s'opposoit à l'application des principes que nous venons d'exposer, devoit naturellement leur rendre l'autorité qu'ils n'auroient jamais dû perdre. Mais une nouvelle difficulté s'élève : elle résulte de la manière dont nous avons réorganisé notre ordre judiciaire.

La France étoit couverte de tribunaux; leur nombre étoit excessif : on pouvoit le diminuer; on pouvoit les réformer. On a pris une méthode plus tranchante : on a tout détruit; et, travaillant sur une table rase, les réformateurs ont, d'un seul jet et par la même loi, recréé toutes les jurisdictions que nous voyons aujourd'hui. A la vérité les innovations ont plus porté sur les mots et sur les circonscriptions que sur les choses ; et nous avons, comme auparavant, des tribunaux ordinaires et des tribunaux extraordinaires. Mais s'il est toujours vrai de dire que les premiers ont seuls le droit de territoire, que seuls ils ont un titre universel, il faut au moins reconnoître que cette universalité n'est qu'une théorie et n'a jamais existé de fait, puisqu'il n'y a jamais eu d'époques où ces nouvelles justices, quoique investies de la jurisdiction ordinaire, aient eu, dans leurs attributions, les affaires dont la connoissance est déférée aux juges extraordinaires.

Nous venons de dire que les nouvelles jurisdictions ont été créées par la même loi; c'est celle du 24 août 1790. Il est bon d'en connoître les termes; les voici :

«Les juges de district connoîtront en première in-
«stance de toutes les affaires personnelles, réelles et
«mixtes en toutes matières, excepté seulement celles
«qui ont été déclarées de la compétence des juges de
«paix, les affaires de commerce, dans les districts où
«il y aura des tribunaux de commerce établis, et le
«contentieux de la police municipale.»

Il faut en convenir, en lisant ce texte, on a peine à se défendre de l'idée qu'il a été dans l'intention du législateur d'élever un mur de séparation entre les tribunaux ordinaires, que la loi appelle tribunaux de district, et les juges extraordinaires, et de rendre les premiers incompétents, à raison de la matière, pour toutes les affaires attribuées aux autres.

Enfin, quelque opinion que l'on prenne sur cette question, il sera toujours vrai qu'aujourd'hui le juge ordinaire qui statueroit sur une contestation déférée, par les lois nouvelles, aux tribunaux de commerce ou aux juges de paix, ne pourroit pas dire, comme autrefois : J'avois originairement le droit d'en connoître, et le retour à l'état primitif est toujours favorable.

CHAPITRE XVIII.

De la Prorogation de la Jurisdiction. Sa définition. Deux espèces de Prorogations; l'une volontaire, l'autre légale. Deux sortes de Prorogations volontaires. De la Prorogation légale, ou de la Reconvention.

PROROGER la jurisdiction d'un tribunal, c'est porter devant lui et soumettre à son jugement une affaire dont la loi ne lui attribue pas la connoissance (1).

---

(1) *Prorogata dicitur jurisdictio, cùm litigantium consensu profertur extra terminos quibus includitur.* NOODT, *de Jurisdictione et Imperio*, lib. II, cap. 12.

La définition suivante est plus complète, parcequ'elle comprend la

Mais le droit de jurisdiction ne peut émaner que de la puissance publique. Cela est incontestable. Comment donc est-il possible que les justiciables, que de simples particuliers, incapables de conférer ce droit éminent, puissent néanmoins le proroger, c'est-à-dire l'étendre, et donner aux juges le droit de sortir du cercle dans lequel le législateur a cru devoir les circonscrire. Voilà la difficulté qui se présente d'abord.

Elle est résolue par les lois elles-mêmes. *Si se subjiciant aliqui jurisdictioni et consentiant : inter consentientes cujusvis judicis qui tribunali præest, vel aliam jurisdictionem habet, est jurisdictio.* Lege I, ff. de *Judiciis.*

Cette loi, généralement admise dans la pratique, forme la jurisprudence de la majeure partie de l'Europe. Pour s'en convaincre, il ne faut qu'ouvrir les auteurs allemands, italiens et françois, notamment Noodt, Woët, Faber, Loyseau, et d'Argentré(1).

Ces jurisconsultes distinguent deux espèces de pro-

prorogation légale : *Prorogata jurisdictio est quæ voluntate partium, vel ex præcepto legis, extra terminos suos exercetur.* HEINECCIUS, *ad Pand.*, lib. II, tit. 2, n° 252.

(1) NOODT, *de Jurisdictione et Imperio.*

WOET, *ad Pand.*, lib. V, tit. 1, n° 85.

FABER, *in Cod.*, lib. III, tit. 1, decis. 39.

LOYSEAU, *des Offices*, liv. I, chap. 6, n° 86.

D'ARGENTRÉ, sur l'art. 11 *de la Coutume de Bretagne*, verb. *Jurisdiction.*

rogations : l'une volontaire, l'autre légale. Nous allons nous en occuper successivement.

De la Prorogation volontaire.

Il y a deux espèces de prorogations volontaires.

La première, lorsque des parties, domiciliées hors du territoire d'un tribunal, soumettent à son jugement des difficultés dont il pourroit connoître, si elles s'élevoient entre ses justiciables. La seconde, lorsque l'on porte devant un juge une affaire qui n'est pas dans le cercle de ses attributions, et dont la loi ne lui confère pas la connoissance.

La première de ces deux prorogations peut se faire de deux manières ; formellement ou tacitement : formellement, si les parties en conviennent, soit dans les premiers actes de la procédure, soit en stipulant, dans un contrat, que les difficultés auxquelles il pourra donner lieu seront portées devant un juge désigné par l'acte même ; tacitement, lorsqu'une partie assignée devant un juge qui n'est pas celui de son domicile, y procède sans réclamation, sans demander son renvoi, pourvu néanmoins que son silence ne soit pas l'effet de l'erreur ni de la crainte ; autrement point de consentement, par conséquent point de prorogation (1).

---

(1) *Voluntate sublatâ è medio, omnis actus est indifferens.* DUMOULIN. *Modò judex incompetens per errorem non aditus sit.* HEINECCIUS, *ad Pand.*, lib. II, tit. 1, *de Jurisdictione*, n° 255.

Dans ces différents cas, nous supposons que l'objet litigieux est dans les attributions du juge. Il ne pourroit donc être empêché d'en connoître, que par le seul motif que les deux parties ou le défendeur n'étoient pas domiciliés dans la circonscription de sa justice.

Mais le droit de ne pouvoir être contraint de plaider devant un autre juge que celui de son domicile, ne constitue qu'une prérogative personnelle, et il est libre à chacun de renoncer aux avantages qui ne sont introduits qu'en sa faveur. En un mot, dans ces différentes circonstances, le juge n'est incompétent qu'à raison de la personne, *ratione personæ;* et il est de principe que cette incompétence se couvre et par le consentement, et même par le silence des parties.

Nous avons annoncé une seconde espèce de prorogation volontaire, qui a lieu lorsqu'on porte devant un juge une affaire qui n'est pas dans le cercle de ses attributions.

Cette sorte de prorogation reçoit encore une distinction. Il s'agit de proroger une juridiction ordinaire, ou une juridiction extraordinaire.

Les juges ordinaires, comme nous l'avons déja dit, sont investis de la plénitude de l'autorité judiciaire : les personnes et les choses, tout, dans leur enclave, est soumis à leur juridiction. Il ne peut donc y avoir, à leur égard, qu'une sorte d'incompétence, celle qui résulteroit de la circonstance que les parties ne seroient pas domiciliées dans leur enclave : c'est donc sous ce seul rapport que leur juridiction peut être prorogée.

L'incompétence à raison des choses, *ratione materiæ*, ne peut jamais leur être opposée; et, quel que soit l'objet soumis à leur décision, fût-il nominativement attribué à une juridiction extraordinaire, ils ont le droit d'en connoître, non par l'effet de la prorogation, mais en vertu du titre de leur office, puisque, suivant les expressions de Loyseau, *ils ont jurisdiction entière et justice universelle sur les personnes et sur les choses.*

Voilà le principe. Mais est-il applicable à notre organisation actuelle? Il y a de fortes raisons pour la négative: nous les avons exposées; elles terminent le chapitre précédent. Si on les adopte, il y aura pour les juges ordinaires, comme pour les juges extraordinaires, deux espèces d'incompétence : l'une réelle, l'autre personnelle; et il sera également défendu de porter, par prorogation, devant les juges ordinaires, des objets soumis à des juges extraordinaires; et, devant ceux-ci, des affaires qui ne seroient pas nominativement placées dans le cercle de leurs attributions.

Cependant, à l'égard des juges extraordinaires, et relativement à la prorogation de leur jurisdiction, il faut encore distinguer.

Les juges extraordinaires se partagent en deux classes : les uns sont délégués pour juger jusqu'à une certaine somme, *usque ad certam summam;* les autres n'ont, dans leur attribution, qu'un certain genre d'affaires, *certum genus causarum.*

Les juges de commerce et nos conseils de préfecture appartiennent à cette dernière classe, et nos juges de paix à l'une et à l'autre. La disposition de la loi qui leur attribue la connoissance des actions personnelles et mobiliaires, jusqu'à la somme de cent francs, les place dans la première, et le texte de la même loi qui leur confère le droit de prononcer sur toutes les actions possessoires les range dans la seconde.

Que la jurisdiction, concentrée dans un genre d'affaires, ne puisse pas être prorogée, cela ne me paroit susceptible d'aucune difficulté. Tous ceux qui ont écrit sur cette matière professent unanimement qu'il n'y a pas de prorogation *de re ad rem;* mais peut-elle avoir lieu *de quantitate ad quantitatem?*

On peut dire que cette grande maxime : A la loi seule appartient de conférer l'autorité publique, est tellement générale, qu'il est indifférent, pour son application, que le juge soit délégué pour juger *usque ad certam summam*, ou bien, *certum genus causarum.*

Je réponds que la différence entre ces deux positions est très grande.

Lorsqu'un juge est circonscrit dans un certain genre d'affaires, toutes les autres lui sont absolument étrangères; les lui soumettre, ce ne seroit pas étendre sa jurisdiction, ce seroit bien réellement en créer une et la lui conférer.

Au contraire, lorsque le tribunal a droit de connoître *usque ad certam summam*, et que l'on porte devant lui une demande à fin de paiement d'une somme double ou quadruple, déjà investi du droit de juger jusqu'à concurrence du quart ou de la moitié de la somme demandée, il a, par le titre de son office, le germe, le principe de l'autorité qui lui est nécessaire à l'effet de statuer sur le tout. Pour le rendre habile à prononcer légalement, il n'est donc pas nécessaire, comme dans le cas où il s'agit de prononcer *de re ad rem,* de lui conférer une jurisdiction nouvelle; il suffit de développer un germe préexistant. Enfin il suffit d'étendre une jurisdiction légalement constituée; et il est tout simple que la loi se prête plus facilement à l'extension d'un pouvoir qui est son ouvrage, qu'à la création d'une autorité à laquelle elle seroit absolument étrangère.

Aussi lisons-nous dans les lois romaines: *Judex qui usque ad certam summam judicare jussus est, etiam de re majori judicare potest, si inter litigatores conveniat.* §. 1, L. LXXIV, ff. *de Judiciis.*

Un autre texte, après avoir parlé des officiers municipaux qui, dans certaines villes de l'empire, avoient le droit de juger jusqu'à une certaine somme, ajoute: *Et de re majori inter convenientes.* L. XXVIII, *ad Municipalem et incol.*

A l'autorité des lois se joint l'opinion des jurisconsultes; voici celle de Woët: *Quod si, quantitatis intuitu, judicis potestas limitata sit ex prorogatione jurisdictionis factá inter litigantes, etiam de majori quantitate judicare potest* (1).

Il nous reste encore deux points à examiner. D'abord la prorogation volontaire peut-elle avoir lieu pour le

_____

(1) *Ad Pandect.*, lib, I, n° 185,

dernier comme pour le premier ressort? Par exemple, lorsqu'un juge ne tient de la loi que le pouvoir de prononcer en première instance, ou qu'il n'est autorisé à statuer en dernier ressort que jusqu'à une certaine somme, les parties peuvent-elles, en se soumettant à sa décision, pour une somme supérieure, lui conférer le droit de les juger souverainement et sans appel?

Cette seconde espèce de prorogation me paroît être une suite très naturelle de la première. En effet, après m'avoir permis de substituer un juge de mon choix à celui qu'elle me donne, par quel motif la loi me défendroit-elle de renoncer à l'appel du jugement qui doit intervenir? Le premier pas étoit plus difficile à franchir que le second. D'ailleurs l'appel des jugements n'est qu'une simple faculté, et chacun peut faire de ses facultés l'usage qui lui convient (1).

---

(1) Aussi voyons-nous que les auteurs parlent de la prorogation en termes indéfinis, et qu'il n'en est aucun qui la limite au premier ressort.

Quant aux lois, nous en avons deux très explicites sur ce point. La première est l'article 6 de la loi du 24 août 1790, constitutive de l'ordre judiciaire, au titre 4. En voici les termes : « En toutes matières personnelles, réelles ou mixtes, à quelque somme ou valeur que l'objet de la contestation puisse monter, les parties seront tenues de déclarer, au commencement de la procédure, si elles consentent à être jugées sans appel. Elles pourront encore en convenir pendant tout le cours de l'instruction; auquel cas, les juges de district prononceront en premier et dernier ressort. »

La seconde de ces lois est consignée dans le titre Ier du Code de la Procédure civile; elle porte : « Les parties pourront toujours se présenter volontairement devant un juge de paix; auquel cas, il jugera leur

La seconde question qui se présente à notre examen est celle de savoir si le juge peut repousser les parties qui se présentent ainsi volontairement devant lui, et refuser de connoître des affaires qu'elles jugent à propos de lui soumettre.

La loi II, ff., §. 1, *de Judiciis,* répond que, *convenire autem utrùm inter privatos sufficit, an vero etiam ipsius prætoris consensus necessarius est? Lex Julia judiciorum ait : Quominus inter privatos conveniat. Sufficit ergo privatorum consensus.*

De la Prorogation légale, ou de la Reconvention.

Nous venons de parler de la prorogation qui a lieu par le seul concours de la volonté des parties.

« différent, soit en dernier ressort, si les lois ou les parties l'y auto-
« risent, soit à la charge de l'appel, encore qu'il ne fût pas le juge na-
« turel des parties ni à raison du domicile du défendeur, ni à raison de
« l'objet litigieux. La déclaration des parties qui demanderont juge-
« ment sera signée par elles, ou mention en sera faite, si elles ne peu-
« vent signer. »

Ce texte dit bien clairement que si l'objet litigieux est tel, que la loi n'autorise pas le juge à prononcer en dernier ressort, les parties peuvent lui conférer ce droit. Ces mots, *si les parties l'y autorisent,* sont d'autant plus remarquables, qu'ils ne se trouvent point dans l'article 11 du titre Ier de la loi du 26 octobre 1790, *contenant règlement pour la procédure de la justice de paix;* article d'ailleurs entièrement conforme à celui que nous venons de transcrire. Une addition de cette importance, qui ne peut être que l'effet d'une mûre délibération, ne permet pas de douter que le législateur n'ait eu l'intention d'autoriser la prorogation pour le dernier comme pour le premier ressort.

Il y a une autre espèce de prorogation, que l'on appelle prorogation légale, parceque, autorisée par la loi, elle s'opère par le fait seul du défendeur : c'est la *reconvention*.

On définit la reconvention : *mutua litigantium coram eodem judice petitio*. Ainsi il y a reconvention toutes les fois que, pour défense à une demande principale, on oppose une demande également principale. Dans ce cas, il y a deux procès bien distincts : *Duplex negotium, alterum diversum ab altero; sunt enim in mutuis petitionibus duæ hypotheses, vel causæ, duo negotia vel judicia* (1). Par exemple, le débiteur et le créancier sont domiciliés dans deux jurisdictions différentes : le second fait assigner le premier devant le juge de son domicile; celui-ci répond : Je vous dois, j'en conviens; mais, à raison des déboursés que j'ai faits pour vous, de denrées que je vous ai fournies, ou d'argent que je vous ai moi-même prêté, vous êtes mon débiteur d'une somme au moins égale. Si cette somme est liquide, il y a compensation, et la loi opère simultanément l'extinction des deux créances. Mais si les avances et les fournitures que le défendeur prétend avoir faites sont de nature à donner lieu à des difficultés; en un mot, s'il y a un compte à faire, c'est le cas de la reconvention, et le défendeur peut dire à son adversaire : Ce compte, je vous le présente, et je de-

---

(1) Voyez le Commentaire de LAURIÈRE sur l'article 106 de la *Coutume de Paris*.

mande reconventionnellement qu'avant toute procédure ultérieure vous soyez tenu de le débattre.

En proposant cette exception, le débiteur se constitue demandeur, *reus excipiendo fit actor;* et cette demande, distincte de la première, fondée sur des moyens qui lui sont particuliers, et susceptible d'un jugement séparé, devroit, en conformité de la règle *actor sequitur forum rei,* être portée devant le juge du demandeur originaire, devenu défendeur à cette nouvelle action. Mais vainement invoqueroit-il l'autorité de cette règle, et proposeroit-il un déclinatoire; on lui répondroit : Dans cette circonstance la loi vous soumet à l'autorité que vous avez invoquée contre votre adversaire; elle la proroge, et l'étend jusque sur vous(1).

Cependant si la demande reconventionnelle présentoit des difficultés sérieuses, et de nature à entraîner des longueurs considérables, il seroit de la sagesse du tribunal de la renvoyer devant son juge naturel, et de statuer définitivement sur l'action originaire. Cette importante restriction est de Dumoulin(2).

---

(1) *Ex præscripto enim legis jurisdictio prorogatur per reconventionem, quæ est mutua litigantium coram eodem judice petitio. Leges enim probant hoc axioma: Cujus in agendo actor servat arbitrium, eum et contra se habere judicem non dedignari debet.* HEINECCIUS, *ad Pand.*, L. II, tit. 1, n° 256.

(2) Je crois que c'est ce jurisconsulte qui a introduit la reconvention dans les tribunaux laïcs. Voici de quelle manière les choses se sont passées.

Jusqu'à des temps qui ne sont pas très éloignés, il y avoit en France

Mais si c'est par l'effet de la prorogation que la reconvention soumet le demandeur au juge du défendeur, pour compléter la théorie de cette matière, nous

---

deux espèces de justices, les justices laïques et les justices ecclésiastiques. Les premières étoient patrimoniales ; les autres n'étoient pas regardées comme telles : en conséquence, la reconvention y avoit lieu.
Mais on ne croyoit pas pouvoir l'admettre dans les justices-laïques, par
le motif que son effet étant d'étendre l'autorité d'un juge sur les justiciables d'un autre juge, c'eût été porter atteinte au principe de la patrimonialité des justices. Aussi lisons-nous dans le livre intitulé : *Cou-*
tumes notoires du Châtelet, ouvrage qui appartient au quinzième siècle :
« Reconvention n'a pas lieu en cour laïe, si ce n'est de clerc à clerc. Se
« deux personnes doivent argent l'une à l'autre pour diverses causes,
« et l'une fait semondre l'autre pour être payée ; le semonce ne peut em-
« ployer, par manière d'exception, ce que l'autre l'y doit. » (Art. 120.)
En 1510 on procéda, pour la première fois, à la rédaction de la
Coutume de Paris. La disposition *des Coutumes notoires* étoit si généralement reçue, qu'elle y fut consignée en ces termes : *Reconvention*
n'a lieu en cour laïe.

Cette règle formoit tellement le droit commun de la France, qu'on
la retrouve dans plusieurs des coutumes qui furent rédigées pendant
les cinquante premières années du seizième siècle, notamment dans
celle du Bourbonnois, qui porte, comme celle de Paris : *Reconvention*
n'a lieu. (Art. 88.)

Vers l'an 1560, Dumoulin écrivit ses notes si célèbres sur les différentes coutumes du royaume. L'article 88 de celle du Bourbonnois le
frappa. Il ne pouvoit pas échapper à un esprit aussi juste que c'étoit
porter trop loin les conséquences du principe de la patrimonialité ; et,
sur cet article 88, il mit la note suivante : *Secùs si reconventio oriatur*
ex naturâ actionis intentatæ, vel ex mediis exceptionis, sed recon-
ventio obscura non impedit jus fieri in primâ liquidâ.

Éclairés par cette décision, les magistrats et les jurisconsultes qui
présidèrent, en 1580, à la réformation de la Coutume de Paris, y insé-

n'avons que peu de choses à ajouter à ce que nous venons de dire. En effet, que la prorogation soit volontaire ou qu'elle soit légale, les règles sont les mêmes.

---

rèrent l'article 106, conçu en ces termes : « Reconvention n'a lieu en « cour laïe, si elle ne dépend de l'action, et que la demande en reconvention soit la défense contre l'action; et, en ce cas, le défendeur se « peut constituer demandeur. »

Cette disposition de la Coutume de Paris devint bientôt le droit commun de la France : la reconvention fut admise dans tous les tribunaux laïcs, mais avec la restriction établie par Dumoulin, et consacrée par la Coutume de Paris.

Il est si vrai que cette restriction n'étoit fondée que sur la patrimonialité des justices, que le Maître, dans son Commentaire sur la Coutume de Paris, observe qu'elle n'avoit lieu que lorsque les parties étoient domiciliées en différentes jurisdictions, et non pas lorsqu'elles étoient domiciliées dans le détroit de la même justice.

Cependant le respect pour la patrimonialité des justices s'affoiblissoit graduellement. Le temps arriva où les tribunaux furent plus touchés de l'intérêt des justiciables que de celui des juges; et la reconvention fut admise, quoiqu'elle ne dépendît pas de l'action. M. le Camus, lieutenant civil du Châtelet de Paris, nous rend compte de cette importante innovation dans ses observations sur l'article 106 de la Coutume de Paris. Voici ses termes : « L'usage a prévalu à la disposition de cet « article. On a admis enfin la reconvention en toutes sortes de causes, « en permettant au défendeur de faire ou de former toutes demandes « incidentes par ses défenses; et la reconvention produit naturellement « la compensation qui se fait lorsque les actions respectives peuvent « être décidées aussi promptement les unes que les autres. Mais la re- « convention n'est pas admise d'une matière réelle, comme d'une ser- « vitude, ou un délaissement d'héritage avec des demandes qui requiè- « rent célérité, ou des causes momentanées. Le juge, dans ce dernier « cas, quand la partie le requiert, doit disjoindre les demandes. »

Ces observations présentent le dernier état de la jurisprudence.

Conventio et reconventio pari passu ambulant, disent les jurisconsultes (1).

Ainsi la reconvention ne peut pas être proposée devant les juges délégués pour juger un certain genre d'affaires, *certum genus causarum* (2). Ainsi le négociant traduit devant un tribunal de commerce, pour une dette commerciale, ne pourroit pas opposer, reconventionnellement, les actions civiles qu'il auroit à exercer contre son adversaire ; et quand même son exception seroit fondée sur un effet de commerce qui le constitueroit créancier du demandeur, il ne seroit pas écouté, à moins que les échéances ne fussent identiquement les mêmes ; mais alors ce seroit la loi qui, par l'effet de la compensation, éteindroit elle-même les deux créances, et non le juge qui statueroit par reconvention. Il en seroit de même dans l'espèce d'une

_____

(1) HEINECCIUS, *ad Pand.*, lib. II, tit. 1, n° 257.

(2) C'étoit une règle de la jurisprudence féodale, que la reconvention ne pouvoit pas être proposée *coram paribus feudi, quia,* dit ROSENTHAL, *eorum jurisdictio limitata est ad certum genus causarum.*

« La reconvention ne peut pas avoir lieu devant les juges députés *ad « certum genus causarum,* et dont le pouvoir est borné et limité. » BRODEAU, sur l'art. 106 *de la Coutume de Paris.*

Jurisdictionem subsistere oportet in personâ ejus cujus jurisdictio prorogabitur.... Cùm jurisdictionem dicimus intelligi similem ei qui prorogatur.... quare de criminali causâ in judicem civilem non prorogabitur, nec contra..., nec officialium qui ad certas causas deputati sunt, quales sunt præpositi mercatorum, qui nuper sese consules appellaverunt. D'ARGENTRÉ, sur l'article 11 *de la Coutume de Bretagne,* verb. *Jurisdiction.*

complainte possessoire portée devant un juge de paix. Le défendeur, quoique également troublé dans la possession d'un de ses immeubles par son adversaire, ne seroit pas recevable à demander, reconventionnellement, que le tort qu'il a fait fût compensé avec celui qu'il éprouve. Il seroit du devoir du juge de paix de statuer sur les deux demandes par deux jugements distincts, si les deux parties étoient domiciliées dans son arrondissement, et, dans le cas contraire, de renvoyer la complainte reconventionnelle du défendeur devant le juge naturel du demandeur originaire.

En un mot, la reconvention ne peut avoir lieu que dans les seuls cas où la jurisdiction du tribunal devant lequel elle est proposée peut être prorogée conventionnellement. *Conventio et reconventio pari passu ambulant.* D'où il suit que, pour qu'un juge extraordinaire soit autorisé à statuer sur une demande reconventionnelle, il faut la réunion de deux circonstances: la première, qu'il soit délégué pour juger *usque ad certam summam;* et la seconde, qu'en paiement de la somme qui lui est demandée, le défendeur offre une autre somme qu'il prétend lui être due par son adversaire, somme qui n'est pas encore liquide, mais dont la liquidation est tellement facile, qu'elle ne peut pas retarder le jugement de l'action principale d'une manière préjudiciable au demandeur originaire (1).

_____

(1) Cela est très bien expliqué dans le passage suivant de VOET: *Quod si quantitatis intuitu judicis potestas limitata sit ex prorogatione*

Il nous reste encore une question à examiner; elle est relative au dernier ressort.

Nos tribunaux civils, ceux de commerce et ceux de paix, sont autorisés à juger, sans appel, jusqu'à certaine somme. Cette somme est de mille francs pour les tribunaux civils. Une partie assignée devant l'un de ces tribunaux, à fin de paiement d'une somme de six cents francs, demande, reconventionnellement, que son adversaire soit condamné à lui payer une somme égale ou supérieure. Le tribunal est légalement saisi de ces demandes, et la loi l'autorise à statuer sur l'une et sur l'autre: cela est incontestable. Mais prononcera-t-il en dernier ressort, ou seulement à la charge de l'appel?

La demande originaire est inférieure au taux fixé par la loi, pour le dernier ressort; mais, réunie à la demande reconventionnelle, elle excède ce taux, et le juge statue par un seul et même jugement. Si ce jugement est en première instance, il préjudicie au demandeur, en ce qu'il le soumet à un appel dont la loi l'affranchissoit; mais s'il est en dernier ressort, on dira que le juge a excédé ses pouvoirs, et qu'ayant à pro-

---

jurisdictionis factá inter litigantes, etiam de majori quantitate judicare potest. Ita et ex reconventione: Sicut is qui quantitatem minorem petit judicis potestatem non excedentem, reci è mutuá convenietur actione ad eam quantitatem tendente, quæ supra judicis ipsius jurisdictionem est.... Non tamen indulgendum est reconventionem fieri apud eos de causis talibus, quæ ne ex speciali quidem prorogatione possint per eos determinari. Ad Pand., lib. V, tit. 1 n° 85.

noncer sur des sommes supérieures par leur réunion,
à celle de mille francs, il ne pouvoit juger qu'à la
charge d'appel : voilà les raisons de douter.

Cette difficulté se résout par le principe que la reconvention opère par la voie de la prorogation, qu'elle
n'est autre chose qu'une prorogation légale; enfin
qu'elle est soumise aux mêmes règles que la prorogation conventionnelle.

En appliquant ce principe à l'espèce que nous venons de proposer, on voit qu'à l'instant où le tribunal
a été saisi de la demande originaire, la loi l'a constitué
tribunal souverain, puisque cette demande n'a pour
objet qu'une somme de six cents francs. C'est consé-
quemment devant un juge en dernier ressort que le
défendeur a formé sa demande reconventionnelle.

Or quel est l'effet de la reconvention? c'est uniquement de proroger la jurisdiction. Mais proroger une
autorité, ce n'est pas la dénaturer; c'est, et rien de
plus, l'étendre au-delà de ses limites naturelles. A cette
extension près, la jurisdiction prorogée demeure donc,
après la prorogation, ce qu'elle étoit auparavant : si elle
étoit en dernier ressort, elle conserve donc cette prérogative; autrement les particuliers pourroient détruire
l'ouvrage de la loi, et se jouer scandaleusement de la
nature des jurisdictions. En effet, le défendeur, toujours maître de former une demande reconventionnelle, de s'en désister et de la reprendre ensuite, pourroit alternativement enlever et rendre à ses juges le
droit éminent de statuer en dernier ressort.

CHAPITRE XIX.

De la Jurisdiction en dernier ressort, et des Cours d'appel.

ON appelle jurisdiction en dernier ressort celle qui confère au juge qui en est investi le droit de terminer les affaires qui lui sont soumises par des jugements qu'aucune autorité judiciaire ne peut ni reviser ni réformer.

Sous ce rapport, les tribunaux sont de deux sortes : les uns, autorisés dans certains cas à juger en première et dernière instance, ont le dernier ressort immédiat; les autres n'ont qu'une jurisdiction médiate, et ne peuvent connoître des affaires que par dévolution, et lorsqu'ils en sont saisis par la voie de l'appel, si ce n'est dans certaines circonstances dont nous parlerons dans la suite. La compétence des premiers relativement au dernier ressort, resserrée dans des bornes fort étroites, ne peut donner lieu qu'à de légères difficultés, dont la solution appartient à la jurisprudence des arrêts. On donne aux autres la qualification de cours d'appel. Elevées au premier rang de la hiérarchie judiciaire, ces cours ont une si grande influence sur l'ordre social, que je crois devoir traiter ce qui les concerne avec

assez d'étendue. Je commencerai par la partie historique, c'est-à-dire, par le tableau des changements que
la jurisprudence des appels a successivement éprouvés.

L'histoire de ces changements, depuis l'établissement
de la monarchie jusqu'au quatorzième siècle, est consignée dans le chapitre servant d'Introduction à cet
ouvrage, §. III et IV. Je vais reprendre les choses au
point où je les ai laissées.

Avant cette époque du quatorzième siècle, une partie
des affaires se décidoit par la voie des armes. Le demandeur et le défendeur, l'accusateur et l'accusé, ou leurs
champions, se battoient; le vaincu perdoit sa cause, et
le procès étoit terminé.

Mais lorsqu'il *n'échéoit pas gage de bataille*, les
juges, c'est-à-dire, les pairs du fief, ou, ce qui est la
même chose, les vassaux du seigneur, jugeoient la
question, et donnoient leur avis publiquement et à
haute voix. La partie condamnée avoit le droit d'appeler non seulement de la sentence lorsqu'elle étoit
rendue, mais de l'opinion de chaque juge à l'instant où
il la prononçoit (1).

La formule de l'appel consistoit à dire: Je soutiens
que tel juge a parlé comme *faux, déloyal et menteur*.
Le juge, ainsi offensé dans son honneur, offroit de

---

(1) Pierre Desfontaines, contraire en ce point à Beaumanoir, dit que
l'appel n'étoit recevable que lorsque trois des juges avoient donné leur
avis contre l'appelant. C'est que l'un parloit des usages du Beauvoisis,
et l'autre de ceux du Vermandois.

faire *le jugement bon par gage de bataille.* On se battoit, et l'événement du combat décidoit la question. Il en étoit de même lorsque la partie condamnée attendoit, pour émettre son appel, que le jugement fût rendu ; avec cette seule différence, qu'elle étoit obligée de se battre successivement avec tous les juges.

Lorsque, par l'heureuse influence du génie de Saint Louis, l'usage de *fausser,* c'est-à-dire, d'appeler sans combattre, eut prévalu, les affaires portées devant le juge supérieur y furent jugées sur les débats et les moyens des parties. Ce premier changement ne tarda pas à être suivi d'un autre. Sous le régime du combat judiciaire, les vilains et les serfs n'avoient pas le droit d'appeler, parcequ'ils n'avoient pas le droit de combattre. Ce qui fait dire à Beaumanoir : *Il n'y a, entre le seigneur et le vilain, autre juge fors Dieu.* A peine le parlement fut-il sédentaire qu'il reçut indistinctement tous les appels.

Mais l'innovation n'alla pas plus loin : les délais pour interjeter appel restèrent les mêmes ; on continua d'appeler les juges pour défendre leurs sentences ; enfin, comme du temps du combat judiciaire, chaque appel donna lieu à une amende payable par le juge, si son jugement étoit infirmé, et par l'appelant, si la sentence étoit confirmée. Comme cet ordre de choses a existé jusqu'à des temps qui ne sont pas très éloignés, qu'il est nécessaire de le connoître pour l'intelligence des anciennes ordonnances, et qu'il en reste encore des traces très sensibles, nous croyons devoir nous arrêter un instant sur chacun de ces trois points : ce qui concerne les amendes va d'abord nous occuper.

On lit dans les Etablissements de Saint Louis : *Appel contient félonie et iniquité* (1).

Rien, en effet, de plus injurieux que cette formule adressée aux juges eux-mêmes : *Votre jugement est faux, déloyal et menteur.* Il falloit du sang pour laver un outrage aussi grave; mais le sang ne suffisoit pas. Lorsque l'appelant succomboit, il perdoit son cheval et ses armes, et payoit, à titre d'amende, soixante livres au seigneur, et soixante sous à chacun des pairs qui avoit concouru au jugement (2).

Lorsque l'appelant, après avoir dit aux juges, Votre jugement est faux et mauvais, n'offroit pas *de le faire tel par gages de bataille* (3), son appel étoit nul ; mais il n'en avoit pas moins offensé le tribunal, et, pour réparation *de la villenie* qu'il avoit dite, il étoit condamné à une amende de dix sous au profit du seigneur.

---

(1) Liv. II, chap. 15.

(2) « Celui qui appelle de faux jugement, et ne le prouve mauvais, « il échet en l'amende dou seigneur de 60 livres, et à chacun de ceux « qui assistèrent au jugement, 60 livres; mais ceux qui ne furent au juge- « ment rendre, ne doivent avoir point d'amende, parcequ'ils furent « hors du péril d'être appelés en leurs personnes. » BEAUMANOIR, ch. 67.

(3) « Si quelqu'un appelle nicement, comme se il dit : Ce jugement « est faux et mauvais, et il n'offre à le faire tel, li appiaux ne vaut rien, « ainchois doit amender la villenie qu'il a dite en cour; et est l'amende « de 10 sols au seigneur; et se il étoit coutumier, il y auroit peine de « prison. » BEAUMANOIR, chap. 61.

Ces amendes étoient fondées, comme nous venons de le dire, sur l'opinion que l'appel constituoit un véritable délit. Alors cette opinion étoit juste; mais elle cessa de l'être lorsque le recours au tribunal supérieur n'eut plus rien d'offensant pour le juge inférieur : alors plus de délit, ainsi plus d'amende. Cette conséquence échappa. L'effet survivant à sa cause, on continua de regarder l'appel d'une sentence comme injurieux au juge qui l'avoit rendue; et, encore aujourd'hui, l'appelant qui succombe est condamné à l'amende, comme ayant manqué à la justice, *ratione vexationis curiæ* (1).

Il y avoit même des circonstances où l'appelant encouroit une double amende. Par exemple, celui qui succomboit dans un appel de *défaute de droit* étoit condamné à deux amendes : l'une au profit du seigneur qu'il accusoit de lui avoir dénié justice ; l'autre envers le seigneur supérieur qui avoit statué sur son appel, ce qui avoit lieu, dit Beaumanoir, *en moult d'autres cas* (2). Cet usage s'étoit maintenu au conseil du roi, et vit encore à la cour de cassation, où le demandeur,

---

(1) *Emendatur ratione vexationis curiæ.* DUMOULIN, *de Formâ arrestorum curiæ.*

(2) « Ceux qui appellent de défaute de droit (déni de justice) ne sont « pas quittes à faire l'amende tant seulement à l'appellé, ils doivent « aussi l'amende au seigneur à la cour duquel ils ont appellé. Si l'appel- « lant est gentilhomme, l'amende est de 60 livres; et s'il est homme de « poote, l'amende est de 60 sols. Et par là peut-on voir qu'il y a deux

dont la requête est rejetée, est condamné à payer, à titre d'amende, 300 francs au fisc, et 150 francs à son adversaire.

On alla beaucoup plus loin. Raisonnant toujours dans l'opinion que l'appel est un outrage à la justice, et par conséquent un délit public, on porta la rigueur jusqu'à exiger l'amende lorsque l'appelant transigeoit avec son adversaire, ou se désistoit de son appel par un acquiescement pur et simple à la sentence (1).

Il faut convenir que cette manière de voir étoit conséquente. En effet, si tout appel étoit un délit, à l'instant où l'appel étoit émis, le délit étoit consommé, et par conséquent la peine encourue.

Bientôt on envisagea ce prétendu délit d'un œil moins sévère; et, dès l'an 1344, une ordonnance accorda aux

---

« amendes dans un méfait. Et aussi est-il en moult d'autres cas. » BEAUMANOIR, chap. 61.

« Si le procureur du roi contend, contre aucun, de l'infraction de « sauve-garde, ou de quelque autre excès ou délit; jaçoit que la partie « blessée n'en fasse aucune poursuite, et l'excès est prouvé suffisam- « ment, si le roi en a amende; aussi la doit-on adjuger à la partie « blessée. » Le grand Coutumier, liv. I, chap. 3.

(1) « Quand gages sont reçus, soit pour cas de crime, soit pour faux « jugement, les parties ne sont reçues à faire paix, sans l'accord de son « seigneur. » BEAUMANOIR, chap. 61.

« Aucun ne sera reçu en jugement, soit par nos lettres ou autrement, « sans payer l'amende à la discrétion de notredite cour, en ayant égard « au temps que l'assignation de la cause sera échue en notredite cour, » Edit donné à Saint-Germain, en janvier 1528. Idem, en octobre 1535, chap. 21, art. 17.

appelants un délai de huit jours, pendant lequel ils pourroient se désister, sans être tenus de payer l'amende (1). Mais ce délai étoit de rigueur. Plus d'un siècle après cette ordonnance, l'auteur du grand Coutumier disoit : *Si tu veux renoncer à ton appel, il convient que ce soit dans les huit jours.* Liv. III, chap. 3.

Il y avoit aussi une amende lorsque la sentence étoit infirmée; cette amende étoit au profit de l'appelant, et c'étoit le seigneur de la cour qui avoit jugé qui la lui payoit (2). Cette jurisprudence donna lieu à un usage fort bizarre, et qui cependant s'est maintenu pendant plus de deux siècles. Comme, dans tous les appels, les juges avoient bien réellement un double intérêt, celui de soutenir le bien jugé de leurs sentences, et celui d'empêcher que le seigneur qui les avoit commis ne fût, par leur fait, condamné à une amende considérable, on imagina qu'il suffisoit d'intimer la partie pour être présente aux débats, si elle le jugeoit à propos, et

---

(1) Il falloit des moyens de constater que le désistement étoit fait dans les huit jours; la même ordonnance y pourvoit. Comme l'appel devoit être interjeté à l'instant où la sentence étoit rendue, et par conséquent en présence du juge, l'ordonnance exige que le désistement soit signifié à la personne, ou, en son absence, à un préposé de sa part. *Judex qui sententiam protulerit, personam certam depulare tenebitur, in loco in quo sententias pronunciavit, coram quam appellantes renuntiare poterunt infra tempus ante dictum.*

(2) On lit dans Beaumanoir que cette amende étoit de 60 livres, somme alors fort considérable.

que c'étoient les juges eux-mêmes que l'appelant devoit faire assigner pour procéder sur son appel (1).

Lorsque l'appelant se contentoit de faire assigner les juges, la partie qui avoit obtenu la sentence étoit autorisée à la faire mettre à exécution; cependant, à raison de l'amende, et pour l'intérêt du fisc, on n'en procédoit pas moins sur l'appel (2).

_____

(1) Les lettres de relief d'appel étoient conçues dans les termes qui suivent :

« Au premier notre huissier.... nous te mandons et commettons qu'à « la requête dudit exposant lesdits juges présidiaux qui ont donné la- « dite sentence, et fait ledit tort et grief susdit, tu ajournes, en cas d'ap- « pel, à certain et compétent jour à notredite cour de parlement, pour « iceux soutenir et défendre, écrire, corriger, réparer, et iceux mettre « du tout au néant, si métier est et le doivent être.... et intimer et faire « à savoir audit.... et à sa femme qu'ils soient et comparent audit jour, « à notredite cour de parlement, s'ils pensent que bon soit, et que la- « dite cause et matière d'appel leur touche ou appartienne en aucune « manière, et en outre pour répondre et procéder comme de raison. » Boucheul, qui nous a conservé cette ancienne formule, ajoute: « Si « la sentence est donnée par juges non royaux, ressortissants au parle- « ment, est mandé au premier huissier ou sergent d'ajourner, en cas « d'appel, lesdits juges et intimer la partie. » *Bibliothèque du Droit françois*, Paris, 1671, verb. *Appellation*, p. 207.

(2) « Si l'appelant n'a fait intimer sa partie, mais seulement ajourner « le juge, la sentence doit être exécutée au profit de la partie, et le « procès ne laiera d'être vu et jugé à la fin de l'année, comme a été dit « par arrêt de Paris du 14 juillet 1334; et le procès demeure conclu « avec le procureur du roi pour l'amende, et la sentence sort son effet « quant à la partie non intimée. » Boucheul, *idem*, verb. *Intimé*, p. 427.

Il y avoit une différence fort notable entre les juges royaux et ceux des seigneurs, différence fort au désavantage des premiers : ceux-ci étoient personnellement condamnés à l'amende, et c'étoit le seigneur qui la payoit pour ses juges; et même cette charge n'étoit imposée qu'à ceux dont les justices ressortissoient nuement au parlement (1).

Comme, sous le régime du combat judiciaire, c'étoit un devoir pour tous les juges de faire leurs jugements bons, on ne vit rien d'extraordinaire dans cette forme de procéder, et les seigneurs s'y soumirent sans difficulté. Leur détermination à cet égard fut encore influencée par un autre motif; l'espoir de l'amende que leur payoit l'appelant lorsqu'il succomboit; mais bientôt cet espoir fut trompé. Le parlement étant devenu le juge d'appel universel, appliqua également au fisc, et l'amende du seigneur au profit de l'appelant, et celle de l'appelant au profit du seigneur.

Il est si vrai que cette jurisprudence avoit pour principal motif l'amende que les juges royaux et les sei-

___

(1) *Ordinamus quod..... si sententia per curiam fuerit infirmata, tanquam tortionaria et irrationabilis, et appellationes bonæ et validæ judicentur, prædictus justitiarius noster, per cujus justitiam id factum fuerit,* 30 *libras parisienses solvere tenebitur thesaurario nostro.* Ordonnance de 1443, art. 6. *Voy.* Guénois.

« Les hauts-justiciers, ressortissants nuement en nos cours, seront « condamnés, suivant les anciennes ordonnances, en 60 livres parisis, « pour le mal jugé de leurs juges. » *Ordonnance de Roussillon*, 1564, art. 27.

gneurs payoient au fisc, que dans les pays de droit écrit, où, par des motifs dont le développement nous meneroit trop loin, cette amende n'avoit pas lieu (1), les juges n'étoient pas intimés sur l'appel de leurs sentences (2).

Les juges royaux obtinrent l'exemption de cette amende vers le commencement du seizième siècle. On voit, par l'ordonnance de Roussillon, qu'en 1564, les seigneurs y étoient encore assujettis. Mais bientôt l'usage de faire assigner les juges pour défendre leurs sentences dégénéra en une vaine formalité; et il ne fut plus question de l'amende à laquelle ils étoient condamnés. On lit dans la Pratique d'Imbert, imprimée en 1616 : *Combien que le juge soit ajourné, il n'est tenu toutes fois de comparoître et de défendre son*

---

(1) *Dùm appellatur à sententiâ latâ in patriâ juris scripti, et per curiam pronuntiabitur bene judicatum et male appellatum, appellans nullam debet emendam; si sic pronunciaretur in patriâ consuetudinariâ, quia appellans compelleretur ad solvendum regi 60 libras parisienses pro emenda.*

Item, ubi pronunciatur bene appellatum et male judicatum, si judices sint juris scripti, à quibus est appellatum; nullam debent emendam; secùs, si sint patriæ consuetudinariæ. DUMOULIN, *Ancien Style du Parlement*, part. I, chap. 25.

Dans les pays de droit écrit, les appelants ont joui de cette exemption jusqu'à l'ordonnance de 1539, dont l'article 116 porte: «Les appelants, «dans les pays de droit écrit, seront condamnés à une amende pour le «fol appel, comme les appelants du pays coutumier.»

(2) «Si on appelle d'un juge du pays de droit écrit, il faut intimer, «non le juge, mais la partie.» BOUCHEUL, *idem*, verb. *Appellation.*

jugement et appointement, et par ce, semble être chose superflue de l'ajourner. L'auteur fait ensuite cette réflexion fort judicieuse : *Ce seroit relever les parties de frais, si on ordonnoit que les juges ne seroient plus ajournés, et qu'ils seroient seulement intimés quand l'appelant les voudroit prendre à partie.* Le vœu d'Imbert a été rempli. Il ne restoit, en 1790, d'autre vestige de cet ancien usage, que l'obligation où étoit le lieutenant civil du Châtelet d'assister à l'audience de la grand'chambre du parlement, pendant la plaidoirie de la première cause du rôle de Paris.

La manière de vider les appels, sous le régime du combat judiciaire, exigeoit qu'ils fussent interjetés à l'instant même de la prononciation du jugement; un plus long délai, eût-il été borné à la durée de l'audience, auroit pu cumuler plusieurs appels; et si les juges eussent succombé sous les coups du premier appelant, les autres n'auroient eu aucun moyen possible de soutenir leur appel (1). Cependant si la partie condamnée par défaut se présentoit avant que l'audience fût levée, *elle pouvoit*, dit Beaumanoir, *requérir qu'on l'y dît de rechef le jugé, et elle étoit à temps d'appeller.* Depuis, les juges, au lieu de prononcer de

---

(1) « Il convient appeller par la coutume de la cour laïe, sitôt comme « le jugement est fait. » BEAUMANOIR, chap. 61.

« Déclarons que dorénavant nul ne soit reçu à appeller, s'il n'appelle « incontinent la sentence donnée, à moins que par dol ou fraude, etc. » *Ordonnance de* 1453, art. 18.

nouveau ces sortes de jugements, les ont annulés, et
de là est venu ce que nous appelons aujourd'hui le
rabattement de défaut.

Après que le combat judiciaire eut fait place à des
formes plus raisonnables, la règle fut moins sévère : il
fut permis d'attendre, pour appeler, la fin de l'audience; mais une fois que le juge étoit sorti de son
auditoire, l'appel n'étoit plus recevable. Telle étoit
encore la pratique du temps de Masuer (1).

Long-temps encore la règle resta la même; mais la
chancellerie y dérogeoit par des lettres de relief, que
l'on appeloit relief d'*illico*. Ces lettres s'accordoient
pendant trente ans, à compter du jour où la sentence
avoit été rendue; et la facilité avec laquelle on les
obtenoit avoit introduit la jurisprudence qui existoit
encore au mois d'août 1790, époque des changements
que tout le monde connoît (2).

Les cours d'appel, comme nous l'avons déjà dit, ont
la plénitude de l'autorité judiciaire; leur jurisdiction
est universelle, mais elle n'est pas immédiate : bornées

---

(1) « Ou au moins franchement après que le juge seroit levé de son
« siége, et lui étant encore en son auditoire, autrement il n'est à rece-
« voir comme appelant. » *Pratique de* MASUER, n° 166.

(2) « Anciennement on observoit le délai de l'appel plus rigoureuse-
« ment qu'on ne fait aujourd'hui, parceque l'on obtient facilement les
« reliefs de l'*illico* en la chancellerie. Et on tient en pratique que jus-
« qu'à trente ans on peut appeller, qui est le temps des prescriptions
« des causes personnelles, entre lesquelles on nombre la cause d'appel. »
CARONDAS, *Notes* sur le chap. 27 du liv. III du *Grand Coutumier.*

aux affaires dont la connoissance leur est dévolue par la voie de l'appel, il y auroit de leur part excès de pouvoir, si elles se permettoient de statuer sur une demande principale, qui n'auroit pas subi le premier degré de jurisdiction.

Mais il est permis d'employer, en cause d'appel, des moyens dont on n'auroit pas fait usage en première instance, et même de corriger et de modifier ses conclusions. Par exemple, après avoir demandé en première instance qu'une signature fût vérifiée par experts, si l'on a succombé, on peut, sur l'appel, recourir à la preuve testimoniale; on peut de même réclamer, à titre d'hérédité, ce que l'on avoit d'abord demandé à titre de donation. Il est également permis de conclure à ce que plusieurs personnes soient condamnées solidairement, après n'avoir d'abord formé que des demandes personnelles (1).

---

(1) *Mutata opinio petitoris, non facit petitionem novam; si modò ex causâ hereditatis opinabatur habere, deindè ex causâ donationis.* L. XI, *de Re judicatâ.*

Titius conclut ainsi, disant: «Je requiers tel et tel être condamné «envers moi en telle somme»; et après il augmente ou change, en disant: «Je requiers envers moi être condamnés tels et tels, et chacun «d'eux solidairement et pour le tout.» Les défendeurs disent qu'ils ne sont tenus de répondre, parceque la demande a été changée. Le demandeur réplique que non; et il a raison, parceque ce qu'il avoit premièrement requis en général, maintenant il le déclare: *Et ita fuit judicatum pro domino de Monte forte contra dominum dunensem.* Grand Coutumier, liv. III, chap. 22.

Telle a toujours été la règle dans les provinces régies par le droit romain. Mais il n'en étoit pas de même dans la France coutumière, où les juges étoient condamnés à l'amende, lorsque leurs sentences étoient infirmées. Tout le temps que cet usage a subsisté, il n'étoit permis, sur l'appel, ni de corriger, ni de modifier ses conclusions, ni même d'employer des moyens de fait que l'on auroit omis de présenter au premier juge (1). Cela étoit conséquent : si la sentence eût été réformée, parceque l'appelant auroit changé l'état de l'affaire, il eût été trop inique de condamner le juge à l'amende.

Cependant la règle qui défend aux cours d'appel de connoître des affaires *omisso medio*, toute générale qu'elle est, reçoit des exceptions. Il est des cas où les cours d'appel peuvent évoquer les procès qui s'agitent devant les tribunaux de première instance, et les juger en dernier ressort, quoiqu'ils n'aient pas subi le premier degré de jurisdiction.

La dérogation à la règle s'étend encore plus loin. Dans certaines circonstances, les cours d'appel sont

---

(1) Après avoir remarqué qu'il y a des tribunaux où il est permis de corriger ses conclusions, DUMOULIN ajoute : *Et hoc observatur in judicibus qui emendas non solvunt.*

Cet auteur continue : *Ubi appellans est juris scripti, et in suá appellatione, ad fortificandam eam, aliqua gravamina proposuit in scriptis, non solùm ex illis poterit justificare suam appellationem, sed alios ex aliis quibuscumque.* Stylus Curiæ Parlamenti, cap. 24.

autorisées à statuer sur des demandes portées directement devant elles.

Les développements nécessaires pour fixer les idées
sur chacune de ces différentes exceptions, m'éloigne-
roient trop de mon sujet; je me bornerai donc à les
indiquer. Je commence par les évocations.

Lorsque le tribunal de première instance a ordonné,
par un *avant faire droit*, c'est-à-dire, par un jugement
interlocutoire, une preuve, une vérification, ou une
instruction qui préjuge le fond du procès, s'il y a
appel de ce jugement, qu'il soit infirmé, *et que la
matière soit disposée à recevoir une décision définitive*, les cours, et généralement tous les tribunaux
d'appel peuvent, en évoquant le principal, statuer
définitivement sur le fond, pourvu que ce soit par un
seul et même jugement. Il en est de même dans tous
les cas où les tribunaux d'appel annulent, soit pour
vice de forme, soit pour toute autre cause, des jugements définitifs..

Ces mots, *si la matière est disposée à recevoir un
jugement définitif*, sont remarquables. Il en résulte
que le juge supérieur ne peut évoquer que dans les
circonstances où le juge inférieur auroit pu juger, ou
autrement, que le tribunal d'appel ne peut faire, par
la voie de l'évocation, que ce que le tribunal de première instance auroit pu et dû faire lui-même.

Ainsi, lorsque le demandeur en déclinatoire s'est
strictement renfermé dans l'exception d'incompétence,
et que le premier juge s'est déclaré incompétent, la

cour d'appel à laquelle ce jugement est déféré doit, si elle l'infirme, renvoyer l'affaire devant le même juge. Mais si la partie qui a proposé le déclinatoire avoit cependant conclu au fond, en réformant la sentence par laquelle le juge se seroit déclaré incompétent, la cour d'appel seroit autorisée à statuer sur le tout, et à terminer le procès par un jugement définitif.

La différence entre ces deux espèces est sensible : dans la première, le juge étoit dans l'impossibilité de statuer sur le fond de la contestation, puisque le défendeur s'étoit borné à proposer l'exception d'incompétence ; mais, dans la seconde, les deux parties ayant également conclu au fond, la matière étoit disposée à recevoir un jugement définitif.

En un mot, l'évocation dépouille le premier juge. Dépouiller un juge de sa jurisdiction, c'est en quelque sorte lui infliger une peine. Or une peine suppose une faute ; et quelle faute peut-on reprocher au juge qui a fait tout ce qu'il pouvoit légitimement faire ?

La dérogation à la règle générale s'étend, comme nous venons de le dire, encore plus loin. Il est des demandes que l'on peut porter directement devant les cours d'appel. Ce sont celles en compensation et en reconvention, lorsque la demande reconventionnelle constitue la défense à l'action principale ; celles relatives à l'exécution des jugements rendus par ces mêmes cours, lorsque la sentence est infirmée (1) ;

----

(1) *Sauf les cas de la demande en nullité de l'emprisonnement, en*

celles qui auroient pour objet les intérêts, dommages et intérêts, arrérages, loyers, et autres accessoires échus depuis le jugement de première instance; celles qui sont connexes à la question soumise à la cour d'appel; enfin celles qui tendroient à faire réprimer des entreprises sur l'objet contentieux pendant le cours de la litispendance.

Nous croyons devoir dire un mot de la litispendance et de ses effets.

Lorsque des parties, qui se prétendent respectivement propriétaires d'un objet quelconque, saisissent un tribunal de leur différent, il se fait entre elles un quasi contrat par lequel elles renoncent à toute innovation, à toute espèce de voie de fait, et mettent l'objet litigieux en dépôt entre les mains de la justice.

Si une d'elles se permet de changer l'état des choses, et que cette entreprise donne lieu à un second procès, quel en sera le juge? Ce ne peut être que celui qui est saisi du fond de la difficulté, puisqu'ayant reçu le contrat et le dépôt, c'est nécessairement lui qui est chargé de veiller à l'exécution de l'un et à la conservation de l'autre. D'ailleurs qui sait mieux que lui quel étoit l'état des choses au moment où le procès a commencé? Et, sans cette connoissance, comment juger s'il y a innovation? Enfin toute voie de fait, pendant le litige, est un attentat à l'autorité du juge

expropriation forcée, et autres dans lesquels la loi attribue jurisdiction. Art. 472 du Code de Procédure civile.

saisi de la contestation, et c'est à lui seul qu'il appartient de venger les injures qui lui sont faites (1). Ajoutons que s'il en étoit autrement, il y auroit, dans deux tribunaux différents, deux procès pour le même objet, ce qui choqueroit les règles de l'ordre judiciaire.

Et peu importe qu'au moment de l'entreprise le procès soit pendant devant un tribunal de première instance ou devant une cour d'appel : dans les deux cas la règle est la même ; dans les deux cas le juge du fond est également juge de cette espèce d'incident (2).

Si donc il arrivoit qu'une question de propriété s'agitât devant une cour d'appel ; que, pendant ce litige, celui qui a conservé la jouissance de l'objet contentieux fût troublé dans sa possession par quelque voie de fait, de la part de son adversaire, et qu'il jugeât à propos d'intenter une complainte possessoire, ce seroit la cour d'appel qu'il devroit en saisir, quoique

---

(1) *Pendente lite, nihil est innovandum.* Tout ce qui se fait au mépris de cette règle est qualifié d'*attentat*, non seulement par les lois romaines, mais par nos ordonnances et par plusieurs coutumes. Voir les articles 10 et 13 de la grande ordonnance de Charles VII, de l'an 1453, l'article 51 du chap. 54 des Chartres du Hainaut, et l'article 48 de la Coutume de Senlis.

(2) *Attentatum est, sive lite, sive appellatione pendente, si quid fiat in præjudicium litis, vel appellationis. Siquando, in præjudicium litis vel appellationis attentatum proponatur, omni modo id vindicandum est, etiam si adversarius cujus interest vindicari, non id petierit in libelli conclusione, dummodò per media litis conquestus sit de attentatis.* Le président FABRE, *ad Codicem,* lib. I, tit. 10, défin. 20.

ces sortes d'actions fussent attribuées aux juges de paix par une loi spéciale.

Comme il n'est permis de porter directement devant ces cours que certaines demandes, de même il n'est libre qu'à certaines personnes de se rendre parties dans les procès qui s'agitent devant elles. Celui-là seul peut intervenir dans une instance d'appel, qui auroit le droit d'attaquer l'arrêt par la voie de la tierce opposition.

Enfin, indépendamment des litiges qui sont déférés aux cours par la voie de l'appel, indépendamment des demandes qui peuvent être portées directement devant elles, et dont nous venons de faire l'énumération, c'est encore dans leur main que la loi place l'administration judiciaire, et c'est à leur sagesse qu'elle confie la haute police sur les tribunaux inférieurs. En conséquence c'est à chacune d'elles à régler, dans son ressort, les conflits de jurisdiction, et les juges qui lui sont subordonnés ne peuvent être pris à partie sans son autorisation.

Le ministère des cours d'appel n'est pas entièrement consommé par l'arrêt définitif; on peut leur en demander la correction, s'il y a erreur dans les qualités, ou l'interprétation, s'il renferme des dispositions obscures; on peut même se pourvoir devant elles contre leurs propres arrêts, en les attaquant par la voie de la tierce opposition ou de la requête civile. Nous reviendrons sur ces objets dans le Chapitre suivant.

CHAPITRE XX.

De la Jurisdiction criminelle, et de la Procédure par Jurés.

CE qui concerne la jurisdiction criminelle présente à examiner:

Les bases sur lesquelles cette jurisdiction est fondée;

Son objet;

Ses moyens;

Les dangers attachés à l'application des lois pénales;

La manière d'atténuer ceux de ces dangers qui sont inévitables, et d'écarter les autres.

Ce qui nous conduira à l'examen de la question de savoir si ce double objet sera mieux rempli par des jurés que par des juges.

La jurisdiction criminelle a pour fondements les suppositions suivantes:

En se formant en société, les hommes ont réuni leurs forces individuelles, et une partie de leurs propriétés, dans un dépôt commun, dont ils ont confié la direction et l'emploi à un ou à plusieurs d'entre eux, qu'ils ont appelé le souverain, sous la condition que ce magistrat suprême n'en feroit usage que pour repousser les ennemis du dehors, et maintenir dans l'intérieur l'ordre et la tranquillité

Pour remplir le premier de ces deux objets, la sûreté extérieure, il ne falloit que la réunion des forces individuelles, et l'assujettissement aux tributs. Mais ce double abandon ne suffisoit pas, à beaucoup près, pour le maintien de la sûreté intérieure; il falloit encore d'autres sacrifices, et plus importants : on les a faits. En conséquence,

1° Chaque individu a renoncé à venger lui-même les injures qui lui seroient personnelles; et, abdiquant ce droit qu'il tenoit de la nature, il en a transféré l'exercice au souverain, ne se réservant celui d'agir que dans le cas d'une légitime et indispensable défense.

2° La société a investi son magistrat suprême du droit d'ordonner et de défendre, par des actes en forme législative, ce qu'il jugeroit, dans sa sagesse, propre à troubler ou à maintenir l'ordre public et la tranquillité des citoyens.

3° Chaque citoyen, et c'est sur-tout ici que l'on voit de quel prix les hommes paient l'avantage de vivre en société, chaque citoyen a offert le sacrifice de ses propriétés, de sa liberté, de sa vie même, en expiation de sa désobéissance aux lois.

4° Enfin la société toute entière est intervenue dans ce pacte redoutable, et a pris l'engagement d'abandonner ses membres à leur foiblesse individuelle, à l'instant où ils seront accusés, et de les voir d'un œil tranquille lutter seuls, et sans appui, contre la force incommensurable de la loi, de ses ministres et de ses exécuteurs.

Telles me paroissent être les bases de la jurisprudence criminelle. Son objet est de faire jouir les hommes des quatre grands avantages qui forment le but de toutes les associations politiques; savoir : la vie, l'honneur, la liberté civile et la propriété. Tout ce qu'un homme fait pour priver un autre homme de ces avantages, ou pour le gêner dans leur jouissance, est un crime ou un délit.

Il y a des crimes de tous les temps et de tous les lieux; d'autres qui sont purement locaux, si l'on peut parler ainsi. Les premiers sont tous les actes contraires à la loi naturelle, ou qui peuvent compromettre la sûreté de l'Etat. La seconde classe se compose de tout ce qui est ainsi qualifié, et puni comme tel par la loi du pays.

Le pacte social, comme nous l'avons dit plus haut, renferme, ou du moins est censé renfermer une convention par laquelle chaque individu prend l'engagement de ne rien faire de ce que la loi défend, et consent, en cas d'infraction, à subir les peines qu'elle prononce.

C'est cette convention, la même dans tous les gouvernements, qui leur donne les moyens d'assurer la tranquillité de l'Etat, de maintenir l'ordre public, et de faire jouir les citoyens des biens et des avantages qu'ils tiennent de la nature et de la loi.

Mais un pareil abandon seroit un acte de démence s'il étoit absolu. Le pacte social renferme donc aussi, de la part du souverain, un engagement, et un engagement très formel, de ne commander que ce qui est utile à la société, de ne défendre que ce qui pourroit lui nuire, de n'infliger que des peines nécessaires, et proportionnées à la gravité des infractions, et de prendre les mesures les plus sages et les plus efficaces pour que l'innocent ne puisse jamais être confondu avec le coupable.

On a tant écrit sur la manière d'établir la proportion entre les délits et les peines, qu'à cet égard tout est dit, et beaucoup mieux que je ne pourrois le dire. Je vais donc m'occuper des dangers inséparables de l'application des lois pénales, et des moyens de les atténuer autant qu'il est possible.

Un homme vient de périr sous le fer des assassins; la société crie et demande vengeance : la justice la lui doit; il faut donc qu'elle agisse. Mais le crime a été commis dans l'ombre de la nuit, ou dans la solitude des forêts; et, pour découvrir le coupable, le magistrat n'a d'autres indicateurs que des traces fugitives, des indices vagues, des conjectures plus ou moins vraisemblables, qui toutes peuvent être mensongères; et le magistrat est un homme. Ainsi le glaive de la loi est dans des mains que des apparences trompeuses peuvent égarer. Telle est donc la destinée de l'homme en société : l'innocence n'est pas une garantie infaillible contre la honte et l'échafaud. Cette réflexion révolte le sentiment et accable l'imagination. Mais, dans l'alternative d'abandonner la société à des maux certains et incalculables, ou d'exposer quelques individus à des dangers infiniment graves à la vérité, mais rares, et que la sagesse du législateur peut beaucoup diminuer, on a dû s'arrêter à ce dernier parti.

C'est une vérité désolante, mais c'est la vérité, il y a, par la nature des choses, un arbitraire inséparable de l'application des lois criminelles; et tout ce que peut faire le génie du législateur, c'est d'établir des règles à l'aide desquelles le juge approche de la vérité le plus près qu'il est possible.

Ces règles forment la jurisprudence criminelle, et divisent l'instruction des affaires de cette nature en cinq époques, ou, si l'on veut, en cinq actes; savoir: la recherche de l'auteur du crime, l'arrestation du prévenu, sa mise en accusation, les débats, et le jugement.

La première question à résoudre est donc celle de savoir à qui doit être confiée la recherche du coupable.

Le ministère public et l'individu lésé peuvent l'un et l'autre dénoncer, rendre plainte, produire les indices, désigner les témoins, et requérir, mais avec cette différence, quant au droit de requérir, que le premier ne peut demander que l'application de la peine, et le second que des dommages-intérêts.

Cette règle, que le ministère public ne peut conclure qu'à l'application de la peine, et que le droit de demander des dommages-intérêts n'appartient qu'à l'individu lésé, est tellement générale, que lorsqu'il s'agit de délits commis sur les domaines de l'Etat, par exemple, dans les forêts domaniales, le ministère public requiert la condamnation à l'amende, et qu'il n'y a pas de dom-

mages-intérêts s'il ne se présente pas un agent administratif pour y conclure.

Cependant le principe que le ministère public ne
peut que requérir et surveiller les actes de la procédure, tout général qu'il est, reçoit une exception dans
le cas du flagrant-délit. Comme alors tout se passe sous
les yeux du public, et que chaque citoyen, momentanément magistrat, peut arrêter le coupable, la loi permet au procureur du roi de sortir du cercle de ses
attributions, et l'autorise à constater les indices, à
procéder à l'audition des témoins, à interroger le
coupable, et même à prononcer son arrestation.

Mais, hors ce cas de flagrant-délit, c'est le juge qui
seul peut faire les actes d'instruction, et même le procureur du roi doit lui transmettre ceux qu'il a faits pour
constater le flagrant-délit; et, s'ils lui paroissent in-
suffisants ou irréguliers, il doit procéder à une instruction nouvelle.

Enfin, le juge a entendu tous les témoins que, dans
les premiers moments d'une poursuite criminelle, il
a été possible de se procurer. Quoique rien encore ne
garantisse la vérité de leurs dépositions, le juge fait
comparoître devant lui l'individu qu'elles signalent:
il l'interroge; et s'il juge que ses réponses ne détruisent pas les préjugés qui s'élèvent contre lui, il en
ordonne l'arrestation, et le constitue prisonnier.

Il n'est pas encore jugé si cet homme sera mis en
accusation, et déja il a perdu sa liberté. Cette mesure
peut donc frapper l'innocent; mais le mal qu'elle fait

alors est réparable; et celui qu'elle prévient, l'évasion du coupable, seroit sans remède. La loi devoit donc s'en rapporter, à cet égard, à la prudence et à la sagesse du magistrat.

La procédure va devenir plus imposante et plus solennelle. Jusqu'à présent un seul juge a tout fait; désormais tout sera l'ouvrage de plusieurs.

Ici se présente la grande question des jurés : Sont-ils préférables aux juges?

Je ne me flatte pas de résoudre un problème qui partage tant de bons esprits; cependant je hasarderai quelques idées. Mais, avant d'examiner l'institution en elle-même, et telle qu'elle existe aujourd'hui, j'en cherche l'origine, et mes regards se portent sur les lois et les usages de ces nations, qui, sorties de la Germanie vers le commencement de l'ère chrétienne, inondèrent l'Europe, renversèrent le colosse de l'empire romain, et s'établirent sur ses débris.

Ces peuples, trop ignorants pour rendre à la divinité un culte raisonnable, avoient cependant une religion : elle étoit ridicule, et se composoit des superstitions les plus bizarres. Mais, comme l'effet de toute religion est de conduire l'homme à la vertu, ou du moins à certaines vertus, c'étoit un dogme de ces temps-là, que le parjure dégradoit son auteur, et le rendoit odieux au ciel et à la terre.

Les législateurs de ces peuples qui eurent le bon sens de sentir les avantages qu'ils pouvoient tirer de cette opinion, qui d'ailleurs connoissoient l'impuissance des lois sur des hommes qui ne connoissoient d'autre pouvoir que celui de la force, fondèrent leur législation sur la religion du serment.

Un homme étoit-il accusé d'un crime ou d'un délit, si le fait étoit notoire, s'il s'étoit passé en présence de plusieurs personnes; en un mot, s'il constituoit un flagrant délit, les preuves étoient à l'instant recueillies, et l'affaire jugée. Mais lorsque l'accusation n'étoit fondée que sur des preuves susceptibles d'une contradiction raisonnable, le serment décidoit la question. Celui de l'accusé suffisoit dans les imputations de très peu de conséquence. L'accusation étoit-elle plus grave, on exigeoit que douze hommes d'une probité bien connue, ayant avec l'accusé des relations journalières, habitant le même lieu, et, autant qu'il étoit possible, exerçant la même profession, jurassent qu'il étoit incapable, et de se parjurer, et de commettre le délit qui lui étoit imputé.

Ces douze certificateurs étoient les véritables juges de l'affaire, puisque, après qu'ils avoient juré, l'accusation étoit regardée comme fausse et calomnieuse; que sur leur refus de jurer, le fait étoit tenu pour constant; et que, dans les deux cas, le juge n'avoit plus qu'à prononcer l'absolution ou la peine.

On procédoit de la même manière dans les affaires civiles; par exemple, une personne étoit-elle traduite devant le juge, à raison du prêt qu'on disoit lui avoir fait, il lui suffisoit, pour repousser cette demande, de jurer qu'il n'avoit rien reçu, et de faire certifier son serment par douze *con-purgateurs.*

Quelque déraisonnable que soit, au premier coup-d'œil, cette forme de procéder, elle cesse de le paroître, ou le paroît moins, si l'on considère l'horreur que ces nations avoient du parjure, leur manière de vivre et leur existence politique. Séparées des autres peuples par des marais, par des montagnes, par d'immenses forêts, sans commerce, sans luxe, sans besoins factices, *et auxquels les Dieux, dirai-je dans leur bonté ou dans leur colère, avoient refusé l'or et l'argent* (1), ces nations ne pouvoient avoir que les vices qui tiennent à des mœurs grossières, et par conséquent étoient loin de connoître l'art de dissimuler et de corrompre. D'ailleurs chaque peuple étoit divisé en bourgades ou cantons peu considérables; et les habitants de ces cantons, continuellement réunis, soit pour la chasse, soit pour les affaires communes, et toujours au milieu de leurs parents et de leurs voisins, même dans les combats, se connoissoient trop bien pour que l'un d'eux pût en imposer aux autres. Ajoutons que l'on n'admettoit à jurer et à certifier un serment que ceux dont la franchise et la probité n'avoient jamais été soupçonnées. Enfin, à l'exception de la trahison et de la poltronnerie, qui étoient punies de mort, les crimes ne donnoient lieu qu'à des amendes pour le fisc, et à des compositions pour l'offensé ou pour sa famille; et cette douceur dans les peines diminuoit encore la tentation du parjure.

_____

(1) TACITE, *Mœurs des Germains.*

Cet usage, le même, à quelques nuances près, chez toutes les nations germaniques, et porté par elles dans les différentes parties de l'Europe, y éprouva des altérations plus ou môins considérables, d'après les mœurs, les lois et la population des contrées où elles s'établirent.

Les Francs, qui envahirent les Gaules, et qui, dans ces belles contrées, trouvèrent et prirent le luxe, les arts et les vices des Romains, cessèrent bientôt d'être dignes que l'on s'en référât à leur serment; et cet usage fit place à des formes moins confiantes et plus compliquées.

Cependant, pour que l'innovation fût moins sensible, on suivit, autant que les circonstances le permirent, l'esprit de l'ancienne procédure.

Comme celui qui étoit admis à se purger par serment devoit, ainsi que nous venons de le dire, se présenter accompagné de certificateurs, au nombre de douze, tous de son voisinage, et, autant qu'il étoit possible, de la même profession que lui, c'étoit un principe chez tous les peuples du nord, que chacun devoit être jugé par ses pairs. Notre nouvelle jurisprudence fut établie sur cette base; et voici de quelle manière.

Nous n'avions alors ni prérogatives, ni fonctions héréditaires; mais, sous le rapport de la jurisdiction, les citoyens furent partagés en deux classes. Le prince, ou le comte du palais, connoissoit directement des affaires qui concernoient les évêques, les comtes, et en général tous ceux que les capitulaires appellent *potentiores*.

35.

Pour les personnes d'un rang inférieur, il y avoit, dans chaque comté, un tribunal présidé par le comte, et composé de douze juges au plus, et de sept au moins. On les nommoit *scabins*. Ils ne pouvoient être choisis que dans le comté, et l'envoyé du roi ne pouvoit nommer que ceux qui étoient agréables au peuple. Voici l'idée que nous donne de leurs fonctions le capitulaire de l'an 873 (1): *Volumus ut, secundùm capitularia avi et patris nostri, in comitatu, qui meliores et veraciores inveniri possunt, eligantur à missis nostris ad inquisitionem faciendam, et rei veritatem discendam* (2).

Ainsi fut maintenu le principe, qu'un citoyen ne pouvoit être jugé que par ses pairs et ses égaux.

Cet ordre de choses subsista jusqu'à l'avènement de Hugues Capet au trône. Par suite de cette révolution, la France cessa d'être une véritable monarchie, et ne fut plus qu'un grand fief. Tout ce qui fut hors de la sphère de la féodalité fut regardé comme hors de la constitution de l'Etat; en conséquence le peuple fut compté pour rien, et les seigneurs de fiefs jouirent seuls du privilége d'être jugés par leurs pairs. Enfin, après que l'on eut abandonné la pratique du combat judiciaire, on établit des tribunaux à-peu-près semblables à ceux que nous

_____

(1) Article 1.

(2) *Totius populi consensu*, dit l'article 9 du même capitulaire. Ailleurs on voit que l'envoyé du roi ne pouvoit choisir qu'entre ceux qui lui étoient présentés par le peuple.

voyons aujourd'hui; et le jugement par pairs devint le privilége exclusif des pairs de France.

Les Saxons, qui se portèrent sur les côtes de la Grande Bretagne, y trouvèrent des hommes qui, comme eux, simples, grossiers, superstitieux, et à demi barbares, étoient naturellement disposés à recevoir leurs lois et leurs coutumes; et non seulement les vainqueurs conservèrent l'usage du serment et des certificateurs, mais ils le firent adopter aux vaincus.

Cependant le mélange de ces différents peuples ne tarda pas à faire sentir son influence. On se connut moins, et, de là, moins de confiance; on éprouva des besoins inconnus jusqu'alors. On eut recours au commerce pour les satisfaire : le commerce en donna de nouveaux, et altéra la franchise du caractère national, en lui enlevant chaque jour quelque chose de sa rudesse primitive.

Bientôt on sentit que la honte attachée au parjure, et la crainte des vengeances célestes, qui jusqu'alors avoient agi si puissamment sur les esprits, ne présentoient plus dans les affaires criminelles une garantie suffisante. On abandonna donc la procédure par serment et par certificateurs, et le défaut de confiance dans les hommes fut porté si loin, que l'on prit le parti de faire Dieu lui-même juge de toutes les accusations. Les accusés furent soumis aux épreuves de l'eau, du feu et de la croix, accompagnées des imprécations et des exorcismes les plus propres à effrayer les imaginations, et à faire pâlir les coupables.

Quant aux affaires civiles, l'ancien usage fut maintenu, mais avec une innovation qui en diminua beaucoup les inconvénients. Alfred le Grand partagea ses peuples en *decennaris*, c'est-à-dire, en divisions composées de dix chefs de familles, qu'il rendit garants solidaires des dommages que chacun d'eux causeroit, de manière que chaque homme avòit autant de surveillants que de voisins, et que tous se connoissoient parfaitement.

Telle étoit la jurisprudence de l'Angleterre lors de l'invasion des Normands : dans les affaires criminelles, les épreuves ou le jugement de Dieu ; dans les affaires civiles, le serment du défendeur, certifié par des prud'hommes, résolvoient toutes les questions de fait. Tout cela disparut pendant les convulsions qui précédèrent la chute de l'ancien gouvernement, et les oppressions qui accompagnèrent l'établissement du nouveau. Guillaume, qui avoit apporté du continent le régime féodal, et la pratique du combat judiciaire, les établit, et les fit recevoir dans toute l'Angleterre.

Les mœurs, les circonstances et l'esprit du temps, déroboient au plus grand nombre l'absurdité du combat judiciaire ; mais les bons esprits faisoient des vœux pour le retour à des formes plus raisonnables. Ces vœux furent entendus par Henri II, le premier législateur de l'Angleterre depuis Alfred le Grand. Ce prince, qui avoit de beaucoup devancé son siècle, eut la sagesse de sentir qu'il tenteroit vainement d'attaquer de front un usage auquel les seigneurs de fiefs étoient si fortement attachés; et, comme le fit depuis Saint Louis en France, il eut recours à des moyens indirects. Saint Louis, éclairé par le droit romain, établit les bases sur lesquelles repose encore aujourd'hui notre ordre judiciaire, et mit des tribunaux réguliers en concurrence avec le combat judiciaire. Henri II, environné des ténèbres du douzième siècle, ne sut ou n'osa aller aussi loin, et n'imagina rien de mieux que de chercher dans les anciens usages de la nation un remède à l'abus qu'il vouloit détruire.

Il n'étoit plus possible de rétablir le serment avec l'efficacité qu'il avoit sous les rois saxons : les Anglois n'avoient plus, ni assez de probité, ni assez de confiance les uns dans les autres. Mais ce serment, comme nous l'avons dit plus haut, devoit être certifié par douze citoyens irréprochables, du même canton et de la même condition que le défendeur ou l'accusé; et ces certificateurs étoient, ainsi que nous en avons également fait l'observation, les véritables juges de l'affaire.

Henri pensa qu'en modifiant cette institution il pourroit arriver au but qu'il se proposoit d'atteindre; et il statua que, dans tous les procès civils ou criminels, le défendeur et l'accusé qui ne voudroient pas courir les hasards du combat judiciaire pourroient demander que l'affaire fût portée devant un tribunal d'assises, composé de douze de leurs pairs.

Comme ce tribunal rappeloit à la nation l'idée de son antique loyauté, et qu'il présentoit aux bons esprits une grande amélioration dans la manière de rendre les jugements, ce nouveau mode fut d'abord accueilli par tous ceux auxquels la profession des armes étoit étrangère ; et bientôt il resserra l'usage du combat judiciaire au point qu'une disposition de la grande charte porte que les hommes libres ne pourront recevoir aucune atteinte dans leur personne où dans leurs propriétes, *nisi per legale judicium parium suorum.*

C'est ce jugement par pairs, *judicium parium*, qui, perfectionné par le temps, et organisé tel que nous le voyons aujourd'hui, forme ce que nous appelons *la procédure par jurés.*

Ces détails historiques n'étoient pas inutiles. D'abord ils nous découvrent la source du pouvoir arbitraire dont les jurés sont investis. On voit que ce pouvoir découle de celui que les lois saxonnes donnoient aux con-purgateurs ou certificateurs du serment des défendeurs et des accusés : en effet, même liberté d'opinion, même absence de toute espèce d'entraves. Les certificateurs n'avoient d'autres règles que leur conscience ; les jurés n'ont pas d'autre régulateur. Les certificateurs se décidoient d'après la connoissance qu'ils avoient de la moralité de l'accusé, d'après la confiance que méritoient à leurs yeux l'accusateur et les témoins ; et la loi autorise les jurés à en faire de même. Les certificateurs étoient tout à-la-fois juges et témoins ; les jurés sont également témoins et juges, puisque, mettant à l'écart tous les indices, tous les renseignements, toutes les pièces de la procédure, ils peuvent substituer aux dépositions des témoins celles qu'ils auroient faites eux-mêmes s'ils eussent été appelés en témoignage. Cela est très bien développé par le docteur Halle, dans le passage que l'on va lire (1). « Les jurés doivent peser la « crédibilité des témoins ét la force de leur déposition, « en quoi ils ne sont pas précisément obligés de suivre « les règles du droit ; par exemple, d'avoir deux témoins « pour prouver chaque fait, *à moins que ce ne soit en* « *cas de trahison*, ni de rejeter un témoin parcequ'il « est seul, ni de croire toujours deux témoins, si des « circonstances contrarient leurs dépositions ; car le « jugement ne se rend pas seulement ici sur la déposi- « tion des témoins, *mais aussi sur celle de jurés* : vu « qu'il est possible qu'ils aient la connoissance person- « nelle d'un fait dont un des témoins a déposé, ou que « tel témoin ne mérite aucune créance, quoiqu'il n'ait « été élevé aucun reproche contre lui. »

Ce que nous venons de dire sur l'origine de la procédure par jurés nous conduit encore à cette conséquence : que cette belle institution a pour but de donner à l'accusé des juges qui connoissent parfaitement sa moralité, et qui, de la même condition que lui, ne portent, dans l'examen de son affaire, ni l'indifférence des grands pour ceux d'un ordre inférieur, ni les préventions, qui ne rendent que trop souvent les différentes classes de la société injustes les unes envers les autres.

Ce sont ces avantages, en effet, d'une haute impor-

_____

(1) *Traité de la commune loi*, chap. 12, §. 8.

tance, qui motivent la préférence si marquée que certains peuples donnent au jugement par pairs, ou, ce qui est la même chose, par jurés.

Cependant on ne s'est pas dissimulé que des hommes étrangers aux formes judiciaires, et qui auroient à regretter des moments que réclament leurs affaires domestiques, porteroient dans le jugement des procès criminels moins de sagacité, moins de connoissance du cœur humain, et peut-être une attention moins suivie que des juges, qui font de l'étude des lois l'objet des méditations de toute leur vie, et qu'une longue expérience a familiarisés avec toutes les ressources du crime, avec toutes les manœuvres que la calomnie peut employer; mais ces considérations n'ont pas prévalu sur les avantages dont nous venons de parler.

En effet, quoi de plus consolant pour un citoyen, que de pouvoir se dire : Si la fatalité de mes destinées me jette sous le glaive de la justice, j'aurai pour juges les habitants de ma contrée, les compagnons de mon enfance, les témoins de toute ma vie; j'aurai pour juges des hommes qui savent que j'aurois pu, que je pourrai encore être le leur; enfin mes juges auront avec moi tous les rapports qui portent les hommes à une bienveillance mutuelle.

C'est sur-tout lorsque l'accusation est intentée au nom de la couronne, et dans l'intérêt des dépositaires de l'autorité, que l'on sent tout le prix d'une institution qui, transportant le pouvoir judiciaire à la plus grande distance possible du gouvernement, confie le glaive de la loi à des hommes également étrangers à l'accusateur et à l'accusé.

Que le jugement qui interviendra sur ces sortes d'accusations exprime le vœu d'un jury ou l'opinion d'un tribunal, sans doute il sera le même : mais on peut se demander si, dans les deux cas, il sera également sanctionné par l'opinion publique, s'il aura la même autorité sur les esprits, s'il en imposera aussi puissamment à la malveillance et à la critique; enfin si, dans les deux cas, l'accusé se présentera devant ses juges avec la même confiance et la même sécurité.

Cependant il ne faut pas s'y méprendre, on n'a pas un jugement par jurés, par cela seul qu'il a été rendu par des citoyens auxquels on a donné cette qualification : les résultats de cette institution si vantée, et si digne de l'être, sont principalement subordonnés à la manière dont est composée la liste des jurés.

Je l'ai dit plus haut : dans l'origine, la composition du jury, toujours déterminée par la profession et l'habitation du prévenu, étoit l'ouvrage, non des hommes, mais des circonstances.

Sans doute il est maintenant impossible de rétablir cet ancien usage; mais il est bon de se le rappeler : il importe sur-tout que l'on sache que la procédure par jurés lui doit la faveur qu'elle a obtenue à l'époque de son institution, et qu'elle conserve encore aujourd'hui dans les lieux où l'on retrouve, de cet ancien état de choses, tout ce qu'il a été possible d'en conserver.

La règle fondamentale en cette matière est donc que

la formation de la liste des jurés doit être hors de toute influence, et à l'abri de toute espèce d'arbitraire.

Ainsi, là seulement est le véritable jury, où la volonté de l'homme a le moins d'influence possible sur la liste des jurés; où ceux qui doivent y être inscrits sont désignés par la loi, avec une précision qui ne laisse rien à l'arbitraire; où, une fois formée, elle est invariable; où, dans l'appel de ceux qui doivent figurer dans les différentes affaires, l'ordre du tableau est religieusement gardé; où le nombre des récusations péremptoires est tel que l'on peut dire que chaque juré est du choix du prévenu; enfin où, lorsque l'accusation est intentée par le gouvernement, et dans son intérêt, le poids d'un aussi puissant accusateur est balancé par des garanties spéciales, dont la loi prend soin d'environner l'accusé.

Mais si une nation, indifférente sur la liste de ses jurés, en abandonnoit la formation à la volonté d'un administrateur; si cet administrateur étoit révocable; si la loi lui donnoit le droit de choisir dans presque toutes les classes de la société; si, dans l'appel des jurés, il n'étoit ni commandé par le sort, ni assujetti à suivre un ordre de tableau; s'il pouvoit varier ses choix d'après la connoissance qu'il auroit de la nature des affaires et de la qualité des prévenus; enfin, si le nombre des récusations péremptoires étoit peu considérable, cette nation se tromperoit fort si elle croyoit avoir des jurés : dans la réalité, elle n'auroit que des commissaires.

Cependant, ce mode de jury, même avec les imperfections que nous venons de signaler, devroit encore être regardé comme une institution précieuse, en ce qu'il assureroit aux accusés un avantage inappréciable, l'avantage d'une procédure publique.

En effet, quel motif de sécurité l'innocent ne trouve-t-il pas dans cette publicité? Quel garant plus sûr que l'intrigue et la calomnie ne prévaudront jamais sur l'innocence?

Le jour terrible, le jour du jugement est arrivé. Une scène plus touchante que toutes les fictions théâtrales, une scène vraiment dramatique va s'ouvrir; le public avide de tout ce qui peut l'émouvoir, s'y porte en foule. On ne voit pas encore l'accusé, et déja son sort intéresse. Il paroit; ses yeux long-temps baissés se lèvent enfin: des parents, des amis frappent ses regards; et ceux du public l'invitent à ne pas abandonner le soin de sa défense. L'appareil qui environne ses juges lui paroit alors moins redoutable; les terreurs qui l'agitoient dans la nuit des cachots cessent d'effrayer son imagination; et il recouvre assez de calme pour repousser l'accusation s'il est innocent: et, s'il est coupable, un rayon d'espérance porte dans son ame la dernière consolation qu'il recevra; et, lorsque le juge aura prononcé la fatale sentence, il sentira moins l'horreur de sa situation, en voyant la pitié qu'il inspire.

Là ne s'arrêtent pas les avantages de la publicité. Quelle influence n'a-t-elle pas sur les témoins, sur les spectateurs eux-mêmes?

Les témoins! Si l'un d'eux se présentoit avec l'intention de rendre un faux témoignage, effrayé par l'appareil menaçant et sombre dont il se verroit environné, il abandonneroit son horrible dessein : ou, s'il portoit l'audace jusqu'à consommer le crime, les questions de l'accusé, de son conseil, des jurés, des juges eux-mêmes, et les murmures d'indignation qui s'élèveroient dans l'assemblée, au plus léger embarras qu'il laisseroit apercevoir, jetteroient dans ses idées un désordre qui déceleroit bientôt ses coupables manœuvres : jamais une intrigue ourdie dans l'ombre ne soutiendroit l'éclat d'un aussi grand jour.

Enfin, quel est l'homme, s'il ne s'est pas fait un besoin du crime, s'il n'a pas perdu jusqu'au sentiment de sa conservation, qui, témoin des angoisses de l'accusé pendant les débats, témoin de sa condamnation et de son désespoir, ne rentre pas dans ses foyers avec une volonté plus ferme de marcher invariablement dans les sentiers de l'honneur et de la vertu?

Frein pour le crime, sécurité pour l'innocence, garantie pour la société entière, tels sont donc les avantages de la procédure par jurés.

Quel génie a fait ce beau présent à l'humanité? Il faut bien en convenir, nous ne le devons ni aux publicistes, ni aux philosophes, ni à ceux qui se croient, ou du moins qui se disent les organes de la raison et les dispensateurs des lumières. Il en est de cette institution comme de la plupart de nos découvertes; le hasard a presque tout fait : le germe, comme nous venons de

le dire, en fut apporté dans nos contrées par des barbares sortis des forêts de la Germanie; et la main du
temps, bien plus que celle des hommes, a porté l'édifice à la hauteur où nous le voyons aujourd'hui.

CHAPITRE XXI.

De la Jurisdiction temporelle de l'Eglise.

La jurisdiction temporelle de l'église s'est établie et
développée comme s'introduisent et se propagent tous
les abus : d'abord par des actes peu réguliers, mais que
les circonstances justifioient; un premier succès a conduit à une seconde tentative; et celle-ci à une troisième.
Bientôt on s'est livré à des entreprises plus hardies,
qui, n'étant pas réprimées, ont donné lieu à des infractions ouvertes; et ces infractions, souvent répétées,
ont formé une suite d'exemples qui ont fini par devenir des autorités.

Les ministres du culte catholique, après avoir dissipé
les ténèbres du paganisme dans la Germanie et dans les
Gaules, auroient dû naturellement succéder à l'autorité dont jouissoient, sur l'esprit des Gaulois, ces
druides, qui étoient tout à-la-fois les dépositaires et les
applicateurs des lois, et qui exerçoient une si grande
influence sur les gouvernements des contrées qu'ils

habitoient. Il n'en fut pas ainsi. L'ascendant des prêtres payens ne passa pas au clergé catholique; mais il eut celui qu'il est impossible de refuser à la réunion du savoir et de la vertu; et, dans ces temps d'ignorance et de barbarie, il devint l'arbitre volontaire de tous les différents de ceux qui avoient assez de bon sens pour préférer, aux épreuves par les éléments, et aux combats judiciaires, des jugements fondés sur les lois et sur l'équité.

Voilà l'origine de la jurisdiction ecclésiastique dans les matières temporelles (1).

Mais, en acceptant ces honorables témoignages de la confiance des peuples, les prêtres n'oublioient pas que le royaume de Jésus-Christ n'est pas de ce monde; et, sujets fidèles, ils donnoient l'exemple de la soumission aux puissances de la terre. Cette étrange

---

(1) Saint Paul trouvoit mauvais que les Corinthiens portassent leurs contestations devant les juges séculiers. « Est-ce que vous n'avez point « de sage dans l'église, leur écrivoit-il, qui puisse juger entre ses frères. » Saint Augustin dit, dans ses Confessions, qu'il ne pouvoit aborder Saint Ambroise, parceque ce prélat étoit constamment environné de plaideurs.

Une constitution de l'empereur Constantin, que l'on trouve au Code Théodosien, sous le titre *de Epic. Judic.*, constituoit les évêques arbitres forcés de tous les différents, en ce sens, que celui qui étoit cité au tribunal d'un évêque ne pouvoit pas refuser d'y comparoître. Voici les termes de la loi : *Quemlibet litem habentem, posse in quâcumque parte litis, etiam adversario renitente, judicium episcoporum eligere.* On auroit dû se contenter de cette concession, mais elle fut trouvée insuffisante.

maxime, que l'église forme un état dans l'Etat, ne se présentoit à l'esprit de personne; et nos rois, suivant l'expression de ces temps-là, étoient les évêques extérieurs de l'église. En cette qualité, ils régloient sa discipline; ils convoquoient les conciles nationaux (1); ils les présidoient; ils en prononçoient la dissolution lorsqu'ils le jugeoient convenable; et les décisions qui en émanoient n'avoient d'autorité que celle qu'elles recevoient de la sanction royale. Nul ne pouvoit entrer dans les saints ordres sans leur permission (2). Lorsqu'ils ne jugeoient pas à propos de laisser élire les évêques dans la forme d'alors, ils les nommoient eux-mêmes, et mandoient au métropolitain de leur donner l'insti-

---

(1) Nos rois se sont maintenus dans l'exercice de cette prérogative. Dans une conférence qui eut lieu dans le cabinet de la reine régente, au sujet de l'ordre donné à M. Arnaud, de soumettre au jugement du pape son livre *sur la fréquente communion*, le président de Mesme, effrayé, comme tout le parlement, des suites que pouvoit avoir cet acte de soumission à la jurisdiction du pape, après avoir dit que le roi pouvoit faire juger la doctrine de M. Arnaud par un concile national, ajoutoit: «Quant à ce qui a été dit, que le consentement du pape étoit «nécessaire, cette proposition a été déniée; il suffit que l'autorité du «roi assemble les conciles nationaux, et qu'après la résolution prise, le «pape soit informé de ce qui se sera passé et arrêté dans l'assemblée.» *Voyez* les Mémoires de M. TALON.

(2) Voici les termes dans lesquels ces permissions étoient conçues, tels qu'ils sont consignés dans la dix-neuvième formule de Marculfe: «*Jubemus ut si memoratus ille de capite suo bene ingenuus esse* «*videtur, et in puletico publico censitus non est, licentiam habeat* «*comam capitis sui tonsurare.*»

tution canonique (1). Juges suprêmes de tous les ecclésiastiques, ils jugeoient les évêques, ou les renvoyoient,
suivant la gravité de l'accusation, devant ces assemblées nationales, successivement connues sous le nom
de Champs de mars et Champs de mai. Les prérogatives qui distinguoient le siége de Rome n'affranchis-
soient pas celui qui l'occupoit de la loi commune, et
le sceptre de Charlemagne pesoit sur lui comme sur
les autres évêques.

La mort de ce grand homme ne fut pas moins funeste à la discipline de l'église qu'à la tranquillité de
l'Europe.

A cette époque reposoit, on ne sait depuis combien
de temps, dans les archives de l'archevêché de Mayence,
selon quelques uns, dans celles du Vatican, suivant
d'autres, un recueil de lettres attribuées aux papes les
plus distingués des quatre premiers siècles. Ces préten-
dues lettres établissoient une doctrine qui changeoit

---

(1) Le moine Marculfe nous a conservé la formule du mandement
par lequel le roi nommoit aux évêchés, et de celui qu'il adressoit aux
métropolitains, à l'effet de leur enjoindre de donner l'institution canonique à l'évêque qu'il avoit nommé. Dans la première, on lit : *De-
crevimus illustri viro (aut venerabili) illo in ipsá urbe pontificalem
in Dei nomine committere dignitatem.* Dans la seconde formule,
adressée aux métropolitains, on lit : *Et ideò petimus ut, cùm ad vos
pervenerit, ipsum, ut ordo postulat, benedicere vestra sanctitas non
moretur, et junctis vobiscum vestris comprovincialibus ipsum in su-
prascriptá urbe pontificem consecrare, Christo auspice, debeatis.*
Form. 5 et 6 du liv. I.

lá discipline primitive de l'église, et qui subordonnoit au siége de Rome, non seulement tous les ecclésiastiques du second ordre, mais les évêques eux-mêmes.

C'est à cette collection que l'on a donné le nom de Fausses Décrétales. Les agents de la cour de Rome n'avoient pas cru pouvoir se permettre de les répandre sous le règne vigoureux de Charlemagne: elles furent publiées immédiatement après sa mort; et, trente ans après, un diacre de Mayence, nommé Benoît, publia un recueil de capitulaires, dans lequel il inséra plusieurs textes qui imprimoient aux principales dispositions des fausses décrétales le sceau de l'autorité civile.

Dans ces fausses décrétales, la subordination des évêques au saint-siége étoit établie en termes si explicites, qu'en les prenant pour point de départ, toute résistance légale leur étoit impossible. On y lit, en effet, Que tout concile, même national, est irrégulier, s'il n'est convoqué de l'ordre, ou du moins avec la permission du pape;

Que les évêques ne peuvent être jugés définitivement que par le pape seul; et cette prétendue maxime y est souvent répétée;

Qu'au pape seul appartient le droit de transférer les évêques d'un siége à un autre;

Qu'il en est de même de l'érection des nouveaux évêchés; que le pape seul peut en créer et déterminer leur circonscription;

Que l'on pouvoit appeler au pape de tous les jugements rendus par les évêques, et généralement par

tous les tribunaux ecclésiastiques. « Il paroit, dit M. de
« Fleury, dans son cinquième discours sur l'Histoire
« ecclésiastique, que le faussaire avoit cet article fort
« à cœur, par le soin qu'il a pris de répandre par tout
« son ouvrage la maxime, que non seulement tout
« évêque, mais tout prêtre, et en général toute personne
« qui se croit vexée, peut, en toute occasion, appeler
« directement au pape. »

Les fausses décrétales furent suivies du décret de
Gratien (1). « Ce décret, dit M. d'Aguesseau (2), où
« toutes les fausses décrétales furent insérées, et qui
« devint dans la suite la seule étude des clercs, répan-
« dit bientôt dans tout le monde chrétien une doctrine
« si contraire aux anciennes règles; et, comme si ce
« n'eût pas été assez, pour y réussir, d'avoir employé
« la supposition des fausses décrétales, Gratien y ajouta
« une nouvelle falsification qui lui est propre. »

La falsification dont parle M. d'Aguesseau consiste
dans l'altération d'une loi du code théodosien, dont
voici les termes : *Habent, qui ecclesiæ necessitatibus
serviunt, suos judices* QUANTUM AD CAUSAS ECCLESIAS-
TICAS PERTINET, *quas episcopi decet autoritate decidi.*
L. III. Cod. Theodos., *de Episcopi judic.* En consignant ce texte dans sa collection, Gratien en supprime

---

(1) Né à Chiusy, vers l'an 1150. Il étoit moine bénédictin à l'abbaye de Saint-Félix de Bologne.

(2) Tome 5, page 236.

les mots *quantùm ad causas ecclesiasticas pertinet.*
Voilà le faux qu'on lui reproche.

Personne ne s'en aperçut; et, sur la foi de Gratien,
«on professa hautement (c'est encore M. d'Aguesseau
«qui parle) qu'il y avoit non seulement de l'indécence,
«mais de l'impiété, à soumettre les prêtres du Dieu
«vivant au jugement d'un homme mortel; que les
«autres hommes pouvoient bien être assujettis aux
«jugements humains, mais que Dieu s'étoit réservé le
«jugement de ses ministres, ou que, s'ils avoient des
«juges sur la terre, ce ne pouvoit être que ceux qui
«tenoient la place de Dieu même (1).... Il eût été facile
«de lever ce voile de religion dont se couvroit l'am-
«bition des ecclésiastiques; mais l'ignorance, mère de
«la superstition et d'une vaine et timide crédulité, fit
«consacrer leur entreprise (2).»

L'abbé de Fleury ajoute (3) : «Cependant cette consti-
«tution, ainsi altérée, fut le principal fondement de
«Saint Thomas de Cantorbéry, pour résister avec cette
«fermeté qui lui attira la persécution, et enfin le mar-
«tyre. La maxime étoit fausse, mais elle passoit pour
«vraie chez les plus habiles canonistes.»

Voilà donc tous les clercs affranchis de la jurisdiction séculière; et, sous cette dénomination de clerc,
on comprenoit tous ceux qui avoient reçu la tonsure;

---

(1) Tome 5, page 233.

(2) *Idem*, page 235.

(3) Cinquième Discours sur l'*Histoire ecclésiastique.*

et, comme le dit d'Héricourt, *les évêques la donnoient indifféremment à toutes sortes de personnes* (1).

On n'avoit plus qu'un pas à faire pour arriver à une sorte de monarchie universelle : c'étoit d'assujettir les laïcs aux cours d'église. Le projet étoit hardi : on n'en fut pas effrayé; et même, pour cette fois, on prit une marche plus ouverte. On procéda par des maximes et des conséquences dont voici la série.

Comme le péché offense bien plus encore la majesté divine que l'ordre social et les intérêts des particuliers, il est évident que toute prétention qui est de nature à constituer en état de péché celui qui la forme, ne peut être portée que devant les juges d'église, chargés, par une mission toute spéciale, de juger et de punir les infractions aux lois divines (2).

Tout problème judiciaire, dont la solution est subordonnée au serment de l'une des parties, est néces-

___

(1) « Ils mettoient, dit Loyseau, au nombre des clercs, tous ceux « qui avoient la tonsure, encore qu'ils fussent mariés, et qu'ils eussent « d'autres vacations; en sorte que presque tous les hommes étoient de « leur jurisdiction. » *Des Seigneuries,* chap. 15, n° 58. Sous le n° 66, Loyseau ajoute : « Par le moyen de la connexité, si, de plusieurs co-« détenteurs, co-héritiers, ou co-débiteurs, il y en avoit un qui fût « clerc, ils disoient que ce privilégié attiroit devant eux toutes les autres « parties. »

(2) « Ils soustenoient que toute cause où il eschéoit mauuaise foy, et « par conséquent péché, estoit de leur iurisdiction, comme y allant du « salut de l'ame, dont ils sont modérateurs; et ainsi entendoient et « estendoient-ils ce passage de l'Euangile, *Si peccaverit in te frater* « *tuus, dic Ecclesiæ.* » Loyseau, *des Seigneuries*, chap. 15, n° 63.

sairement de la compétence exclusive des cours d'église; car le serment étant un pacte entre Dieu et la conscience de l'homme, ne peut être reçu que par ceux que Dieu a chargés de le représenter sur la terre.

Les droits et les intérêts des veuves et des mineurs sont sous la garde de l'église; car Dieu, dans sa justice, et sur-tout dans son infinie bonté, doit leur tenir lieu des protecteurs et des appuis dont il les a privés, en appelant à lui leurs époux et leurs pères. Les veuves et les mineurs ne peuvent donc être traduits que devant les tribunaux ecclésiastiques (1).

Il y avoit encore moins de difficulté à décider et à faire croire que toutes les conventions passées sous le scel ecclésiastique devoient être jugées par les cours d'église.

On alloit beaucoup plus loin. Quelques évêques prétendoient que tous les meubles dont les défunts n'avoient pas disposé devoient leur appartenir, pour prix de l'asile qu'ils vouloient bien leur accorder dans une terre sainte (2).

---

(1) « Li sixième cas douquel la connoissanche appartient à sainte « église, si est de femmes veuves, et tout en la manière que il est dit ci-« dessus des croisies, la femme veuve ou tant de sa veuveté, se justiche « par sainte église. » BEAUMANOIR, chap. 11.

(2) *Per arrestum parlamenti, dictum fuit episcopum Beluacensem, parem Franciæ, usurpasse, et abusum fecisse notoriè et manifestè, super eo quod bona mobilia personæ defunctæ, nisus fuerat sibi attribuere, pro eo solum quod dicebat prædictam personam intestatam decessisse.* Jean DESMARES, décision 328.

Le clergé ne s'arrêtoit pas là. Raisonnant toujours dans le système de tout rapporter à Dieu, afin de tout attribuer à ses ministres, il disoit: «Un vrai «chrétien ne doit pas mourir sans donner à l'église, «notre mère commune, un témoignage de sa piété «filiale.» Et celui qui est mort sans avoir fait des legs pieux n'étoit donc pas un vrai chrétien. Il doit donc être privé de la sépulture religieuse, jusqu'à ce que ses héritiers aient acquitté le devoir qu'il a négligé de remplir.

Relativement à ces droits du clergé sur les testaments et sur les successions, il y a des détails fort intéressants dans une note de Delaurière, sur le mot *Exécuteur testamentaire*, du Glossaire de Rageau. En voici quelques fragments. «Dans l'Occident, les legs «pieux furent de si grande obligation, que, dans les «douzième, treizième et quatorzième siècles, on refu- «soit l'absolution, le viatique et la sépulture à ceux «qui, en mourant, n'avoient pas laissé une partie de «leurs biens à l'église.... S'il arrivoit que quelqu'un «mourût subitement, et sans avoir eu le temps de faire «un don à l'église, cette mort étoit regardée comme «un châtiment de Dieu.... On employoit les biens «meubles du défunt en œuvres pies, comme il auroit «dû faire lui-même.... On feignoit qu'il avoit remis «sa dernière volonté à la disposition de ses proches «et de son évêque; et, sur ce fondement, les évêques «commettoient ordinairement des ecclésiastiques pour «faire le testament du défunt conjointement avec

« quelques uns de ses héritiers (1)…. Quand les héri-
« tiers ne vouloient rien donner, le défunt étoit privé
« de la sépulture; ce qui leur attiroit une indignation
« tellement universelle, qu'ils étoient obligés de sous-
« crire aux testaments que l'évêque avoit fait…. On
« alla si loin sous ce prétexte de legs pieux, que, dans
« les douzième et treizième siècles, les ecclésiastiques
« étoient en possession de connoître de toutes les affai-
« res testamentaires…. »

Il y a quelque chose de si extraordinaire dans ce développement de la puissance ecclésiastique, que, pour

---

(1) LA THAUMASSIÈRE, dans ses *Coutumes de Berri*, part. V, ch. 12,
rapporte un de ces testaments faits *loco defuncti*, comme on s'expri-
moit alors. Cette pièce est assez curieuse pour mériter d'être transcrite;
la voici. *Universis præsentes litteras inspecturis. Alanus de Nouilla,
miles, et Galtherus canonicus Remensis, salutem noverint universi
quòd nos fecimus testamentum pro Petro quondam fratre nostro, sub
hâc formâ, quòd legavimus pro remedio ànimæ suæ, monachis de
Nouilla, capellanis nostris, tres modios vini pro anniversario suo
annuatim faciendo, et unum modium curato de Nouilla pro anniversario prædicti Petri; et volumus quòd prædicti quinque modii ca-
piantur ad vinagia de Nouilla annuatim, donec emerimus terram
ad valorem viginti librarum parisiensium. Ita quòd fructuum terræ
comparatæ, prædicti monachi tres capient portiones pro anniversario,
et quartam pro cereo; dictus verò curatus quintam pro anniversario.
Et quam cìtò emerimus terram prædictam, vina nostra de Nouilla
de prædictis quinque modiis simpliciter erunt liberata. Item, legamus
decem libras pauperibus de Nouilla distribuendas, secundùm quòd
nobis videbitur expedire. Item, monialibus…. centum solidos pro pi-
tenciâ fratribus; etc., etc. Datum anno Domini* 1261. JOANNES GALLI,
question 102, rapporte l'arrêt du parlement qui abolit cet usage.

écarter de moi toute idée d'exagération, j'ai pensé qu'il ne falloit rien moins que le témoignage de *Delaurière*, écrivain aussi judicieux que profond, et que je regarde comme le dernier de ceux qui, parmi nous, ont mérité la qualification de jurisconsulte.

Le mariage ayant été élevé à la dignité de sacrement, personne ne contestoit à l'église le droit d'en régler les conditions, les formes et les solennités; on convenoit également que toutes les questions sur la validité du sacrement étoient de la compétence des cours ecclésiastiques.

De toutes les causes de nullité des mariages, établies par les lois de l'église, la principale étoit celle qui résultoit de la parenté. D'abord cet empêchement fut borné au quatrième degré; bientôt après il fut étendu jusqu'au septième, sans que l'on puisse en apercevoir d'autre motif que celui de donner plus d'extension à la compétence des cours d'église. L'expédient étoit heureux. Quel pouvoir, en effet, que celui de dissoudre les mariages toutes les fois que l'on jugeoit que les époux étoient parents au septième degré; et cela dans un temps où l'on écrivoit peu, où il n'y avoit pas de registres publics; où, par la difficulté des communications, les familles, pour peu qu'elles fussent nombreuses, se connoissoient à peine.

Les appels de tous ces jugements se portoient à Rome, qui seule jugeoit en dernier ressort, et qui, par conséquent, disposoit du sort de toutes les familles et de l'état de tous les citoyens.

Si les époux séparés par une décision de l'évêque ou du pape hésitoient à rompre des liens qui leur étoient chers, l'excommunication en faisoit une prompte et solennelle justice. Personne n'ignore ce qui se passa à l'occasion du mariage de Robert, second roi de la troisième dynastie, avec Berthe, sœur de Raoul, roi de Bourgogne, sa cousine au quatrième degré. La politique lui avoit conseillé ce mariage; et les évêques de France, réunis en concile national, l'avoient autorisé. Le pape, indigné de cet attentat à son autorité, excommunia les évêques, et le roi lui-même, ainsi que la reine, s'ils ne se séparoient pas à l'instant. «Le roi, «dit Mézerai, n'obéissant point à une sentence qui lui «sembloit contraire au bien de son Etat, le pape, par «une entreprise inouïe, mit le royaume en interdit: à «quoi les peuples déférèrent si humblement, que tous «les domestiques du roi, à la réserve de deux ou trois, «l'abandonnèrent; et on jetoit aux chiens tout ce qu'on «desservoit de devant lui, personne ne voulant man- «ger des viandes qu'il avoit touchées.»

S'il s'élevoit quelque difficulté sur le sens ou l'interprétation des conventions matrimoniales, les tribunaux ecclésiastiques en revendiquoient la connoissance, sur le motif que ces conventions ayant le mariage pour cause et pour fin, le sacrement leur communiquoit une sorte de spiritualité.

On disoit encore, et cela n'étoit pas plus déraisonnable que tout le reste, on disoit: «Puisque l'église «fait le mariage, elle a le droit incontestable de pres-

«crire aux époux la conduite qu'ils doivent tenir, afin
«de conserver le plus long-temps possible la grace que
«le sacrement leur a conférée.» En conséquence, il leur
étoit défendu d'habiter ensemble, la première, la seconde, et même la troisième nuit de leurs noces, suivant les diocèses. Cependant il étoit avec l'évêque des
accommodements : moyennant une somme d'argent
on étoit dispensé de la règle, sans compromettre la
grace du sacrement. Montesquieu dit quelque part:
*C'étoit bien ces trois nuits-là qu'il falloit choisir; car,
pour les autres, on n'auroit pas donné beaucoup d'argent* (1).

Voilà des choses si invraisemblables, que l'on refuseroit d'y croire si elles n'étoient pas appuyées sur les
témoignages les plus graves. En voici un d'une force
irrésistible; c'est un arrêt du parlement de Paris, que
Jean Galli, question 102, rapporte en ces termes:
*Le dix-neuvième jour de mars 1409 fut dit, par arrêt
de la cour, que les défenses faites, à la requête du
procureur général, à l'évêque d'Amiens, et aux curés
de ladite ville; c'est à savoir, audit évêque, qu'il ne
prînt, ni exigeât argent des nouveaux mariés, pour
leur donner congé de coucher avec leurs femmes, la
première, deux et troisième nuits de leurs noces, et
autres contenus audit arrêt, avoir été bonnes et va-
lables, et l'opposition dudit évêque avoir été dénuée
de fondement;.... et fut dit que un chacun desdits ha-*

---

(1) *Esprit des Lois*, liv. XXVIII, chap. 41.

bitants pourroit coucher CUM UXORIBUS SUIS *la première nuit de leurs noces, sans le congé de l'évêque, et que les habitants qui mourroient pourroient être enterrés sans le congé de l'évêque et ses officiers, s'il n'y a empêchement canonique; et outre, que les héritiers du testament d'aucun trépassé ne pourront être contraints à accomplir les ordonnances faites par les officiers dudit évêque, ne par lui, au regard des testaments.*

«Voilà, dit Loyseau, *des Seigneuries*, ch. 15, n° 83, «les principaux cas esquels les lays étoient jadis con- «traints de plaider devant les juges d'église; car il y «en a encore d'autres que j'obmets pour cause de brief- «veté.»

Les tribunaux ecclésiastiques ne pouvoient pas con- damner à mort, mais ils imposoient de fortes amen- des, et forçoient, par les censures ecclésiastiques, à les payer. Quels que fussent leurs jugements, les juges royaux étoient obligés, sous peine d'excommunica- tion, de les faire exécuter.

On est sans doute étonné qu'une conduite aussi étrange n'ait pas excité un soulèvement général.

Mais d'abord, quant au peuple, il lui étoit assez indifférent d'être traduit devant une cour d'église ou devant les tribunaux laïcs; et même il trouvoit dans les premières des formes plus régulières, une justice plus prompte, et des juges plus éclairés.

Quant aux seigneurs, dont ces entreprises ruinoient les justices, l'excommunication explique tout, et ré- pondoit à tout.

L'excommunication ne se bornoit pas à priver celui qui en étoit frappé de toute participation aux prières et aux sacrements de l'église: elle produisoit sur les imaginations un effet tel, que l'excommunié devenoit un objet d'horreur pour tous les citoyens, même pour ses proches. On se rappelle ce que nous avons dit plus haut du roi Robert. Si tel étoit le sort des rois, quel devoit être celui des particuliers? Boutillier (1), conseiller au parlement de Paris, qui écrivoit dans les premières années du quinzième siècle, nous apprend qu'encore à cette époque l'accès des tribunaux étoit interdit aux excommuniés, et que toute justice leur étoit déniée. Ainsi, dans la réalité, une excommunication étoit une véritable mise hors la loi.

Cependant les justices séculières se trouvoient à-peu-près réduites à la connoissance des affaires féodales; et personne n'entrevoyoit les bornes que le clergé donneroit à ses prétentions. Les seigneurs, ainsi menacés d'une spoliation totale, se coalisèrent vers l'an

---

(1) *Somme rurale.* Dans le titre 9, intitulé, *Quelles personnes peuvent faire demande en cour laie,* on lit: « Item, n'est à recevoir homme « excommunié, s'il est ainsi qu'il en appert promptement par lettre de « son excommuniement; autrement non. »

M. l'avocat-général Talon, dans un discours adressé au roi, sur la nécessité d'éloigner les cardinaux de ses conseils, après avoir parlé des excommunications, ajoute : « Les menaces de l'excommunication qui « fut fulminée à Rome contre le roi Henri III furent le fondement du « malheureux parricide commis en sa personne par un moine. *Mém.* de M. TALON, sous l'année 1551.

1260, et prirent contre les excommunications une mesure fort remarquable. Ils formèrent un comité de quatre d'entre eux, auxquels ils donnèrent pouvoir de les déclarer nuls, et comme non avenus, toutes les fois qu'ils les trouveroient contraires à la justice et à la saine raison. Ainsi protégés contre les foudres du Vatican, les seigneurs commencèrent à opposer une résistance ouverte aux entreprises du clergé, mais le pape travailla si heureusement cette coalition, qu'il parvint à en détacher les membres les plus influents. Si elle ne donna pas les résultats que l'on s'étoit flatté d'en obtenir, c'étoit du moins un premier pas; et, dans la situation où étoient alors les esprits, ce pas étoit le plus difficile à faire.

Aussi, fort peu de temps après, voyons-nous des évêques accusés devant la cour du roi réclamer vainement contre cette atteinte portée à ce qu'ils appeloient les immunités de l'église. M. d'Aguesseau en rapporte plusieurs exemples, dont le premier concerne l'évêque de Châlons-sur-Marne. Voici le compte que M. d'Aguesseau rend de cette affaire. «Sous le règne de Saint «Louis, et en l'année 1267, l'évêque de Châlons-sur-«Marne fut accusé d'avoir donné lieu, par sa négli-«gence, à la mort de deux prisonniers qui avoient été «tués dans ses prisons : il prétendit que, s'agissant «d'une action personnelle, il n'étoit pas obligé de com-«paroître au parlement, où il avoit été cité pour «répondre sur ce sujet; mais la cour des pairs n'eut «aucun égard à ces exceptions, et elle ordonna qu'il

«procéderoit devant elle, non seulement parcequ'il
«étoit baron et pair de France, mais parcequ'il s'agis-
«soit d'un forfait commis dans sa justice temporelle,
«qu'il tenoit du roi (1)....

«Ainsi s'abolissoit cette prévention établie dans les
«siècles précédents, que les juges séculiers ne pou-
«voient faire le procès à des ecclésiastiques.

«Durand, évêque de Mende, auteur de ce siècle,
«c'est-à-dire du quatorzième, le marque assez par les
«plaintes qu'il fait de ce que le pape et l'église romaine
«souffroient que, contre la liberté des ecclésiastiques,
«qu'il prétend être de droit divin, les évêques fussent
«tous les jours emprisonnés par l'ordre des rois. Il im-
«porte peu que ces plaintes fussent justes ou qu'elles ne
«le fussent pas; elles prouvent toujours que les rois
«rentroient alors dans la possession de leurs droits, et
«que l'église commençoit à le souffrir(2).»

Cependant il est vraisemblable que le clergé auroit
triomphé de toutes les résistances, si la puissance séculière n'avoit pas trouvé un défenseur aussi vigilant
qu'éclairé dans le parlement, qui fut rendu sédentaire
à Paris en l'an 1302. Ce grand corps, constamment
animé d'un esprit conservateur, qui réunissoit toutes
les connoissances que l'on avoit alors sur la distinction
des deux puissances, et qui ne douta jamais, ni du pouvoir des lois, ni de l'autorité de ses jugements, couvrit

(1) Tome 5, page 245.
(2) *Ibid.*, page 245.

de leur égide les prérogatives de la couronne et les droits des seigneurs. Mais le clergé avoit aussi ses armes; il avoit de plus une longue et paisible possession, et la lutte continua. Ce flux et reflux des jurisdictions ecclésiastiques et séculières amena, on ne sait comment, la célèbre conférence tenue à Vincennes, en l'année 1329.

Dans cette mémorable assemblée, présidée par le roi lui-même, les seigneurs et les ecclésiastiques se trouvèrent en présence. Les premiers étoient défendus par Pierre de Cugnières; les autres par Pierre Bertrandi, évêque d'Autun, et Roger, nommé à l'archevêché de Sens.

Pierre de Cugnières accusoit le clergé, «A savoir, «entre autres, qu'ils entreprenoient de cognoistre des «matières réelles et des hypothécaires, mesmement du «possessoire des choses prophanes, et jusques au do-«maine du roi décédé; empeschoient les notaires «royaux et des seigneurs d'instrumenter; faisoient «payer aux lays accusez les dépens des procez criminels, «ores qu'ils fussent trouuez innocents; et excommu-«nioient les debteurs insoluables; et encore, à tout pro-«pos excommunioient les iuges royaux quand ils peu-«soient défendre la iurisdiction du roi, combien qu'ils «ayent ce privilége des papes, de ne pouuoir être excom-«muniez pour cet effet, comme il se veoit au viel stil du «parlement, *in Tract. de Privilegiis regni Franciœ* (1).

_____

(1) A cette autorité se joint celle des Libertés de l'église gallicane, dont les articles 15 et 16 portent :

«Bref, ils faisoient plusieurs autres telles escapades
«contre toute raison, voire contre le sens commun,
«comme il n'y a point de fin aux usurpations, depuis
«qu'une fois les bornes de la raison sont passées.»
LOYSEAU, *des Seigneuries*, chap. 15, n° 84.

Le défenseur du clergé s'étendit beaucoup sur la
capacité des clercs, qui, autant et même plus que
les laïcs, avoient les connoissances qu'exige l'administration de la justice. Mais ce n'étoit pas là la
question. Il rappela que Melchisédec, prêtre et roi,
avoit exercé tout à-la-fois les deux puissances; il prétendit ensuite que Jésus-Christ avoit donné à saint
Pierre le droit de vie et de mort, et que le prince des
apôtres avoit exercé ce droit en punissant Ananie et
Saphir; enfin il se fondoit sur ce passage de saint Paul:
«Ne savez-vous pas que les saints jugeront le monde»;

Art. 15. «Le pape ne peut exposer en proye, ou donner le royaume
«de France, et ce qui en dépend, ny en priver le roy, ou en disposer
«en quelque façon que ce soit. Et quelques monitions, excommunica-
«tions ou interdictions qu'il puisse faire, les sujets ne doivent laisser
«de rendre au roy l'obéissance deüe pour le temporel, et n'en peuvent
«estre dispensez ny absous par le pape.»

Art. 16. «Ne peut aussi excommunier les officiers du roy, pour ce
«qui concerne l'exercice de leurs charges et offices; et, s'il le fait, celuy
«qui l'a poursuivy est contraint, par peines et amendes, et par saisie
«de son temporel, ores qu'il fût ecclésiastique, de faire révoquer
«telles censures. Aussi ne sont, les dits officiers, censez compris ès
«termes des monitions générales, pour ce qui concerne leurs dites
«charges.»

et il raisonnoit comme si la dénomination de saint appartenoit exclusivement au clergé(1).

Cette conférence n'eut pas de suite; on en a fait un reproche à Philippe de Valois. Mais la politique ne lui conseilloit-elle pas de laisser les seigneurs et les ecclésiastiques, ces deux ordres alors beaucoup trop puissants, s'affoiblir réciproquement par leurs divisions.

Nous disons que cette conférence n'eut pas de suite; cependant elle ne fut pas inutile. Elle ouvrit la route qui conduit à la vérité; elle apprit à douter. A l'aide de beaucoup d'études, et de quelques règles de critique que l'on connoissoit déja, on rechercha les fondements de cette puissance colossale qui pesoit sur toute la chrétienté.

Les fruits de ces recherches ne tardèrent pas à éclore. En 1371 le parlement fit défense aux tribunaux ecclésiastiques de connoître des actions réelles et possessoires, quand même elles seroient intentées contre des clercs, ainsi que des droits féodaux et des rentes assignées sur héritages(2). Il s'en falloit de beaucoup que

____

(1) *Voyez* le septième Discours de l'abbé Fleury sur l'Histoire ecclésiastique.

(2) FÉVRET, dans son *Traité de l'Appel comme d'abus*, liv. IV, chap. 1, n° 9, parle de cet arrêt. Voici le compte qu'il en rend. « Il y « eut arrêt général donné en 1371, au mois de mars, sous le même roi « Charles V, contre l'archevêque de Sens et les évêques de Langres, « Auxerre, Troyes, Autun et Châlons, et leurs officiaux, qui fait bien « voir le misérable état auquel on avoit réduit les jurisdictions royales;

cet arrêt resserrât la jurisdiction ecclésiastique dans ses véritables limites; cependant il produisit un bon effet. Il fut regardé comme une garantie contre des entreprises nouvelles, èt les tribunaux laïcs en conçurent l'espoir qu'ils pourroient un jour reconquérir ce qu'ils avoient perdu. Ils agirent en conséquence; et, après une lutte dont la durée fut encore de plus de cent cinquante ans, les deux jurisdictions furent enfin replacées sur leurs véritables bases, ou du moins à très peu de choses près, par l'ordonnance de 1539.

Je trouve dans le *Traité de l'Abus*, de FÉVRET, liv. IV, chap. 1, n° 11, des observations sur cette ordonnance de 1539, qui dédommageront bien de celles que je pourrois faire. Voici ses termes. « Finalement, « après la révolution de plusieurs années, ce nœud « gordien, et comme indissoluble, fut presque tranché « par un ou deux articles de l'ordonnance du roi François Ier, de l'an 1539, qui a restreint la jurisdiction « ecclésiastique sur les laïcs aux matières de sacrements, « et autres pures spirituelles ecclésiastiques, avec dé- « fenses aux juges d'églises de les faire citer devant eux, « en actions pures personnelles, à peine d'amendes ar- « bitraires. Encore n'osa-t-on pas régler l'affaire nette-

---

« car il est défendu auxdits prélats de connoître à l'avenir *de actionibus* « *realibus, videlicet de rei vindicatione, petitione hæreditatis, inter-* « *dictis possessoriis, causis retractuum hæreditarium, de reditibus an-* « *nalibus affidatis et petitis super hæreditariis, etc., etc.* » Lequel arrêt est rapporté tout au long par CHOPIN, liv. II, *Polit.*, tit. 1, n° 6.

«ment et sans queue; car ladite défense de faire citer
«les laïcs en cour d'église, en matières d'actions pures
«personnelles, ne fut faite que par provision, et sans
«préjudice de ceux qui auroient titre ou possession
«contraire. Mais cette provision a bien eu force et effet
«définitif, en ce que les parlements ont depuis cassé,
«comme nulles et abusives, toutes citations et procé-
«dures faites contre les laïcs en cour ecclésiastique,
«à la réserve des matières de sacrements, et autres
«pures spirituelles et ecclésiastiques, quelques titres,
«indults, priviléges, possessions contraires, que les
«juges aient pu alléguer.»

A l'égard de la poursuite des crimes commis par des
ecclésiastiques, après bien des variations et des incer-
titudes, on avoit enfin établi des règles qui concilioient
très bien la dignité de l'église et l'intérêt de la société.
L'instruction se faisoit conjointement par le juge d'é-
glise et par le juge séculier; ensuite chacun d'eux rendoit un jugement séparé : le premier infligeoit les
peines canoniques, et le second les peines criminelles
et civiles.

Notre nouvel ordre judiciaire, et singulièrement la
procédure par jurés, rend aujourd'hui impossible ce
concours du juge d'église avec le juge séculier.

Quant aux affaires civiles, l'ordonnance de 1539
avoit réduit la jurisdiction temporelle de l'église à la
connoissance des actions personnelles dirigées contre
les clercs; mais la jurisprudence avoit encore enlevé
à l'église ce foible débris de l'immense pouvoir qu'elle

avoit si long-temps exercé sur les laïcs : de manière
qu'il ne lui reste plus que ce qu'elle tient de son divin
fondateur; c'est-à-dire, une jurisdiction purement spirituelle. Cette jurisdiction fera la matière du Chapitre
suivant.

CHAPITRE XXII.

De la Jurisdiction spirituelle de l'Eglise.

L'ÉGLISE forme une société; et il n'y a point de société sans une puissance régulatrice.

Il faut donc reconnoitre l'existence d'un pouvoir
investi du droit de donner des lois à l'église.

Ce pouvoir, d'abord concentré dans la personne du
divin fondateur de la religion, et par lui transmis à
ses apôtres, est aujourd'hui dans les mains des successeurs de ces mêmes apôtres, qui l'exercent collectivement dans des assemblées délibérantes, que l'on
nomme *conciles* (1).

---

(1) Jésus-Christ ne révéla pas toutes les vérités à ses apôtres; mais,
en les quittant, il leur promit que le Saint Esprit leur apprendroit successivement tout ce qu'il leur importeroit de savoir pour le gouvernement de l'église : *Adhuc multa habeo vobis dicere.... Cùm autem ve-
nerit ille Spiritus veritatis, docebit vos omnem veritatem.* JOANNES,
XVI, v. 12.

L'étendue de cette puissance est déterminée par sa nature, et Jésus-Christ a dit que son royaume n'étoit pas de ce monde (1). Céleste comme son origine, le pouvoir de l'église est donc purement spirituel; il se concentre donc nécessairement sur deux objets, les dogmes de la foi et la discipline ecclésiastique : et comme ces deux attributions appartiennent à l'église *de droit divin*, et qu'elle ne les a pas reçues des hommes, les hommes ne peuvent les lui enlever.

Cependant, entre le dogme et la discipline, il y a des différences assez importantes pour mériter d'être remarquées.

Les dogmes consignés dans l'évangile sont invariables, comme la volonté de son auteur. A cet égard, l'autorité des conciles se borne à fixer le sens des mots, à déclarer celui que le divin législateur a eu l'intention d'y attacher, à développer ce qui pourroit paroître obscur à des intelligences communes; enfin à déterminer les formules dans lesquelles les articles de foi doivent être conçus.

C'est aussi de droit divin qu'il appartient à l'église de régler sa discipline : mais on sent que des règlements de cette espèce, nécessairement subordonnés aux circonstances, peuvent et doivent varier comme elles.

Il y a encore, entre le dogme et la discipline, cette

_____

(1) *Respondit Jesus : Regnum meum non est de hoc mundo.* JOANNES, XVIII, v. 36.

différence, que le dogme commande à tous les fidèles, et que, dans chaque état, la puissance publique et les conciles nationaux peuvent modifier et même rejeter les canons réglémentaires des conciles universels. Enfin une troisième différence entre le dogme et la discipline est encore à observer. L'église statue sur le dogme avec l'indépendance la plus absolue; mais comme la discipline a toujours quelque chose d'extérieur, quelques points de contact avec l'ordre public, elle ne peut, sous ce rapport, agir que de concert avec la puissance séculière.

Mais que seroit-ce qu'un pouvoir dont on pourroit violer les lois impunément? Un vain appareil, un objet de dérision pour les méchants.

Puisque l'église a une puissance législative, elle a donc nécessairement dû avoir une jurisdiction, ou, ce qui est la même chose, le pouvoir de faire respecter ses lois par des jugements, et d'infliger des peines à ceux qui les enfreignent. Ce qui nous conduit à l'examen des points suivants : Quelle est la nature de la jurisdiction de l'église? Quels sont les objets qu'elle embrasse? Quelles peines peut-elle infliger? Et par qui doit-elle être exercée?

Si, comme nous venons de le dire, l'église n'a reçu de son divin fondateur le droit de statuer législativement que sur des objets purement spirituels, sa jurisdiction, nécessairement de la même nature que le pouvoir dont elle émane, est aussi toute spirituelle; et il en doit être de même des peines qu'elle peut infliger.

C'est en effet ce que nous apprennent les saints évangiles : *Allez*, dit Jésus-Christ à ses disciples, *instruisez toutes les nations :* EUNTES, DOCETE OMNES GENTES; *apprenez-leur à observer toutes les choses que je vous ai commandées :* DOCENTES EAS SERVARE OMNIA QUÆCUMQUE MANDAVI VOBIS (1).

Voilà le droit d'enseigner donné aux apôtres. Jésus-Christ leur confère celui de juger les infractions aux dogmes de la foi et aux préceptes de la morale chrétienne, lorsqu'il leur dit : *Si votre frère a péché contre vous, allez lui représenter sa faute en particulier; s'il vous écoute, vous aurez gagné votre frère :* LUCRATUS ERIS FRATREM TUUM; *s'il ne vous écoute point, prenez avec vous une ou deux personnes, afin que tout soit confirmé par le témoignage de deux ou trois témoins :* UT IN ORE DUORUM VEL TRIUM TESTIUM STET VERBUM; *s'il ne les écoute pas, dites-le à l'église; et s'il n'écoute pas l'église, qu'il soit à votre égard comme un payen et un publicain :* DIC ECCLESIAE; SI AUTEM ECCLESIAM NON AUDIERIT, SIT TIBI SICUT ETHNICUS ET PUBLICANUS.

L'église tient encore de Jésus-Christ le droit de lier et de délier : *Je vous le dis en vérité, tout ce que vous aurez lié sur la terre sera lié aussi dans le ciel; et tout ce que vous délierez sur la terre sera aussi délié dans le ciel :* QUAECUMQUE ALLIGAVERITIS SUPER TERRAM ERUNT LIGATA IN COELO; ET QUAE-

---

(1) S. MATTHIEU, *in fine.*

CUMQUE SOLVÉRITIS SUPER TERRAM, ERUNT SOLUTA IN COELO (1).

Tel est donc le *maximum* des peines que l'église peut infliger à celui qui *ne l'écoute pas*, qui est sourd à sa voix, qui enfreint et méprise ses préceptes : elle lui refuse le pardon de ses péchés, elle le rejette de son sein, elle le retranche de sa communion. Là finit le pouvoir qu'elle a reçu de Jésus-Christ, et qui lui appartient de droit divin.

Nos rois se sont fait un devoir de reconnoitre et de sanctionner cette jurisdiction donnée par Jésus-Christ à son église. L'édit de 1695 porte, article 34 : *La connoissance des causes concernant les sacrements, les vœux de religion, l'office divin, la discipline ecclésiastique, et autres* PUREMENT SPIRITUELLES, *appartient aux juges d'église.*

D'Héricourt ajoute : «De là il suit que la jurisdiction «qui appartient à l'église de droit divin ne consiste que «dans le pouvoir d'enseigner les nations, de remettre «les péchés, d'administrer aux fidèles les sacrements, «et de punir, par des peines PUREMENT SPIRITUELLES, «ceux qui violent les lois ecclésiastiques (2). »

Et quel besoin l'église a-t-elle des mesures répressives employées par les puissances de la terre? Elle a, pour commander l'obéissance, des moyens d'un ordre

---

(1) S. MATTHIEU, chap. XVIII, v. 15, 16, 17 et 18.

(2) D'HÉRICOURT, *Lois eccl.*, liv. I, ch. 1, n° 3.

bien supérieur; ses promesses sont immenses, et ses peines éternelles.

Mais par qui cette jurisdiction doit-elle être exercée?

A l'époque où le gouvernement de l'église prit une forme régulière, on étoit loin encore de sentir la nécessité de séparer les pouvoirs. Les grands de l'Etat, c'est-à-dire, les comtes et les seigneurs de fiefs, appliquoient eux-mêmes, dans leurs gouvernements et dans leurs seigneuries, les lois auxquelles ils avoient concouru dans les assemblées nationales.

De même les évêques, législateurs dans les conciles, étoient juges dans leurs diocèses, et statuoient sur toutes les infractions aux lois de la discipline et du dogme. Mais comme la règle de ces temps-là étoit que nul ne pouvoit juger seul, toutes les fois qu'ils avoient un jugement à rendre, ou un point de discipline à décider, ils en délibéroient avec leur clergé, formant une espèce de tribunal que l'on appeloit le *presbyterium* (1).

Dans la suite, soit incapacité dans la plupart des clercs, soit que l'on craignit que leur nombre, consi-

---

(1) Dans la dispute qui s'éleva au sujet de la circoncision et de l'observation de la loi de Moïse, par rapport aux gentils qui avoient embrassé la foi de Jésus-Christ, les apôtres s'assemblèrent, et les prêtres avec eux : *Conveneruntque apostoli et seniores videre de verbo hoc.*

Le quatrième concile de Carthage, tenu en 398, défend aux évêques de juger aucune cause qu'en présence de leur clergé; et il déclare nulles les sentences qu'ils rendent, si elles ne sont confirmées par le suffrage des clercs.

dérablement augmenté, ne jetât de la confusion dans les délibérations du *presbyterium*, les évêques concentrèrent dans les chanoines de leurs cathédrales le droit de concourir avec eux aux jugements des affaires du diocèse : mais ce changement n'altéra pas la maxime primitive; et il étoit toujours vrai de dire que l'évêque ne pouvoit rien sans le concours de son clergé, ou au moins d'une partie de son clergé.

Tel étoit encore l'état des choses au douzième siècle, époque à laquelle le pape Alexandre III écrivoit au patriarche de Jérusalem : «Vous savez que vous et «vos frères les chanoines, vous ne faites qu'un seul «corps, dont vous êtes le chef, et dont ils sont les «membres.»

Mais bientôt, soit que les chanoines des cathédrales fussent encore trop nombreux, soit que, dans ces temps d'ignorance, ils manquassent en général de capacité, les évêques négligèrent de prendre leur avis; et, au mépris de la discipline primitive, ils s'arrogèrent le droit de se former des conseils, qu'ils composoient à leur gré, et qu'ils ne consultoient que lorsqu'ils le jugeoient à propos.

Cependant, depuis plus de deux siècles, l'église travailloit à renverser la barrière qui sépare les deux puissances. On vouloit bien convenir que celle de l'église étoit toute spirituelle; mais ce *spirituel*, on le voyoit par-tout. Les juges royaux, les seigneurs hauts justiciers faisoient entendre les plus vives réclamations : mais le système d'envahissement étoit si habilement combiné, qu'il triomphoit de toutes les résistances; et chaque jour de nouvelles conquêtes sur les tribunaux laïcs agrandissoient la sphère des jurisdictions ecclésiastiques.

Enfin les évêques se trouvèrent tellement surchargés d'affaires de toute nature, que le concile de Latran, tenu en 1215, crut devoir les exhorter à se donner des coopérateurs dans l'exercice de leur jurisdiction. On voit, par différentes décisions du *sexte,* que, sous le pontificat de Boniface VIII, tous les évêques, ou du moins la très majeure partie, s'étoient rendus à l'invitation du concile, et avoient délégué les fonctions judiciaires. Boniface VIII donne à ses délégués la dénomination d'*officiaux*; et c'est encore sous ce seul titre qu'ils sont connus en Italie.

En France, les évêques avoient jugé à propos de diviser leur jurisdiction en deux branches, l'une volontaire, et l'autre contentieuse : la première étoit exercée par des grands vicaires, l'autre par des officiaux.

Les officiaux connoissoient de toutes les affaires contentieuses, c'est-à-dire, de celles qui donnoient lieu à une procédure régulière, et qui devoient être terminées par des décisions en forme de jugements. L'ordonnance de 1667 leur imposoit l'obligation de suivre les formes établies pour les tribunaux civils.

Les officiaux avoient un tribunal et des officiers ministériels ; et près de chacun d'eux étoit un *promoteur.*

Les promoteurs étoient, dans les officialités, ce que sont les gens du roi dans les tribunaux civils. Leurs fonctions consistoient à veiller au maintien de l'ordre, à faire informer d'office contre les clercs infracteurs des lois et de la discipline ecclésiastique, et à maintenir les droits, les libertés et les immunités de l'église.

L'existence des officialités étant incompatible avec le nouvel ordre judiciaire établi par la loi du 24 août 1790, ces tribunaux furent abolis par une disposition formelle de la loi des 6 et 7 septembre 1790, titre 1, art. 13.

Dans ce nouvel ordre de choses, la jurisdiction épiscopale, ramenée à son principe, se concentre dans les affaires purement spirituelles ; et cependant les évêques conservent le droit d'en déléguer l'exercice à leurs vicaires généraux.

De la Jurisdiction des Eglises cathédrales, pendant la vacance du Siége épiscopal.

Nous l'avons dit plus haut : dans la primitive église, les évêques ne faisoient aucun acte de jurisdiction sans le concours de leur clergé. Plus tard, les chanoines de l'église cathédrale participèrent seuls à l'administration du diocèse. Plus tard encore, les chanoines perdirent cette influence, et les évêques s'arrogèrent le droit de choisir leurs coopérateurs.

Mais la spoliation des chapitres n'a jamais été absolue : au décès de leur évêque, ils rentrent dans l'exercice de leur ancienne prérogative, par droit de dévolution, ou plutôt par droit de non décroissement.

Mais le retour à l'ancien état n'a rendu aux chapitres que les droits dont ils jouissoient primitivement;
et les actes de la juridiction spirituelle étoient les
seuls auxquels ils fussent appelés à concourir. Quant
aux pouvoirs inhérents au caractère épiscopal, comme
les évêques les ont toujours exercés privativement, la
vacance du siége ne les transmet pas aux chanoines.

Ainsi le chapitre ne donne ni les ordres sacrés, ni
le sacrement de confirmation. De même, si un indult
avoit conféré à l'évêque quelques uns des droits réservés au siége de Rome, tel, par exemple, que celui de
donner des dispenses de mariage au troisième degré,
cette prérogative, personnelle à l'évêque, ne passeroit
pas au chapitre.

Quoique les chanoines n'aient pas le droit de faire
les ordinations, cependant l'église n'est pas exposée à
manquer de ministres : le chapitre, par des lettres di-
missoriales adresse ceux qu'il juge dignes du sacer-
doce à des évêques qui leur confèrent l'ordre pour
lequel ils sont présentés (1).

Le chapitre peut de même révoquer les permissions
de confesser, en accorder de nouvelles, les limiter
suivant les temps, les lieux et les circonstances, approuver les prédicateurs, permettre les quêtes; et

(1) Le concile de Trente défend aux chapitres de donner des dimissoires pendant la première année de la vacance du siége épiscopal,
mais ce concile n'étant pas reçu en France, cette défense n'est regardée
que comme un simple conseil.

autoriser les religieuses à sortir momentanément du cloitre.

Le chapitre peut aussi, pendant la vacance du siége, présider les synodes de curés, et faire des statuts synodaux, ainsi que des règlements sur les fêtes et les jeûnes; il peut de même nommer des commissaires à l'effet de visiter les églises et les monastères.

Cependant il ne doit pas perdre de vue que, n'étant revêtu que d'une autorité transitoire, il ne doit faire aucune innovation dans la discipline générale du diocèse, si ce n'est dans le cas d'une évidente nécessité.

Il est encore dans les attributions du chapitre de dispenser des censures encourues pour les crimes cachés, excepté pour l'homicide volontaire. Il peut également absoudre de l'hérésie, la bulle *In cœná Domini*, qui réserve cette absolution au pape n'étant pas reçue en France.

Si l'évêque étoit en possession immémoriale de donner des dispenses dans des cas réservés au saint siége, le chapitre auroit le même droit. Il nomme également aux bénéfices dont la collation appartient à l'évêque.

Et comme il lui seroit impossible de faire collectivement tous ces actes de juridiction, il a le droit d'en confier l'exercice à des vicaires généraux; et, libre dans le choix de ces mandataires, il est le maître de limiter, de modifier les pouvoirs qu'il leur confère, et de les révoquer comme il le juge à propos.

Des Formes à suivre dans l'Exercice de la Jurisdiction spirituelle.

La jurisdiction spirituelle agit de deux manières, sur le for intérieur èt sur le for extérieur. Dans le premier cas, on lui donne la dénomination de jurisdiction pénitentielle, et dans le second celle de jurisdiction volontaire.

La jurisdiction pénitentielle est celle qui regarde particulièrement le sacrement de pénitence. Tout confesseur approuvé est investi de cette jurisdiction : les curés, et en général tous ceux qui possèdent des bénéfices à charge d'ame, la reçoivent par l'institution canonique.

Les actes de la jurisdiction volontaire sont de deux sortes, de grace ou de justice.

Les actes de grace sont ceux que l'évêque peut ne pas faire, et à l'égard desquels il n'a d'autre régulateur que sa volonté : tels que la nomination aux bénéfices dont la pleine collation lui appartient, l'autorisation de s'affilier à un autre diocèse, des dimissoires à des clercs pour se faire ordonner par un évêque étranger, des pouvoirs à conférer à des prêtres sans fonctions et sans bénéfice, l'établissement des chapelles domestiques, et autres de la même nature. Ces actes ne sont assujettis à aucune formalité.

Dans la classe des actes de justice se placent les règlements que l'évêque doit faire, les ordonnances et les

décisions qu'il est obligé de rendre relativement au
maintien de la discipline, à la correction des mœurs,
à la pureté de l'enseignement, à l'administration des
sacrements, à la régularité dans la célébration des offices, à la décence dans les édifices destinés au culte, aux
institutions canoniques qui lui sont demandées; en un
mot, à tout ce qui peut donner lieu soit à l'appel simple
devant le supérieur ecclésiastique, soit à l'appel comme
d'abus devant les tribunaux séculiers.

Mais si, dans l'exercice de cette partie de sa jurisdiction, l'évêque ne dispose que comme juge en premier
ressort, il faut nécessairement que ses décisions soient
revêtues de certaines formes judiciaires, et sur-tout
qu'elles renferment des motifs qui puissent éclairer
l'autorité supérieure qui doit les apprécier (1).

Les actes de la jurisdiction volontaire qui sont susceptibles d'être attaqués par la voie de l'appel, sont indiqués avec beaucoup de précision dans le célèbre édit
de 1695. On en verra les principales dispositions dans
le Chapitre suivant.

Nous venons de dire que, dans l'exercice de la jurisdiction volontaire, les évêques sont obligés de motiver
les actes que l'on nomme de justice. Mais, dans un
grand nombre de circonstances, les motifs ne peuvent

---

(1) « Les archevêques et évêques, ou leurs vicaires généraux, qui
« refuseront de donner leur *visa*, ou institution canonique, seront
« tenus d'en exprimer les causes dans les actes qu'ils feront délivrer à
« ceux auxquels ils les auront refusés. » *Edit de* 1695, art. 5.

être puisés que dans des documents qui ne s'obtiennent que par des vérifications et des enquêtes : par exemple, l'évêque est informé qu'un ecclésiastique néglige de se conformer aux rits de l'église, dans l'administration des sacrements ; mais il sait aussi qu'une dénonciation n'est souvent qu'une calomnie, et que la justice lui défend de sévir avant que le fait soit légalement constaté. Sous le régime des officialités, rien n'étoit plus simple : le promoteur rendoit plainte, produisoit les témoins, et citoit le prévenu; l'official recevoit leurs dépositions et ses réponses; le greffier en dressoit procès-verbal; et, sur le tout, il intervenoit un jugement. Aujourd'hui les évêques n'ont auprès d'eux ni ministère public, ni officiers ministériels; et cependant ils n'en sont pas moins obligés de se conformer à ces règles éternelles, que l'on ne peut condamner personne sans l'entendre; qu'aux yeux des juges, un fait n'est réputé constant que lorsqu'il est établi dans les formes légales. Comment donc l'évêque procédera-t-il contre l'ecclésiastique dont la conduite est déférée à sa censure?

Avant de censurer un ecclésiastique, avant de donner une ordonnance de suspension ou d'interdiction, l'évêque, ou la personne qu'il commet à cet effet, peut et doit appeler des témoins, prendre leur serment, recueillir leur déposition; en un mot, prendre toutes les mesures propres à le conduire à la découverte de la vérité. Il le doit, parceque la justice lui en fait un devoir, parceque l'honneur et l'état des hommes étant sous la protection spéciale des lois, nulle atteinte ne peut leur être portée que dans des formes légales. Il le peut parcequ'il ne fait en cela que ce qui s'est constamment pratiqué toutes les fois qu'il s'est agi de l'aliénation d'un bien d'église, de la suppression d'un titre ecclésiastique, de la réunion d'un bénéfice à un autre; actes qui appartiennent également à la juris-diction volontaire.

De l'Appel simple.

Il y a deux manières de se pourvoir contre les actes de la puissance spirituelle : l'appel simple, et l'appel comme d'abus. Ce dernier fera la matière du Chapitre suivant; l'appel simple terminera celui-ci.

Dans les premiers siècles de l'église, les appels étoient inconnus : la sainteté des évêques garantissoit la bonté de leurs jugements; et si l'évêque lui-même avoit à se plaindre d'une décision de son métropolitain, il portoit sa réclamation devant un concile provincial, et tout finissoit là. Le recours au pape étoit inconnu. Les fausses décrétales l'érigèrent en droit. Malgré la nou-veauté de cette prétention, malgré la résistance de plusieurs églises, notamment de l'église gallicane, il fut enfin reçu que l'on pouvoit appeler à Rome de toutes les cours ecclésiastiques ; et dès-lors s'établit la jurisprudence des appels, telle qu'elle existe aujour-d'hui, c'est-à-dire, de l'évêque au métropolitain, et du métropolitain au pape.

Cependant nos rois, toujours occupés de la dignité

de leur couronne et des intérêts de leurs sujets, ont
exigé que des commissaires nommés par le pape ju-
geassent en France les appels à Rome.

D'Héricourt ajoute : «Et en cas qu'après le jugement
«des commissaires, il n'y ait pas encore trois sentences
«conformes, la partie qui se trouve lésée peut inter-
«jeter appel de leur jugement, et obtenir du pape de
«nouveaux commissaires, jusqu'à ce qu'il y ait trois
«sentences conformes (1).»

L'appel s'interjette par un simple acte, comme dans
les tribunaux civils.

Si celui qui a interjeté appel néglige de le relever
devant le juge supérieur, la partie qui a gagné sa cause
peut le faire anticiper, et faire déclarer l'appel désert.
Les délais pour relever ces sortes d'appel sont les mêmes
que dans les matières ordinaires.

On suit de même, pour la péremption, les règles
de la procédure civile (2).

---

(1) *Lois eccl.*, ch. 25, n° 3.

(2) «Comme on ne peut prononcer les censures que contre ceux
«qui refusent d'obéir aux ordres de l'église qui leur sont connus, elles
«doivent être précédées des monitions canoniques, qu'il faut faire en
«présence des témoins, soit que le supérieur ecclésiastique ordonne de
«faire quelque chose, soit qu'il défende quelque mauvaise action. Ces
«monitions doivent ordinairement être au nombre de trois, entre
«chacune desquelles on laisse un intervalle au moins de deux jours,
«pour donner le temps de se reconnoître à celui qui est menacé d'ex-
«communication. Cependant, quand l'affaire est extraordinairement
«pressée, on peut diminuer le temps d'entre les monitions, n'en faire

CHAPITRE XXIII.

Suite du Chapitre précédent. De l'Appel comme d'abus.

On vient de voir le développement de la puissance temporelle des papes; c'est l'évènement le plus extra-ordinaire des temps modernes. Mais comme cette puissance n'étoit sortie de ses limites naturelles qu'à l'aide de l'ignorance et de la superstition, c'étoit le colosse aux pieds d'argile. Il fut ébranlé sitôt que les esprits commencèrent à s'éclairer; et l'appel comme d'abus fut la pierre détachée de la montagne.

« que deux, ou même qu'une seule, en avertissant dans l'acte que cette « seule et unique monition tiendra lieu des trois monitions canoniques, « attendu l'état de l'affaire, qui ne permet pas qu'on suive les forma-« lités ordinaires. » *Lois ecclésiastiques*, *de* D'HÉRICOURT, chap. 22, art. 39.

« Les cours séculières jugent que l'obligation d'apporter les précau-« tions ordonnées par les conciles, dans les excommunications, est de « rigueur, particulièrement les monitions. Elles prononcent qu'il y a « abus dans les décrets des évêques qui ont négligé de les observer. C'est « un des principaux motifs de l'arrêt du parlement de Paris, du 30 sep-« tembre 1669, contre l'évêque d'Amiens, en faveur du doyen de l'église « collégiale de Royé, que ce prélat avoit excommunié, sans observer « dans les monitions les intervalles raisonnables. » *Mémoires du clergé*, tome VII, p. 1114, 1115.

Il y a lieu à l'appel comme d'abus toutes les fois que la jurisdiction ecclésiastique commet des entreprises sur les droits de la puissance temporelle, des vexations contre les sujets du roi, ou des infractions aux canons des conciles et aux libertés de l'église gallicane.

Ce point de notre droit public est irrévocablement fixé par l'article 79 des libertés de l'église gallicane, dont voici les termes : *Nos pères ont dit: les appels comme d'abus être, quand il y a entreprises de juris-diction, ou attentats contre les saints décrets et ca-nons reçus en ce royaume, droits, franchises, libertés et priviléges de l'église gallicane, concordats, édits et ordonnances du roi, arrêts de son parlement; bref, contre ce qui est non seulement de droit commun, di-vin ou naturel, mais aussi des prérogatives de ce royaume, et de l'église d'icelui.*

On remarque dans ce texte que l'infraction aux arrêts de règlement des cours souveraines donne ou-verture à l'appel comme d'abus. *Févret*, dans son *Traité de l'appel comme d'abus*, liv. I, chap. 9, n° 5, en rend la raison en ces termes : «Les cours étant pro-«tectrices et conservatrices des saints décrets, et ayant «été établies pour maintenir, par leur autorité, les «droits de supériorité et de souveraineté du roi sur le «temporel de son état,.... et pour connoître des entre-«prises non seulement préjudiciables aux droits de la «couronne, mais aux immunités, droits et libertés «ecclésiastiques, il est certain que les arrêts généraux «qu'elles donnent, soit de leur office, soit sur les ré-

« quisitions des procureurs généraux ;.... et que les rè-
« glements qu'elles font pour conserver en vigueur la
« discipline extérieure de l'église, ont force et autorité
« de loi, en telle sorte qu'on n'y peut déroger sans
« commettre un abus notoire et manifeste ;.... bref, si,
« en quoi que ce soit, le juge d'église entreprend sur
« les défenses à lui faites par les cours de parlement, ou
« s'il donne jugement sur ce qu'elles auroient déjà dé-
« cidé, il y a abus formel en cela, fondé sur la contra-
« vention aux arrêts. »

Nous avons dit plus haut que tous les sujets du roi,
ecclésiastiques ou laïcs, lésés par des actes de la puissance ecclésiastique, ont le droit de les attaquer par
la voie de l'appel comme d'abus. Cette maxime fut
proclamée par M. l'avocat général de Saint-Fargeau,
portant la parole à l'audience de la grand'chambre, le
12 janvier 1761. « Il y a abus, disoit ce savant magistrat,
« quand les juges ecclésiastiques entreprennent sur la
« puissance séculière ; qu'ils donnent atteinte à la liberté
« et à la franchise des sujets du roi ; qu'ils contrevien-
« nent aux ordonnances et aux lois de l'Etat, ou aux
« canons reçus dans le royaume, dont le roi est le con-
« servateur et le protecteur. Enfin, comme l'équité est
« la première de toutes les lois, lorsque le jugement
« d'un supérieur ecclésiastique est tellement contraire
« à l'équité, et blesse si évidemment le bon droit, que
« c'est plutôt un abus qu'un usage légitime du pouvoir,
« que c'est moins un jugement raisonnable qu'une vexa-
« tion odieuse, alors les sujets opprimés peuvent avoir

«recours à l'autorité du prince pour arrêter les vexa-
«tions dont ils sont la victime.»

Dans le même plaidoyer, M. de Saint-Fargeau observe, avec sa sagesse ordinaire, que l'appel comme
d'abus étant fondé sur des motifs d'ordre public, et
uniquement dans la vue de maintenir l'autorité du
roi et la discipline de l'église, doit être rejeté toutes
les fois qu'il ne s'agit que d'erreurs légères, échappées
aux tribunaux ecclésiastiques. « Si l'on consulte, di-
«soit-il, les nations que l'histoire, la connoissance de
«nos maximes, et la tradition de nos prédécesseurs,
«donnent de l'appel comme d'abus, tout enseigne que
«l'appel comme d'abus n'est pas une procédure ordi-
«naire, établie pour faire réformer de légères erreurs
«dans les décisions des cours ecclésiastiques, mais un
«recours extraordinaire à l'autorité souveraine, établie
«pour réprimer l'abus du pouvoir dont les ecclésiasti-
«ques jouissent dans l'État, sous l'autorité, et avec la
«permission du roi.»

On auroit dû qualifier d'appel comme de juge incompétent ces sortes de recours à la puissance séculière : en effet, leur objet est, le plus souvent, de faire
déclarer que le juge d'église a franchi les bornes légales
de sa jurisdiction; mais le clergé, qui avoit lui-même
posé celles qui existoient, les auroit si opiniâtrément
défendues, que chaque contestation de cette espèce
auroit donné lieu à des débats interminables. Pour les
éviter, on imagina cette dénomination d'appel comme
d'abus. Ainsi l'on disoit au juge d'église : Nous n'exa-

minons pas si vous étiez autorisé à connoître de telle affaire; nous voulons bien supposer que vous en aviez le droit; mais vous avez abusé de ce droit; vous en avez fait un usage illégitime; votre décision doit donc être réformée.

A de semblables ménagements envers la puissance ecclésiastique, on devine aisément que l'institution de l'appel comme d'abus appartient à des temps déja fort reculés. En effet, elle remonte au quatorzième siècle; mais la chose étoit plus ancienne que le nom. A toutes les époques de la monarchie, l'autorité royale s'est déployée contre les entreprises du clergé : les exemples en sont très fréquents sous les deux premières races; il y en a plusieurs sous les premiers rois de la troisième, notamment pendant le règne de Saint Louis.

Mais nous n'avions encore ni ce ministère public si vigilant et si actif, ni ce parlement, la terreur des Ultramontains. Les ministres du roi luttoient seuls contre la cour de Rome, et les forces n'étoient pas égales. Que pouvoient, en effet, quelques hommes investis à la vérité d'un grand pouvoir, mais d'un pouvoir précaire, et distraits d'ailleurs par tant d'autres soins, contre un grand corps toujours dans la vigueur de l'âge, parcequ'il se régénéroit continuellement, et dont les membres inamovibles étoient tous animés du même esprit, et marchoient constamment vers le même but.

A une puissance ainsi constituée, il falloit opposer une autorité également énergique et sage, et toujours en action.

Cette autorité, la France la posséda après que Philippe-le-Bel eut rendu le parlement sédentaire à Paris.

Dès cet instant les ministres n'eurent plus à s'occuper des entreprises du clergé; leur répression devint
le principal objet de la sollicitude des procureurs généraux. Rien n'échappa désormais au zèle infatigable
de ces magistrats : par leur organe, tous les actes de la
jurisdiction ecclésiastique qui pouvoient compromettre la souveraineté du roi, les libertés de l'église, les
droits et la tranquillité des citoyens, furent déférés au
parlement, et alors s'introduisirent ces formes de procéder, auxquelles on donne la dénomination d'appel
comme d'abus.

Ces formes se déployèrent de la manière la plus
solennelle, dès les premières années du quinzième
siècle.

L'église avoit deux chefs : l'un occupoit le siége de
Rome; l'autre, Benoît XIII, que la France avoit reconnu, résidoit à Avignon. Ce dernier, voulant trouver dans les pays de son obédience la compensation de
ce qu'il perdoit ailleurs, désoloit le royaume par les
vexations les plus intolérables. Le procureur général
et l'université de Paris les déférèrent au parlement.
Leur appel fut reçu, et les légats que le pape avoit en
France furent cités pour y répondre.

On lit dans la plainte de l'université : « Bénédict,
«susdit pape, ne garde ni poids ni mesure envers les
«gens d'église, ains, au contraire, les assujettit à jougs
«et servages insupportables, *emportant les dépouilles*

42.

«*et successions à plusieurs successeurs des trépassés*,
«ravissant les vacances des prélatures et bénéfices,
«contraignant aucuns à payer des arrérages du temps
«passé, et hors de la mémoire des hommes, exigeant
«des bénéficiers la première année de leurs bénéfices,
«levant les procurations qui sont dues aux prélats, et
«autres ordinaires, pour leur visitation, etc.... Com-
«ment souffrir toutes ces choses de Bénédict, lequel,
«par vérité même de l'évangile, n'est autre que ministre
«de l'église, *et non seigneur*.... Il se devoit raisonnable-
«ment conduire, sans être si ardent à la tyrannique
«exaction de deniers, et se tenir content de ses gages,
«disant, avec l'apôtre, *je n'ai convoité ni or ni argent*....
«Il est donc licite de se retirer et se séparer dudit Béné-
«dict, lequel se seroit vilainement débordé en ava-
«rice, etc. » Enfin l'université concluoit et requéroit,
«*substraction être faite de l'obéissance dudit Bénédict;*
«*à tout le moins, qu'il lui fût fait défense de plus, à*
«*l'avenir, exercer de pareilles exactions.* »

Après l'université, M. le procureur général prit la
parole, et, dans un discours très savant, il établit,
« Que le roi, seul souverain dans son royaume, a seul
«le droit d'y imposer des taxes; que les lois de l'église
«défendent aux archevêques de faire des exactions et
«levées de deniers sur leurs suffragants; que l'Écriture
«appelle de ce nom d'archevêque l'évêque de la ville de
«Rome; que les églises avoient été fondées et dotées par
«les princes séculiers; qu'il appartenoit au roi et à son
« parlement de pourvoir à l'oppression de l'église, etc.»

De la part dudit Bénédict et de ses officiers, fut au contraire répondu et requis, « Qu'attendu que la ma-« tière étoit grande et haute, et concernoit les droits « du siége de Rome; qu'il n'avoit en la cour aucun pro-« cureur par conseil duquel la présente cause pût être « déduite,.... il plût à la cour surseoir. »

L'université répliqua, « Que le fondement des rai-« sons alléguées par ledit Bénédict ne pouvoit subsis-« ter, etc. »

M. le procureur général reprit la parole, et demanda « Que justice fût faite, à l'instant, des vexations du pape; « car, ajouta-t-il, si, en la police séculière, le prince « s'efforçoit de prendre et enlever au noble ou au ro-« turier les premières annates des héritages aliénés à « quelque titre que ce fût, qui est-ce qui ne le jugeroit « un tyran et destructeur de la république? qui est-ce « qui voudroit souffrir un tel gouvernement? »

Sur ces débats, *et les parties amplement ouïes de part et d'autre, et tout considéré avec grande et mûre déli- bération*, intervint arrêt, par lequel *dit a été, qu'icelui Bénédict et ses officiers cesseront d'exiger et lever dans le royaume les premiers fruits, annates et émoluments des prélatures et autres bénéfices quelconques;.... en- semble, n'exigeront aucunes procurations dues pour les visitations; cesseront de percevoir aucuns arré- rages, tels qu'ils soient; et si aucune chose de ce qui a été levé étoit encore entre les mains des collecteurs, il sera arrêté et mis sous la main du roi.*

Ce n'est pas tout. Les légats avoient osé excommunier, et même faire emprisonner ceux qui leur avoient montré de la résistance. Cet attentat à l'autorité royale est réprimé par une disposition de l'arrêt, qui ordonne, *Que ceux qui sont détenus et excommuniés pour raison des choses susdites, seront relâchés et absous* (1).

Cet arrêt est du 11 septembre 1406 (2).

Nous pourrions rapporter beaucoup d'arrêts semblables; mais personne n'ignore que toutes les entreprises de la cour de Rome ont constamment trouvé dans les parlements des censeurs inexorables : c'est une justice qu'il est impossible de leur refuser.

L'une des maximes de notre droit public est, que nul, dans le royaume, ne peut, soit publier, soit faire exécuter une bulle, un bref, un rescrit du pape, avant la vérification de ces actes, et sans la permission du roi. Cette maxime est si certaine, que si je rapporte l'arrêt

---

(1) « L'excommunié ne pouvant ester en jugement, suivant les dé-« crétales, on lui accorde, dans les tribunaux ecclésiastiques, une ab-« solution *à cautèle*, dont l'effet est seulement de le rendre capable de « procéder en justice. En France, on n'admet point, dans les tribunaux « séculiers, cette exception contre les excommuniés : cependant, si le « parlement estimoit nécessaire que ceux qui sont excommuniés obtins-« sent une absolution *à cautèle*, il faudroit qu'il les renvoyât pour cet « effet aux archevêques qui ont prononcé l'excommunication, ou, en « cas de refus, aux supérieurs ecclésiastiques. » D'HÉRICOURT, *Lois ecclés.*, part. I, chap. 22, art. 75.

(2) Cet arrêt, dont nous ne donnons que l'analyse, est rapporté en forme dans le *Commentaire* de DUMOULIN sur l'*Edit des petites dates*, IIe part.

que l'on va lire, c'est moins pour l'établir que pour exposer les exceptions dont elle est susceptible.

Cet arrêt *fait inhibitions et défenses à tous archevêques et évêques, leurs vicaires et officiaux, recteurs et suppôts des universités, de recevoir, faire publier et exécuter toutes bulles et brefs sans permission du roi, vérifiée en la cour; sans néanmoins que les provisions des bénéfices, et expéditions ordinaires concernant les affaires des particuliers, qui s'obtiennent en cour de Rome suivant les ordonnances du royaume et lois de l'Etat, soient comprises ès susdites défenses.* Cet arrêt est du 15 mai 1647.

Les clauses dérogatoires aux lois de l'église et de l'Etat, insérées dans les bulles des papes, donnent ouverture à l'appel comme d'abus. Il en seroit de même d'une bulle par laquelle le pape statueroit *motu proprio*, et sans avoir pris l'avis du collége des cardinaux.

Ces deux maximes sont consignées dans un mémoire de M. l'avocat général Talon, concernant une bulle datée du 19 février 1646, bulle qui avoit pour objet de forcer tous les cardinaux de résider à Rome. «La «bulle du pape, dit notre savant magistrat, pèche en «la forme et au fond. En la forme: elle est faite sans «l'avis des cardinaux, du propre mouvement du pape «seul, et avec cette disposition pourtant qu'elle sera «de même force et autorité que si elle avoit été faite «dans la congrégation des cardinaux; ce qui justifie «que cette formalité étoit nécessaire pour rendre le «décret obligatoire.

«Or, ces paroles, *motu proprio*, sont abusives en «France, parceque nous honorons tout ce qui est émané «du saint siége, lorsqu'il a été fait par les voies ordi-«naires et légitimes....

«L'autre défaut qui se rencontre en la formalité de «cette bulle résulte des dérogations y contenues à tous «les canons, à toutes sortes de constitutions aposto-«liques et décrets des conciles généraux faits et à faire, «qui sont termes extraordinaires inconnus en France, «de qui la souffrance ruineroit les libertés de l'église «gallicane, qui sont, que nous ne sommes point obli-«gés en France de recevoir des ordres nouveaux et des «établissements contraires à l'ancienne discipline de «l'église; en telle sorte que *nos libertés ne sont pas des* «*priviléges qui nous aient été accordés, mais plutôt* «*une possession de ne point recevoir de priviléges, de* «*graces ni de dispenses, quand elles sont contraires* «*au droit commun, si ce n'est en certains cas, que le* «*temps et le besoin de l'église ont autorisés :* de sorte «que ces dérogations faites au droit public, et spé-«cialement aux décrets des conciles, sont notoirement «abusives en France (1).»

Dans un discours prononcé à la grand'chambre du parlement, le 10 mai 1647, M. l'avocat général Talon nous apprend encore que les décrets des différentes con-grégations de cardinaux n'ont aucune espèce d'autorité

---

(1) *Mémoires* de M. TALON, tome IV, page 9.

en France, quand même ils auroient été délibérés en présence du pape.

Il s'agissoit, dans cette affaire, d'un décret de la congrégation dite de l'inquisition, qui censuroit un livre imprimé à Paris, qui avoit pour objet d'établir que, dans l'église, le pouvoir de saint Paul étoit égal à celui de saint Pierre. « Nous ne reconnoissons point en «France, disoit ce grand magistrat, ni la puissance ni «la jurisdiction des congrégations qui se tiennent à «Rome, lesquelles le pape peut établir comme bon lui «semble : les arrêts, les décrets de ces congrégations, «n'ont point d'autorité ni d'exécution dans le royaume; «et lorsque, dans l'examen d'une affaire contentieuse, «tels décrets se sont rencontrés, comme en matière «de dispense, de nullité de vœux, de translation de «religieux, la cour a déclaré les brefs émanés de ces «congrégations nuls et abusifs, sauf aux parties à se «pourvoir par les voies ordinaires, c'est-à-dire, dans «la chancellerie où les actes sont expédiés et portent «le nom et le titre du pape, en la personne duquel ré-«side l'autorité légitime.

« Et pour ce qui regarde la matière de la doctrine et «de la foi, elle ne peut être terminée dans ces congréga-«tions, sinon par forme d'avis et de conseil, mais non «d'autorité et de puissance ordinaire. Il est vrai que, «dans ces congrégations, se censurent les livres défen-«dus, et dans icelles se fait l'*index expurgatorius*, le-«quel s'augmente tous les ans; et c'est là où autrefois « ont été censurés les arrêts de cette cour rendus contre

«Jean Chastel, les OEuvres de M. le président de Thou,
«les libertés de l'église gallicane, et les autres livres qui
«concernent la conservation de la personne de nos rois,
«et l'exercice de la justice royale : de sorte que, si les
«décrets de cette qualité étoient facilement publiés et
«autorisés dans le royaume, ce seroit introduire l'auto-
«rité de l'inquisition, parceque cette congrégation, qui
«se tient dans Rome, prend ce titre, *Generalis et univer-*
«*salis inquisitio in universâ republicâ christianâ adver-*
«*sùs hœreticos;* dans laquelle ils prétendroient, par ce
«moyen, pouvoir faire le procès aux sujets du roi,
«comme ils le pensent pouvoir faire aux livres qui leur
«déplaisent, lesquels sont imprimés dans le royaume.»

Ce n'est pas seulement par des bulles et des brefs
que les papes pourvoient au régime de l'église; ils la
gouvernent encore par des légats et des nonces, c'est-
à-dire, par des ministres qu'ils envoient dans les différents pays de la chrétienté, et auxquels ils confèrent
des pouvoirs plus ou moins étendus, suivant les circonstances.

Ces diplômes pouvoient n'être pas toujours dans
une parfaite conformité avec les lois de l'Etat et celles
de l'église de France; en conséquence, nos cours souveraines les ont constamment soumis au plus sévère
examen. Leur sollicitude ne s'est pas arrêtée là. Dans
la crainte qu'aux pouvoirs ostensibles ne fussent jointes
des instructions secrètes, elles n'ont cessé de porter
des regards inquiets sur tous les actes émanés des délégués du saint siége.

Les arrêts de ces cours nous enseignent que les légats et les nonces résidants en France ne doivent être considérés que comme les ambassadeurs des autres princes souverains; que, sous le rapport du temporel, ils n'ont aucune espèce de jurisdiction; que, même à l'égard des fonctions spirituelles dont ils peuvent être investis, ils n'en doivent exercer aucune avant que leurs pouvoirs aient été vérifiés, et qu'ils n'aient obtenu du roi la permission de lui rendre leurs hommages.

«Il est véritable, disoit M. l'avocat général Bignon, «portant la parole devant la grand'chambre du parle-«ment, le 20 décembre 1639, il est véritable que la «condition d'un nonce apostolique, résidant proche «la personne du roi, doit être considérée comme l'am-«bassadeur d'un prince temporel, qui traite et négocie «les affaires de son maître; et, quoique notre saint père «le pape soit père commun, et qu'en cette qualité il «prenne soin des affaires de la chrétienté, et que son «légat ne fasse que ce qu'il pourroit faire lui-même, «néanmoins les fonctions de ce légat ne peuvent être «exercées en France qu'avec certaines cérémonies et «formalités; savoir, est l'approbation du roi, témoignée «par ses lettres-patentes vérifiées en la cour, laquelle «ne manque jamais de limiter le pouvoir et les facul-«tés de légat aux termes de droit; et de fait nous appre-«nons par nos registres, que, du temps de François Ier, «un légat venant en France, et ayant envoyé son pou-«voir, qui fut vérifié au parlement, un particulier lui

«ayant demandé un bénéfice vacant lorsqu'il passoit
«à la Charité, et le légat le lui ayant conféré, parceque
«lors de cette collation il n'avoit pas encore salué le
«roi, et que sa légation ne commence et ne prend force
«que par la licence et la permission que le roi lui donne;
«ce qui est présumé être accompli lorsqu'il fait la révé-
«rence à sa majesté : la cour jugea qu'il y avoit abus
«en sa collation, comme étant précipitée et faite avant
«le temps légitime.»

Ce passage est remarquable, en ce qu'il prouve que
les légats et les nonces ne peuvent exercer aucune
fonction dans le royaume avant d'avoir obtenu du roi
l'honneur de lui être présentés; et cela quand même
leurs pouvoirs auroient été précédemment vérifiés dans
les cours souveraines.

Cette vérification n'étoit rien moins qu'une simple
formalité. Les parlements y apportoient l'attention la
plus sévère : toute clause insolite étoit rejetée; toute
innovation, soit dans la forme, soit dans le style, étoit
proscrite, quelque indifférente qu'elle pût paroître,
tant étoit grande alors la défiance qu'inspiroit la cour
de Rome. «Ainsi, c'est encore M. l'avocat général
«Bignon qui parle, ainsi la cour trouva à redire aux
«facultés du cardinal Barberin, en l'année 1625, et
«ordonna qu'elles ne pourroient être exécutées jusqu'à
«ce qu'elles eussent été réformées dans l'endroit au-
«quel elles n'avoient donné au roi autre titre que
«celui de roi de France, et avoient omis celui de roi
«de Navarre.»

M. l'avocat général Talon parle de cet arrêt dans ses Mémoires. Ce qu'il en dit justifie la sévérité que le parlement déploya dans cette circonstance. On y lit : «Il est notoire que, de nos jours, cette qualité de roi «de Navarre a été oubliée dans des bulles de Rome «avec dessein et affectation.»

C'est encore une des maximes de notre droit public, qu'un légat ou un nonce ne peuvent, sans la permission du roi, faire imprimer et distribuer dans le royaume aucun décret, aucun mandement, en un mot, aucun acte de jurisdiction, même purement spirituelle. En voici un exemple fort remarquable.

Une bulle avoit censuré un livre publié à Paris. Le nonce résidant en France avoit fait imprimer cette bulle, et y avoit joint un décret émané de lui. Il avoit obtenu une permission du roi ; mais cette permission n'autorisoit que l'impression de la bulle, et non celle du décret. M. Broussel, conseiller de grand'chambre, déféra cette infraction au parlement le 10 mai 1647, et les gens du roi en ayant pris connoissance, demandè-rent que l'impression du décret ou mandement du nonce, fût déclarée abusive. Ce fut M. l'avocat général Talon qui porta la parole dans cette affaire. Voici ses termes : « Ce qui choque d'abord dans cette affaire, est «le mandement du nonce, lequel a été imprimé au bas «de cette bulle, dans lequel il se qualifie *nonce proche* «*la personne du roi et dans tout le royaume de France,* «qui sont termes insolites, parceque le nonce du pape, «faisant fonction en France d'ambassadeur, et n'en

« pouvant faire d'autre, n'a aucun emploi que proché la
« personne du roi, et n'en peut avoir dans le royaume....
« En second lieu, le nonce dit qu'il a reçu ordre de sa
« sainteté de faire imprimer ce décret : or, l'impression
« étant chose purement temporelle, et qui fait partie
« de la police, ne peut ni ne doit être faite dans le
« royaume que par l'autorité du roi ou du magistrat.

« En troisième lieu, le nonce dit que l'original de
« cette bulle est demeuré dans les archives de sa non-
« ciature, laquelle manière de parler ne convient point
« à nos mœurs, parceque le nonce du pape, non plus
« que les autres ambassadeurs de princes souverains,
« n'ont ni greffe ni archives dans ce royaume; et les
« ambassadeurs du roi n'en ont point à Rome.

« En dernier lieu, le nonce ajoute, par cet écrit, qu'il
« a envoyé cette bulle aux archevêques et évêques de
« sa nonciature, comme s'il avoit quelque territoire
« certain et limité dans l'exercice de sa fonction. »

Par ces différents motifs, M. l'avocat général concluoit à ce qu'il fût fait défense à toutes sortes de personnes de publier, imprimer, vendre ni débiter aucunes
bulles ou brefs, ni ordonnances émanées de la cour
de Rome, qu'elles n'aient été vérifiées par lettres-patentes enregistrées au parlement; et que les exemplaires
èsquels se trouve inséré le décret ou mandement fussent
apportés au greffe de la cour, pour y être supprimés,
avec défense à toutes personnes de les retenir, etc.

Le 15 mai 1647 intervint arrêt conforme à ces conclusions.

C'étoit dans ces circonstances, c'étoit lorsque les légats et les nonces se permettoient des actes de juris-diction, que les parlements, effrayés de ces attentats à la souveraineté du roi et à l'indépendance de sa cou-ronne, déployoient toute l'autorité des lois. En voici encore quelques exemples.

En 1582, des difficultés divisoient les cordeliers du monastère de Paris : le nonce du pape entreprit de les régler; et quelques uns des pères ayant décliné sa juris-diction, il les excommunia. Ceux-ci se pourvurent au parlement par la voie de l'appel comme d'abus. Sur leur requête, intervint arrêt qui ordonna que le nonce seroit assigné pour répondre aux conclusions que le procureur général jugeroit à propos de prendre contre lui; et que cependant l'évêque de Paris leveroit l'ex-communication.

En 1633, fut présentée à la vérification une bulle qui rétablissoit dans Paris les religieuses dites du Saint Sacrement. Le parlement ayant aperçu dans cette bulle des expressions qui sembloient donner quelque juris-diction au nonce, inséra dans son arrêt d'enregistre-ment la modification suivante : *Sans approbation de ce qui regarde l'autorité et le pouvoir dudit nonce, le-quel ne pourra s'entremettre d'aucune visite ou réfor-mation, ni de fonctions quelconques dans ce monastère.*

A cette époque, et depuis environ cinquante ans, la cour de Rome méditoit une nouvelle conquête sur la prérogative royale. Enfin, croyant son projet assez mûr pour n'avoir plus besoin de dissimuler, elle déchira le voile dont jusqu'alors elle avoit couvert ses différentes tentatives. On va voir cette entreprise échouer contre la sagesse et l'énergie du parlement. Pour donner une juste idée de cette importante affaire, il faut reprendre les choses d'assez loin.

Le concordat entre Léon X et François Ier dispose que, pour remplir les évêchés qui viendront à vaquer, le roi présentera au pape des sujets idoines. Mais par qui seront faites les informations propres à constater cette idonéité? C'est ce que le concordat ne dit pas. Il est naturel de voir la cause de cette lacune dans l'opinion que des informations publiques et légales étant des actes de jurisdiction, et par conséquent de souveraineté, ne pouvoient être faites dans le royaume que de l'autorité et par des commissaires du roi. Et, en effet, ce fut ainsi que le concordat fut exécuté depuis 1517, date de sa confection, jusqu'en 1563, époque de la clôture du concile de France.

Au nombre des actes de ce concile se trouve (session 34) un canon qui dit en termes généraux, que la capacité des évêques sera constatée par les légats, les nonces ou l'ordinaire, et, à leur défaut, par les évêques voisins.

Comme la France n'étoit pas désignée dans ce canon, et que d'ailleurs le concile n'étoit pas reçu dans le royaume, on y fit peu d'attention; et les informations continuèrent d'être faites par des commissaires du roi.

Cependant, par une espèce de pressentiment, les états-généraux réunis à Blois demandèrent que cet usage fût érigé en loi du royaume ; et ce vœu des états, accueilli par le roi, forme l'article premier de l'ordonnance de 1579.

Au mépris de cette loi, lorsqu'en 1594 Henri IV demanda son absolution, le pape voulut y mettre pour condition que les informations seroient faites par ses légats. Le roi refusa de souscrire à cette condition.

Ce refus fit sentir à la cour de Rome que le temps de marcher ouvertement à son but n'étoit pas encore arrivé ; et, prenant une voie plus oblique, elle différa, sous les prétextes les plus frivoles, l'expédition des bulles, et de cette manière força les impétrants à consentir que les commissaires du pape informassent de leur vie et mœurs. Mais tout cela se faisoit clandestinement.

Cependant ces informations, malgré le soin que l'on prenoit pour les dérober au public, parvinrent à la connoissance de Henri IV, et il ordonna au lieutenant civil du Châtelet de faire toutes les recherches propres à constater cet abus. Cela se passoit en 1609. La fin déplorable de Henri IV suspendit ces recherches ; mais, dans les états-généraux de 1614, l'ordre du clergé se fit un devoir de proclamer qu'au roi seul appartenoit le droit d'ordonner les informations à l'effet de constater l'idonéité de ceux qu'il nommoit pour remplir les évêchés vacants.

Rien de tout cela ne fut capable d'en imposer à la cour de Rome ; il semble même que, plus irritée que comprimée par tant et de si puissants obstacles, elle redoubla d'efforts pour les renverser. On voit, en effet, qu'en 1639, le roi ayant conféré un évêché vacant, le légat du pape nomma publiquement des commissaires auxquels il donna pouvoir d'informer de la capacité du pourvu.

Il en falloit bien moins pour éveiller la sollicitude du parlement. Cette entreprise ne fut pas plutôt connue, que les gens du roi en demandèrent la répression, par un réquisitoire qui fut prononcé par M. l'avocat général Bignon. Sur ce réquisitoire intervint un arrêt dont voici le dispositif :

« Vu par la cour, la requête présentée par le procu-
«reur général du roi, portant : Qu'encore que les in-
«formations de vie et mœurs, bonne renommée et
«conversation catholique de ceux que le roi nomme à
«notre saint père le pape, pour être pourvus d'arche-
«vêchés, évêchés, abbayes, prieurés, et autres béné-
«fices étant à sa nomination, dussent être faites par
«les évêques diocésains de France, suivant l'article
«premier de l'ordonnance de Blois; néanmoins, par
«une entreprise sur la souveraineté du roi, exécutant
«le dessein dès long-temps projeté, les nonces de sa
«sainteté ont osé faire depuis peu lesdites informations;
«et l'attentat est passé si avant, que les bulles et pro-
«visions ne sont point expédiées à Rome, si les infor-
«mations sont faites par d'autres que par les nonces qui
«résident en France; et, d'autant que ces informations
«ne sont que pour pourvoir plus mûrement au fait des
«nominations, qui appartiennent au roi, et ne s'en-

«voient à Rome que pour faire connoître au pape que
«la personne nommée par le roi est digne de bénéfice,
«qu'elle a l'âge, prud'hommie, suffisance, et autres
«qualités requises par les saints décrets, constitutions
«canoniques et concordats, et qu'avec justice on ne
«peut lui refuser les provisions; que les ordres des rois
«et leurs ordonnances ne doivent être exécutées que
«par ceux qui ont pouvoir d'eux; que, par les droits et
«libertés de l'église gallicane, les nonces résidants en
«France n'y peuvent exercer aucune jurisdiction; que
«même les légats *à latere* envoyés par le pape ne peu-
«vent entrer dans le royaume sans le consentement du
«roi, ni exercer leurs facultés, sinon tant et si longue-
«ment qu'il lui plaira, et que les bulles de leur léga-
«tion ne soient vues, examinées, vérifiées, publiées et
«registrées, sous les modifications que la cour croit
«être à faire pour le bien du royaume; et qu'il est très
«important, pour conserver la dignité de la couronne,
«maintenir en son entier la souveraineté du roi, et
«défendre les droits et libertés de l'église gallicane, de
«faire cesser telle entreprise, requéroit y être pourvu.

«Vu aussi ladite ordonnance de Blois, et tout con-
«sidéré, ladite cour ayant égard à ladite requête, a
«ordonné et ordonne que les informations de l'âge,
«vie, mœurs et conversation catholique de ceux que
«le roi veut nommer aux archevêchés, évêchés, ab-
«bayes, prieurés, et autres bénéfices, se feront à l'a-
«venir par les évêques diocésains des lieux où ils
«auront fait leur demeure et résidence les cinq années

«précédentes, conformément à l'ordonnance de Blois,
«article premier: Fait défenses à ceux qui auront ob-
«tenu du roi la nomination, de s'en aider d'autres que
«celles faites par lesdits évêques diocésains, à peine
«d'être déchus de la grace; à tous sujets du roi de rendre
«leurs dépositions et témoignages devant autres; à tous
«notaires apostoliques. de les recevoir; à tous ban-
«quiers et expéditionnaires d'en envoyer à Rome d'au-
«tres, à peine de privation de leurs charges, et d'être
«punis comme perturbateurs du repos public. Et sera,
«le présent arrêt, lu, publié et envoyé aux bailliages
«et sénéchaussées, pour y être pareillement lu, publié.
«Enjoint aux substituts du procureur général certi-
«fier la cour de leurs diligences. Fait au parlement,
«ce 12 décembre 1639.»

Cet arrêt, comme l'on voit, est principalement fondé
sur l'ordonnance de Blois. On doit donc desirer d'en
connoître les dispositions. Les voici. «Ceux que nous
«voudrons nommer aux dits archevêchés et évêchés
«seront âgés de vingts sept ans pour le moins; et
«encore, avant l'expédition de nos lettres de nomi-
«nation, examinés sur leur doctrine aux saintes
«lettres, par un archevêque ou évêque que commet-
«trons, appelés deux docteurs en théologie, les-
«quels nous enverront leur certificat de la capacité
«ou insuffisance desdits nommés; et où, tant par les-
«dites informations qu'examen, ils ne se trouveroient
«être de vie, mœurs, âge, doctrine et suffisance requis,
«sera par nous procédé à nouvelles nominations d'au-

«tres personnes, de la vie, mœurs et doctrine desquels
«sera informé et enquis comme dessus. Défendons à
«tous nos juges d'avoir aucun égard aux provisions
«qui auroient été obtenues autrement que selon la
«forme prescrite ci-dessus. Voulons que nos procu-
«reurs généraux se puissent porter pour appelants
«*comme d'abus* des exécutions desdites provisions,
«lesquelles nous voulons être déclarées nulles et abu-
«sives; et desdites appellations nous attribuons la con-
«noissance à nos cours de parlement, pour, icelles
«jugées, être par nous nommées autres personnes, selon
«la forme susdite.» (Art. 2.)

Il est impossible de ne pas s'arrêter un instant sur la
dernière partie de cet article. On y voit un prince qui
soumet ses propres actes à la censure des magistrats,
et qui, plaçant ainsi leur sagesse entre lui et tous les
genres de séduction qui environnent ceux qui gouvernent, donne à ses peuples la garantie la plus sûre
que les piéges de l'intrigue et les surprises de la faveur
ne prévaudront jamais sur l'autorité des lois. Et comment ne pas se rappeler que la plupart de nos anciennes
ordonnances renferment la même disposition! Quel
motif pour aimer nos lois(1)! Quelle leçon pour tous
les autres!

---

(1) C'est ce qui fait dire à Machiavel: «Dans une nation, à l'excep-
«tion d'un petit nombre qui veulent s'élever, les autres ne demandent
«qu'à conserver; et on les contente aisément par des institutions et des
«lois qui concilient à-la-fois la tranquillité du peuple et la puissance

Revenons à l'appel comme d'abus. Nous venons d'exposer ce qui concerne les bulles, les brefs, les décrets et les rescripts des papes, des légats et des nonces. Nous allons nous occuper de la jurisdiction qui appartient aux évêques et à leurs vicaires généraux.

Cette jurisdiction s'exerce de deux manières : par voie de discipline et de correction sur les membres du clergé infracteurs des lois de l'église ; et par des ordonnances concernant les différents objets relatifs au culte, ordonnances que les supérieurs ecclésiastiques ont le droit de faire dans le cours de leurs visites.

Quant aux mesures de discipline, l'article 18 de l'ordonnance d'Orléans *défend aux prélats, gens d'église et officiaux, d'user de censures, sinon pour crimes et scandales publics.*

L'ordonnance de 1539, s'occupant des abus que les supérieurs ecclésiastiques peuvent commettre dans l'exercice de cette branche de leur jurisdiction, porte, article 15 : *Les appellations comme d'abus, interjetées par les prêtres, et autres personnes ecclésiastiques, en matières de discipline et correction, et autres pure-*

« du prince. Cet ordre établi, si le peuple s'aperçoit que rien ne peut
« déterminer le prince à s'en écarter, il commencera bientôt à vivre
« heureux et content. Le royaume de France en est un exemple. Ce
« peuple ne vit assuré que parceque les rois se sont liés par une infinité
« de lois qui sont le fondement de sa sûreté. Ceux qui ont organisé cet
« état, cet ordre, ont voulu que les rois disposassent à leur gré des
« troupes et des finances, mais qu'ils ne pussent ordonner du reste que
« conformément aux lois. » (*Discours sur Tite-Live*, liv. I, chap. 16.)

ment personnelles et non dépendantes de réalité, n'auront aucun effet suspensif; nonobstant lesdites appellations, et sans y préjudicier, pourront les juges d'église passer outre contre lesdites personnes ecclésiastiques.

On voit, par cette disposition, que la voie de l'appel comme d'abus est ouverte contre toutes les mesures de discipline et de correction que peuvent prendre les supérieurs ecclésiastiques.

Il y a cependant une exception à cette règle. Elle est consignée dans un édit du mois de décembre 1606, dont l'article 6 défend aux cours de recevoir les appels comme d'abus des ordonnances rendues par les évêques et les chefs d'ordre, touchant la décence des habits des ecclésiastiques séculiers ou réguliers.

L'article 52 de l'ordonnance de Blois renferme la nomenclature des objets sur lesquels les supérieurs ecclésiastiques ont droit de statuer par des ordonnances, dans le cours des visites qu'ils sont tenus de faire. Cette nomenclature, la voici : *Les archevêques, évêques, et autres supérieurs ecclésiastiques, faisant leurs visitations, pourvoiront* (APPELÉS LES OFFICIERS DES LIEUX) *à ce que les églises soient fournies de livres, croix, calices, cloches et ornements nécessaires pour la célébration du service divin; pareillement à la restauration et entretenement des églises parochiales, et que les curés soient convenablement logés; auxquels officiers enjoignons tenir la main à l'exécution de ce qui sera ordonné pour ce regard et à ce faire, ensemble à*

la contribution des frais requis et nécessaires; con-
traindre les marguilliers et paroissiens, par toutes voies
dues et raisonnables, même les curés, par sacrifice de
leur temporel, à porter telle part et portion desdites
réparations et frais qui sera arbitrée par lesdits pré-
lats, selon qu'ils auront trouvé le revenu des curés le
pouvoir commodément porter.

Toutes les ordonnances rendues par les évêques ou
leurs vicaires généraux, en vertu de cette disposition,
peuvent être attaquées par la voie de l'appel comme
d'abus, toutes les fois qu'elles vont au-delà de ce
qu'exige la décence du culte, ou qu'elles prescrivent
des constructions inutiles et des réparations qui ne
sont pas nécessaires. Il en est de même des mesures de
correction et de discipline : on peut interjeter appel
comme d'abus de toutes celles qui, sous le prétexte
de maintenir les lois de la religion, choqueroient les
premières de toutes, la justice et la charité chrétienne.

Nous avons plusieurs lois sur cette matière. Indépendamment des ordonnances de 1539, d'Orléans, de
Blois, et de l'édit de 1606, dont nous venons de parler,
il y a encore l'édit de Melun, celui du mois de septembre 1610, et une déclaration du mois de février 1657;
mais c'est sur-tout l'édit de 1695 qu'il faut connoître,
parcequ'il fixe le dernier état de la législation. Il faut
sur-tout en voir les articles 11, 18, 19, 20, 29, 35,
36 et 37. Voici les termes du dernier :

« Nos cours, en jugeant les appellations comme d'a-
« bus, prononceront qu'il n'y a abus, et condamne-

«ront, en ce cas, les appelants en soixante-quinze livres
«d'amende, lesquelles ne pourront être modérées; ou
«diront qu'il a été mal, nullement et abusivement
«procédé, statué et ordonné; et, en ce cas, si la cause
«est de la jurisdiction ecclésiastique, elles renverront
«à l'archevêque ou à l'évêque dont l'official aura rendu
«le jugement ou l'ordonnance qui sera déclarée abu-
«sive, afin d'en nommer un autre; ou autre supérieur
«ecclésiastique, si ladite ordonnance ou jugement sont
«émanés de l'archevêque ou de l'évêque, ou s'il y a des
«raisons d'une suspicion légitime contre lui : ce que
«nous chargeons nos officiers en nos dites cours d'exa-
«miner avec tout le soin et l'exactitude nécessaires.»

L'appel, en général, est toujours suspensif : l'article 36 de ce même édit de 1695 renferme de nombreuses exceptions à cette règle. En voici l'énumération.

«Les appellations comme d'abus, qui seront inter-
«jetées des ordonnances et jugements rendus par les
«archevêques, évêques et juges d'église, pour la célé-
«bration du service divin, réparation des églises, achat
«d'ornements, subsistance des curés et autres ecclé-
«siastiques qui desservent les cures, rétablissement ou
«conservation de la clôture des religieuses, correction
«des mœurs des personnes ecclésiastiques; et celles
«qui seront interjetées des règlements faits, et ordon-
«nances rendues par lesdits prélats, dans le cours de
«leurs visites, n'auront effet suspensif, mais seule-
«ment dévolutif; et seront les ordonnances et juge-

«ments exécutés·nonobstant lesdites appellations, et
«sans y préjudicier.»

On remarque dans ces ordonnances quelques dispositions qui ne sont pas en harmonie avec notre organisation actuelle. Une loi récente, abrogeant les unes
et modifiant les autres, concilie l'ordre ancien avec la
législation nouvelle. Cette loi est du 18 germinal an 10.
En voici les principaux articles :

Art. 1ᵉʳ. «Aucune bulle, bref, rescrit, décret, man-
«dat, provision, signature servant de provision, ni
«autres expéditions de la cour de Rome, même ne con-
«cernant que les particuliers, ne pourront être reçus,
«publiés, imprimés, ni autrement mis à exécution,
«sans l'autorisation du gouvernement.»

Art. 2. «Aucun individu, se disant nonce, légat,
«vicaire ou commissaire apostolique, ou se prévalant
«de toute autre dénomination, ne pourra, sans la
«même autorisation, exercer sur le sol·françois, ni
«ailleurs, aucune fonction relative aux affaires de l'é-
«glise gallicane.»

Art. 3. «Les décrets des synodes étrangers, même
«ceux des conciles généraux, ne pourront être publiés
«en France avant que le gouvernement en ait examiné
«la forme, leur conformité avec les lois, droits et fran-
«chises de la république françoise, et tout ce qui,
«dans leur publication, pourroit altérer ou intéresser
«la tranquillité publique.»

Art. 4. «Aucun concile national ou métropolitain,
«aucun synode diocésain, aucune assemblée délibé-

«rante, n'aura lieu sans la permission expresse du gou-
«vernement.»

Art. 6. «Il y aura recours au conseil d'Etat dans tous
«les cas d'abus de la part des supérieurs et autres per-
«sonnes ecclésiastiques.

«Les cas d'abus sont, l'usurpation ou l'excès de pou-
«voir, la contravention aux lois et règlements de la
«république, l'infraction des règles consacrées par les
«canons reçus en France, l'attentat aux libertés, fran-
«chises et coutumes de l'église gallicane, et toute en-
«treprise ou tout procédé qui, dans l'exercice du culte,
«peut compromettre l'honneur des citoyens, trou-
«bler arbitrairement leur conscience, dégénérer contre
«eux en oppression, ou en injure, ou en scandale
«public.»

Art. 7. «Il y aura pareillement recours au conseil
«d'Etat, s'il est porté atteinte à l'exercice public du
«culte, et à la liberté que les lois et les règlements ga-
«rantissent à ses ministres.»

Art. 8. «Le recours compétera à toute personne in-
«téressée. A défaut de plaintes particulières, il sera
«exercé d'office par les préfets.

«Le fonctionnaire public, l'ecclésiastique, ou la per-
«sonne qui voudra exercer ce recours, adressera un
«mémoire détaillé et signé au conseiller d'Etat chargé
«de toutes les affaires concernant les cultes, lequel
«sera tenu de prendre, dans le plus court délai, tous
«les renseignements convenables ; et, sur son rap-
«port, l'affaire sera suivie et définitivement terminée

«dans la forme administrative, ou renvoyée, selon
«l'exigence des cas, aux autorités compétentes.»

Art. 15. «Les archevêques connoitront des réclama-
«tions et des plaintes portées contre la conduite et les
«décisions de leurs suffragants.»

Art. 16. «On ne pourra être nommé évêque avant
«l'âge de trente ans, et si on n'est originaire François.»

Art. 17. «Avant l'expédition de l'arrêté de nomina-
«tion, celui ou ceux qui seront proposés seront tenus
«de rapporter une attestation de bonne vie et mœurs,
«expédiée par l'évêque dans le diocèse duquel ils au-
«ront exercé les fonctions du ministère ecclésiastique;
«et ils seront examinés sur leur doctrine par un évêque
«et deux prêtres qui seront commis par le premier
«consul, lesquels adresseront le résultat de leur exa-
«men au conseiller d'Etat chargé de toutes les affaires
«concernant les cultes.»

Art. 18. «Le prêtre nommé par le premier consul
«fera les diligences pour rapporter l'institution du
«pape.

«Il ne pourra exercer aucune fonction avant que la
«bulle portant son institution ait reçu l'attache du
«gouvernement, et qu'il ait prêté en personne le ser-
«ment prescrit par la convention passée entre le gou-
«vernement françois et le saint siége.

«Ce serment sera prêté au premier consul; il en sera
«dressé procès-verbal par le secrétaire d'Etat.»

Art. 19. «Les évêques nommeront et institueront
«les curés; néanmoins ils ne manifesteront leur nomi-

«nation, et ils ne donneront l'institution canonique
«qu'après que cette nomination aura été agréée par le
«premier consul.»

Art. 20. «Ils seront tenus de résider dans leurs dio-
«cèses; ils ne pourront en sortir qu'avec la permission
«du premier consul.»

Art. 24. «Ceux qui seront choisis pour l'enseigne-
«ment dans les séminaires souscriront la déclaration
«faite par le clergé de France en 1682 (1), et publiée
«par un édit de la même année; ils se soumettront à
«y enseigner la doctrine qui y est contenue, et les
«évêques adresseront une expédition en forme et cette
«soumission au conseiller d'Etat chargé de toutes les
«affaires concernant les cultes.»

Art. 26. «Les évêques ne feront aucune ordination
«avant que le nombre des personnes à ordonner ait
«été soumis au gouvernement, et par lui agréé.»

Art. 48. «L'évêque se concertera avec le préfet, pour
«régler la manière d'appeler les fidèles au service divin

---

(1) Cette déclaration proclame comme lois de l'église et de l'Etat les
quatre propositions suivantes :

1° «Dieu n'a donné à Pierre et à son église aucune puissance di-
«recte ni indirecte sur les choses temporelles.»

2° «L'église gallicane approuve le concile de Constance, qui déclare
«les conciles généraux supérieurs au pape dans le spirituel.»

3° «Les règles, les usages, les pratiques reçues dans le royaume, et
«dans l'église gallicane, doivent demeurer inébranlables.»

4° «Les décisions du pape, en matière de foi, ne sont sûres qu'a-
«près que l'église les a acceptées.»

«par le son des cloches. On ne pourra les sonner pour
«toute autre cause, sans la permission de la police
«locale.»

Art. 52. «Les curés ne se permettront, dans leurs
«instructions, aucune inculpation directe ou indirecte,
«soit contre les personnes, soit contre les autres cultes
«autorisés dans l'Etat.»

Art. 54. «Ils ne donneront la bénédiction nuptiale
«qu'à ceux qui justifieront, en bonne et due forme,
«avoir contracté mariage devant l'officier civil.»

Je m'arrête, et je n'ai pas encore parlé de la manière
de procéder sur les appels comme d'abus. Cependant
on ne liroit pas sans intérêt les règlements qui concernent ce genre de procédure. On y verroit des mesures également propres à maintenir les droits légitimes de l'église, et à la mettre dans l'impossibilité
d'en abuser. On seroit sur-tout frappé des solennités
dont ces règlements environnent ces sortes d'affaires.
Mais la loi dont nous venons de rapporter les dispositions en ayant dépouillé les cours souveraines,
pour les placer dans les attributions du conseil d'Etat,
la connoissance de ces règlements, du moins pour
la très majeure partie, est aujourd'hui inutile, le
conseil d'Etat ne jugeant qu'à huis clos, et son organisation ne comportant pas l'appareil d'un ministère
public.

CHAPITRE XXIV.

De la Rétractation, de la Cassation, et de l'Annulation des Jugements en dernier ressort.

SOMMAIRE.

SECTION I. *Des Circonstances dans lesquelles on peut se pourvoir contre les jugements en dernier ressort, et des Voies successivement ouvertes pour en obtenir la réformation.*

SECTION II. *Des Supplications et des Lettres de grace de dire contre les arrêts. Ces Lettres étoient expédiées en chancellerie.*

SECTION III. *Les Lettres de grace de dire contre les arrêts prennent, vers l'an 1344, la dénomination de Lettres de proposition d'erreur. Ces Lettres étoient la seule manière de se pourvoir contre les jugements en dernier ressort, pour erreur de fait et pour erreur de droit; elles étoient adressées au parlement, seul réformateur de ses arrêts, sous la présidence du roi ou de ses commissaires. Des Séances royales. Qu'il ne faut pas les confondre avec les lits de justice.*

SECTION IV. *Influence des Désordres du règne de Charles VI sur l'autorité de la chose jugée.*

SECTION V. *Règne de Charles VII. Retour aux principes. Louis XI les méconnoît souvent, et cependant assure l'indé-*

pendance de la magistrature. Création de plusieurs Parlements. Influence de cette innovation. Mauvaise administration des chanceliers Duprat et Poyet.

SECTION VI. *Résumé de ce qui vient d'être dit. Les rois ayant, vers la fin du quatorzième siècle, abandonné l'usage d'assister aux jugements des propositions d'erreur, la réformation de celles de droit, c'est-à-dire, des contraventions aux lois, rentroit naturellement dans le domaine du conseil d'État. Cependant les ordonnances antérieures au seizième siècle sont muettes à cet égard. Motifs de leur silence.*

SECTION VII. *État de cette partie de la Jurisprudence, depuis la fin du quinzième siècle jusqu'à l'ordonnance de Blois. Première innovation. On distingue les erreurs de fait qui inculpent les juges, des erreurs qui procèdent du dol des parties ou de l'impéritie de leurs défenseurs. On ouvre, contre ces dernières, un nouveau recours que l'on appelle Lettres en forme de requête civile. Ainsi, à dater de cette époque, deux manières d'attaquer les arrêts pour erreur de fait : la proposition d'erreur, et la requête civile. Forme des Lettres de propositions d'erreur, et de la manière de les obtenir. Autre innovation. Lettres pour être reçu à alléguer griefs, nullités et contrariétés. Ces Lettres abolies par les chanceliers Olivier et l'Hôpital. Caractère de ces deux grands hommes. Dispositions des ordonnances d'Orléans et de Moulins. Édit interprétatif de la seconde.*

SECTION VIII. *Dispositions de l'ordonnance de Blois. Toutes les voies ouvertes contre les arrêts réduites à trois : la proposition d'erreur, la requête civile, et la cassation.*

SECTION IX. *Ordonnance de 1667. Abolition de la proposition d'erreur. Plus de ressources contre les erreurs de fait*

que l'on voudroit imputer aux juges. La requête civile et la
cassation seules conservées : la première, contre les erreurs
de fait que l'on peut attribuer à la mauvaise foi des parties,
à la négligence ou à l'impéritie de leurs défenseurs ; et la
seconde, contre la violation des lois. De la requête civile.

Section X. *De la Cassation des Jugements en dernier*
ressort.

Section XI. *De l'Annulation des Arrêts pour excès de*
pouvoirs. Des différentes Manières dont les Juges peuvent
excéder leurs pouvoirs.

SECTION I.

Des Circonstances dans lesquelles on peut se pourvoir
contre les jugements en dernier ressort, et des Voies
successivement ouvertes pour en obtenir la réfor-
mation.

Les jugements en dernier ressort, ainsi qualifiés,
parceque le tribunal qui les a rendus ne reconnoissant
aucun supérieur dans la hiérarchie judiciaire, il n'est
pas possible de les attaquer par la voie de l'appel, peuvent et doivent néanmoins être réformés dans deux
circonstances ; lorsqu'il y a erreur dans leur dispositif
ou vice dans leur rédaction.

Il y a vice dans la rédaction d'un arrêt, toutes les
fois que les termes dans lesquels il est conçu présentent
un sens équivoque, et sont susceptibles de deux inter-

prétations, ou lorsque le rédacteur s'est mépris dans les qualités des parties, en ne leur donnant pas celles sous lesquelles elles figuroient au procès.

Il y a erreur dans le dispositif, toutes les fois qu'il est fondé sur des raisonnements, des faits, ou des actes faux, et lorsqu'il n'est pas revêtu des formes prescrites, ou qu'il n'est pas conforme à la loi qui statuoit sur le point litigieux.

Pour parvenir à faire réformer les vices de rédaction, il suffit de présenter une demande en interprétation, ou en correction au tribunal qui a rendu le jugement. Il faut plus de formalités pour obtenir la réformation des vices qui peuvent se trouver dans le dispositif.

Ces vices résultent ou d'erreurs de droit, ou d'erreurs de fait. Ces dernières peuvent être de deux sortes : il en est que l'on peut imputer aux juges, et d'autres qui leur sont étrangères. Aujourd'hui il n'y a plus de remède contre les erreurs de fait qui émanent des juges eux-mêmes. Quant à celles qui sont, ou qui peuvent être regardées comme étant l'ouvrage des parties ou de leurs défenseurs, elles se partagent en deux classes. Les unes sont également sans remède; mais il en est un pour les autres : c'est une demande en rétractation d'arrêt, demande connue dans la pratique sous la dénomination de requête civile, et qui se porte devant le juge duquel l'arrêt est émané. Enfin, quant aux erreurs de droit, c'est-à-dire à la violation des lois qui règlent soit le fond des affaires, soit la forme des jugements, il n'y a que deux moyens de se pourvoir: c'est la voie de la cassation, ou celle de l'annulation.

Mais on n'est parvenu à ce point de précision qu'après bien des aberrations, et par des méditations prolongées pendant plusieurs siècles. Avant l'ordonnance de 1667, indépendamment de la cassation et de la requête civile, on pouvoit encore attaquer les arrêts en obtenant des lettres *de proposition d'erreur*, des lettres *pour être reçu à alléguer nullités, griefs et contrariétés*, des lettres *de grace de dire contre les arrêts*, et, plus anciennement, par la voie de la supplication.

Toute l'histoire de cette partie si intéressante de notre législation est dans les détails relatifs à ces changements. Nous allons les exposer.

SECTION II.

Des Supplications et des Lettres de grace de dire contre les arrêts. Ces Lettres étoient expédiées en chancellerie.

On voit, par différents textes des Etablissements de Saint Louis (1), qu'à cette époque les cours *le roi*, c'est-à-dire les cours établies dans les domaines de la couronne, telles que les prévôtés de Paris et d'Orléans,

_____

(1) Ces textes sont les chap. 1 et 80 du liv. I, et 15 du liv. II. Je les ai transcrits dans les notes du §. V de l'Introduction.

jugeoient en dernier ressort; que cependant on pouvoit attaquer leurs jugements, mais uniquement par la voie de la supplication; que ces supplications s'adressoient au roi lui-même, lorsque la partie condamnée se plaignoit d'une erreur de droit; et que, toutes les fois qu'elle ne reprochoit aux juges que des erreurs de fait, c'étoit devant eux qu'elle devoit porter sa supplique.

Le commencement du quatorzième siècle vit éclore un nouvel ordre de choses. Les justices du roi, qui jouissoient de la prérogative du dernier ressort, la perdirent; il fut libre d'appeler de leurs sentences. Le parlement, rendu sédentaire à Paris par la célèbre ordonnance du 23 mars 1302, eut seul le droit de juger souverainement, et reçut tous les appels.

Quoique dès-lors cette compagnie fût environnée de la considération et de l'éclat qu'elle a constamment répandu sur la magistrature, néanmoins on sentit que, trompée par les parties, ou entraînée par cette invincible fatalité qui soumet tous les hommes à l'erreur, elle pourroit quelquefois rendre des arrêts dont la justice exigeroit la correction, la rétractation, ou même l'annulation. En conséquence, par l'article 12 de l'ordonnance du 23 mars 1302, il fut statué que jamais l'appel ne pourroit être admis contre les arrêts du parlement, mais que cependant s'ils renfermoient des erreurs, ou des ambiguités qui en provoquassent l'interprétation ou la révocation, il en seroit référé au roi ou au parlement lui-même, ce qui néanmoins ne pour-

roit jamais se faire qu'en vertu d'une permission spéciale du roi.

On donnoit au diplôme qui contenoit cette permission la dénomination de *lettres de grace de dire contre
les arrêts*, dénomination qui indique bien le respect
que l'on portoit alors à l'autorité de la chose jugée.

L'ordonnance ne dit pas si ces lettres seront adressées au roi et à son conseil, dans certaines circonstances, et, dans d'autres, au parlement, ou si, dans toutes,
on pourra indifféremment renvoyer l'examen de l'affaire à l'un ou à l'autre. La manière la plus naturelle
d'expliquer le silence de la loi, sur un point aussi important, étoit de dire qu'elle avoit entendu se référer
à ce qui étoit réglé par les Etablissements, qui, comme
on vient de le voir, soumettoient au roi et à son conseil les erreurs de droit, et renvoyoient la correction
des erreurs de fait au tribunal duquel le jugement étoit
émané.

Il paroit cependant que tel n'étoit pas l'esprit de l'ordonnance. On voit, en effet, par celles qui la suivirent,
et dont nous rendrons compte dans un instant, que, dans
tous les cas, les lettres de grace de dire contre les arrêts
s'adressoient au parlement, que le roi s'y rendoit en
personne, et qu'ainsi placée sous les regards du prince,
cette cour réformoit elle-même ses propres décisions.

Cette mesure, qui nous révèle la haute opinion que
l'on avoit alors des magistrats, concilioit tous les intérêts. La justice étoit rendue, et l'autorité judiciaire
n'étoit point ébranlée. La loi triomphoit sans avoir à

gémir sur la déconsidération de ses ministres, et la présence du roi avertissoit les citoyens que le chef de l'empire veilloit à ce qu'aucun d'eux ne fût opprimé par des jugements arbitraires (1).

Mais cet ordre de choses étoit à peine établi, qu'il fut sur le point d'être renversé par un abus qui s'introduisit très peu de temps après l'ordonnance de 1302.

Cette ordonnance, comme nous l'avons fait remarquer, dit vaguement que *les lettres de grace de dire contre les arrêts* seront adressées au roi ou au parlement : profitant de ce défaut de précision, les maîtres des requêtes, qui étoient chargés de la rédaction de ces lettres, ne tardèrent pas à s'arroger le droit d'adresser celles qu'ils jugeoient à propos au conseil qui révisoit les jugements qui en étoient l'objet, comme si le prince leur en eût donné le droit par une attribution spéciale.

Eclairé par les remontrances du parlement, Philippe-le-Long proscrivit cet abus par son ordonnance de 1320, par laquelle, après avoir exposé, «que moult de

---

(1) On en usoit à-peu-près de même à l'égard des jugements rendus sur le fait des aides et gabelles, par les élus généraux, que l'on a appelés depuis cour des aides. Nous lisons dans les *Recherches de* PASQUIER, chap. 7 : «Quant à ce qui étoit de la distribution de la justice, il suffi-«soit qu'il y en eût deux seulement; et néanmoins ce qu'ils jugeoient «étoit tenu pour arrêt, sans que la cour de parlement le pût réformer; «ains falloit que ce fussent ceux-là même qui avoient jugé, et leurs «compagnons, appelés avecq'eux trois ou quatre des seigneurs du «grand conseil.»

«requêtes ont été faites à nos prédécesseurs et à nous
«qui passées ont été frauduleusement, comme de
«moult de gens qui requièrent.... grace de dire contre
«les arrêts, où moult de fraudes et déceptions ont été
«faites», ce prince déclare qu'il veut et ordonne que
les lettres de grace de dire contre les arrêts soient renvoyées aux cours desquelles les jugements sont émanés,
c'est-à-dire au parlement ou à la chambre des comptes.

SECTION III.

*Les Lettres de grace de dire contre les arrêts prennent,
vers l'an 1344, la dénomination de Lettres de proposition d'erreur. Ces Lettres étoient la seule manière de se pourvoir contre les jugements en dernier
ressort, pour erreur de fait et pour erreur de droit,
c'est-à-dire, pour contravention aux lois. Elles
étoient adressées au parlement, seul réformateur
de ces arrêts, sous la présidence du roi ou de ses
commissaires. Des séances royales. Qu'il ne faut
pas les confondre avec les lits de justice.*

Peu de temps après cette ordonnance de 1320, *les
lettres de grace de dire contre les arrêts* perdirent
cette dénomination, on ne sait par quels motifs, et
prirent celle de proposition d'erreur.

A la faveur de cette nouvelle qualification, l'abus se
reproduisit et même s'étendit et s'aggrava, au point

que l'ordre judiciaire n'auroit pas tardé à éprouver une désorganisation totale, si Philippe de Valois, par une ordonnance du mois de décembre 1344, n'eût promptement et sévèrement réprimé les entreprises de son conseil.

L'ordonnance qui les proscrit en présente le tableau. On y voit d'abord qu'aux termes des lois antérieures, les arrêts du parlement ne pouvoient être attaqués que par la voie de la proposition d'erreur, et en vertu de lettres expédiées à cet effet; que ces lettres devoient être délibérées dans le conseil, et contenir les erreurs que l'on reprochoit à l'arrêt; qu'on ne pouvoit les obtenir qu'après avoir donné caution de payer au roi une double amende, et à la partie des dommages-intérêts; que, d'après les anciennes ordonnances et l'usage des temps antérieurs, ces lettres ne pouvoient être adressées qu'au parlement, qui seul avoit le droit de réformer ses arrêts; enfin que le roi concouroit lui-même à ces grands actes de justice, en se rendant en personne au parlement, ou en s'y faisant représenter par des membres de son conseil qu'il déléguoit à cet effet(1).

---

(1) *Cùm per prædecessores nostros Franciæ reges, propter auctoritatem parlamenti nostri, semper fuit iuviolabiliter observatum, ne arresta curiæ nostræ, aliquatenùs, nisi per ipsas gentes parlamenti nostri in nostrá præsentiá.... vel nobis absentibus per ipsas quæ personam nostram immediatè repræsentant, vel per ipsas et aliquot alios consiliarios nostros, quando ad hoc cum ipsis mittimus, aliquando*

Après ce résumé des anciennes ordonnances, celle que nous analysons expose qu'au mépris de cet ordre de choses *dictâ ordinatione non obstante,* le crédit et l'intrigue obtiennent souvent des lettres de révision, sans alléguer aucune erreur; que l'on parvient quelquefois à tromper la religion du prince, au point d'en obtenir des ordres qui suspendent, au moins pour un temps, l'exécution des arrêts; enfin que, par un abus encore plus grave, les lettres à l'effet de réviser, corriger ou annuler les arrêts, ne sont pas toujours adressées au parlement: *Et quod est gravius parti quæ arrestum obtinuit.... quod partes super iis super quibus arrestum fuit latum coram aliis quam coram gentibus nostri parlamenti, et non in ipso parlamento adjornatæ audiantur.*

Le législateur continue et dit : Nul ne pourra se pourvoir directement ou indirectement, expressément, ou tacitement contre un arrêt de notre parlement, sans avoir obtenu de nous des lettres de proposition d'erreur. Ces lettres ne pourront être expédiées que sur une requête expositive des erreurs que le réclamant entendra opposer à l'arrêt, afin que les gens de notre conseil puissent juger du mérite de ses griefs; on ne pourra en articuler d'autres que ceux consignés dans cette requête, et, à cet effet, elle sera attachée sous le contre-scel de nos lettres; enfin ces lettres

modo corrigantur, vel aliàs mutentur. Ordonnance du mois de décembre 1344, art. 9.

seront toujours adressées à notre parlement, qui seul pourra réformer ses arrêts : et il n'en sera point donné contre les jugements interlocutoires. *Nec errores per parlamentum nostrum non alibi, nec per alias personas ut prædictum est, vel nisi solum in præsentiá nostrá si hoc ordinaverimus fieri, ipsis etiam præsentibus corrigantur. Statuimus etiam quod nulli concedatur gratia proponendi errores contra arresta interlocutoria.* Enfin, porte la loi, la proposition d'erreur ne sera plus un motif d'ordonner qu'il sera sursis à l'exécution des arrêts, parcequ'ils sont toujours présumés conformes à la justice.... *Quia pro arresto, quod debite et absque interventu errorum latum et factum fuerit est verisimiliter præsumendum.*

L'usage où étoient les rois d'assister au jugement des propositions d'erreur avoit pour motif cette présomption que tous les jugements sont conformes à la justice, et l'opinion que l'ordre social repose principalement sur la stabilité des décisions judiciaires.

Cette circonstance n'étoit pas la seule où les rois présidoient leurs parlements; il arrivoit assez souvent qu'ils s'y rendoient *en cas de droits du domaine des pairies ou des baronnies* (1).

_____

(1) *Ordonnance du 11 mars 1344*, art. 5. Cet article ajoute que le roi annoncera *sa venue* par une lettre adressée à son parlement, « et « que la cause pour quoi il voudroit que sa venue fût attendue, sera « écrite dans la lettre par laquelle il mandera que la cause fût atten- « due à sa venue; autrement qu'on la délivrera sans lui attendre. »

Le roi annonçoit son intention au parlement par des lettres qui lui ordonnoient de surseoir au jugement de l'affaire jusqu'à ce qu'il fût présent. Le cérémonial qui s'observoit alors étoit réglé par deux ordonnances: l'une du 17 novembre 1318; l'autre du 11 mai 1344. On lit dans cette dernière, entièrement conforme à la précédente:

Art. 14. « Quand l'y roi viendra en parlement, «que le parc soit tout vuide; et aussi tout vuide «la place qui est devant son siége, si que il puisse «parler secrètement à ceux que il appellera pour par-«ler à lui.»

Art. 15. «Que nul ne se porte de son siége, ne ne «vienne seoir devant le lict du roi, les chambellans «exceptés, ne ne vienne consulter à lui se il ne l'ap-«pelle (1).»

Quoique ces ordonnances donnent la dénomination de *lict* au siége du roi, cependant il ne faut pas confondre ces séances royales avec les lits de justice, dont

---

(1) On lit dans LA ROCHE-FLAVIN, *des Parlements de France*, liv. IV, art. 31: «Le roi Louis XII, pour montrer l'honneur et la ré-«vérence qu'il avoit à la justice, ayant quitté son palais aux juges, se «retira au bailliage, tout contre le palais;.... et lorsqu'il avoit besoin «de son conseil, il montoit au parlement, demandoit avis, et quelque-«fois assistoit aux plaidoiries, jugeoit les causes, son chancelier pro-«nonçant en sa présence.... C'est où il voyoit en la plaidoirie les excel-«lents et célèbres esprits, et ceux qui plus dignement faisoient leurs «fonctions en la justice, le remarquant pour s'en servir. »

nous ne voyons aucune trace avant le quinzième siècle (1).

Dans les séances royales, telles qu'elles ont eu lieu jusqu'à ces derniers temps, la majesté du trône se cachoit, en quelque sorte, sous l'appareil judiciaire; le prince jugeoit moins comme roi que comme président du sénat; la liberté des suffrages n'étoit pas gênée par sa présence, et les voix se recueilloient et se comptoient dans la forme ordinaire.

Dans les lits de justice, le prince, après avoir annoncé qu'il venoit exercer la puissance législative dans

---

(1) On lit dans les *Recherches de* PASQUIER, liv. II, chap. 4 : « L'un « des premiers qui, à son plaisir, força les volontés de la cour, feignant « de lui gratifier en tout et par-tout, fut Jean, duc de Bourgogne (fléau « ancien de la France), qui, voulant, pour gagner le cœur du pape, « faire supprimer les ordonnances qui avoient été faites contre les abus « de la cour de Rome, envoya par plusieurs fois édits révocatoires d'i- « celles, que jamais la cour ne voulut homologuer, au moyen de quoi « messire Eustache de Laitre, chancelier fait de la main de ce duc, le « comte de Saint-Pol, lors gouverneur de Paris, le seigneur de Mau- « teron, vinrent au parlement le 30 mars 1418, et firent publier ces « lettres révocatoires, sans ouïr le procureur général, et en son absence, « commanda le chancelier que l'on y mît : *Lecta*, *publicata*, etc.; « et après son partement, vinrent plusieurs conseillers au greffier re- « montrer que, puisque c'étoit contre la délibération de la cour, il ne « devoit mettre *lecta*.... Et le lendemain, ceux des enquêtes vinrent à « la grand'chambre faire pareilles remontrances. Sur quoi fut dit que, « nonobstant cette publication, la cour n'entendoit approuver cette « révocation. »

Cette première entreprise sur l'indépendance du parlement peut avoir conduit à l'idée des lits de justice, dont le premier est du 27 mars 1563.

toute sa plénitude, déclaroit, du haut du trône, qu'après avoir mûrement examiné les représentations de ses cours, il persistoit dans sa volonté, qu'il entendoit qu'elle fût exécutée, et qu'il regarderoit toute résistance ultérieure comme attentatoire à son autorité, et tendante à détruire l'unité de pouvoir qui constitue l'essence des gouvernements monarchiques.

Je reviens à la proposition d'erreur.

Il paroit que l'ordonnance de 1344, dont je viens de rappeler les dispositions, fut exécutée pendant tout le règne de Charles V, et que tous les efforts de l'intrigue, pour faire revivre les abus proscrits par cette ordonnance, échouèrent contre la sagesse de ce monarque.

SECTION IV.

Influence des Désordres du règne de Charles VI sur l'autorité de la chose jugée.

Sous Charles VI, époque non moins funeste à la législation qu'à l'Etat, la foiblesse du prince, les divisions des grands, les guerres civiles suscitées et fomentées par un voisin puissant, ouvrirent un champ tellement libre à l'intrigue, à l'ambition, à l'injustice, et à la mauvaise foi, que les principes sur lesquels reposoit l'organisation judiciaire furent entièrement méconnus. « Toutefois, pour entendre ceci, il faut savoir

« que le grand conseil du roi, du commencement, n'é-
« toit fondé en jurisdiction contentieuse ; car telles
« matières étoient réservées pour la connoissance de
« la cour de parlement, ains seulement connoissoit de
« la police générale de France concernant ou le fait
« des guerres, ou l'institution des édits dont la vérifica-
« tion appartenoit au parlement. Et dura longuement
« tel ordre, c'est-à-dire jusques sur le commencement
« des factions qui intervinrent entre les maisons de
« Bourgogne et d'Orléans, auquel temps tout ainsi que
« toutes les choses de France se trouvèrent étrangement
« brouillées et en grand désarroi, aussi ceux qui avoient
« la force et puissance par devers eux, pour gouverner
« toutes choses à leur appétit, faisoient évoquer les
« négoces qu'il leur plaisoit par devers le conseil du
« roi, qui étoit composé ou de Bourguignons ou d'Or-
« léannois, selon que les uns ou les autres des deux
« factions avoient le crédit en la cour du roi Charles VI,
« qui lors étoit mal disposé de son bon sens. Et par cette
« voie frustroient ceux de la cour de parlement des
« causes qui leur étoient affectées.... Et à peu dire, toutes
« et quantes fois que les seigneurs qui gouvernoient
« avoient envie d'égarer quelques matières en faveur
« des uns ou des autres, s'ils en usoient en cette ma-
« nière (1). »

Par ce tableau trop fidèle des désordres de ce malheureux règne, on voit dans quel mépris étoient tom-

---

(1) PASQUIER, *Recherches*, liv. II, chap. 6.

bées la majesté des lois et l'autorité des cours. Il n'étoit pas question alors de lettres de proposition d'erreur, et encore moins d'examiner si un arrêt renfermoit des vices tels qu'ils dussent en faire prononcer la rétractation. De pareils détails auroient trop long-temps retardé la marche du pouvoir. On prenoit une voie beaucoup plus courte. La faction dominante évoquoit au conseil du roi, c'est-à-dire devant elle, les procès de ses partisans, et les jugeoit elle-même; ou si, faute d'une évocation assez prompte, le parlement avoit prononcé contre ses intérêts, elle cassoit l'arrêt, et statuoit sur le fond de l'affaire.

Cependant, quoique affaissés sous le plus extravagant despotisme, les magistrats retrouvoient leur énergie, lorsqu'il s'agissoit de défendre les droits de la couronne et la majesté du trône. En voici un exemple: Un arrêt rendu le 9 août 1389, entre le procureur général du roi et le duc de Lorraine, avoit ordonné que la ville de Neufchâteau seroit *régie sous la souveraineté du roi.* Quelque temps après un huissier ayant fait mettre les panonceaux royaux sur une maison de cette ville qu'il avoit mise en saisie réelle, le duc de Lorraine fit arracher les panonceaux et incarcérer l'huissier. Informé de cet attentat à l'autorité du roi, le parlement fit le procès au duc de Lorraine, le jugea par contumace, le déclara coupable du crime de félonie, le bannit à perpétuité du royaume, et confisqua la ville de Neufchâteau.

Fort de la protection du duc de Bourgogne, le duc

de Lorraine osa se rendre à Paris, et demander l'annulation de l'arrêt rendu contre lui. Présenté au roi, et appuyé par le duc de Bourgogne, il étoit sur le point d'obtenir cette annulation. Le parlement averti envoya une députation au roi, présidée par l'avocat général Jean Juvénal des Ursins. La députation arriva au moment où la cassation alloit être prononcée. «Le chan-«celier les apercevant, leur demanda qui les avoit «mandés en ce lieu. Sur quoi le seigneur des Ursins, «sans aucunement marchander ni répondre, se jette «aux pieds du roi, lui fait le récit de l'affaire, le supplie «*de ne vouloir faire brèche ni à sa majesté ni à l'au-* «*torité du parlement.* Le duc de Bourgogne, auquel «rien n'étoit difficile près du roi, commence à se cour-«roucer, disant avec paroles d'aigreur que ce n'étoit la «voie que l'on y devoit observer; à quoi le seigneur «des Ursins répondit doucement qu'il étoit tenu d'o-«béir aux ordonnances de la cour, aux choses même-«ment où il alloit du service exprès du roi; et à l'instant «même, haussant sa parole, requit que tous bons et «loyaux serviteurs du roi vinssent se joindre de son «côté, et que ceux qui étoient contraires au bien et «repos du royaume se tirassent du côté du duc de «Lorraine. Cette parole, prononcée d'une grande har-«diesse, étonna tellement le duc de Bourgogne, que «soudain il quitta prise (car il tenoit le duc de Lorraine «par la manche pour le présenter au roi), et se retira «du côté des Ursins avec tous les autres princes et sei-«gneurs; se trouvant le duc de Lorraine seul et aban-

« donné de tous.... il s'agenouille devant le roi, et, la
« larme à l'œil, le supplie humblement de lui vouloir
« pardonner, qu'il n'avoit jamais consenti à tout ce
« qui s'étoit passé dans la ville de Neufchâteau, et qu'il
« promettoit d'en faire une punition convenable. Pour
« faire court, après plusieurs soumissions et protesta-
« tions, il obtint du roi ce qu'il demandoit, avec le
« consentement du parlement, sachant que les choses
« s'étoient passées devant le roi sans dissimulation et
« hypocrisie.... combien grand est l'effort de la justice
« quand il tombe en un brave sujet (1). »

Ces actes de courage étoient autant de protestations
qui conservoient les traditions des principes, et en pré-
paroient le retour dans des temps plus heureux.

SECTION V.

*Règne de Charles VII. Retour aux principes. Louis XI
les méconnoît souvent, et cependant affermit l'indépendance de la magistrature. Création de plusieurs
parlements. Influence de cette innovation. Mauvaise
administration des chanceliers Duprat et Poyet.*

Ces temps reparurent sous le beau règne de Charles VII. Cependant quelquefois il arrivoit que l'impor-

----

(1) PASQUIER, *Recherches*, liv. VI, chap. 35. Voyez dans le même
chapitre une anecdote du même genre sous Louis XI.

tunité des grands lui surprenoit des ordres pour suspendre la décision des affaires, ou arrêter l'exécution des jugements. Il proscrivit cet abus; et pour en empêcher le retour, il prit la mesure la plus propre, peut-être la seule propre à déconcerter l'intrigue. Il se mit dans l'heureuse impuissance d'interrompre à l'avenir le cours de la justice, par cette belle disposition de son ordonnance de 1453 (1) : « Voulant obvier à telles frau-
« des et malices, nous ordonnons que dorénavant telles
« lettres ne soient passées en nos chancelleries; et en
« outre, que si, par importunité, telles lettres d'état
« étoient données et passées, nous ordonnons et com-
« mandons à tous nos baillifs et à tous les justiciers de
« notre royaume, qu'ils n'obéissent, ne obtempèrent en
« aucune manière, et leur enjoignons que, nonobstant
« icelles lettres, ils fassent justice, raison, punition et
« correction des crimes, ainsi qu'au cas appartient, sur
« peine d'en être corrigés et punis. »

Louis XI, par une inconséquence qui n'est pas sans exemple, affermissoit l'indépendance de l'autorité judiciaire par des lois générales, tandis qu'il l'ébranloit par des actes particuliers. Il dépouilloit les tribunaux par des évocations et des commissions; mais on ne voit pas qu'il ait abusé du droit de casser les arrêts des parlements; du moins, dans le cahier des doléances des états-généraux tenus à Tours en 1483, n'est-il question que des commissions et des évocations.

(1) Art. 67.

Deux innovations, qui eurent lieu à-peu-près à cette époque, ne contribuèrent pas peu à familiariser le conseil du roi avec l'idée de casser les arrêts des parlements.

Long-temps le parlement de Paris fut *la seule justice capitale et souveraine du royaume* (1). Les affaires et les hommes s'étant multipliés, une seule cour souveraine devint insuffisante, et il en fut successivement érigé dans les principales provinces : on en comptoit sept en 1501 (2). Auparavant, les conflits de jurisdiction ne pouvoient s'élever qu'entre des tribunaux se-

---

(1) Ce sont les termes des anciennes ordonnances.

(2) Philippe-le-Bel avoit établi un parlement à Toulouse vers l'an 1302; mais il fut supprimé quelque temps après. Recréé par lettres du 20 mars 1420 (Voyez *Ordonnances du Louvre*, tome XI, page 59), il fut transféré à Béziers en 1425, réuni en 1428 à celui que Charles VII avoit établi à Poitiers. (voyez *Ordonnances du Louvre*, tome XIII, page 140.) Cette union subsista encore quelque temps après le retour du parlement de Poitiers à Paris. Enfin, le 11 octobre 1444, Charles VII, sur les réclamations des états de Languedoc, établit un parlement à Toulouse, pour le Languedoc, l'Aquitaine, et les pays au-delà de la Dordogne. Le parlement de Grenoble fut créé en 1453, à la place du conseil delphinal. Celui de Bordeaux en 1462. Celui du duché de Bourgogne en 1476. Celui de Rouen en 1499, à la place de la chambre de l'échiquier, dont il conserva le nom jusqu'en 1515. Celui d'Aix en 1501. Celui de Bretagne en 1553, à la place des grands jours de cette province. Celui de Pau en 1620. Celui de Metz en 1632. Celui de Franche-Comté en 1674. Celui de Flandre en 1686, dont le siége fut d'abord à Tournay, ensuite à Cambray, enfin à Douay, par un édit de décembre 1713. Celui de Nancy en 1775, à la place de la cour souveraine de Lorraine.

condaires. Le parlement les jugeoit, et tout finissoit là. Mais, après l'établissement de plusieurs cours souveraines, on les vit, jalouses de conserver l'intégrité de leur territoire, figurer elles-mêmes dans les conflits, et donner respectivement des arrêts qui faisoient défenses aux parties de procéder ailleurs que devant elles. Égales en pouvoir, et sans autorité les unes sur les autres, ces cours étoient dans l'impossibilité de juger la question qui les divisoit. Cette question étoit donc nécessairement dévolue au roi, et le roi ne pouvoit y statuer sans prononcer la cassation de l'un des deux arrêts.

Le chancelier Duprat, qui ne voyoit pas que, dépouiller les tribunaux, c'étoit bien moins ajouter à l'autorité du roi qu'agrandir le domaine du crédit et de l'intrigue, facilita les évocations de la manière la plus scandaleuse. Pour en obtenir, il ne falloit que des prétextes : on alla plus loin, on imagina les récusations générales. Le parlement ainsi récusé, ne pouvant être juge dans sa propre cause, s'abstenoit; et l'affaire étoit portée devant le conseil du roi, qui, statuant sur la récusation, évoquoit le fond de l'affaire, la jugeoit ou la renvoyoit à une cour souveraine établie par Charles VIII, sous la dénomination de grand-conseil (1). Les parlements réclamoient au nom de

---

(1) Voici dans quels termes François Ier parle de cet abus, dans le préambule de son édit de 1529 : « Informé que plusieurs évocations, « et jusqu'en nombre effréné, ont été ci-devant dépêchées *à cause des*

l'ordre public; et, comme on affectoit de ne pas les entendre, il arrivoit quelquefois que, révoltés de la fausseté ou de la légèreté des motifs de ces récusations, ils
continuoient l'instruction des procès, et le conseil ne
manquoit pas de casser les arrêts ainsi rendus, comme
attentatoires à l'autorité du roi.

A la même époque, les lettres d'état fournirent encore au conseil de fréquentes occasions de casser des
arrêts. On appelle lettres d'état des ordres adressés aux
cours de justice, à l'effet de suspendre les procédures
dirigées contre des personnes absentes pour le service
du roi. Il devoit y avoir peu d'exemples de ces lettres,
depuis l'ordonnance de 1453; mais elles se multiplièrent avec les évocations et les récusations. La conduite
des parlements et du conseil fut la même. Les parlements jugeoient nonobstant les lettres d'état, lorsque
leurs motifs étoient d'une fausseté reconnue, et le
conseil cassoit les arrêts.

Telle étoit la situation des esprits, lorsqu'en 1538
Guillaume Poyet fut élevé à la dignité de *chancelier
de France*. «Ce magistrat, qui avoit été nourri, dès le
«berceau, à façonner les procès, apporta tant de chi-
«caneries, qu'il commença de prêter l'oreille aux par-
«ties privées pour matières mêmement qui se devoient

« *récusations....* qui est grosses vexations, frais et mises intolérables aux
« parties litigantes, et grand retardement de la justice. »

On verra dans un instant que les mesures répressives prises contre
cet abus demeurèrent sans exécution.

«décider dans un châtelet de Paris ou dans une cohue
«de Rouen: laquelle coutume.... tellement qu'icelle a
«introduit à la suite de la cour gens qui font acte de
«procureurs et avocats en ce conseil, tout ainsi qu'aux
«simples jurisdictions subalternes: voire et y ont été
«quelquefois taxés les dépens par les maîtres des re-
«quêtes: coutume véritablement indigne de ce grand
«tribunal de la France (1).»

Au milieu d'un pareil désordre, dans un temps où
le chancelier lui-même favorisoit l'évocation au conseil des affaires les plus minutieuses, avec quelle facilité ne devoit-on pas casser les arrêts des parlements?
Effectivement il ne s'agissoit que de trouver des prétextes: on en imagina de nouveaux. Mais, pour en
donner une juste idée, il faut que je rappelle la manière
dont les choses s'étoient passées jusqu'alors, et sur-tout
l'état de cette partie de notre législation au commencement du seizième siècle.

(1) PASQUIER, *Recherches*, liv. II, chap. 6.

SECTION VI.

Résumé de ce qui vient d'être dit. Les rois ayant, vers la fin du quatorzième siècle, abandonné l'usage d'assister aux jugements de proposition d'erreur, la réforme des erreurs de droit, c'est-à-dire, des contraventions aux lois, rentroit naturellement dans le domaine du conseil d'État. Cependant les Ordonnances antérieures au seizième siècle sont muettes sur la cassation des arrêts pour violation des lois. Motifs de leur silence à cet égard.

On voit, par les Etablissements, que, du temps de Saint Louis, on pouvoit attaquer les jugements en dernier ressort pour erreur de fait et pour erreur de droit; que, dans le second cas, le roi statuoit lui-même, et que, dans le premier, le jugement étoit soumis à la révision du baillif ou du prévôt qui l'avoit rendu.

La manière dont les choses se passèrent après l'ordonnance de 1302 effaça cette ligne de démarcation. On obtenoit du conseil, sur le rapport des maîtres des requêtes, *des lettres de grace de dire contre les arrêts.* Ces lettres étoient adressées au parlement. Le roi s'y rendoit, accompagné des membres de son conseil, et là étoient jugées les erreurs de droit comme les erreurs de fait.

Quelques années après, la dénomination de ces

lettres changea; on les appela *lettres de proposition d'erreur :* mais la chose resta la même.

La fin du quatorzième siècle fut l'époque d'un nouveau changement, et beaucoup plus considérable. Les rois abandonnèrent l'usage de concourir, avec le parlement, aux jugements des propositions d'erreur. La force des choses ramena à la distinction entre les erreurs de fait et les erreurs de droit, et ces dernières repassèrent dans le domaine exclusif du conseil.

Mais, dans l'état où étoit alors notre législation, il étoit presque impossible que le parlement commît des erreurs de droit, c'est-à-dire, qu'il rendît des jugements contraires aux lois de l'Etat.

En effet, les lois saliques et ripuaires, les capitulaires, en un mot, tous les actes législatifs des deux premières races étoient, depuis long-temps, sans autorité : à peine en restoit-il un léger souvenir. Les premiers rois de la troisième race, de toutes parts pressés par la prérogative des seigneurs, n'exerçoient la puissance législative que dans les terres de leurs domaines; et même encore, vers la fin du quinzième siècle, le code des François, si l'on en retranche les Etablissements, qui n'eurent jamais force de loi que dans les domaines patrimoniaux de Saint Louis, les chartes de communes et de bourgeoisies, les priviléges accordés aux villes et aux abbayes, les lettres portant établissements de foires et marchés, et les statuts pour les communautés d'arts et métiers, le code des François, disons-nous, se réduisoit à quelques ordonnances relatives à la police (1), au commerce, aux monnoies, à l'usure, à la manutention des forêts, à l'administration des domaines de la couronne, à la perception des droits d'amortissement et de franc-fief, à la répartition des aides et subsides accordés par les états-généraux, à l'organisation du parlement, à celle de quelques tribunaux inférieurs, aux fonctions des avocats, au nombre des officiers ministériels, et à différents points de procédure (2); mais point de loi générale ni sur les successions, ni sur les testaments, ni sur les donations, ni sur les substitutions, ni sur la communauté entre époux, ni sur les droits des femmes mariées, ni sur le régime féodal. Sur tous ces points, les cours de justice n'avoient d'autres régulateurs que les principes du droit romain, des souvenirs, et leur propre jurisprudence.

Dans toutes les affaires, les parties alléguoient respectivement l'usage du pays, et, pour constater cet usage, les juges ordonnoient *des enquêtes* (3). Ainsi les

---

(1) Le règlement *concernant la police du royaume*, du mois de février 1350, en 239 articles, mérite encore aujourd'hui d'être lu et médité. On le trouve dans le recueil des Ordonnances du Louvre et dans celui de Fontanon.

(2) L'ordonnance d'avril 1453, en 125 articles, est sur-tout remarquable. C'est notre premier code de procédure.

(3) Des nombreuses coutumes qui depuis ont surchargé la France, aucune alors n'étoit écrite. Charles VII, par l'article 125 de son ordonnance de 1453, ordonna qu'elles seroient rédigées et revêtues de la sanction de l'autorité publique; mais ce projet ne fut exécuté que dans

tribunaux ne pouvoient errer qu'en fait, c'est-à-dire, que dans la manière d'appliquer les anciens exemples, ou d'apprécier et d'interpréter les actes et les dépositions des témoins. Ainsi la violation des lois de l'Etat devoit être infiniment rare et presque impossible; les jugements en dernier ressort, du moins pour la très majeure partie, ne pouvoient donc être attaqués que pour erreur de fait.

Dans un pareil ordre de choses, on devoit s'occuper fort peu de la cassation des arrêts pour contravention aux lois, et beaucoup de la manière de les attaquer pour erreur de fait; c'est aussi ce que nous voyons. Aucune de nos anciennes ordonnances ne parle des formalités à observer pour se pourvoir en cassation; et il est beaucoup question de la proposition d'erreur dans celles des quatorzième et quinzième siècles.

---

le siècle suivant. On trouve, dans ce même article 125, la manière dont les procès s'instruisoient dans ces temps-là; on y lit : « Les parties, « en jugement tant devant notre cour de parlement que devant les « autres juges, proposent et allèguent plusieurs usages, styles et cou- « tumes qui sont diverses, selon la diversité des pays de notre royaume, « et les leur convient prouver, pour quoi les procès sont moult allon- « giés et les parties constituées en grands frais.... car souventes fois ad- « vient que les parties prennent coutume contraire, en un même pays, « et aucunes fois les coutumes muent et varient à leur appétit, dont « grands dommages et inconvénients adviennent à nos sujets. »

Aussi voit-on, dans les registres du parlement, connus sous la déno- mination d'*olim*, que la plupart des arrêts de ces temps-là commen- çoient par ces mots : *Inquestâ factâ*, et que la formule du dispositif de ces arrêts étoit : *Probatum est, non probatum est.*

SECTION VII.

Etat de cette partie de la Jurisprudence, depuis la fin du quinzième siècle jusqu'à l'ordonnance de Blois. Première innovation. On distingue les erreurs de fait qui inculpent les juges, de celles qui procèdent du dol des parties, de la négligence ou de l'impéritie de leurs défenseurs. On ouvre, contre ces dernières, un nouveau recours, que l'on appelle Lettres en forme de requête civile. Ainsi, à dater de cette époque, deux manières d'attaquer les arrêts pour erreur de fait : la proposition d'erreur, et la requête civile. De la forme de ces lettres, et de la manière de les obtenir. Autre innovation. Lettres pour être reçu à alléguer griefs, nullités et contrariétés. Ces lettres abolies par les chanceliers Olivier et l'Hôpital. Caractère de ces deux grands hommes. Dispositions des Ordonnances d'Orléans et de Moulins. Edit interprétatif de la seconde.

La fin du quinzième siècle fut l'époque d'une innovation notable dans cette partie. Auparavant on confondoit toutes les erreurs de fait; alors on distingua celles qui inculpoient le juge de prévention ou d'ignorance, de celles qui procédoient du dol des parties et du fait des officiers ministériels, telles que les soustractions de pièces et les nullités de procédure. On établit, pour ces dernières, de nouvelles lettres que l'on qualifia *lettres en forme de requête civile;* mais, comme il arrivoit rarement que l'on n'accusât pas les arrêts tout à-la-fois de ces deux espèces d'erreur, la chancellerie continua, pendant quelque temps encore, d'employer indistinctement la dénomination de *proposition d'erreur.* Il y a même des ordonnances postérieures à 1539, dans lesquelles on lit que *la proposition d'erreur est la seule voie ouverte contre les arrêts des cours souveraines.*

Nous n'avons pas encore parlé des formes à observer pour obtenir les lettres de proposition d'erreur; cependant il faut les connoître: elles sont réglées par plusieurs ordonnances (1), et réunies dans le texte suivant de l'ancien style de procéder en la cour de parlement de Normandie (2), que Terien nous a conservé. « Il est loisible de proposer erreur contre les « arrêts de la cour en toutes matières, fors des arrêts « interlocutoires et possessoires, en consignant au « greffe de la cour 120 livres parisis pour l'amende, « laquelle erreur proposée doit être erreur de fait; car « *aucun n'est recevable à proposer erreur de droit* (3).

---

(1) Notamment par celle de Louis XI, de l'an 1474.

(2) *Commentaire du Droit civil normand,* imprimé à Paris en 1574.

(3) « Seulement a lieu et peut être reçue la proposition d'erreur de « fait, quand il se trouve clair et évident que la cour n'a pas entendu, « pris et conçu le fait.... Proposition d'erreur n'est reçue, si on allègue « erreur de droit. » BOUCHEUL, *Bibliothèque du Droit françois,* verbo *Proposition d'erreur.*

«Et telle est la forme de proposer erreur, que la partie
«qui entend la proposer doit laisser les sacs au greffe,
«car en les retirant paisiblement, il renonceroit à
«l'erreur; et, dans un an après la date de l'arrêt, doit
«bailler lesdites erreurs pardevers monseigneur le chan-
«celier, qui les envoie clos, sous le contre-scel de la
«chancellerie, aux maîtres des requêtes, pour les visi-
«ter, et voir s'ils sont admissibles ou non: et iceux
«trouvés admissibles, lesdits maîtres des requêtes ren-
«voient à monseigneur le chancelier, et obtient le
«proposant lettres de la chancellerie pour faire ajour-
«ner la partie en ladite cour de parlement, pour voir
«prononcer et déclarer ledit arrêt donné par erreur.»

On voit par ce texte, qui, comme nous l'avons dit
plus haut, n'est que le résumé des anciennes ordonnances,

1° Que les arrêts interlocutoires et possessoires ne
pouvoient pas être attaqués par la voie de la proposition d'erreur (1).

2° Qu'alors on commençoit à distinguer les erreurs
de fait des erreurs de droit, et que l'erreur de fait pouvoit seule donner lieu à cette espèce de recours.

3° Que cette voie n'étoit ouverte que pendant un
an, *en suivant la prononciation de l'arrêt.*

_____

(1) *Statuimus etiam quod nulli concedatur gratia proponendi
errores contra arresta interlocutaria.* Ordonnance de 1344, art. 9.
   «Attendu que les parties peuvent avoir leur recours au pétitoire....
«ordonnons qu'en matière possessoire, aucun dorénavant ne sera reçu
«à proposer erreur.» LOUIS XII, *Ordonnance de* 1498.

4° Que celui qui étoit dans l'intention de se pourvoir étoit obligé de laisser sa production au greffe; que cette production étoit adressée aux maîtres des requêtes, qui examinoient si l'erreur alléguée existoit réellement (1).

5° Enfin que l'affaire étoit renvoyée au parlement qui avoit rendu l'arrêt.

Ces mesures, et quelques autres que j'omets, comme moins importantes, sembloient suffisantes pour garantir la stabilité des jugements. On vit en effet l'obstination et la mauvaise foi reculer devant cette barrière successivement affermie par plusieurs ordonnances : mais, ne pouvant la franchir, on l'éluda. Pour échapper aux formalités dont les lettres de proposition d'erreur étoient environnées, on en imagina de nouvelles, que l'on appela *lettres pour être reçu à alléguer nullités, griefs, et contrariétés.*

On entendoit par *nullités*, les vices de procédure; par *griefs*, le mal jugé; par *contrariétés*, l'opposition ou le peu de concordance entre les différentes parties du même arrêt. Ainsi tout ce qu'il étoit possible d'imaginer, pour attenter à l'autorité de la chose jugée, étoit réuni dans ces lettres de nouvelle invention (2),

_____

(1) «Qu'auparavant de recevoir les articles d'erreur par nos amés «et féaux les maîtres des requêtes de notre hôtel, ils verront les faits «avec les inventaires et les productions des parties.» *Ordonnance de* 1539, art. 135.

(2) C'est ainsi que ces lettres sont qualifiées dans la rubrique de l'édit

cependant postérieures aux lois qui avoient environné
de tant d'obstacles l'obtention des lettres de proposition d'erreur; elles n'étoient assujetties à aucunes formalités; et, ce qui mettoit le comble à cette espèce
d'anarchie judiciaire, ces lettres étoient adressées, non
aux cours qui avoient rendu les arrêts, mais au tribunal que Charles VIII avoit créé sous la dénomination de grand-conseil. Souvent même le conseil
d'Etat évoquoit et s'attribuoit la connoissance de
l'affaire.

C'en étoit fait de l'ordre judiciaire; les troubles qui
suivirent le règne de Henri II en auroient consommé
la désorganisation, si deux hommes, *gens suffisants
et de vertu non commune* (1), deux hommes dont l'un

---

donné à Chanteloup, au mois de mars 1545. Le préambule de cet édit
expose ce nouvel abus dans les termes qui suivent: «Combien qu'il ne
«soit loisible par les ordonnances d'impugner les arrêts de nos cours
«souveraines, autrement que par la proposition d'erreur, et en gardant
«les formalités requises, néanmoins, depuis quelque temps, aucuns
«ont trouvé moyen d'obtenir lettres pour être reçus à alléguer nullités,
«griefs et contrariétés contre plusieurs arrêts de nosdites cours: à quoi
«ont été reçus, et, par cette voie, ont tenu l'exécution de plusieurs
«arrêts en suspens; et, sur la vérification desdites nullités et contra-
«riétés d'arrêts, la procédure a été quelquefois plus longue et de plus
«grande mise *en notre grand-conseil* que la principale instance; et,
«pour faire droit sur lesdites nullités et contrariétés d'arrêts, font
«apporter toutes les pièces et productions des procès, et iceux font
«revoir, *comme si c'étoit une voie d'appel;* ce qui est rendre tous les-
«dits arrêts illusoires et sans effet.»

(1) MONTAIGNE, liv. II, chap. 17.

réforma cet abus, et l'autre l'empêcha de renaître, si Olivier et l'Hôpital n'eussent, dans ces temps malheureux, été successivement appelés à la dignité de chancelier de France. D'un caractère également élevé, d'un savoir également profond, ces deux grands hommes étoient également dignes de la magistrature suprême, mais par des qualités différentes : l'un possédoit à un plus haut degré la science de l'administrateur ; l'autre étoit plus éminemment pourvu du génie de la législation ; et, par le hasard le plus heureux, ces deux qualités étoient précisément celles qui convenoient le mieux aux circonstances dans lesquelles chacun d'eux s'est trouvé.

Olivier, né avec tous les talents, toutes les qualités d'un grand administrateur, étoit fait pour réparer, dans des temps calmes, tous les maux qui suivent le tumulte des armes ; et lorsque, fatigué de ces longues guerres, et après avoir donné la paix à ses peuples, François Ier le plaça à la tête de la magistrature, le désordre étoit dans toutes les parties de l'administration : les soldats, mal disciplinés, mal payés, étoient le fléau des campagnes ; les routes étoient infestées de brigands ; les villes étoient sans police ; les traitants dévoroient le patrimoine de l'Etat, et les administrateurs des hôpitaux celui des pauvres. Paris, qui s'agrandissoit tous les jours, étoit devenu un repaire de brigands et l'asile de tous les vices. Un luxe effréné achevoit de corrompre les mœurs, et faisoit passer chez nos voisins le peu de numéraire que nous avions alors. Enfin les besoins de

l'Etat avoient fait créer une multitude d'offices de judicature qui surchargeoient et dégradoient les tribunaux. Chacun de ces désordres sollicitoit un règlement : Olivier les fit tous, et, ce qui est encore plus
remarquable, son inflexible fermeté les fit tous exécuter.

L'Hôpital étoit un de ces génies que le ciel ne montre
à la terre que dans les grandes crises, que lorsqu'il veut
arrêter les nations sur le bord des abymes dans lesquels elles courent elles-mêmes se précipiter; et le
timon des affaires fut placé dans ses mains, à cette
époque l'une des plus désastreuses de la monarchie,
à cette époque où la France, déchirée par une guerre
tout à-la-fois religieuse, étrangère et civile, fut sur le
point de perdre ses lois fondamentales, qui ne consistoient guère alors qu'en souvenirs et en exemples.
L'Hôpital réunit ces éléments épars, les fixa dans ces
ordonnances qui rendront son ministère à jamais célèbre, et parvint ainsi à les sauver des fureurs de la
ligue, de l'ambition des grands, et de l'esprit de sédition qui s'étoit emparé de tous les corps de l'Etat.

Les premiers regards d'Olivier se portèrent sur l'ordre judiciaire, et ce qui le frappa d'abord fut l'*invention nouvelle* dont je viens de parler, c'est-à-dire, *les
lettres pour être reçu à alléguer nullités, griefs, et
contrariétés contre les arrêts.* Le chancelier les abolit
par un édit de 1545, dans lequel, après avoir judicieu-
sement observé que ces lettres ouvrent la voie de l'appel
contre tous les jugements en dernier ressort, le roi

ajoute : « Déclarons qu'à l'avenir nul ne sera reçu à
« contrevenir aux arrêts de nos cours souveraines par
« voie de nullité et contrariétés d'arrêts ; ains se pour-
« voiront par *proposition d'erreur,* avec les solennités
« et dans les délais prescrits par nos ordonnances. »

L'édit va plus loin ; il ordonne que tous les procès
pendants au grand conseil, en conséquence de ces
lettres, « soient renvoyées *en icelles de nos dites cours*
« *où ils auront été jugés.* »

On n'a pas oublié que, sous la dénomination de *pro-*
position d'erreur, étoit souvent comprise la requête
civile, et qu'alors l'une et l'autre n'étoient, à cette
époque, admises que pour de simples erreurs de fait.
Ainsi voilà les parlements ressaisis de la prérogative
de réviser et de corriger eux-mêmes toutes les erreurs
de fait. Nous continuons de nous occuper de ce qui
concerne ces sortes d'erreurs ; nous reviendrons ensuite à celles de droit.

L'intrigue abattue par l'édit de 1545 se relevoit ;
l'Hôpital la comprima de nouveau par ces dispositions
des ordonnances d'Orléans et de Moulins : « Les pré-
« tendues nullités et contrariétés des arrêts de nos cours
« souveraines seront jugées où les arrêts auront été
« donnés, suivant les édits sur ce faits. » *Orléans, art.* 38.
« Les lettres en forme de requête civile seront renvoyées
« en la chambre où le procès aura été jugé. » *Moulins,*
art. 61.

Deux points restoient encore à régler. Le plus souvent, comme nous venons de le dire, à la requête

civile étoit jointe, dans les mêmes lettres, la proposition d'erreur. Adresser ces lettres à la chambre qui avoit rendu l'arrêt, ainsi que le prescrivoit l'ordonnance de Moulins, c'étoit mettre les juges dans la nécessité de s'entendre dire à eux-mêmes qu'ils s'étoient trompés, ce qui choquoit la dignité de la magistrature. Le parlement fit sentir cette inconvenance dans des remontrances sur différentes dispositions de l'ordonnance de Moulins. En conséquence, par le premier des deux édits qui furent rendus en interprétation de cette ordonnance, il fut statué que toutes les fois que la partie se plaindroit *du fait et faute du juge, la requête civile seroit renvoyée à une autre chambre.*

Le second point à régler étoit relatif aux contrariétés d'arrêts. L'article 38 de l'ordonnance d'Orléans renvoyoit, sans distinction, toutes les affaires de cette espèce aux cours qui avoient rendu les arrêts contraires ou prétendus tels. Rien de plus sage lorsque les deux arrêts avoient été rendus par le même parlement; mais cela devenoit impraticable toutes les fois que ces arrêts étoient émanés de deux cours différentes. Comme ces cours étoient indépendantes, aucune d'elles ne pouvoit réformer ce que les autres avoient jugé : cela fut senti, et des règlements postérieurs attribuèrent au grand-conseil les demandes en contrariétés d'arrêts rendus par deux cours différentes.

SECTION VIII.

Dispositions de l'Ordonnance de Blois. Toutes les voies ouvertes contre les arrêts réduites à trois : la proposition d'erreur, la requête civile, et la cassation.

Peu de temps après fut publiée l'ordonnance de Blois, qui jette un nouveau jour sur cette matière, notamment par les articles 92 et 208, dont voici les termes :

« Déclarons que les arrêts de nos cours souveraines « ne pourront être *cassés* ne *retractés* que par les voies « de droit, qui sont la requête civile et la proposition « d'erreur, et par la forme prescrite par nos ordon- « nances. Voulons que les ordonnances faites, tant par « nous que par les rois nos prédécesseurs, soient invio- « lablement gardées.... Déclarons les jugements, sen- « tences et arrêts donnés contre la forme et la teneur « d'icelles, nuls et de nul effet et valeur.»

On remarque dans ces textes, 1° qu'ils établissent deux modes de réformation des arrêts; la rétractation et la cassation, précision inconnue jusqu'alors. 2° Qu'ils ne laissent subsister que trois manières d'obtenir cette réformation : la requête civile, la proposition d'erreur, et la forme prescrite par les ordonnances. 3° Qu'elle ne donne qu'aux deux premières la qualification de

voies de droit, et la raison en est fort simple : la requête civile et la proposition d'erreur remettant la
question en jugement, et la soumettant aux mêmes
juges, les choses restent dans la sphère de l'autorité
judiciaire. Au contraire, la troisième manière de se
pourvoir, constituant un nouveau procès, bien moins
entre les parties qui avoient figuré dans le premier
qu'entre l'arrêt et la loi, et plaçant le droit d'y statuer
au-dessus du pouvoir des juges, n'est pas, à proprement parler, une voie de droit, mais une voie extraordinaire que le législateur a cru suffisamment désigner
en disant : *Et par la forme prescrite par nos ordonnances* (1).

On auroit pu s'expliquer plus clairement, et dire
quelle étoit cette forme prescrite par les ordonnances,
quelles étoient les circonstances dans lesquelles on
pouvoit y recourir.

---

(1) Cette manière d'entendre l'ordonnance est d'autant plus naturelle, qu'alors les demandes en cassation étoient déja trop fréquentes
pour que le législateur négligeât de s'en occuper. On le voit par ce qui
se passa en 1648, trente-un ans avant l'ordonnance de Blois. A cette
époque, les maîtres des requêtes, informés que le nombre de leurs
charges alloit être augmenté, ce qui en auroit diminué la valeur, se
présentèrent au parlement, et se mirent sous sa protection. Le premier
président leur répondit : « Qu'ils ne se souvenoient qu'ils étoient du
« parlement que lorsqu'ils en avoient besoin, et qu'ils l'oublioient bien-
« tôt quand il s'agissoit de poursuivre la cassation de ses arrêts; mais
« que la compagnie étoit bonne, qu'elle vouloit bien oublier leurs pro-
« cédés peu honnêtes, et qu'elle prendroit leur défense. »

Mais il n'est pas possible de s'y méprendre : ces mots, *par la forme prescrite par nos ordonnances*, nous ramènent nécessairement aux erreurs de droit. On ne peut en effet leur donner un sens déterminé qu'en les appliquant à ces sortes d'erreurs, puisque la requête civile et la proposition d'erreur avoient pour objet toutes celles de fait, quelle qu'en fût la nature et la cause. Ainsi, par ces mots de l'ordonnance, il faut entendre ce que nous appelons aujourd'hui la cassation; et quant à la manière de se pourvoir, elle ne peut pas avoir varié. Dans tous les temps, elle a dû consister dans une requête tendante à ce que tel acte, quoique revêtu de la forme des jugements, fût néanmoins déclaré nul et de nul effet, comme n'étant pas un véritable jugement, attendu qu'il est contraire aux lois.

Que ces requêtes aient été présentées au parlement, lorsque les rois s'y rendoient, ou s'y faisoient représenter pour juger ces sortes d'affaires, cela devoit être ainsi; mais lorsque cet usage a cessé, les demandes en cassation ont été nécessairement portées au conseil(1).

_____

(1) C'est, en effet, ce qui se pratiquoit : cela est prouvé par un règlement donné pour le conseil, en 1595.

Le chapitre intitulé *Réglement pour le conseil d'état et privé*, porte: «Les arrêts donnés par les cours souveraines ne pourront être cassés «et sursis, sinon par les voies de droit. »

Dans le chapitre suivant, intitulé *Règlement pour le conseil d'état et finances*, on lit: «Qu'il connoîtra des contraventions qui seront

Autrement, et si la répression des contraventions aux lois avoit été confiée aux auteurs de ces mêmes infractions, les magistrats, sans régulateur, auroient pu se livrer impunément aux actes les plus arbitraires. Il y a plus ; la puissance législative auroit, de fait, résidé dans les cours souveraines, et les rois, sous ce rapport, n'auroient été que de vains fantômes ; enfin quel auroit été le sens de cette formule qui, depuis l'an 1302, termine toutes les ordonnances : « Mandons et ordonnons « à nos cours de parlement que notre présente ordon-« nance ils entretiennent, gardent et observent, et « fassent entretenir, garder et observer inviolable-« ment, et sans les enfreindre en quelque manière que « ce soit. »

Depuis l'ordonnance de Blois cette partie de notre législation resta la même, à quelques nuances près, pendant environ quatre-vingt-dix ans ; en conséquence, je franchis l'espace qui s'est écoulé de 1579 jusqu'à l'ordonnance de 1667, et je m'arrête à cette époque.

« faites aux ordonnances, en ce qui concernera l'Etat et repos public. » *Offices de France*, par GERARD, t. I.

SECTION IX.

Ordonnance de 1667. Abolition de la proposition d'erreur. Plus de ressources contre les erreurs de fait dont on voudroit inculper les juges. La requête civile et la cassation sont seules conservées. De la requête civile.

Les ordonnances d'Orléans, de Moulins, de Roussillon et de Blois, l'édit des présidiaux, celui portant établissement des tribunaux de commerce, et quelques autres, avoient déterminé la nature, la compétence, et les attributions des différentes jurisdictions. Pour consommer le grand œuvre de l'organisation judiciaire, il ne restoit, à très peu de chose près, que deux points à régler : les formes de la procédure, et les moyens de se pourvoir contre les jugements en dernier ressort.

Les plus savants magistrats, réunis en 1667 aux plus savants jurisconsultes, furent chargés de la rédaction d'une loi sur cette importante matière.

On vient de voir qu'il y avoit alors trois manières d'attaquer les arrêts : la proposition d'erreur, la requête civile, et la cassation.

La proposition d'erreur, qui au fond n'étoit autre chose que la voie de révision, avoit deux grands inconvénients : elle dégradoit la magistrature, en inculpant les juges d'ignorance ou de partialité; et comme elle étoit fondée sur le motif que le tribunal avoit mal interprété les actes, ou mal apprécié les faits, il n'y avoit pas de plaideur qui n'attribuât la perte de son procès à l'une ou à l'autre de ces deux causes: et celui qui, après les longueurs les plus fatigantes et les soins les plus ruineux, étoit parvenu à faire accueillir sa demande, en voyoit, dès lendemain, la légitimité remise en problème. D'ailleurs où étoit la garantie que les juges verroient mieux la seconde fois que la première?

Cette voie désastreuse fixa d'abord l'attention des rédacteurs de la loi, et ce mode de révision fut aboli par une disposition formelle. L'ordonnance défend aux juges de la permettre, à peine de nullité et de tous dommages et intérêts. La loi ajoute: «Ne seront les «arrêts et jugements en dernier ressort rétractés sous «prétexte de mal jugé au fond.»

Ce prétexte écarté, et toutes les voies contre les erreurs de fait que l'on pouvoit attribuer aux juges ainsi fermées, le législateur s'occupe des erreurs de fait auxquelles le dol des parties, la négligence et l'impéritie des officiers ministériels peuvent donner lieu.

La forme à suivre, pour obtenir la réformation de ces sortes d'erreurs, étoit connue depuis long-temps. On obtenoit en chancellerie des lettres que l'on appeloit *lettres en forme de requête civile*, et qui, dérogeant à la règle qui veut que les jugements en dernier ressort soient irrévocables, autorisoient la cour qui avoit rendu l'arrêt attaqué à le rétracter et à soumettre l'affaire à une nouvelle discussion. Mais les circonstances dans lesquelles cette rétractation pouvoit être demandée n'étoient pas déterminées avec précision, et les ouvertures de requête civile varioient au gré des maîtres des requêtes qui expédioient ces lettres.

C'est ce vague, cette indétermination, qui faisoient dire à l'avocat général de Pibrac, dans un discours au parlement de Toulouse : *La requête civile est aujourd'hui aussi fréquente que les appellations.*

Vivement frappés de cet abus, les magistrats rédacteurs de l'ordonnance prirent de toutes les mesures la plus efficace, et pour le détruire et pour l'empêcher de renaître. Ils spécifièrent toutes les erreurs, tous les griefs qui pourroient à l'avenir être employés comme ouvertures de requête civile, et défendirent d'en proposer d'autres.

Dans l'énumération que la loi fait de ces erreurs, il n'en est aucune qui accuse directement les intentions des juges ; il n'en est aucune qui ne doive être attribuée ou à la mauvaise foi des parties, ou à l'impéritie de leurs défenseurs, ou au peu d'attention des greffiers rédacteurs des jugements ; enfin il n'en est aucune que le juge ne puisse promptement et complétement réparer, sans compromettre la dignité de son ministère et l'opinion de son intégrité.

L'ordonnance ne place pas la violation des lois dans cette énumération ; cependant on y lit : « Les juge-« ments en dernier ressort ne pourront être rétractés « que par lettres en forme de requête civile, à l'égard «de ceux qui y auront été parties ou duement appelés, «de leurs successeurs ou ayant cause.»

Mais si les arrêts ne peuvent être *rétractés* que par la voie de la requête civile, et si la contravention aux lois ne forme pas une ouverture de requête civile, il faut donc tenir, comme règle certaine, que les arrêts les plus contraires aux lois ne peuvent jamais être rétractés. Cela est vrai, mais ils peuvent être cassés et annulés; c'est la disposition formelle de la même ordonnance. Après avoir parlé des erreurs de fait, après avoir dit que celles dont elle fait l'énumération pourront seules donner lieu à la rétractation des arrêts qui les renferment, et que cette rétractation ne pourra être prononcée que par le tribunal dont l'arrêt est émané, elle s'occupe des erreurs de droit, c'est-à-dire des contraventions aux lois, et voici ses termes : « Déclarons tous arrêts et jugements qui seront donnés «contre la disposition de nos ordonnances, édits et «déclarations nuls et de nul effet et valeur, et les «juges qui les auront rendus responsables des dommages et intérêts des parties, ainsi qu'il sera par «nous avisé.»

On voit, par le procès-verbal de l'ordonnance, que les magistrats du parlement se contentèrent de demander que le roi voulût bien retrancher de cet article, et de quelques autres, les peines prononcées contre eux, et qu'il ne leur vint pas même à l'esprit d'élever la plus légère critique sur la disposition par laquelle le roi se réserve la faculté de déclarer nuls et de nul effet leurs

arrêts, toutes les fois qu'ils contreviendront aux ordonnances, édits et déclarations.

Telle est donc, à cet égard, l'économie de l'ordonnance de 1667, la plus sage, la plus profondément
méditée de celles qui régloient nos formes judiciaires.
L'arrêt renferme-t-il quelques uns de ces vices qu'elle
met au nombre des ouvertures de requête civile? on
doit en demander la rétractation au tribunal qui l'a
rendu. Contrevient-il aux lois? c'est par une demande
en déclaration de nullité, présentée à l'autorité supérieure, qu'on doit l'attaquer. Dans tous les autres cas,
il faut l'exécuter.

Les choses réduites à cette précision, il est facilé,
et de définir la cassation, et de déterminer les circonstances dans lesquelles elle doit avoir lieu.

SECTION X.

De la Cassation des Jugements en dernier ressort.

L'action de la puissance législative cesse à l'instant
où la loi est délibérée. Cependant cette loi, toute revê-
tue qu'elle est de la sanction du législateur, ne pourra
recevoir son exécution que lorsqu'elle sera connue;
et vainement auroit-elle la plus grande publicité, s'il
étoit permis de lui désobéir impunément. Il faut donc
une autorité chargée de publier les lois et de les faire
exécuter. Cette autorité existe; c'est le pouvoir exécutif.

Lors même que le pouvoir exécutif et la puissance législative sont réunis dans la même personne, c'est comme investi de la première de ces deux attributions, que le prince est chargé de promulguer les lois, de les appliquer aux cas particuliers, et de faire exécuter les arrêts rendus en conformité.

Ces trois obligations pèsent également sur le pouvoir exécutif, cependant avec une différence notable dans la manière dont il doit les remplir.

Le pouvoir exécutif est personnellement chargé de la promulgation des lois. Il est encore personnellement tenu d'employer la force publique pour écarter tous les obstacles de fait que les parties condamnées pourroient opposer à l'exécution des jugements. Mais il n'en est pas de même de l'application des lois, ou, ce qui est la même chose, de l'autorité judiciaire. Il ne peut pas l'exercer lui-même; il est obligé de la déléguer: mais cette délégation n'est pas tellement absolue, qu'elle le rende entièrement étranger aux fonctions judiciaires.

Il ne peut, à la vérité, ni s'immiscer dans la connoissance des affaires qui sont pendantes devant les tribunaux, ni, après qu'elles sont jugées, les évoquer à lui, pour soumettre à un nouvel examen, soit les questions de fait qui constituoient le procès, soit les actes dont l'intelligence divisoit les parties. Mais, comme gardien du dépôt des lois, il doit s'assurer, par la surveillance la plus sévère, si les décisions des tribunaux sont conformes à leurs dispositions, et revêtues des formalités qu'elles exigent. Mais cette surveillance, dans l'impossibilité de l'exercer lui-même, le prince est encore obligé de la déléguer à des fonctionnaires chargés, en son nom, de venger les lois des jugements qui les violent.

On peut donc définir le pourvoi en cassation : le recours à une autorité constituée à l'effet de casser les jugements qui renferment des contraventions expresses aux dispositions des lois. Nous ne parlons que des contraventions aux lois, parcequ'il n'est pas dans les attributions de cette autorité de réformer tous les jugements iniques, de corriger toutes les erreurs judiciaires.

Ces erreurs peuvent résulter de différentes causes,

1° Parceque le juge a mal apprécié les faits d'un procès ou les dépositions d'une enquête.

2° Parcequ'il s'est mépris sur le sens et les effets d'une convention ou d'un acte quelconque.

3° Parcequ'ayant à statuer sur une difficulté qui n'étoit résolue par aucune loi, il s'est écarté des règles de la saine doctrine.

4° Parcequ'ayant à appliquer un texte de loi susceptible de deux interprétations, il s'est arrêté à celle que réprouvoit la doctrine des arrêts et des jurisconsultes.

5° Parceque, franchissant les limites de ses attributions, il s'est permis de prononcer dans des affaires dont la loi lui interdisoit la connoissance.

6° Enfin lorsque, le point litigieux étant réglé par une loi formelle et précise, il n'a pas jugé conformément à cette loi.

Tous les jugements imprégnés de l'un de ces vices ont cela de commun, que tous renferment également un mal jugé; mais ils diffèrent en ce qu'ils ne sont pas tous également susceptibles d'être cassés ou annulés. La raison de cette différence est fort simple : c'est que les uns choquent l'ordre public, et que les autres ne blessent que des intérêts privés.

Les gouvernements, dépositaires de toutes les forces comme de toutes les volontés individuelles, doivent à tous une justice que chacun d'eux s'est interdit de se rendre à soi-même. De là l'institution des juges, et l'obligation imposée à la force publique d'intervenir dans l'exécution des jugements. Mais ce double devoir accompli, la société, sous ce rapport, est quitte envers ses membres. Elle ne pouvoit pas prendre l'engagement de leur donner des juges infaillibles, puisque ces juges, elle ne pouvoit les choisir que parmi les hommes. Tout-à-fait étrangère aux méprises des tribunaux, elle ne doit donc aucune espèce de dédommagement à ceux dont ces méprises pourroient froisser les intérêts.

Mais, dans le nombre des mauvais jugements, il en est qui, indépendámment du préjudice qu'ils causent aux parties condamnées, attaquent et ébranlent l'édifice social, en violant les lois qui en sont les bases et en constituent les fondements; et l'autorité publique se doit à elle-même et à la société, de casser ou annuler ces jugements, et de faire disparoître des archives judiciaires ces monuments de scandale et en quelque sorte de rébellion.

Toute la théorie de cette matière repose donc sur cette double base. Le jugement ne choque-t-il que des intérêts privés? quelque injuste qu'il soit, le mal est sans remède, à moins qu'il ne renferme l'une de ces ouvertures de requête civile dont nous avons parlé dans la section précédente. Mais s'il offense la majesté des lois par une violation ouverte de leurs dispositions, il doit être cassé ou déclaré nul.

Nous disons, *cassé* ou *déclaré nul;* ces deux formules ne sont en effet rien moins qu'identiques.

Toutes les fois que le juge se renferme dans le cercle de ses attributions, et qu'il statue sur une difficulté dont la loi lui attribue la connoissance, sa décision est un jugement, et ce jugement, quelque injuste qu'il soit, n'en est pas moins un véritable jugement: *Prætor quoque jus reddere dicitur, etiam cùm iniquè decernit.* L. XI, ff. *de Justitiá et Jure.*

Au contraire, lorsque le juge a franchi les bornes de sa jurisdiction, qu'il a prononcé sur un point dont la loi lui interdisoit la connoissance; en un mot, lorsqu'il a commis ce que l'on appelle un *excès de pouvoir*, dans ce cas, la loi ne voit et ne peut voir en lui qu'un homme sans caractère public, et dans ses décisions, quelle qu'en soit la qualification et la forme, que des actes privés, qu'elle frappe d'une nullité radicale.

Mais, puisque ces actes ne sont pas des jugements, puisqu'ils n'ont aucune existence légale, il est clair que l'autorité supérieure ne peut les frapper que par une simple déclaration de nullité, c'est-à-dire, en déclarant qu'ils n'ont jamais eu le caractère et l'autorité d'un jugement. Les casser, ce seroit leur supposer une consistance qu'ils n'ont pas; car, pour qu'il y ait lieu à casser un jugement, il faut qu'il existe un jugement. La formule de la cassation proprement dite ne peut donc rigoureusement s'appliquer qu'aux décisions intervenues sur les difficultés que la loi soumettoit à la décision du tribunal qui a rendu le jugement.

Cette distinction nous conduit à traiter séparément la déclaration de nullité pour excès de pouvoir, et la cassation pour violation de la loi. L'excès de pouvoir fera la matière de la section suivante; la cassation terminera celle-ci.

On a vu, dans les paragraphes précédents, que le droit de statuer sur les demandes en cassation a résidé, pendant plusieurs siècles, dans le conseil du roi. Notre assemblée constituante a senti qu'un pouvoir qui forme la clef de la voûte judiciaire ne devoit pas être placé dans le gouvernement; et, par une loi du 1ᵉʳ décembre 1790, elle en a conféré l'exercice à des magistrats dont l'inamovibilité garantit l'indépendance.

Après avoir organisé une cour de cassation, cette loi ajoute: *La violation des formes de procédure prescrites à peine de nullité, et la contravention expresse au texte de la loi, donnent ouverture à la cassation.*

Ce texte renferme deux dispositions bien distinctes: l'une est relative à la contravention aux lois; l'autre concerne la violation des formes de la procédure Nous allons d'abord nous occuper de cette dernière.

La loi autorise, comme l'on voit, le recours en cassation, toutes les fois que des formes de procédure prescrites à peine de nullité ont été violées. L'ordonnance de 1667 en disposoit autrement : elle plaçoit dans le nombre des ouvertures de requêtes civiles le cas où les procédures prescrites par les ordonnances n'auroient pas été suivies, et celui où le ministère public n'auroit pas été entendu dans les affaires où la loi exigeoit son intervention. Cette disposition étoit fort sage.

Comme les procédures proprement dites sont toujours le fait des officiers ministériels, et jamais celui du juge, et qu'il est naturel d'attribuer l'absence du ministère public à quelque réticence, ou du moins à l'inadvertance des défenseurs des parties, on partageoit en deux classes les lois relatives aux formalités judiciaires, et l'on distinguoit celles qui commandent aux juges, de celles qui s'adressent aux officiers ministériels, et règlent la forme des actes. La violation de ces dernières donnoit ouverture à la requête civile; et le recours en cassation avoit lieu toutes les fois que le juge n'avoit pas rempli les obligations que la loi lui imposoit.

Cette distinction sortoit de la nature des choses. Ne donner aux lois régulatrices des formes que les juges doivent observer d'autres vengeurs que les juges eux-mêmes, ce seroit en quelque sorte conférer aux tribunaux la puissance législative.

Mais aucun motif raisonnable ne s'oppose à ce que

la loi confie aux juges le pouvoir de rétracter des jugements rendus sur des procédures irrégulières, et dont
les vices, habilement dissimulés, auroient échappé à
leur attention.

Cependant l'ordre de choses établi par la loi du
1ᵉʳ décembre 1790 a subsisté pendant seize ans; et,
pendant ce long espace de temps, combien n'a-t-on
pas vu de citoyens traduits, des extrémités du plus
vaste empire de l'Europe, à la cour de cassation, pour
quelques vices de procédure, ou seulement sur le motif que l'arrêt qu'ils avoient obtenu n'avoit pas été
rendu sur les conclusions du ministère public!

Enfin, le 1ᵉʳ janvier 1807, fut mis à exécution le code
de procédure civile, dont l'article 480, conforme à la
saine doctrine, et à la jurisprudence suivie jusqu'en
1790, a fait rentrer dans la classe des ouvertures de
requêtes civiles le défaut de conclusions du ministère
public, et les irrégularités que les officiers ministériels peuvent commettre dans les actes de la procédure, *pourvu* (ce sont les termes du code), *pourvu que
la nullité n'ait pas été couverte par les parties.*

Cet article 480 ne dit pas explicitement que c'est à
à la cassation, et non à la requête civile qu'il faut recourir toutes les fois que le juge a violé les formes
dont l'observation lui étoit directement commandée
par la loi. Mais cette omission est réparée par la loi
du 20 avril 1810, qui porte, article 7 : *Les arrêts qui
ne sont pas rendus par le nombre de juges prescrits,
ou qui ont été rendus par des juges qui n'ont pas*

assisté à toutes les audiences de la cause ; ou qui n'ont pas été rendus publiquement, ou qui ne contiennent pas les motifs, sont délarés nuls.

Mais ce n'est pas seulement pour violation de ces formes que les arrêts peuvent être cassés ; on peut également en demander la cassation pour contravention aux lois : c'est, comme on vient de le voir, la disposition de la loi du 1ᵉʳ décembre 1790, qui, après avoir réglé ce qui concerne les formes de la procédure, ajoute : *La contravention expresse au texte de la loi donne ouverture à la cassation.*

Le mot *expresse*, employé dans cette disposition, est remarquable ; on le trouve répété avec une sorte d'affectation dans la loi du 20 avril 1810, dont l'article 7 est conçu dans les termes qui suivent : *La justice est rendue souverainement par les cours impériales ; leurs arrêts, quand ils sont revêtus des formes prescrites à peine de nullité, ne peuvent être cassés que pour une contravention expresse à la loi.*

Ces textes ne laissent rien à desirer ; un commentaire ne pourroit qu'en affoiblir l'énergie. Le principe est donc qu'une contravention *expresse* à la loi peut seule donner ouverture à la cassation.

Mais à quel caractère reconnoîtra-t-on que la contravention est expresse ? Cela ne peut jamais faire la matière d'un doute raisonnable. La contravention est expresse toutes les fois que le jugement et la loi sont en opposition diamétrale, et se détruisent respectivement ; ce qui ne peut arriver que lorsque le point litigieux étoit réglé par une loi formelle, et qu'aucune circonstance de fait n'en pouvoit détourner l'application.

Deux autorités bien graves nous garantissent la certitude de ces principes : les lois romaines, et la jurisprudence de l'ancien conseil d'Etat.

Les lois romaines distinguent avec beaucoup de soin le cas où un jugement choque la loi, de celui où il ne blesse que l'intérêt des parties. Dans le premier cas, elles permettent de se refuser à son exécution, et d'en demander la nullité, fût-il rendu par le prêteur lui-même. Dans le second, si la sentence étoit l'ouvrage d'un juge inférieur, on pouvoit en appeler ; mais si elle étoit émanée d'un juge qui ne reconnût aucun supérieur, il ne restoit aucune ressource à la partie condamnée : *Cùm prætor, cognitâ causâ, per errorem, vel etiam ambitiosè, juberet hæreditatem ut ex fideicommisso restitui : etiam, si non sit fideicommissum, rei publicæ interest restitui, propter rerum judicatarum auctoritatem.*

Il pouvoit paroître difficile de distinguer avec précision le cas où le jugement choque la loi, de celui où il ne blesse que l'intérêt des parties. Le jurisconsulte prévoit cette difficulté, et nous donne à cet égard la règle que voici : *Contra constitutiones autem judicatur, cùm de jure constitutionis, non de jure litigatoris pronunciatur. Nam si judex volenti se ex curâ muneris, vel tutelæ, beneficio liberorum, vel ætatis, aut privilegii excusare, dixerit : Neque filios, neque ætatem, aut ullum privilegium ad muneris, vel tutelæ excusationem prodesse : de jure constituto pronunciasse intelligitur. Quòd si de jure suo probantem admiserit, sed idcirco contra eum sententiam dixerit, quod negaverit, eum de ætate suá, aut de numero liberorum probasse : de jure litigatoris pronunciasse intelligitur. L. I, §. 2, ff. Quæ sententiæ sine appellatione rescinduntur.*

Nous venons de parler des principes de l'ancien conseil d'Etat; ils sont consignés dans deux mémoires que nous devons aux circonstances suivantes.

En 1762 le parlement de Paris fit à Louis XV des remontrances très fortement motivées, sur la facilité avec laquelle, suivant lui, le conseil se prétoit à casser les arrêts des cours souveraines. Le roi, qui sentit toute l'influence que cette lutte pouvoit avoir sur l'ordre public, voulut juger lui-même les remontrances de son parlement; et, pour le faire en grande connoissance de cause, il chargea deux de ses conseillers d'Etat, des plus sages et des plus éclairés (M. Joly de Fleury et M. Gilbert de Voisins), de lui remettre des mémoires dans lesquels seroient exposés les principes sur lesquels repose la théorie de la cassation, et la pratique suivie dans son conseil. Comme ces mémoires ne sont pas imprimés, nous allons en transcrire des fragments. Nous commen. cerons par celui de M. Joly de Fleury.

Après l'exposition des principes généraux, ce mémoire ajoute: «Les cassations sont assujetties à des règles «si rigoureuses, qu'il en est très peu qui puissent réussir.

« Dans la forme, les majeurs n'ont que six mois pour
« se pourvoir. Le demandeur est obligé de consigner
« une amende, et de faire signer sa requête par deux
« anciens avocats, qui attestent qu'il y a lieu à cassa-
« tion; enfin, la moindre preuve qu'il ait exécuté l'arrêt
« le rend non recevable à s'en plaindre.

« Au fond, dans l'examen des requêtes en cassation,
« tout s'interprète contre le demandeur. On n'écoute
« que les moyens qui sont fondés sur une contravention
« claire et précise aux ordonnances; encore faut-il qu'il
« soit question d'une disposition importante; car c'est
« l'intérêt public et le respect de la loi, plus que l'in-
« térêt de la partie, que l'on consulte. On a toujours
« tenu pour principe au conseil, que la cassation a été
« introduite plutôt pour le maintien des ordonnances,
« que pour l'intérêt des justiciables. Si la contravention
« n'est pas claire et littérale, si l'on peut croire que les
« circonstances du fait ont influé sur le jugement, on
« rejette la demande en cassation, parceque l'on peut
« croire que le juge n'a pas méprisé la loi, mais qu'il a
« pensé que ce n'étoit pas le cas d'en faire l'application. »

Le mémoire de M. Gilbert de Voisins, moins riche
en vues générales, renferme une énumération plus dé-
taillée des différentes ouvertures de cassation. On y lit:

« Si, dans la manière de procéder aux arrêts, et dans
« leur formation, il s'est trouvé quelques irrégularités
« vicieuses et quelques défauts essentiels, comme si les
« juges n'étoient pas au nombre requis, ou qu'entre
« eux il y en eût qui manquassent de caractère ou de

«pouvoir; si l'arrêt qui avoit passé souffroit, dans sa
«rédaction, quelques changements sans l'aveu de tous;
«si, lorsqu'il y avoit partage, on a donné arrêt: dans
«ces cas, et autres du même genre, il faut bien que le
«roi y pourvoie, et qu'il casse ce qui s'est fait irrégu-
«lièrement par des juges qui ne sauroient le réparer.
«Car, l'arrêt une fois donné et revêtu de sa forme, il
«ne leur est plus permis d'y toucher; et le faire de leur
«propre autorité, seroit le cas le plus marqué de la
«rétractation d'arrêt, qui leur est si sévèrement inter-
«dit par les ordonnances. Cette ouverture de cassation
«est sans difficulté; il faut seulement prendre garde de
«ne la pas admettre trop aisément et avec trop de ri-
«gueur, et de ne pas toujours faire dépendre le sort
«d'un arrêt de la moindre irrégularité qui pourroit
«s'y trouver, sur-tout lorsqu'on n'y voit pas d'intérêt
«pour la justice.

«Lorsque les cours excèdent leurs pouvoirs, soit
«en entreprenant sur ce qui est réservé au roi par la
«législation, pour le règlement de l'ordre public, la
«dispensation des graces et des priviléges, et autres
«choses de ce genre, soit en donnant atteinte aux titres
«émanés de sa puissance, et revêtus des solennités lé-
«gitimes, soit en donnant à leur jurisdiction plus d'é-
«tendue qu'elle n'en doit avoir, en entreprenant sur
«celle des autres, il appartient au roi d'y mettre ordre
«par la cassation de leurs arrêts.

«La contravention aux ordonnances fait une ouver-
«ture à cassation, qui est regardée comme la princi-

«pale. En effet, les ordonnances du royaume, publiées
«et enregistrées dans les cours, sont pour elles des lois
«inviolables. Ainsi la contravention aux ordonnances,
«pourvu qu'elles subsistent dans l'usage, et qu'elles ne
«soient pas tombées en désuétude, comme il arrive,
«faute d'avoir été pourvu à temps à leur maintien, est
«ordinairement le moyen de cassation le plus clair et
«le plus précis, et a lieu en toutes sortes de matières,
«soit du fond, soit de la forme, excepté le cas où s'ap-
«plique la voie de droit de la requête civile.

«Il faut avouer cependant qu'entre l'application des
«ordonnances pleinement confiées aux cours, et leur
«interprétation, la différence est souvent si délicate,
«que ce seroit souvent confondre les cours souveraines
«avec les juges de l'ordre le plus subalterne, et gêner
«leur conduite de trop près, contre le bien même de
«la justice, que de prendre, à la dernière rigueur, ce
«moyen de cassation.

«La cassation naturellement ne trouve sa place que
«lorsque l'ordre des jurisdictions est épuisé, ainsi que
«les voies de droit, et que les arrêts ont reçu le dernier
«sceau de l'autorité publique. On le remarque d'abord
«par rapport à la voie de droit de la requête civile,
«qui, lorsqu'elle est ouverte, exclut celle de la cassa-
«tion. A plus forte raison, il en est de même lorsqu'il
«y a la voie d'opposition contre des arrêts par défaut
«ou sur requête, ou celle de la tierce opposition contre
«des arrêts qui n'ont pas été rendus avec celui qui
«veut les attaquer. De là vient que, régulièrement, on

«n'est pas reçu à se pourvoir en cassation contre un
«arrêt, si on n'en a été partie; ce qui est regardé comme
«un principe en matière de cassation. Il n'y a qu'un
«cas où peut-être, contre des arrêts susceptibles
«d'opposition, l'usage de la cassation ne paroîtroit
«pas déplacé : ce seroit celui de quelque entreprise
«de pouvoir ou de jurisdiction d'un excès si mani-
«feste, qu'elle sembleroit ne pouvoir être arrêtée
«trop tôt.

«Une autre conséquence de la nature de la cassation
«est que, n'étant pas une voie de droit, sa demande
«n'en doit pas être admise au hasard, et que son intro-
«duction même gît en connoissance de cause.

«A plus forte raison elle ne doit être prononcée que
«sur des moyens décisifs, solidement établis, et avec
«l'instruction que peut demander un objet aussi sé-
«rieux.

«Enfin la voie de cassation, n'étant pas une voie de
«ressort, n'engage pas le jugement du fond, et il ne
«doit pas être cumulé avec elle. C'est en quoi la cassa-
«tion diffère de l'appel; différence qu'il importe essen-
«tiellement de maintenir, pour ne pas confondre in-
«sensiblement les tribunaux de premier ordre avec
«ceux soumis à l'appel. L'appel remet le fond en ques-
«tion; la cassation, au contraire, attaque un arrêt
«revêtu d'une pleine autorité, dont il ne peut être
«dépouillé qu'autant qu'il se trouve en excéder les
«bornes légitimes. De là vient que, lorsqu'il y a lieu, on
«y distingue en particulier ce qui donne prise à la cas-

«sation, pour ne casser qu'en ce point, sans toucher
«au reste.»

On trouve le résumé de cette doctrine dans le commentaire sur le règlement du conseil, ouvrage commencé sous les yeux de M. le chancelier d'Aguesseau, continué par une réunion de magistrats très éclairés, et terminé par M. de Tolozan, conseiller d'Etat infiniment recommandable par ses lumières et son expérience. Nous lisons dans cet ouvrage :

«Un moyen de cassation ne peut être solide qu'au-
«tant qu'il renferme une contravention claire et précise
«à une loi connue des juges, c'est-à-dire, qu'autant
«qu'il fait voir que la disposition de la loi et celle du
«jugement sont tellement opposées, qu'elles se détrui-
«sent, pour ainsi dire, respectivement, et ne peuvent
«subsister ensemble. Car, si la disposition du juge-
«ment peut être exécutée sans que la loi puisse en re-
«cevoir d'atteinte, il seroit contre toute raison de
«présumer que les juges eussent voulu rendre une
«décision contraire à la loi. La présomption est, au
«contraire, qu'ils n'ont mis dans leur jugement la dis-
«position dont on se plaint que par des motifs qui
«peuvent être alliés avec la loi.

«Ainsi trois conditions sont principalement requises
«pour qu'un moyen de cassation puisse réussir :

«1° Qu'il y ait une loi vivante, et connue des juges
«que l'on accuse d'y avoir contrevenu ;

«2° Que la disposition de leur jugement soit contra-
«dictoire avec celle de cette loi ;

« 3° Qu'il n'y ait rien, dans le fait particulier, qui «puisse faire disparoître cette contradiction.»

Telle étoit la doctrine de notre ancien conseil d'Etat; telles sont encore aujourd'hui les bases sur lesquelles repose cette partie de notre organisation judiciaire. On se rappelle, en effet, que la loi du 1er décembre 1790 n'autorise la cassation des arrêts que dans deux cas seulement : la violation des formes, et la contravention expresse aux lois.

Mais les ouvertures à cassation ainsi déterminées, l'édifice n'étoit pas achevé; il restoit à régler un point d'une haute importance.

Dans l'impossibilité de connoître du fond du procès, la cour de cassation, après avoir cassé un arrêt, est obligée de renvoyer l'affaire à une autre cour d'appel. Cette cour peut juger comme la première; et le second arrêt est, ainsi que le précédent, soumis à la censure de la cour de cassation, qui peut encore le déclarer nul, et doit de même renvoyer le procès à une troisième cour d'appel. Et comme non seulement ce troisième arrêt, mais un quatrième, un cinquième, etc., peuvent successivement être annulés; que la cour de cassation est toujours obligée de renvoyer l'affaire, et que jamais ses décisions ne commandent aux tribunaux, cette alternative d'arrêts annulés, et reproduits, pouvoit se prolonger indéfiniment.

Dans notre ancien régime, un moyen fort simple terminoit cette lutte. Comme le roi jugeoit dans son conseil les demandes en cassation; lorsque les parle-

ments s'obstinoient à donner à la loi un sens qu'il réprouvoit, il évoquoit l'affaire, et terminoit le procès
par un arrêt qui étoit tout à-la-fois un acte judiciaire
et législatif.

Ce procédé n'avoit rien d'illégal, puisque le roi, investi seul du droit de faire la loi, en étoit aussi le seul
interprète. Mais il n'en est pas de même de la cour que
l'on a substituée au conseil d'Etat: sans aucune participation à l'exercice de la puissance législative, cette
cour est sans pouvoir pour statuer sur les affaires dont
la décision seroit subordonnée à l'interprétation d'une
loi. Celle du 1er décembre 1790 y avoit pourvu par la
disposition suivante : «Lorsque le jugement aura été
«cassé deux fois, et qu'un troisième tribunal aura
«jugé en dernier ressort de la même manière que les
«deux précédents, la question ne pourra plus être
«agitée au tribunal de cassation qu'elle n'ait été sou-
«mise au corps législatif, qui, en ce cas, portera un
«décret déclaratoire de la loi; et lorsque ce décret
«aura été sanctionné par le roi, le tribunal de cassa-
«tion s'y conformera dans son jugement.»

La constitution de l'an 8 ayant conféré au chef du
gouvernement l'initiative des lois, et borné à quatre
mois la durée des séances des députés au corps législatif, cette disposition de la loi du 1er décembre 1790,
d'une exécution facile avec un corps législatif permanent, ne se trouva plus en harmonie avec le nouvel
ordre de choses.

Il falloit donc réorganiser la cour de cassation en

cette partie; on le fit par une loi du 27 ventose an 8, mais qui dit, et rien de plus : « Lorsqu'après une cassa-« tion, le second jugement, sur le fond, sera attaqué « par les mêmes moyens que le premier, la question « sera portée devant toutes les sections réunies du tri-« bunal de cassation. » Le législateur ne va pas jusqu'à porter ses vues sur une troisième cassation, sans doute par le motif que, dans l'intervalle qui s'étoit écoulé depuis 1790, l'occasion de recourir au corps législatif ne s'étoit pas offerte.

Cet état de choses se maintint jusqu'en 1806. Pendant cet intervalle, les cours d'appel ne firent aucune difficulté de se conformer aux arrêts de la cour de cassation rendus par les chambres réunies, sous la présidence du grand juge. A cette époque, de 1806, on vit, pour la première fois, la troisième cour d'appel juger comme les deux premières.

Alors la nécessité d'une mesure propre à terminer une lutte aussi fâcheuse se fit sentir de nouveau. Mais, avant d'exposer le remède, je crois devoir remonter aux causes du mal.

Dans notre ancien régime, une partie de la France étoit régie par des coutumes, l'autre, par le droit romain. Au-dessus de ces deux espèces de législations s'élevoient les ordonnances générales du royaume; mais elles étoient peu nombreuses, et n'embrassoient qu'une très petite partie de la sphère législative. Enfin les conventions, et plusieurs autres matières de cette importance, n'avoient d'autres régulateurs que quelques principes puisés dans le droit romain, la doctrine des jurisconsultes, et la jurisprudence des arrêts.

Toutes les dispositions des lois romaines n'avoient pas indistinctement force de loi dans les pays de droit écrit; les parlements de ces contrées ne se croyoient liés que par celles qu'ils jugeoient à propos d'adopter, et telles qu'il leur plaisoit de les modifier : ainsi, de quelque manière qu'ils les appliquassent, il ne pouvoit pas y avoir ouverture à cassation. Il en étoit de même, mais par d'autres motifs, à l'égard des coutumes : arrêtées par les trois états de chaque province ou bailliage, et par conséquent étrangères à la puissance législative, on ne les regardoit que comme de simples conventions particulières; et de là la conséquence que leur infraction ne donnoit pas ouverture à la cassation.

Cette voie étoit encore moins praticable lorsqu'il s'agissoit d'infraction aux principes régulateurs des conventions, puisque ces principes n'avoient d'autre sanction que la jurisprudence des arrêts.

L'infraction à ces ordonnances générales dont nous venons de parler donnoit donc seule ouverture à la cassation; et même deux règles, que l'on suivoit alors fort religieusement, resserroient encore le cercle dans lequel cette mesure pouvoit être appliquée.

1° La demande en cassation étoit constamment rejetée toutes les fois que les circonstances du fait pouvoient avoir influé sur le jugement, parceque l'on regardoit comme déraisonnable de croire que le juge avoit eu l'intention de mépriser la loi.

2° Lorsqu'une loi étoit susceptible de deux ou plusieurs interprétations, on laissoit aux cours souveraines la faculté d'adopter celle qui leur paroissoit la plus raisonnable. Il pouvoit arriver de là que la même ordonnance reçût autant d'applications différentes qu'il y avoit de parlements dans le royaume : c'étoit un inconvénient; mais on le croyoit moins grave que celui de déconsidérer les tribunaux, et d'ébranler la stabilité des jugements par des cassations trop fréquentes.

Cependant le chef de la magistrature avoit les yeux ouverts sur ces divergences; et lorsqu'elles pouvoient compromettre l'autorité du législateur et la tranquillité des citoyens, il proposoit une loi qui ramenoit les tribunaux à une jurisprudence uniforme.

Aujourd'hui, comme alors, il est vrai de dire qu'il n'y a pas lieu à la cassation toutes les fois qu'il paroît que le juge s'est déterminé par les circonstances de l'affaire.

Mais il n'en est pas de même de la faculté laissée aux cours souveraines d'interpréter les lois : les idées, à cet égard, ont pris une autre direction.

La France s'étoit agrandie par la réunion successive de différentes provinces, qui toutes avoient conservé leurs usages et leurs lois. Au milieu des innovations de ces derniers temps, un système d'uniformité s'est tout-à-coup emparé des esprits; et l'on nous a imposé les mêmes poids, les mêmes mesures, les mêmes lois civiles, criminelles, rurales et commerciales.

Ces nouveaux codes ont, comme tout ce qui sort de

la main des hommes, des imperfections et des obscurités; et l'application en est confiée à près de trente cours souveraines, et à une multitude de petits tribunaux, composés seulement de trois juges, et cependant investis du droit de statuer souverainement en plusieurs circonstances.

Chaque tribunal, interprète naturel de ces lois, les appliquoit suivant sa manière de voir; et les nouveaux codes étoient à peine en activité, que ce beau système d'uniformité n'étoit déja plus qu'une vaine théorie.

On auroit pu se référer à ce qui se pratiquoit précédemment, c'est-à-dire, laisser aux tribunaux la faculté de donner à ces lois l'interprétation que l'on nomme de doctrine, et proposer successivement des lois déclaratives du véritable sens des dispositions reconnues pour être mal ou diversement appliquées.

Mais ces lois déclaratives, ne statuant que pour l'avenir, laissoient les parties sous le poids des jugements rendus contre elles. Pour s'y soustraire, elles imaginèrent de les déférer à la cour de cassation.

Il étoit difficile de qualifier ce genre de pourvoi.

On ne pouvoit pas dire que le juge avoit méprisé la loi, qu'il étoit en contradiction expresse avec elle : au contraire, il étoit évident qu'il l'avoit respectée autant qu'il étoit en lui, puisqu'il n'avoit ainsi jugé que dans la persuasion que tel étoit son véritable sens; et que le tribunal le plus intègre et le plus éclairé ne peut appliquer les actes législatifs que de la manière dont il les conçoit.

On sortit de cet embarras, ou du moins on crut en sortir, en qualifiant ces sortes de pourvois *de fausses interprétations*.

La cour de cassation, subjuguée par l'opinion qu'il falloit maintenir ce système d'uniformité, auquel on mettoit un si grand prix, accueillit cette innovation; et l'on fut admis à se pourvoir contre les arrêts, sur le motif que, des différentes interprétations dont la loi étoit susceptible, la cour qui avoit rendu l'arrêt n'avoit pas adopté la plus conforme à l'esprit du législateur.

Cependant, à la même époque, et lorsque cette nouvelle jurisprudence s'établissoit, parut la loi du 20 avril 1810, qui proclame de nouveau, et avec une sorte d'affectation, que les arrêts des cours souveraines, lorsqu'ils sont revêtus des formes prescrites à peine de nullité, ne peuvent être cassés que pour contravention expresse aux lois.

Un texte aussi formel paroissoit devoir replacer cette partie de notre organisation judiciaire sur son ancienne base. Il en a été autrement; et la fausse interprétation continue d'être mise au rang des ouvertures de cassation.

On mettoit un si grand prix à l'uniformité de la jurisprudence, que l'on ne fit peut-être pas assez d'attention aux inconvénients qui devoient résulter de cette dérogation aux principes; cependant il n'étoit pas difficile de les prévoir.

Les seconds pourvois doivent être fort rares, et les troisièmes sont en quelque sorte impossibles, lorsque la cassation n'a lieu que pour contravention expresse à la loi. En effet, une contravention expresse à la loi qui statuoit sur le point litigieux, et dont aucune circonstance de fait ne détournoit l'application, suppose que le tribunal qui a rendu le jugement ignoroit l'existence de cette loi, ou qu'elle ne s'étoit point présentée à sa mémoire; ce qui est très possible, et même très excusable, dans une législation aussi surchargée que la nôtre. Mais, lorsque ce jugement est cassé, le tribunal auquel l'affaire est renvoyée lit, dans l'arrêt de la cour de cassation, la loi qu'il falloit appliquer; il s'y conforme, et l'affaire est terminée.

Mais il n'en est pas de même lorsque l'arrêt est attaqué pour fausse interprétation. Je m'explique. Une loi se prête à deux interprétations : l'une est plus littérale; l'autre paroît plus conforme à la raison et à l'esprit du législateur.

Une expression est équivoque, parcequ'on la retrouve dans une autre disposition de la même loi, employée dans une acception différente; ce qui n'arrive que trop fréquemment lorsque la loi n'est pas d'un seul jet, n'est pas l'ouvrage du même rédacteur, et sur-tout lorsqu'elle a reçu plusieurs amendements.

La loi n'est pas nouvelle; elle est tirée des anciennes ordonnances, et dès-lors son intelligence partageoit les jurisconsultes les plus graves; et la question de savoir laquelle des opinions méritoit la préférence reste encore la même.

Enfin le texte est clair, mais on peut se diviser sur les conséquences qui en résultent.

Dans ces différents cas, et ce ne sont pas les seuls, il y a lieu à ce que l'on appelle l'interprétation de doctrine; et comme chaque tribunal a sa manière de voir, et juge suivant ses lumières et sa conscience, il n'y a rien qui prête plus aux divergences que ces interprétations de doctrine; et cela doit être ainsi : personne ne rougit de plier sous l'autorité de la loi; mais l'on se détermine beaucoup plus difficilement à subordonner son opinion à celle d'un autre; et ces sortes d'interprétations ne sont autre chose que des opinions.

Aussi la fausse interprétation ne fut pas plutôt mise au rang des ouvertures de cassation, que l'on vit les deuxièmes et troisièmes cassations se multiplier.

Le remède étoit aussi facile qu'efficace : il ne falloit qu'abolir le pourvoi pour fausse interprétation, et n'admettre, comme moyen de cassation, que la contravention expresse à la loi. Cette idée se présentoit à tous les esprits; mais, en l'adoptant, on livroit les codes à l'arbitraire, on renonçoit à l'avantage d'une législation uniforme : et cet avantage, si long-temps desiré, si péniblement acquis, on ne vouloit pas le perdre. Cependant il étoit urgent de mettre fin à un état de choses qui rendoit les procès interminables. On concilia ces deux grands intérêts par la loi du 16 septembre 1807, dont voici les dispositions :

«Art. 1er. Il y a lieu à interprétation de la loi, si la «cour de cassation annule deux arrêts ou jugements

«en dernier ressort rendus dans la même affaire, entre
«les mêmes parties, et qui ont été attaqués par les
«mêmes moyens.

«Art. 2. Cette interprétation est donnée dans la forme
«des règlements d'administration publique.

«Art. 3. Elle peut être demandée par la cour de cassa-
«tion, avant de prononcer le second arrêt.

«Art. 4. Si elle n'est pas demandée, la cour de cassa-
«tion ne peut rendre le second arrêt que les sections
«réunies, et sous la présidence du grand-juge.

«Art. 5. Dans le cas déterminé en l'article précédent,
«si le troisième arrêt est attaqué, l'interprétation est
«de droit, et il sera procédé comme il est dit en l'ar-
«ticle 2.»

Cette loi s'exécutoit sans inconvénient comme sans
réclamation, lorsqu'au mois de novembre 1814 la
chambre des députés, croyant y voir un attentat à son
autorité, prit une résolution portant que, dans le cas
d'une troisième cassation, la déclaration interprétative
de la loi dont le sens divisoit les tribunaux seroit rendue dans les formes constitutionnelles. Cette résolution fut adoptée par la chambre des pairs; mais, présentée à la sanction royale, le roi répondit qu'il en
délibéreroit.

SECTION XI.

De l'Annulation des Jugements pour excès de pou-
voir. En quoi l'excès de pouvoir diffère-t-il de la
simple violation de la loi et du mal jugé. Des diffé-
rentes manières dont les Juges peuvent excéder
leurs pouvoirs.

Les juges exercent des fonctions déléguées; ce sont
des mandataires. Leurs pouvoirs, comme ceux de tous
les mandataires, dérivent de leur mandat: ils peuvent
tout ce qu'il leur permet, mais ils ne peuvent rien
au-delà. Or, la loi ne confère aux juges que le droit
d'exercer l'autorité judiciaire: les bornes de cette autorité et celles du pouvoir des juges sont donc les
mêmes.

L'autorité judiciaire a deux objets : punir les délits
et les crimes qui troublent la société, et régler les
difficultés qui s'élèvent entre les citoyens, et qui sont
portées devant les tribunaux. Ainsi, toutes les fois que
le juge absout ou condamne un prévenu qui lui est
légalement dénoncé, toutes les fois qu'il statue sur une
question civile régulièrement soumise à sa décision,
il agit dans le cercle de ses attributions, et, par conséquent, il n'excède pas ses pouvoirs.

• Et que l'on ne dise pas que le droit de juger est sub-
ordonné à une condition résolutoire, à la condition

de juger toujours bien. S'il en étoit ainsi, il faudroit aller jusqu'à dire qu'un jugement erroné n'est pas un jugement, et que toutes les fois que le juge se trompe, il sort du cerclé de ses attributions, et commet un excès de pouvoir; ce qui seroit déraisonnable. Telle est, en effet, la déplorable condition des hommes, que tous sont sujets à l'erreur, et que leurs facultés sont tellement bornées, qu'il est très possible que le juge le plus laborieux ignore quelques unes des lois qu'il est chargé d'appliquer; qu'il peut se tromper sur le véritable esprit de celles qu'il croit le mieux connoître; et qu'avec le jugement le plus droit, et les meilleures intentions, il peut mal interpréter les actes et les conventions des parties.

La loi, qui sait que ses organes sont des hommes, ne peut donc pas être présumée ne leur avoir conféré le droit de juger que sous la condition qu'ils jugeroient toujours bien; au contraire, elle a tellement prévu qu'ils se tromperoient quelquefois, qu'elle s'est occupée des moyens de réparer les erreurs dans lesquelles ils pourroient tomber. Ces moyens sont, la requête civile pour les erreurs de fait, et la cassation pour les erreurs de droit. Sous le rapport de l'excès de pouvoir, un mauvais jugement est donc, comme le jugement le plus régulier, un acte de l'autorité judiciaire. Ainsi le juge qui statue sur une question que la loi l'autorise à juger, n'excède pas ses pouvoirs lors même que, trompant le vœu de son mandat, il rend un mauvais jugement.

La requête civile et la cassation ne supposent que des méprises involontaires ; mais là ne s'est pas arrêtée la prévoyance du législateur : il a senti qu'il pourroit arriver que des juges, oubliant la sainteté de leur ministère, sacrifieroient la justice à leurs passions; et il a établi la forfaiture.

Nous ne voyons pas encore l'excès de pouvoir, mais il n'est plus possible de s'y méprendre. En effet, un juge ne peut rendre un mauvais jugement que de quatre manières : en appréciant mal les faits, ou en interprétant mal les actes; en contrevenant aux lois qui statuent sur les rapports des citoyens entre eux; en faisant de son autorité un trafic criminel; enfin, en choquant la loi politique qui sépare les différents pouvoirs. Puisqu'il est établi que l'on doit se pourvoir par la voie de la requête civile, par celle de la cassation, et par l'accusation en forfaiture, dans les trois premiers cas; le quatrième, celui où la loi politique est violée, constitue nécessairement l'excès de pouvoir.

Ce point établi, nous n'avons plus qu'une question à examiner : celle de savoir de quelle manière les juges peuvent choquer la loi séparative des différents pouvoirs.

Ce problème n'est pas difficile à résoudre. Le juge franchit les bornes de l'autorité judiciaire, et porte atteinte à l'ordre public, toutes les fois qu'il trouble la puissance législative et le pouvoir exécutif dans leurs opérations, toutes les fois qu'il s'immisce dans l'exercice des fonctions qui leur appartiennent, ou lorsque, méconnoissant les limites de la jurisdiction dans laquelle il est circonscrit, il en sort pour entrer dans le domaine d'un autre tribunal; et ce triple excès de pouvoir, il peut le commettre de deux manières, par des jugements ou par des actes : par des jugements, c'est-à-dire, par des décisions qu'il rend sur des droits litigieux entre deux ou plusieurs parties présentes ou duement appelées; par des actes, c'est-à-dire, par des règlements, ou par des ordres étrangers à l'autorité judiciaire.

Ainsi le juge excéderoit ses pouvoirs par des actes, s'il se permettoit de statuer pour l'avenir, de faire des règlements généraux ou des statuts de police, de taxer les denrées ou d'ordonner des levées de deniers, de défendre l'exécution d'une loi ou d'un jugement, de contrarier les mesures prises par le pouvoir exécutif; enfin d'intimer des ordres ou des défenses, soit aux agents du pouvoir administratif, soit à des tribunaux qui ne lui seroient pas subordonnés.

Le juge trouble l'ordre public par ses jugements, s'il connoît d'une affaire administrative, soit que le renvoi lui en soit demandé, soit que les deux parties la soumettent à sa décision; si, n'étant établi que pour un certain genre d'affaires, il sort de cette attribution; si, n'ayant le droit de juger que jusqu'à une certaine somme, il dépasse la limite de sa compétence sans y être formellement autorisé par les parties; si, borné au premier ressort, il juge souverainement; si, constitué pour juger en dernier ressort, il se permet, hors les cas où l'évocation est autorisée par la loi, de prononcer sur des difficultés qui n'ont pas subi le premier degré de jurisdiction.

Dans cette énumération, nous ne parlons que des entreprises sur le pouvoir administratif, et d'un tribunal sur un autre. Il n'y est pas question de celles que les juges pourroient se permettre sur la puissance législative, parcequ'il nous paroît impossible de commettre ce genre d'usurpation par des jugements.

En effet, on ne peut entreprendre sur la puissance législative qu'en disposant législativement, qu'en faisant des lois : et comment voir une loi dans un jugement ?

La loi détermine les droits qui appartiendront aux citoyens; les jugements déclarent ceux qui leur appartiennent: la loi règle les actions futures; les jugements statuent sur les actions intentées et portées dans les tribunaux. Enfin la loi est générale: elle commande à tous, elle est la même pour tous; et les jugements ne renferment que des décisions particulières, qui varient comme les circonstances, et qui n'ont d'efficacité que pour ceux qui les obtiennent. Ainsi, par la nature même des choses, une loi ne peut pas être un jugement, comme un jugement ne peut jamais porter le caractère des lois.

Si l'on aborde la difficulté encore de plus près, on voit que les affaires litigieuses ne peuvent présenter aux tribunaux que des faits à apprécier, des conventions à interpréter, et des points de droit à résoudre.

D'abord, quant aux faits et aux actes, le juge qui

les apprécie agit bien certainement dans le cercle de
ses attributions; par conséquent point d'excès de pouvoir. La difficulté se concentre donc dans les questions
de droit. Elles sont de deux sortes : la loi règle les unes,
et garde le silence sur les autres. Si, lorsque la loi a
parlé, le jugement la méconnoit ou la méprise, la cassation la venge; et point encore d'excès de pouvoir.
Nous ne pourrions donc le trouver que dans les jugements qui auroient suppléé au défaut de la législation,
et fait ce qu'elle auroit dû faire. Dans ce cas, et dans
ce cas seulement, on pourroit dire que le juge est
entré dans le domaine de la puissance législative. Mais
cette manière de voir ne seroit juste que sous une législation jalouse, qui feroit aux juges un devoir de
suspendre leur jugement, et d'attendre qu'elle eût
statué. Grace au génie qui a présidé à la rédaction de
nos lois, tel n'est pas le code qu'il nous a donné. Moins
occupé de sa prérogative que de l'expédition des affaires et de la tranquillité des citoyens, non seulement il
autorise les juges à prononcer sur les questions qui ont
échappé à sa prévoyance, mais il leur en impose l'obligation; mais il veut que le juge qui refuseroit de juger,
sous prétexte du silence, de l'obscurité, ou de l'insuffisance de la loi, soit poursuivi comme coupable de déni
de justice. Certes, il est bien impossible d'accuser d'excès de pouvoir le juge qui a rempli une obligation aussi
formelle. Si, trompant le vœu de la loi, il n'a pas suppléé
à son silence par une saine doctrine, il a mal jugé, mais il
n'a pas franchi le cercle de ses attributions.

Cependant il peut arriver qu'après avoir décidé le point litigieux, le tribunal statue pour l'avenir, et par voie de disposition générale. Dans ce cas, il y auroit excès de pouvoir; mais il y auroit aussi, dans le même contexte, deux actes bien distincts: un jugement et un règlement; et c'est dans le règlement seul que résideroit l'excès de pouvoir. L'annulation ne pourroit donc frapper que lui seul; et le jugement, s'il étoit contraire aux lois, ne pourroit être attaqué que par les voies ordinaires de la requête civile et de la cassation.

Telles sont les différentes manières dont le juge peut excéder ses pouvoirs. On voit qu'il n'en est aucune qui ne trouble l'ordre public: ainsi tout excès de pouvoir est une contravention aux lois organiques de la société, constitue un délit politique toujours infiniment répréhensible, lors même que des circonstances le rendent excusable; et c'est ce qui distingue principalement l'excès de pouvoir de la simple violation de la loi civile.

Lorsque le juge est contrevenu à la loi civile, la présomption légale est que son intention étoit pure, et qu'il est tombé dans une erreur involontaire; et la cassation frappe son jugement sans atteindre sa personne, sans élever contre lui le plus léger soupçon de prévarication et de fraude.

Il n'en est pas de même de l'excès de pouvoir. Comme il attaque le gouvernement dans ses bases fondamentales, la loi l'envisage d'un œil beaucoup plus sévère, cependant avec une différence fort notable entre les jugements et les actes; non qu'elle soit plus indulgente envers les uns qu'envers les autres : au contraire, elle les frappe tous également; elle veut que tous soient également annulés. C'est uniquement à l'égard des juges que la différence existe. La loi distingue le juge qui, forcé de statuer sur sa compétence, en a excédé les bornes par le jugement qu'il a rendu, et qu'il devoit rendre à peine d'être poursuivi comme coupable de déni de justice, de celui qui, dans les circonstances où rien ne le forçoit d'agir, a troublé l'ordre par un acte étranger à son ministère.

Tout tribunal régulièrement saisi d'une affaire doit rendre un jugement. Par ce jugement, il statue sur le fond, ou renvoie les parties à se pourvoir, suivant l'opinion qu'il a de sa compétence. Mais, quelle que soit sa manière de voir, il faut qu'il juge; la loi le veut; et c'est parcequ'elle le veut, qu'elle n'a pas dû placer à côté de cette obligation une peine contre celui qui la rempliroit mal: autrement l'indépendance de l'autorité judiciaire ne seroit qu'un vain mot; autrement, l'ame flétrie par la vue d'un glaive continuellement suspendu sur sa tête, le magistrat n'auroit ni cette tranquillité d'esprit, ni cette conscience de sa dignité, sans lesquelles il ne peut y avoir ni bons juges ni bon jugement. Aussi verrons-nous dans un instant que, dans ce cas, l'excès de pouvoir est assimilé à la simple violation de la loi; que le tribunal qui l'a commis, suffisamment excusé par l'obligation où il étoit de juger, n'encourt d'autres peines que l'annulation de son jugement; et que, si ce jugement est en dernier ressort, la partie lésée, ou, à son défaut, le ministère public, doivent l'attaquer par la voie ordinaire de la cassation.

Mais, si l'excès de pouvoir est le résultat d'un acte de la nature de ceux que nous venons de signaler, la loi, bien plus sévère, ne se contente pas d'annuler l'acte, elle suspecte les intentions du juge; elle veut que les motifs qui l'ont fait agir soient scrupuleusement examinés, et que, s'il ne détruit pas le soupçon dont elle le frappe, il soit mis en accusation, et puni comme prévaricateur.

Ainsi le veut l'article 80 de la loi du 27 ventose an 8, qui porte : «Le gouvernement, par la voie de son com-«missaire, et sans préjudice du droit des parties inté-«ressées, dénoncera au tribunal de cassation, section «des requêtes, les actes par lesquels les juges auront «excédé leurs pouvoirs, ou les délits par eux commis «relativement à leurs fonctions. La section des requêtes «annulera ces actes, s'il y a lieu, et dénoncera les juges «à la section civile, pour faire, à leur égard, les fonc-«tions de jury d'accusation. Dans ce cas, le président «de la section civile remplira toutes celles d'officier «de police judiciaire, et de directeur du jury: il ne «votera pas.»

Cet article n'est, comme on le voit, relatif qu'aux excès de pouvoir commis par des actes. Les jugements par lesquels les tribunaux ont excédé les bornes de leurs attributions, sont l'objet de l'article 88, dont

voici les termes : « Si le commissaire du gouvernement
«apprend qu'il ait été rendu en dernier ressort un juge-
«ment contraire aux lois ou aux formes de procéder,
«ou dans lequel un juge ait excédé ses pouvoirs, et
«contre lequel cependant aucune partie n'ait réclamé
«dans le délai fixé; après ce délai expiré, il en donnera
«connoissance au tribunal de cassation; et si les formes
«ou les lois ont été violées, le jugement sera cassé. »

De ces deux textes, qui renferment toute la théorie
de cette matière, résultent les conséquences suivantes :

1° Les jugements et les actes par lesquels les juges
auroient excédé leurs pouvoirs sont également frappés
de nullité.

2° A la différence de la cassation, qui ne peut être
demandée que contre des jugements, et même contre
des jugements en dernier ressort, l'annulation pour
excès de pouvoir a lieu pour tous les actes émanés des
tribunaux, sans aucune distinction.

3° La loi annule le jugement, et s'arrête là. Elle va
plus loin si l'excès de pouvoir est commis par un acte :
elle suspecte le juge.

4° Elle ne voit pas d'un œil également sévère tous
les juges qui ont excédé leurs pouvoirs par des actes
émanés d'eux; elle ne prononce pas contre tous indistinctement le décret d'accusation : elle s'en rapporte
à la sagesse de la cour de cassation, de l'ordonner, s'il
y a lieu, c'est-à-dire, si la nature de l'acte, et les circonstances qui l'ont accompagné, font présumer dans le
juge un esprit d'envahissement et d'insubordination.

5° Le procureur général près la cour de cassation est autorisé à demander à la section civile de cette cour l'annulation de tous les jugements dans lesquels il croit apercevoir des excès de pouvoir. Mais il n'a pas le même droit à l'égard des actes : comme la dénonciation qu'il en feroit pourroit entraîner la mise en accusation, et, par suite, tous les maux inséparables d'une instruction criminelle, la loi, qui veille d'une manière toute spéciale sur l'honneur et la sécurité des juges, n'a pas cru devoir lui confier l'exercice d'un droit qui pourroit avoir des conséquences aussi graves, et il ne peut agir que d'après un ordre formel du gouvernement.

6° Le procureur général ne peut dénoncer les jugements qu'après le délai accordé aux parties pour se pourvoir, et il n'y a point de terme fixé pour la dénonciation des actes.

7° Enfin il y a encore cette différence entre les jugements et les actes, qu'il y a **deux manières** d'attaquer les jugements pour incompétence ou excès de pouvoir; savoir: le règlement de juge, et la forme ordinaire de la cassation; et que l'on ne peut se pourvoir contre les actes que par une demande en nullité, présentée à la section des requêtes.

Je n'ai, jusqu'à présent, parlé que de l'excès de pouvoir; je ne me suis servi que de cette seule dénomination, parceque je crois qu'elle comprend l'incompétence proprement dite : mais j'ai fait observer que la loi distingue ces deux espèces d'infractions, et j'ai promis d'indiquer ceux des différents excès de pouvoir auxquels la qualification d'incompétence me paroît appartenir d'une manière plus spéciale; c'est ce que je vais faire.

Je le répéte, tout excès de pouvoir est une incompétence, comme toute incompétence renferme un excès de pouvoir: la raison en est que, dans l'un comme dans l'autre cas, le juge franchit le cercle de ses attributions. Mais, comme on vient de le voir, il peut en sortir de deux manières: par des jugements, et par des actes; et il me semble que l'on peut dire que l'incompétence appartient d'une manière plus spéciale aux jugements, et l'excès de pouvoir aux actes.

L'usage justifie cette manière de voir. Lorsqu'un tribunal a statué sur une question administrative, on dit qu'il étoit incompétent, que son jugement est incompétemment rendu. Mais s'il s'est permis de défendre la publication d'une loi, l'exécution d'un jugement, ou d'un ordre émané des agents de l'administration, on ne se contente pas de dire qu'il étoit incompétent, on l'accuse d'excès de pouvoir; et l'acte par lequel il a ainsi troublé l'ordre public le constitue en état de rébellion contre la loi. De même, si un tribunal de première instance a jugé une affaire dont il n'avoit pas le droit de connoître, on interjette appel de la sentence, non pour excès de pouvoir, mais pour cause d'incompétence, et comme de juge incompétent.

CHAPITRE XXV.

Du Pouvoir administratif, envisagé dans ses rapports avec l'Autorité judiciaire.

Qu'est-ce que le pouvoir administratif?

Quelle est sa nature?

Quelles en sont les bornes?

Je ne connois pas de réponse bien satisfaisante à ces questions ; je vais en hasarder une.

Le pouvoir administratif fait partie du pouvoir exécutif ; cela est sans difficulté. En décomposant le second de ces deux pouvoirs, on doit donc trouver en quoi consiste le premier.

Je vois dans le pouvoir exécutif trois attributions principales :

1° Le pouvoir exécutif des choses qui dépendent du droit des gens ;

2° Le pouvoir exécutif des choses qui dépendent du droit politique ;

3° Le pouvoir exécutif des choses qui dépendent du droit civil.

J'appelle droit des gens, celui qui établit les relations de nation à nation ; droit politique, celui qui constitue les rapports des gouvernants aux gouvernés; droit civil, celui qui règle les intérêts respectifs des citoyens.

Le droit des gens n'est autre chose que celui d'envoyer et de recevoir des ambassadeurs, de déclarer la guerre, de conclure des traités de paix, d'alliance et de commerce; en un mot, de faire tout ce qu'exige le maintien ou le rétablissement des relations d'un peuple avec ses voisins. Il est clair que rien de tout cela ne constitue le pouvoir administratif proprement dit : aussi est-il bien reçu qu'on n'appelle pas actes administratifs, mais actes de gouvernement, ce que fait le prince dans l'exercice de cette partie de ses pouvoirs.

Ce n'est donc pas dans cette première branche du pouvoir exécutif qu'il faut chercher le pouvoir administratif.

On ne le trouveroit pas davantage dans la troisième. Son objet étant, comme nous venons de le dire, de régler les intérêts privés par l'application des lois générales, c'est elle qui constitue l'autorité judiciaire; ordre de choses qui n'a rien de commun avec le pouvoir administratif. Nous ne pouvons donc trouver ce pouvoir que dans la partie du pouvoir exécutif chargée de régler les rapports du gouvernant avec les gouvernés.

Je dis les rapports du gouvernant aux gouvernés, et non du souverain aux sujets. Pour sentir cette précision, il faut se rappeler que, dans les actes relatifs au régime intérieur de l'Etat, le prince agit en deux qualités bien distinctes : celle de législateur, qui lui donne le droit de statuer par des lois générales; celle d'administrateur suprême, qui lui impose l'obligation de prendre toutes les mesures d'ordre public, qui, plus en actions qu'en délibérations, sont hors du domaine de la puissance législative.

L'exercice des droits et l'accomplissement des devoirs attachés à cette obligation forment l'objet du pouvoir administratif; et c'est pour remplir cet objet que le prince est constitué l'agent de la puissance législative, le dépositaire des forces communes, l'arbitre des mesures à prendre pour la sûreté de l'État, le gardien et le manutenteur des propriétés publiques, et le régulateur de tous les mouvements de la société. Le pouvoir administratif embrasse tous les actes qui dérivent de chacune de ces attributions : mais quels sont ces actes? La réponse se présente fort naturellement.

Comme agent de la puissance législative, le devoir du prince est de donner aux lois la publicité nécessaire pour qu'elles soient connues de tous ceux qui doivent les observer; d'en choisir les organes, de les surveiller; de destituer, en cas de prévarication, ceux qui sont révocables; d'accuser devant leurs juges naturels ceux qui ne peuvent être destitués que pour cause de forfaiture jugée; de maintenir l'ordre des jurisdictions; de prévenir la confusion des pouvoirs, en réprimant avec autant de force que de célérité les entreprises des tribunaux les uns sur les autres, et celles que les corps judiciaires et administratifs pourroient se permettre réciproquement : ce qu'il fera, soit en jugeant lui-même, avec son conseil, les conflits qui peuvent s'élever entre eux, soit en conférant ce pouvoir à un tribunal digne de cette importante fonction. Enfin, si la loi de l'Etat le dispense de l'obligation d'annuler, sur la demande des parties intéressées, les jugements en dernier ressort dans lesquels les juges auroient substitué leurs volontés à la volonté du législateur, il n'en est pas moins tenu de rechercher ces jugements, et de les déférer au corps politique, investi de cette haute prérogative.

Comme dépositaire de la force publique, le prince est obligé de l'employer toutes les fois qu'elle est nécessaire pour écarter les obstacles de fait qui pourroient s'opposer à l'exécution des jugements; et, à cet effet, il doit la mettre à la disposition de ses procureurs judiciaires, qui sont, dans cette partie, non les hommes de la loi, mais les agents de l'administration. Cette même force, il doit la disposer de manière que, toujours active, toujours présente dans tous les lieux dont la loi ne lui interdit pas l'accès, elle ait sans cesse le bras levé sur tous ceux qui menaceroient la tranquillité publique: et comme il agit, à cet égard, en vertu du pouvoir exécutif, il est tout à-la-fois l'arbitre des mesures à prendre et le juge de leur application. Mais ce qu'il peut pour la sûreté publique étant limité par ce qu'il doit à la liberté individuelle, maître d'ordonner l'arrestation des prévenus, il ne l'est pas de prolonger arbitrairement leur détention : après *un temps court et limité* (1), il doit ou les rendre à la liberté, ce qu'il a

_____

(1) *Esprit des Lois*, liv. XI, chap. 6. Montesquieu ne dit pas quelle

toujours le pouvoir de faire, où les livrer aux tribunaux. Il seroit à desirer que, dans tous les cas, et dans toutes les circonstances, le prince remplit lui-même

---

doit être la durée de ce temps court et limité. De toutes les législations, celle d'Angleterre est la seule qui ait résolu ce grand problème : c'est par l'acte d'*habeas corpus*. M. Hume, dans son Histoire des Stuart, sous l'année 1679, après avoir exposé les circonstances dans lesquelles ce fameux bill fut rendu, ajoute :

« La grande charte avoit jeté les fondements de cette précieuse « branche de la liberté. Elle fut renouvelée, et même étendue, par la « pétition de droit; mais il lui manquoit encore bien des clauses pour « la rendre complette, c'est-à-dire, pour anéantir toutes les évasions et « tous les délais de la part des ministres et des juges : l'acte d'*habeas* « *corpus*, passé dans cette session, remplit ces utiles vues. Il défend » qu'aucun sujet du royaume soit envoyé en prison au-delà des mers. « Un juge, sous de rigoureuses peines, ne peut refuser au moindre « prisonnier un ordre d'*habeas corpus* qui oblige le geolier de pro- « duire le corps du prisonnier dans la cour dont l'ordre porte le nom, « et de certifier la cause de l'emprisonnement. Si la prison est à trente « milles du juge, cet ordre doit être exécuté dans l'espace de trois jours; « et de même, à proportion, pour de plus grandes distances. Chaque « prisonnier doit être accusé dès le premier terme après sa détention, « et son procès doit être jugé au terme suivant. S'il est élargi par ordre « de la cour de justice, il ne peut être remis en prison pour la même « offense. Cette loi est essentiellement nécessaire pour le maintien de « la liberté, dans une monarchie mixte, telle que l'Angleterre; et comme « elle est particulière aux Anglois, cette raison suffit seule, disent-ils, « pour leur faire préférer leur constitution civile à toutes les autres. « Cependant il est assez difficile de concilier avec cette extrême liberté « la police régulière d'un état, sur-tout celle des grandes villes. »

Dans les fameuses réunions des quatre cours souveraines de Paris, qui eurent lieu en 1648, au commencement des troubles de la Fronde, il fut arrêté que personne ne pourroit être constitué prisonnier par

des fonctions aussi importantes; mais ne pouvant ni tout voir ni tout faire, il est obligé de les déléguer, au moins en partie. Des différents ministères, il n'en est pas qui exige un esprit plus calme, un coup d'œil plus juste, une surveillance plus active, et sur-tout une connoissance plus approfondie du cœur humain (1).

Comme conservateur du domaine public, et ordonnateur suprême des mesures qu'exige la sûreté générale, le prince fait fortifier les places qu'il juge à propos, et dispose des emplacements nécessaires pour les remparts, fossés et chemins de ronde. Il en est de même, à l'égard des chemins publics (2), de ceux qu'il juge convenable d'établir, ou dont il ordonne l'élargissement, des fossés et des plantations qui les bordent, des canaux navigables, de leurs bords et chemins de

---

voie d'autorité plus de vingt-quatre heures; et que, ce temps expiré, le détenu seroit mis en liberté, ou renvoyé dans les tribunaux. Mais cette délibération n'eut pas de suite.

(1) On pourroit donner la qualification de ministre de la sûreté publique au fonctionnaire honoré de cette haute marque de confiance.

(2) « Il est certain que la vraie propriété des chemins n'appartient « pas au roi; car on ne peut pas dire qu'ils soient de leur domaine, mais « ils sont de la catégorie des choses qui sont hors de commerce, dont « partant la propriété n'appartient à aucun, mais l'usage est à un cha- « cun, qui, pour cette cause, sont appelées publiques; et, par consé- « quent, la garde d'icelles appartient au prince souverain, non comme « icelles étant de son domaine, mais comme lui étant gardien et con- « servateur du bien public.... Quant à la surintendance d'iceux, sans « doute elle appartient au roi seul. » LOYSEAU, des Seigneuries, chap. 9, n° 75 et 77.

halage(1); enfin de tous les édifices destinés au service public. Le prince détermine les emplacements que doivent occuper ces édifices, ces routes, ces canaux, fait les marchés avec les entrepreneurs et constructeurs: quant aux indemnités dues aux propriétaires dépouillés par ces établissements, il les règle contradictoirement avec eux; et comme, dans tous ces cas, il agit en vertu du pouvoir exécutif, il est tout à-la-fois l'ordonnateur de ces travaux, le régulateur des mesures d'exécution, et le juge des différents et des réclamations auxquelles ils peuvent donner lieu.

Le curage des rivières et le desséchement des marais sont également dans les attributions du pouvoir administratif. Il arrête le mode de ces travaux, il en règle la dépense, et la répartit entre les riverains, dans la proportion des avantages qu'ils en retirent. Il en est de même des temples dans les communes, et des ponts, pourvu toutefois que des titres particuliers ne mettent pas ces dépenses à la charge de telle personne ou de telle commune. S'il s'élevoit des difficultés sur l'intelligence et l'application de ces titres, la connoissance en appartiendroit aux tribunaux.

De même, lorsque le mode de perception des impôts

_____

(1) L'autorité administrative a le droit de faire des règlements relatifs aux marchepieds et chemins de halage. La raison en est que les bords, étant nécessaires à la navigation, sont censés, comme le fleuve lui-même, destiné à l'usage du public. Voyez DOMAT, *Droit public*, liv. I, tit. 8, sect. 2, n° 8 et 9.

sur les denrées et marchandises n'est pas réglé par des lois formelles, c'est au pouvoir administratif qu'il appartient de le déterminer. Il peut les faire lever par ses préposés, les mettre en régie, ou les donner à ferme; et s'il s'élève des doutes sur le sens des traités qu'il a faits, ou des difficultés sur leur exécution, il en est tout à-la-fois l'interprète et le juge. Domat a consigné cette règle dans son *Traité du Droit public*, liv. I, tit. 5, sect. 5, n° 10. Voici ses termes : «Soit que «les impositions sur les denrées et les marchandises «aient été données à ferme, ou qu'il en ait traité à «forfait, les conditions des fermiers et des traitants, «les diminutions qu'ils pourroient prétendre, et les «autres suites des événements, se règlent ou par leur «traité, ou par les conditions de leur bail, s'il y a été «pourvu; et s'il survenoit des difficultés imprévues «qui regardassent l'intérêt du prince, elles seroient «réglées par son conseil.» Il en est de même des contestations qui peuvent s'élever entre les différentes administrations et leurs préposés, relativement à la comptabilité de ces derniers : la connoissance en appartient également au conseil d'Etat.

Chargé de même, et au même titre, de l'achat de toutes les munitions de guerre, de l'approvisionnement des places fortes et des armées, et de pourvoir à la subsistance des parties de l'empire qui peuvent en manquer, il est encore l'ordonnateur, l'interprète et le juge des marchés qu'il fait avec les fournisseurs; c'est à lui à déterminer la quotité des sommes qui

peùvent être respectivement dues; et si le gouvernement a fait lui-même ses achats par des mandataires
ou préposés, c'est à lui, et non à ceux avec lesquels ils
ont traité directement (1), que ceux qui ont vendu les
denrées et marchandises doivent en demander le prix.

Le pouvoir administratif étend aussi son influence
sur les mines et minières. «La nécessité des métaux,
«dit Domat (*Droit public,* liv. I, tit. 2, sect. 2, nº 19),
«non seulement pour les monnoies, pour l'usage des
«armes, et pour celui de l'artillerie, mais pour une
«infinité d'autres besoins et commodités, dont plu-
«sieurs regardent l'intérêt public, rend ces matières et
«celles des autres métaux si utiles et si nécessaires
«dans un état, qu'il est de l'ordre de la police que le
«souverain ait sur les mines de ces matières un droit
«indépendant de celui des propriétaires des lieux où
«elles se trouvent; et, d'ailleurs, on peut dire que leur
«droit, dans son origine, a été borné à l'usage de leurs
«héritages, pour y semer, planter et bâtir.... et que
«leurs titres n'ont pas supposé un droit sur les mines
«qui étoient inconnues, et dont la nature destine l'u-
«sage au public....»

---

(1) Il n'en est pas de même des difficultés auxquelles peuvent donner lieu les marchés entre les fournisseurs et les sous-traitants. Ces
difficultés doivent être portées devant les tribunaux. Il y a sur ce point
plusieurs autorités, entre autres une déclaration de 1559, qui porte:
«connoîtront nosdits prévôts et châtelains, en première instance, des
«procès, différents.... qui seroient mus entre nos fermiers et autres
«personnes, pour leurs actions privées.»

Mais si le prince a des droits incontestables sur les mines, il faut reconnoître que les propriétaires en ont également sur le sol qui les couvre. Dans le nombre des difficultés qui peuvent s'élever entre ces propriétaires et les concessionnaires des mines, il doit donc y en avoir et du ressort des tribunaux et de la compétence administrative. A cet égard, voici des distinctions qui paroissent fort raisonnables.

Toutes les discussions relatives aux indemnités qui peuvent être dues par les exploitants aux propriétaires des terrains superficiels, ou à d'autres citoyens, les demandes formées contre eux ou leurs agents, pour voies de fait ou dommages quelconques, sont du ressort des tribunaux; mais toutes les contestations relatives à l'existence des concessions ou *permissions*, au maintien des droits des concessionnaires, à raison du titre qui leur a été conféré par le gouvernement, sont du ressort du pouvoir administratif, qui seul a le droit d'en connoître: il en est de même des difficultés qui peuvent naitre entre les exploitants, relativement aux limites de leurs travaux, à leur mode d'exploitation, et aux dommages qu'ils seroient respectivement dans le cas d'en éprouver. Il est évident que toute détermination relative au maintien des concessions et permissions doit être prise par le gouvernement, qui seul a le droit de les accorder. Si les questions de cette nature étoient soumises aux tribunaux, l'autorité judiciaire pourroit être, à cet égard, la réformatrice des actes du gouvernement, et détruire son ou-

vrage, sans connoissance des motifs qui l'auroient déterminé.

Enfin, comme régulateur de tous les mouvements
de la société, le pouvoir administratif est encore chargé
de la police de l'Etat; mais cette matière, exigeant des
détails trop étendus pour entrer dans ce Chapitre, sera
l'objet de l'un des Chapitres suivants.

Telles sont, du moins en très majeure partie, les
attributions du pouvoir administratif. Dans toute l'é-
tendue de cette sphère, ce pouvoir n'est limité que
par la double obligation de se conformer aux lois en
vigueur dans les cas prévus, ou d'en suivre l'esprit dans
les circonstances analogues. Mais lorsqu'il n'en existe
pas qui soit applicable, et que cependant il faut agir,
le prince n'a d'autre régulateur que ses lumières, sa
sagesse, son amour pour le bien public, son respect
pour les propriétés, et sur-tout pour la liberté civile;
et, comme nous l'avons déja dit, il est tout à-la-fois
le juge de l'utilité des mesures qu'il prend, et des réclamations auxquelles leur exécution peut donner lieu;
et s'il en est le juge, il peut en déléguer le jugement.

Sans doute cette délégation appartient naturellement aux agents administratifs, sauf le recours au
prince et à son conseil.

Néanmoins, dans le nombre des difficultés auxquelles les actes de cette espèce peuvent donner lieu,
il en est dont il seroit peut-être de la sagesse du prince
d'attribuer la connoissance aux tribunaux, non que
l'on puisse douter de la justice de son conseil, mais par

la raison très simple qu'il y a des circonstances où les formes judiciaires sont plus propres à assurer le triomphe de la vérité que les procédés administratifs.

Cette attribution aux tribunaux, dans certains cas, choqueroit à la vérité la règle qui sépare les fonctions judiciaires des fonctions administratives, et qui défend aux juges de prendre connoissance des actes d'administration; règle qui, plaçant les différents rouages de la machine politique à des distances telles qu'ils ne peuvent jamais s'entre-choquer, contribue puissamment au maintien de l'ordre public, mais qui, appliquée à tous les cas, et sans aucune restriction, a aussi des inconvénients. Quelques exceptions les feroient disparoître, et ne détruiroient pas la règle.

Au surplus, il faut tenir comme maxime constante, que s'il arrivoit que des administrateurs se permissent de statuer sur des objets de la compétence des tribunaux, les juges seroient obligés de s'arrêter devant l'acte de l'administration, jusqu'à ce qu'il eût été réformé par le pouvoir administratif supérieur.

Cependant ces règles, toutes générales qu'elles sont, reçoivent une modification qui sort de la nature des choses.

Les actes émanés des administrateurs se partagent en deux classes: ceux qui exigent la connoissance et l'autorité, c'est-à-dire, ceux qui supposent une délibération préalable; et ceux dans lesquels l'agent de l'administration est purement passif, et n'exerce qu'un ministère forcé.

Que les premiers, qui exigent connoissance et autorité, ne puissent être soumis au jugement des tribunaux, cela doit être ainsi, puisqu'ils supposent une délibération préalable, et qu'il n'est pas possible de concevoir deux autorités indépendantes ayant le droit de délibérer sur le même objet.

Mais, lorsque l'agent de l'administration n'exerce qu'un ministère passif, que, forcé de faire ce qu'il a fait, il n'avoit pas le droit d'en délibérer, quel motif pourroit soustraire des actes de cette espèce à la juridiction ordinaire? Il n'en est aucun de raisonnable; aussi voyons-nous tous les jours les tribunaux juger les brevets d'invention, et les annuler dans la main des brevetés. Quelle en est la raison? C'est que le ministre accorde ces brevets à tous ceux qui en demandent, et sans délibération préalable.

Les lettres de chancellerie s'obtenoient de même, sur le vu d'une simple requête, et sans vérification préalable des motifs sur lesquels la demande étoit fondée; et les ordonnances non seulement permettoient, mais enjoignoient aux juges de n'y avoir aucun égard, et de les déclarer nulles toutes les fois qu'ils reconnoissoient qu'elles avoient été obtenues sur un faux exposé. C'est la disposition de l'article 66 de la grande ordonnance de 1454, dont voici les termes: «Plusieurs, sou- «ventesfois obtiennent de nous et de nos chancelle- «ries plusieurs lettres, mandements et impétrations, «par importunité des requérants, et autrement, par «quoi les parties sont souventesfois mises en grandes

«involutions de procez, et souventesfois en sont les
«bons droits des parties retardez et empêchez; et doub-
«tent souventesfois les juges de juger et donner appoin-
«tements contre nos lettres, combien qu'elles soient
«inciviles et déraisonnables : nous, voulans obvier à
«tels inconvénients, avons décerné et déclairé, décer-
«nons et déclairons que notre intention n'est que les
«juges de notre royaume n'obéissent et n'obtempèrent
«à nos lettres, sinon qu'elles soient civiles et raisonna-
«bles; et voulons que les parties les puissent débattre
«et impugner de subreption, obreption et incivilitez;
«et qu'à ce les juges, tant en notre cour de parlement
«qu'autres, les oient et reçoivent; et que si les juges
«trouvent lesdites lettres être subreptrices, obrep-
«trices, ou inciviles, que, par leurs sentences, ils les
«déclairent subreptrices, obreptrices et inciviles, ou
«telles qu'ils les trouveront être en bonne justice : et si
«les juges, soit en nostredit parlement, ou autres, trou-
«vent que, par dol, fraude ou malice, ou par cautelle
«des parties, lesdites lettres ayent été impétrées pour
«délayer la cause, qu'ils punissent et corrigent les im-
«pétrants, selon ce qu'ils verront au cas appartenir. »

CHAPITRE XXVI.

De la Nature des Pouvoirs administratif et judiciaire;
et des Caractères qui les distinguent.

LE pouvoir administratif ordonne et dispose; les jugements des tribunaux ne sont que déclaratifs, c'est-à-dire, que l'autorité judiciaire se borne à déclarer que tel fait existe, que tel acte renferme telle disposition, que tel droit appartient à celui qui le réclame ou qui le conteste.

Le pouvoir administratif statue sur les rapports des citoyens avec l'Etat, sur les difficultés qui se décident par la loi politique, et qui intéressent le gouvernement comme gouvernement.

L'autorité judiciaire statue sur les rapports des citoyens entre eux, sur les affaires qui intéressent le gouvernement comme propriétaire, sur toutes celles dont la solution dépend des dispositions du droit civil, des titres, des conventions, et de la possession des parties.

L'autorité judiciaire ne dispose que sur les contestations actuellement existantes, que sur les procès qui naissent d'un droit en litige, ou d'un fait qui porte préjudice à un individu déterminé, et qui n'intéresse la société que secondairement, et par son influence sur l'ordre public.

Le pouvoir administratif a une sphère d'activité plus étendue : il peut disposer pour l'avenir; il peut agir sans être provoqué; il peut donner des décisions qui ne lui sont pas demandées, et prendre des mesures de conservation et de prévoyance sur les objets qui, par leur nature, par leur destination, et par l'habitude et le besoin d'en user, intéressent l'universalité des citoyens.

L'autorité judiciaire n'a d'action que sur les individus qui se présentent ou qui sont traduits devant elle : elle ne peut que refuser ou accorder ce qui lui est demandé; et toute ordonnance émanée d'elle, qui seroit en forme de règlement, c'est-à-dire, qui disposeroit pour l'avenir, et hors du cercle de la contestation qui lui seroit soumise, constitueroit de sa part un véritable excès de pouvoir.

Tout ce qui est d'exécution (à l'exception de l'exécution des jugements) appartient au pouvoir administratif : en conséquence il ordonne les travaux qu'il juge être indiqués ou commandés par le bien public; en conséquence, il peut agir sur les citoyens pris collectivement, et décréter que, vu l'urgence et le défaut absolu d'autres moyens, tel ouvrage sera confectionné par telle commune, ou par plusieurs réunies; et, par une suite naturelle de cette attribution, il a encore le droit d'écarter tous les obstacles qui pourroient s'opposer à l'exécution de ses ordonnances; et de statuer sur les oppositions et sur les réclamations auxquelles ces travaux pourroient donner lieu.

CHAPITRE XXVII.

Suite du Chapitre précédent. Que le Pouvoir administratif s'exerce de deux manières: par des Ordonnances et par des Décisions.

Pourvoir, par des ordonnances, à l'exécution des lois, à la sûreté de l'Etat, au maintien de l'ordre public, aux différents besoins de la société, c'est administrer.

Statuer, par des décisions, sur les réclamations auxquelles ces ordonnances peuvent donner lieu, et sur les oppositions que des particuliers se croiroient en droit de former à leur exécution, c'est encore administrer.

On administre donc de deux manières : par des ordonnances en forme de lois, et par des décisions en forme de jugements (1).

_____

(1) Nous n'ignorons pas que, par un usage qui ne remonte pas au-delà de quatre ans, on désigne aussi, sous le nom d'ordonnance, les décisions par lesquelles le roi prononce sur le contentieux administratif; mais nous croyons que cette dénomination n'est pas exacte

Ainsi l'administration se compose de deux parties distinctes : l'une réglementaire : c'est l'administration proprement dite ; l'autre contentieuse : c'est ce que l'on appelle le contentieux administratif.

Mais si l'on ne doit voir qu'une branche de l'administration dans le contentieux administratif, il faut reconnoître que, pour exercer cette espèce de jurisdiction, il n'est pas nécessaire d'être revêtu du caractère de juge, qu'il suffit d'être administrateur.

En disant qu'il faut être investi de la qualité d'administrateur pour avoir le droit de statuer sur le contentieux administratif, nous n'allons pas assez loin : nous devons ajouter que ce droit n'appartient qu'aux seuls administrateurs, qu'il est dans leur domaine exclusif, et que le juge qui se permettroit de prendre connoissance de ces sortes d'affaires franchiroit les bornes de ses attributions, et se rendroit coupable d'un excès de pouvoir.

Mais, si la connoissance du contentieux adminis-

Lorsqu'en matière administrative le roi statue, comme juge, sur un point litigieux, il n'ordonne pas, parcequ'il ne dispose pas, et que sa décision, semblable en ce point à tous les jugements, est purement déclarative du droit des parties. Au surplus, nous ne faisons cette remarque qu'afin que l'on sache dans quel sens nous employons les mots *ordonnance* et *décision*. Nous appliquons le premier aux actes par lesquels le roi, comme chef suprême de l'administration, commande, dispose et ordonne ; et le second à ceux par lesquels le roi, toujours en cette qualité de suprême administrateur, prononce sur une contestation administrative.

tratif est interdite aux juges, il est également défendu aux administrateurs de s'immiscer dans l'exercice du contentieux judiciaire.

Où donc est la ligne de démarcation entre ces deux sortes de contentieux? Quels sont les caractères qui les distinguent?

CHAPITRE XXVIII.

Du Contentieux administratif, et des Objets qui, par leur nature, entrent dans sa compétence.

L'ORGANISATION intérieure de toutes les sociétés politiques repose sur deux bases principales : l'administration et la justice. Ordre public, sûreté intérieure, liberté civile, propriété, tout est sous l'égide de ces deux pouvoirs; et ce qui n'est pas dans les attributions de l'un se place nécessairement dans celles de l'autre.

Distincts par leur nature, ces pouvoirs doivent toujours être séparés.

Cette séparation, commandée par la force des choses, existe, à quelques exceptions près, dans toutes les monarchies tempérées; mais elle y est plus de fait que de droit: au contraire, elle est toujours de droit dans les gouvernements constitutionnels. Aussi la voyons-nous très explicitement établie dans la charte que nous devons à la haute sagesse du roi. Cette charte dit : *Au roi seul appartient la puissance exécutive.... Le roi est le chef suprême de l'Etat.... Il fait les règlements et ordonnances nécessaires pour l'exécution des lois et la sûreté de l'Etat.* Si la charte n'alloit pas plus loin, la justice et l'administration seroient également dans les mains du roi; et ses agents pourroient à son gré cumuler les fonctions administratives et judiciaires.

Mais, détachant la distribution de la justice des nombreuses attributions qui composent le faisceau auquel on donne la dénomination de pouvoir exécutif, notre acte constitutionnel ajoute: *Toute justice émane du roi; elle s'administre en son nom, et par des juges qu'il nomme et qu'il institue. Les juges nommés par le roi sont inamovibles.*

Ainsi, dans ses rapports avec ses sujets, et pour tous les actes du régime intérieur, le roi n'agit seul, et avec une indépendance absolue, que comme administrateur suprême de l'Etat; et, quant à la justice, qui constitue aussi une partie de l'administration générale, après avoir nommé ceux qui doivent la distribuer en son nom, il ne conserve sur eux qu'un droit de censure et de surveillance.

Telle est donc la ligne de démarcation entre le contentieux judiciaire et le contentieux administratif: le premier embrasse toutes les difficultés dont le jugement appartient aux tribunaux; le second, toutes celles sur lesquelles le roi a le droit de statuer.

Mais quelles sont les contestations qui, par leur nature, sont soumises à la décision du roi?

Le roi a le droit de prononcer, par des décisions en forme de jugements, sur toutes les contestations relatives aux ordonnances qu'il a le droit de faire comme chef suprême de l'Etat, comme suprême administrateur; et si l'on demande quelles sont les circonstances dans lesquelles le roi peut ordonner en cette double qualité, la réponse se présente d'elle-même. Comme administrer, c'est régir, c'est prendre des mesures d'exécution, en un mot, c'est gouverner, il est incontestable que le roi a le droit de faire toutes les ordonnances, tous les règlements, tous les actes qu'exige l'action du gouvernement.

Ce droit de faire tous les règlements, toutes les ordonnances nécessaires pour la sûreté de l'Etat et l'exécution des lois, ne peut pas être contesté au chef suprême de l'administration, puisque c'est la constitution elle-même qui le lui confère. Mais il peut l'exercer de manière à donner lieu à une difficulté fort sérieuse. Je vais d'abord m'en occuper; et même avant d'entrer dans le détail des affaires qui appartiennent au contentieux administratif, j'examinerai une autre question : celle de savoir s'il en est des contraventions aux ordonnances royales comme des oppositions à ces mêmes ordonnances, ou, en d'autres termes, si le roi peut prononcer sur les unes, et les punir, ainsi qu'il peut statuer sur les autres, et les accueillir ou les rejeter.

Quoique les pouvoirs législatif, judiciaire et administratif soient placés sur des lignes différentes, cependant, obligés d'agir simultanément, et de marcher vers le même but, il est bien difficile qu'il n'arrive pas quelquefois qu'ils se rapprochent et se froissent de manière à ébranler les bornes qui les séparent; il est surtout presque impossible que le pouvoir administratif, qui doit se montrer au même instant par-tout où l'appellent les besoins de la société, que les circonstances entraînent dans toutes les directions, et dont l'action doit être aussi rapide que le cours des événements, ne se trouve pas, plus ou moins souvent, transporté malgré lui, et même à son insu, soit dans la sphère législative, soit dans le domaine de l'autorité judiciaire.

Si le gouvernement tombe dans cette méprise, si une ordonnance royale attribue au contentieux administratif une affaire qui, par sa nature, appartient au contentieux judiciaire, devant quelle autorité le citoyen, ainsi distrait de ses juges naturels, portera-t-il sa réclamation? S'adressera-t-il aux tribunaux?

Non. La présomption est toujours en faveur de l'autorité royale; et l'ordonnance doit être réputée légale par cela seul qu'elle existe. Le réclamant s'adressera donc au roi, ou, ce qui est la même chose, à ceux de ses conseillers qu'il a chargés de lui rendre compte de l'affaire; et, après avoir proposé son déclinatoire, il attendra le jugement définitif, et s'y conformera : *Mais dans le cas,* ce sont les termes de la loi du 14 octobre

1790, *mais dans le cas où l'on prétendroit que les minis-tres de sa majesté auroient fait rendre une décision contraire aux lois, les plaintes seront adressées au corps législatif.*

S'il en étoit autrement, s'il étoit donné aux juges de prononcer sur la légalité d'un acte de cette espèce, ce seroit subordonner la première des autorités à une autorité secondaire, ce seroit choquer l'indépendance de l'administration : et comme ce que l'on pourroit faire dans un cas, on pourroit le faire dans tous, les tribunaux deviendroient les arbitres de la plupart des mesures d'exécution, et l'administration passeroit dans les cours de justice.

La certitude que ces cours ne manqueroient jamais de renvoyer aux corps administratifs toutes les affaires qui seroient de leur compétence, atténueroit ces inconvénients, mais ne les détruiroit pas : resteroit toujours celui résultant de la lenteur des formes judiciaires; de manière qu'il arriveroit presque toujours que le moment d'agir utilement seroit déja loin, lorsque la liberté d'agir seroit rendue à l'administration.

J'ai dit plus haut que c'est au chef de l'administration qu'il appartient de prononcer sur les oppositions à ses ordonnances; mais il n'en est pas de même des contraventions à ces mêmes ordonnances. Je m'explique.

Le roi, comme chef de l'Etat, *fait les ordonnances et règlements nécessaires pour l'exécution des lois et la sûreté de l'Etat;* comme suprème administrateur, il fait aussi les règlements de police générale, par exemple, dans des moments d'agitation, il ordonne la clôture des maisons publiques, ou défend les réunions au-delà d'un certain nombre de personnes. Si un particulier, une municipalité, un conseil général de département, se croient fondés à s'opposer à l'exécution de ces règlements, ou du moins à demander une exception en leur faveur, c'est au pied du trône qu'ils doivent porter leurs réclamations : le pouvoir administratif peut seul en connoître. Mais il n'en est pas de même des contraventions à ces règlements : ce n'est pas à l'administration, c'est aux tribunaux qu'il appartient de les réprimer.

Dans notre système judiciaire, tous les délits sont publics, et la répression n'en peut être poursuivie que par le ministère public : seul il peut accuser, seul il peut provoquer l'application des peines ; et il n'en existe auprès d'aucune administration ; il ne peut pas même y en avoir.

En effet, ce n'est pas comme délégués du pouvoir administratif que les procureurs généraux sont chargés de la poursuite des délits et des crimes : dans cette partie de leurs attributions, ils agissent pour tous, et dans l'intérêt de tous ; et ce n'est pas du roi, comme suprême administrateur, qu'ils tiennent leur mandat, mais du roi, comme représentant la société, que tous les crimes offensent, et dont les moindres délits compromettent la sûreté.

Si un corps administratif statuoit sur des délits, et

prononçoit des peines, ne fussent-elles que correction-
nelles, on verroit donc une procédure fort extraordinaire, une procédure suivie au nom de la société, et
dans laquelle la société ne seroit représentée par personne ; on verroit un accusé et point d'accusateur ;
et, ce qui seroit encore plus choquant, on verroit
l'administration prononcer des amendes au profit du
fisc.

Ajoutons que la sécurité des citoyens est sous la
garde des formes judiciaires, et que ces formes, lentes
et solennelles, sont incompatibles avec l'organisation
des corps administratifs. Enfin, si une administration
pouvoit flétrir des citoyens par des amendes, et les
priver de leur liberté par des emprisonnements, ce
seroit le roi qui prononceroit ces peines ; et par là il se
priveroit de la plus noble et de la plus flatteuse de ses
prérogatives, du droit de faire grace.

Je reviens au contentieux administratif.

Je viens de dire qu'il appartient au roi seul de statuer
sur les oppositions aux ordonnances que, dans sa
sagesse, il croit devoir prendre pour la sûreté de l'Etat,
l'exécution des lois et le maintien de l'ordre public.

Chaque ministre a de même le droit de régler, par
des arrêtés, tout ce qui entre dans les attributions de
son ministère. Les particuliers dont ces arrêtés froissent
les intérêts sont également autorisés à réclamer contre
leurs dispositions ; mais c'est par la voie de l'appel
qu'ils doivent les attaquer, et cet appel ne peut être
porté que devant le roi, puisque le roi, seul supérieur

de ses ministres dans l'ordre administratif, peut seul réformer ou modifier leurs décisions.

A cette seconde branche du contentieux administratif s'en joint une troisième, qui embrasse toutes les demandes à fin de paiement de salaires, honoraires, vacations, indemnités, que peuvent faire ceux qui ont agi, négocié, en un mot travaillé, de quelque manière que ce soit, pour le gouvernement.

Le règlement de ces demandes exige un compte, des pièces comptables, en un mot, une liquidation; et la liquidation de toutes les créances qui peuvent être exercées contre le gouvernement est dans le domaine du pouvoir administratif.

S'il n'en étoit pas ainsi, si ces liquidations étoient portées devant les tribunaux, les juges pourroient, à leur gré, constituer le trésor public débiteur de sommes plus ou moins considérables; et, par des erreurs qui seroient d'autant plus fréquentes que ces sortes d'affaires leur seroient moins familières, démolir successivement la fortune publique.

Les fournisseurs des armées, les entrepreneurs des travaux publics, et généralement tous ceux qui ont traité avec le gouvernement, doivent de même se pourvoir devant l'administration, sur les difficultés qui peuvent s'élever en interprétation, ou sur l'exécution des clauses de leur marché.

C'est encore une des règles de cette matière, que, dans la classe des affaires administratives, se rangent tous les travaux, toutes les opérations qui s'exécutent par les ordres du gouvernement, par ses agents immédiats, sous sa surveillance, et avec les fonds fournis par le trésor public.

Si les demandes en paiement auxquelles ces opérations peuvent donner lieu, ou les autres contestations qui en peuvent naître, étoient portées devant les tribunaux ordinaires, il en résulteroit d'abord que l'agent du gouvernement, qui n'opère que par ses ordres, et avec les moyens qu'il en reçoit, pourroit être poursuivi et condamné personnellement à payer des sommes pour lesquelles il n'a contracté réellement ni fictivement aucune obligation personnelle.

Ce préposé pourroit, à son tour, attaquer en garantie les administrateurs supérieurs ; et, en vertu des condamnations qu'il obtiendroit contre eux, saisir les domaines de l'Etat, et même les caisses publiques.

Cependant il ne faut pas s'y méprendre : le gouvernement n'est juge des difficultés qui peuvent s'élever sur l'interprétation ou l'exécution de ses actes, que lorsqu'il agit comme gouvernement, et dans l'intérêt général de la société. Il en seroit autrement si la contestation avoit pour objet des droits réels, des prestations foncières, ou des immeubles que des actes du gouvernement auroient déclarés faire partie du domaine de l'Etat, et que des particuliers réclameroient comme leur appartenant à titre patrimonial.

A l'égard de ces droits, de ces prestations et de ces immeubles : que le prince attaque ou qu'il se défende, qu'il agisse pour acquérir ou pour conserver, c'est une question de propriété qu'il s'agit de résoudre; et comme les propriétés particulières ne sont pas moins sous la sauve-garde des lois que les propriétés publiques, les chances, dans une lutte de cette espèce, doivent nécessairement être égales. D'ailleurs, le prince ne peut opposer à son adversaire que ses titres ou sa possession, c'est-à-dire, que les droits qu'il tient de la loi civile. Or, toutes les contestations que règle la loi civile sont du domaine de l'autorité judiciaire : c'est donc aux tribunaux qu'il appartient de statuer sur les questions de cette nature.

Voici un exemple dans lequel on verra le suprême administrateur de l'Etat agir successivement comme gouvernement et comme propriétaire. Le roi, informé qu'une maison construite à peu de distance des fortifications d'une ville compromet la sûreté de la place, en ordonne la démolition. Si le propriétaire croit que la religion du roi a été surprise, il peut, par des remontrances respectueuses, s'opposer à l'exécution de l'ordonnance, et c'est au pied du trône qu'il doit déposer ces remontrances. Si, après une nouvelle vérification des distances, sa réclamation est rejetée, cette seconde ordonnance l'exproprie définitivement. Mais il reste à ce propriétaire une action en indemnité. En ordonnant la démolition de l'édifice, le roi avoit agi comme gouvernement; mais sa position est changée : désormais il agira comme propriétaire de la maison dont il s'agit de déterminer la valeur. Si cette évaluation donne lieu à des difficultés, les débats s'éleveront

donc entre deux propriétaires, l'ancien et le nouveau.
L'affaire sera donc incontestablement du domaine des
tribunaux.

Telles sont, du moins fort approximativement, les
affaires que leur nature place dans le contentieux administratif. Je n'ignore pas que cette espèce de jurisdiction, successivement agrandie aux dépens de l'autorité judiciaire, embrasse encore un grand nombre
d'autres objets; je les indiquerai dans le Chapitre suivant: dans celui-ci, je n'ai voulu parler que des affaires
qui, *par leur nature*, appartiennent au contentieux
administratif.

CHAPITRE XXIX.

*Du Contentieux administratif sous les Constitutions
de 1791, de l'an 3 et de l'an 8. De l'Etat actuel,
et des Conseils de Préfecture.*

Le temps des innovations étoit arrivé; on vouloit
des institutions nouvelles, et l'on pensoit que, pour
construire un édifice régulier, il falloit bâtir sur un sol
nu. Telle étoit, en 1789, la situation, ou, si l'on veut,
la maladie des esprits. En conséquence tout fut détruit, tous les tribunaux, tous les fonctionnaires de

l'ordre administratif furent supprimés; et nos états-généraux, transformés en assemblée constituante, nous donnèrent un gouvernement établi dans un système et sur un plan tout nouveau. On fit, ou du moins on eut l'intention de faire une monarchie constitutionnelle. Nous disons l'intention, et nous ajoutons qu'elle ne put pas se réaliser, par la raison principale que le pouvoir exécutif ne fut pas assez fortement organisé pour comprimer les germes d'anarchie que renfermoit la nouvelle constitution. Mais revenons à nos modernes Lycurgues, et voyons-les agir dans le vide qu'ils viennent de former autour d'eux.

La puissance législative est conférée aux représentants du peuple, réunis en assemblée nationale, mais avec cette modification importante, que les actes de ces assemblées n'ont force de loi qu'après avoir été revêtus de la sanction royale.

Quant au pouvoir exécutif, on distingue deux choses en effet très différentes, la pensée et l'action, c'est-à-dire, le gouvernement et l'exécution.

Le gouvernement appartient au roi; il est le chef suprême de l'administration générale du royaume; le soin de veiller au maintien de l'ordre et de la tranquillité publique lui est confié; il nomme ses ministres, il délibère avec eux: dans ce conseil réside la pensée du gouvernement, là doivent se méditer les règlements nécessaires au maintien de la sûreté, de l'ordre et de la police générale.

Après avoir délibéré collectivement, chaque ministre, rentré dans le cercle des attributions de son ministère, fait exécuter les règlements et les ordres du roi.

Les ministres sont responsables de tous les délits par eux commis contre la sûreté nationale et la constitution, de tout attentat à la propriété et à la liberté individuelle, de toute dissipation des deniers destinés aux dépenses de leur ministère.

La haute administration ainsi organisée, on s'occupe de l'administration secondaire. La France est divisée en quatre-vingt-trois départements, et chaque département en districts : dans chacune de ces divisions on place un tribunal, et au-dessus de tous ces tribunaux une cour de cassation. On place de même un corps administratif dans le chef-lieu de chaque département, et une administration inférieure dans le chef-lieu de chaque district : les administrations de district sont subordonnées aux administrations centrales, et celles-ci aux ministres.

Il restoit à régler les attributions de ces nouvelles autorités.

Comme, jusque vers la fin du quatorzième siècle, on avoit généralement confondu les pouvoirs administratif et judiciaire(1), il restoit presque par-tout des traces de cette aberration. Indépendamment de leur coopération à l'exercice de la puissance législative, les parlements avoient cette haute police qui pourvoit à

---

(1) *Voyez*, ci-dessus, le §. IX de l'Introduction.

la sûreté de l'Etat, en prévenant les désordres qui pour-roient la compromettre, et qui est un des attributs du pouvoir exécutif. Plusieurs bailliages, réunissant la police administrative et la police judiciaire, faisoient les règlements locaux, et jugeoient les infracteurs. Les élections et les cours des aides, instituées pour juger du fait des tailles, et, par suite, des exemptions pré-tendues par les privilégiés, statuoient incidemment sur des questions d'Etat de la plus haute importance. Il en étoit de même des chambres des comptes : chargées de la réception des aveux et dénombrements des fiefs mouvant de la couronne, elles prononçoient sur les questions de propriété auxquelles la vérification de ces actes pouvoit donner lieu. Les intendants, que l'on nommoit intendants de justice, police et finances, étoient juges des difficultés qui s'élevoient à l'occasion du vingtième, impôt direct, et des contrôles, impôts indirects. La petite voierie étoit laissée aux justices locales. La grande voierie, tant pour la partie régle-mentaire que pour la partie contentieuse, étoit partagée entre les états, dans les pays d'états; les bureaux des finances, dans quelques généralités; et les intendants des provinces, dans les autres. Les intendants et les bureaux des finances connoissoient encore des difficul-tés qui pouvoient s'élever entre l'administration et les entrepreneurs des travaux publics, et du règlement des indemnités dues aux propriétaires, à raison des terrains pris ou fouillés pour la confection des chemins, des canaux navigables, et autres ouvrages de cette espèce.

Enfin les officiers des eaux et forêts faisoient, comme administrateurs, les aménagements et les adjudications des bois, et, comme juges, régloient les cantonnements entre les propriétaires et les usagers, et connoissoient de tous les délits de chasse et de pêche, et de toutes les infractions aux lois forestières.

Le législateur, devenu, par la suppression de ces différents offices, maître de disposer des affaires dont ils étoient en possession de connoître, les répartit entre les administrations et les tribunaux qu'il venoit d'établir. Voici, sous le rapport du contentieux, les attributions conférées aux corps administratifs par la loi des 6 et 11 septembre 1790, additionnelle à celle du 24 août, sur l'organisation de l'ordre judiciaire.

Aux termes de cette loi, « Les contribuables qui, en « matière de contributions directes, se plaindront du « taux de leur cotisation, s'adresseront d'abord au di- « rectoire de district, lequel prononcera, sur l'avis de « la municipalité qui aura fait la répartition. La partie « qui se croira lésée pourra se pourvoir ensuite au « directoire de département, qui décidera *en dernier* « *ressort*, sur simples mémoires, et sans forme de pro- « cédure, sur la décision du directoire de district. Tous « avis et décisions en cette matière seront motivés.

« Les actions civiles relatives à la perception des « impôts indirects seront jugées *en premier et dernier* « *ressort*, également sur simples mémoires, et sans frais « de procédure, par les juges de district.

« Les entrepreneurs des travaux publics seront tenus

« de se pourvoir sur les difficultés qui pourroient s'é-
« lever en interprétation ou dans l'exécution des clauses
« de leurs marchés, d'abord, par voie de conciliation,
« devant le directoire de district; et, dans le cas où
« l'affaire ne pourroit être conciliée, elle sera portée
« au directoire de département, et décidée par lui, *en*
« *dernier ressort*, après avoir vu l'avis motivé du direc-
« toire de district.

« Les demandes et contestations sur le règlement
« des indemnités dues aux particuliers, à raison des
« terrains pris ou fouillés pour la confection des che-
« mins, canaux, ou autres ouvrages publics, seront
« portées de même, par voie de conciliation, devant
« le directoire de district, et pourront l'être ensuite au
« directoire de département, lequel les terminera, *en*
« *dernier ressort*, conformément à l'estimation qui en
« sera faite par le juge de paix et ses assesseurs.

« Les particuliers qui se plaindront de torts et dom-
« mages procédant du fait personnel des entrepreneurs,
« et non du fait de l'administration, se pourvoiront
« contre les entrepreneurs, d'abord devant la munici-
« palité du lieu où les dommages auront été commis,
« et ensuite devant le directoire de district, qui statuera
« *en dernier ressort*, lorsque la municipalité n'aura pu
« concilier l'affaire.

« L'administration, en matière de grande voierie,
« appartiendra aux corps administratifs, et la police de
« conservation, tant pour les grandes routes que pour
« les chemins vicinaux, aux juges de district.

«En matière d'eaux et forêts, la conservation et les
«adjudications de bois appartiennent aux corps admi-
«nistratifs; les actions pour la poursuite et la répara-
«tion des délits seront portées devant les juges de
«district, qui auront aussi l'exécution des règlements
«concernant les bois des particuliers et la police de la
«pêche, et qui, dans tous les cas, entendront le com-
«missaire du roi. »

La jurisdiction administrative, sortie depuis si long-
temps de ses limites naturelles, y est enfin rentrée. Ce
qu'elle perd en étendue, le conseil d'Etat, chef de la
hiérarchie administrative, le perd en importance; et
même il devient entièrement étranger à cette espèce
de jurisdiction, par suite du droit de statuer en dernier ressort, conféré aux administrations départementales.

On va plus loin. Toutes les difficultés judiciaires
dont le conseil d'Etat étoit alors saisi sont renvoyées
devant les tribunaux; en conséquence, toutes les affaires pendantes aux conseils des finances, des dépêches,
à la grande direction, à des commissions particulières,
et généralement toutes celles qui ne sont pas de la
compétence de la cour de cassation, et qui existoient
aux diverses sections du conseil et à des commissions,
soit par appel, soit par évocation, soit par attribution,
sont renvoyées aux tribunaux à qui la connoissance
doit en appartenir (1).

(1) Décret du 27 avril 1791, sanctionné le 6 juillet suivant.

Le conseil d'Etat, ainsi dépouillé de toutes ses attributions, devint inutile, et disparut.

Cette constitution ne fut pas soumise à l'épreuve du temps. A peine avoit-elle un an d'existence, que les principes de dissolution qu'elle renfermoit se développèrent tout-à-coup, et firent cette terrible explosion dont les suites furent si funestes, et dont la France aura si long-temps à gémir et à rougir.

Pendant les trois années qui suivirent, tous les pouvoirs furent confondus. Je détourne mes regards de ces temps malheureux, et je les porte sur la fin de l'an 3 (1795).

A cette époque, les anarchistes, prêts à tomber eux-mêmes dans les abymes qu'ils avoient creusés, conçurent le projet de les fermer, et nous donnèrent une nouvelle constitution. Il faut rendre justice à ses auteurs : malgré ses imperfections, elle nous fit faire un pas vers un meilleur ordre de choses; et, dans le délire qui égaroit encore les factions, il étoit difficile de faire mieux. Cependant cette seconde constitution devoit périr comme la première, et par le même vice, c'est-à-dire, par la foiblesse du pouvoir exécutif, qui, n'ayant pas le *veto* sur les actes du corps législatif, se trouvoit livré sans défense aux attaques des démagogues. Mais j'oublie que je n'ai à m'occuper que du contentieux administratif.

Ce contentieux resta dans le cercle tracé par la constitution de 1791. Les administrations départementales exécutoient les ordres des ministres, et ceux-ci, les délibérations du directoire, qui n'avoit à s'occuper que des grandes mesures de gouvernement. Dans une administration ainsi organisée, on ne voit pas quelle place auroit pu occuper un conseil d'Etat; aussi ne fut-il pas question de le rétablir: l'idée n'en vint à personne.

Cependant la ligne qui séparoit les contentieux administratif et judiciaire ne tarda pas à être déplacée; des difficultés qui s'élevèrent sur des ventes de domaines nationaux en furent l'occasion.

L'adjudication d'un domaine faite par un corps administratif, peut donner lieu à deux sortes de difficultés.

Le débat porte sur la validité de l'adjudication, ou simplement sur l'interprétation, l'application, ou l'exécution de cet acte.

Le débat porte sur la validité de l'adjudication, lorsqu'un tiers prétend que le domaine vendu comme national lui appartient, et qu'il en jouissoit, avant l'aliénation, à titre patrimonial.

Comme les questions de propriété sont naturellement du domaine des tribunaux, les difficultés de cette espèce furent d'abord portées devant les juges ordinaires.

Des considérations politiques engagèrent la convention à s'en attribuer la connoissance exclusive; et elle les évoqua à son comité des domaines, par un décret du 1er fructidor an 3, qui porte: «Toutes les pétitions «et questions relatives à la validité des adjudications «des domaines nationaux, ou réputés tels, sont exclu-«sivement renvoyées au comité des finances, section «des domaines.»

Cette loi, toute formelle qu'elle est, ne décidoit cependant pas la difficulté. La convention réunissant tous les pouvoirs, on pouvoit mettre en doute si son comité des domaines jugeoit ces sortes d'affaires comme commission administrative ou comme commission judiciaire.

C'est en effet ce qui arriva. Après la suppression du comité des domaines, et dès l'an 4, la question s'éleva de nouveau, et resta problématique jusqu'en l'an 6. A cette époque s'établit sur ce point une discussion très sérieuse entre le ministre de la justice et celui des finances.

Les deux ministres pensoient unanimement que les questions de propriété étoient de la compétence des tribunaux, lorsqu'elles s'élevoient avant l'adjudication; mais, la vente une fois consommée, le ministre de la justice pensoit que les réclamations, les revendications étoient de la compétence des corps administratifs: le ministre des finances soutenoit au contraire que, même après l'adjudication, les questions de propriété devoient être portées devant les tribunaux.

Les raisons pour et contre furent présentées au directoire exécutif, qui adopta l'opinion du ministre de la justice, par un arrêté du 2 nivose an 6, dont il ordonna l'insertion au bulletin des lois, *à l'effet de servir de proclamation pour l'exécution des lois.*

Cet arrêté, ne statuant que sur les revendications, c'est-à-dire, sur le cas où des tiers attaquent une adjudication sur le motif qu'ils sont propriétaires du do-

maine vendu comme national, restoit encore indécis
le point de savoir à laquelle des deux autorités il appartenoit de connoître des débats relatifs à l'interprétation,
à l'application, ou à l'exécution de ces actes.

Cette question ne fut résolue qu'en l'an 9. Nous
dirons de quelle manière les choses se passèrent, lorsque nous nous occuperons de la législation de cette
époque.

Il y eut encore quelques autres invasions dans le
domaine de l'autorité judiciaire, mais de peu d'importance. Je les néglige, parceque nous en allons voir de
plus considérables.

En l'an 8, une troisième constitution nous fut donnée. Les deux premières avoient ouvert la boîte de
Pandore : on voulut la fermer ; il en étoit bien temps.

Il n'entre pas dans mon sujet de dérouler toutes les
pages de cette constitution ; mais, pour arriver à mon
but, je dois m'arrêter sur l'organisation du pouvoir
exécutif.

Trois pouvoirs bien distincts, des consuls, des conseillers d'Etat, et des ministres, en partagent les attributions.

Les consuls sont au nombre de trois. En conformité
du principe qui veut que le pouvoir exécutif soit toujours concentré dans la main d'un seul, toute l'autorité réside dans la personne du premier consul ; les
deux autres n'ont que voix consultative.

Les consuls disposent des forces de terre et de mer,
font les traités de paix, d'alliance et de commerce ; ils

pourvoient à la sûreté intérieure et extérieure de l'Etat. S'ils sont informés qu'il se trame quelque conspiration contre l'Etat, ils peuvent décerner des mandats d'amener et d'arrêt. Ils dirigent les recettes et les dépenses, conformément aux lois.

Le premier consul seul, et sans le concours des deux autres, propose les lois au corps législatif; il est chargé de les promulguer; il fait les règlements pour assurer leur exécution. Il institue les juges pour toute la durée de leur vie; il nomme et révoque les conseillers d'Etat, les ministres et tous les fonctionnaires de l'ordre administratif.

Sous la direction des consuls, le conseil d'Etat est chargé de rédiger les propositions de loi et les règlements d'administration publique. Il est chargé de résoudre les difficultés qui s'élèvent en matière administrative.

C'est parmi les membres du conseil d'Etat que sont toujours pris les orateurs chargés de porter la parole devant le corps législatif.

Les agents du gouvernement, autres que les ministres, ne peuvent être poursuivis pour faits relatifs à leurs fonctions, qu'en vertu d'une décision du conseil d'Etat.

Après avoir constitué les pouvoirs chargés de délibérer, c'est-à-dire, après avoir établi les consuls et le conseil d'Etat, la constitution s'occupe de l'exécution. Elle est confiée aux ministres.

Les ministres procurent l'exécution des lois et des règlements d'administration publique. Aucun acte du gouvernement ne peut avoir d'effet s'il n'est contre-signé par un ministre.

Les administrations locales sont subordonnées aux ministres.

Voilà les trois autorités auxquelles la constitution de l'an 8 confère les différentes attributions du pouvoir exécutif.

Les ministres ne sont que de simples agents d'exécution : faire respecter, faire exécuter les lois du corps législatif, les ordres des consuls, les règlements d'administration publique émanés du conseil d'Etat, là se bornent leurs fonctions. On pensoit que, chargés de faire mouvoir les ressorts du corps social, et de soumettre tous ses mouvements à l'action des lois, des fonctions d'une aussi haute importance exigeoient l'application de toutes leurs facultés, et devoient absorber tous leurs moments. En effet, si les lois sont mal exécutées, elles tombent dans le mépris; et le mépris de ses lois est pour une nation le dernier des malheurs.

Ainsi les ministres n'avoient rien à délibérer, rien à juger; ainsi l'idée de s'immiscer dans l'exercice du contentieux judiciaire ne pouvoit pas se présenter à leur esprit.

Ce contentieux étoit encore plus étranger aux attributions des trois consuls; attributions qui toutes étoient concentrées dans les grandes mesures de gouvernement.

Le conseil d'Etat, associé aux plus hautes fonctions du pouvoir exécutif, et placé sous la direction, non sous la dépendance des consuls, et bien moins encore sous celle des ministres, avoit des pouvoirs qui lui étoient propres, et formoit l'une des grandes autorités de l'Etat.

Les fonctions propres au conseil d'Etat étoient, comme on vient de le voir, au nombre de cinq : rédiger les projets de loi, faire les règlements d'administration publique, porter la parole au nom du gouvernement devant le corps législatif, autoriser la mise en jugement des fonctionnaires publics, résoudre les difficultés qui s'élèvent en matière administrative.

La constitution ne dit pas quelles sont les difficultés qu'elle regarde comme administratives; elle ne nous apprend pas à les distinguer des difficultés judiciaires : et la raison en est fort simple; c'est qu'elle prenoit les choses dans l'état où elle les trouvoit, c'est-à-dire, qu'elle se référoit aux règles que nous avons exposées dans le Chapitre précédent, et à la loi des 6 et 11 septembre 1790, que nous venons d'analyser dans celui-ci.

Ce contentieux resta donc dans ses limites naturelles; mais l'attribution au conseil d'Etat des difficultés en matières administratives, donna lieu à une innovation importante : on en tira la conséquence que la loi qui, dans ces matières, donnoit le dernier ressort aux administrations secondaires, étoit abrogée; et le conseil d'Etat devint un tribunal d'appel : mais il ne sortit pas encore de la sphère administrative.

La constitution ne parle pas des administrations départementales qui existoient alors : la raison en est que, n'étant pas en harmonie avec le nouveau gouvernement, elles ne pouvoient pas y trouver place. Elles furent donc supprimées; et la loi du 28 pluviose, également de l'an 8, établit un préfet dans chaque département, et auprès de chaque préfet un conseil de préfecture.

Le préfet fut chargé seul de l'administration; et tout le contentieux administratif, attribué aux administrations centrales, devint le partage des conseils de préfecture.

Mais la loi du 28 pluviose ne s'arrête pas là; elle ajoute : «Le conseil de préfecture prononcera.... sur les «difficultés qui pourront s'élever en matière de grande «voierie; sur les demandes qui seront présentées par «les communautés des villes, bourgs et villages, pour «être autorisées à plaider; sur le contentieux des do- «maines nationaux.»

Jusqu'à cette époque le contentieux administratif, clairement défini, ne pouvoit que très difficilement franchir la barrière qui le séparoit de l'autorité judiciaire. Les trois dispositions de la loi du 28 pluviose, que nous venons de transcrire, reculèrent cette barrière; et la manière dont elles sont rédigées fait assez pressentir que l'intention étoit de la porter encore plus loin.

La loi des 6 et 11 septembre 1790 avoit dit : «L'ad- «ministration en matière de grande voierie appartient «au corps administratif, et la police de conservation, «tant pour les grandes routes que pour les chemins «vicinaux, aux tribunaux de district.»

Voilà une ligne de démarcation tracée d'après la nature des choses, et d'une manière qui la rend sensible à tous les yeux.

A cette disposition, si clairement énoncée, la loi du 28 pluviose substitue cette autre que l'on vient de lire : *Le conseil de préfecture prononce sur les difficultés qui peuvent s'élever en matière de grande voierie.*

Mais, de quelles difficultés entendoit-on parler? En le disant, on se seroit mis trop à découvert. La règle ainsi conçue avoit besoin d'un commentaire; et c'est ce que l'on vouloit.

Ce commentaire ne se fit pas long-temps attendre. Une loi du 29 floréal an 10 donna le mot de l'énigme; elle porte, article 1er : «Les contraventions en matière «de grande voierie, telles qu'anticipations, dépôt de «fumier ou d'autres objets, et toutes espèces de dété-«riorations commises sur les grandes routes, sur les «arbres qui les bordent, sur les fossés, ouvrages d'art «et matériaux destinés à leur entretien, sur les canaux, «fleuves et rivières navigables, leurs chemins de ha-«lage, francs-bords, fossés et ouvrages d'art, seront «constatées, réprimées et poursuivies par voie admi-«nistrative.»

Aux termes de l'article 2, ces délits sont constatés par les maires, les adjoints, les gendarmes, etc. Aux termes de l'article 3, le sous-préfet statue par provision. L'article 5 ajoute : *Il sera statué définitivement en conseil de préfecture.*

On pourroit observer que, dans cette loi, on parle de délits, de jugements, *d'individus condamnés*, et qu'il n'y est pas question du prévenu; que la loi ne dit pas s'il sera interrogé, si les procès-verbaux dressés contre lui lui seront communiqués.

Déja nous voyons les conseils de préfecture transformés en tribunaux de police correctionnelle. Continuons.

On retrouve le même vague dans cette autre disposition de la loi du 28 pluviose: *Le conseil de préfecture prononce sur le contentieux des domaines nationaux.*

A peine cette loi fut-elle publiée, que chacun se demanda ce qu'il falloit entendre par ces mots, *domaine national*. Les agents de l'administration répondirent qu'ils désignoient tous les domaines de l'Etat; et voilà les conseils de préfecture qui se croient les juges de toutes les questions domaniales.

C'étoit, dès le premier pas, se porter dans le centre du domaine judiciaire; et dès-lors on pressentit ce que l'ordre public avoit à redouter du pouvoir administratif. Les réclamations qui s'élevèrent avertirent le gouvernement que cette prétention étoit au moins prématurée, et il la proscrivit par un arrêté du 5 fructidor an 9. Cet arrêté porte que, par ces expressions, *domaines nationaux*, la loi n'entend désigner que les biens confisqués, soit sur des corporations, soit sur des particuliers, par l'effet des lois nouvelles; «Et même, «ajoute l'arrêté, les conseils de préfecture ne sont «compétents que pour connoître des difficultés qui «s'élèvent sur le sens, l'interprétation, l'étendue et les «effets de l'acte d'adjudication.»

Cette attribution, ainsi restreinte aux seules difficultés qui peuvent s'élever sur le sens et les effets des premières adjudications, ne présentoit qu'une mesure transitoire, que la politique commandoit comme la plus propre à garantir les ventes nationales; et l'arrêté fut généralement approuvé. Mais on ne tarda pas d'en abuser.

En statuant que les conseils de préfecture auroient le droit exclusif d'interpréter les actes portant adjudication d'un domaine national, il étoit échappé au rédacteur de l'arrêté de donner à ces actes la qualification d'*actes administratifs*. Cette dénomination étoit impropre: en effet, le corps administratif qui adjuge un domaine national au plus offrant, ne fait que ce qui se pratique toutes les fois que la chambre des notaires procède à la vente publique d'un immeuble. On feignit de ne pas s'apercevoir de cette méprise; et, généralisant la disposition de l'arrêté, on l'appliqua indistinctement à tous les actes administratifs.

Il fut donc établi en principe que, toutes les fois qu'un acte administratif seroit produit dans un procès, et qu'il plairoit à l'une des parties d'élever des doutes sur son véritable sens, quelque déraisonnables que fussent ces doutes, et quand même l'acte ne présenteroit ni équivoque ni obscurité, le juge seroit tenu de s'arrêter, de renvoyer l'affaire à l'administration, et d'attendre, avant de statuer définitivement, une interprétation souvent aussi tardive qu'inutile.

Si, du moins, le gouvernement avoit établi des règles propres à faire connoître avec certitude les actes dont il entendoit se réserver l'interprétation! Mais, craignant de se donner des entraves, il laissa les choses dans ce vague qui convient si bien à l'arbitraire; et les plaideurs, suivant les besoins de leur cause, ne manquent pas de demander leur renvoi à l'administration, toutes les fois qu'il existe au procès non seulement une ordonnance du roi, un arrêté d'un ministre ou d'un préfet; non seulement un arrêt de l'ancien conseil d'Etat, ou une décision d'un ancien intendant de province, mais une simple lettre signée d'un ministre, ou écrite en son nom par l'un de ses subordonnés; mais une autorisation donnée par une administration, à un caissier public, à l'effet de recevoir le prix d'une vente; mais la quittance d'un simple receveur des domaines; enfin, un acte quelconque du dernier des agents de l'administration, fait en sa qualité d'agent administratif.

Que ces demandes en renvoi soient accueillies ou rejetées, c'est toujours un incident au procès, qui en prolonge la durée, et qui sert merveilleusement la chicane.

Des trois dispositions de la loi du 28 pluviose, que nous avons signalées, nous n'avons plus à nous occuper que de la dernière : c'est celle qui autorise les conseils de préfecture *à prononcer sur les demandes des communautés d'habitants, à l'effet d'être autorisées à plaider.*

Cette disposition a jeté les conseils de préfecture dans une étrange méprise. Perdant de vue que le roi ne donne ces autorisations que comme tuteur légal des communes de son royaume, et que ses délégués en cette partie ne font que l'office de conseil de famille, ils procèdent comme juges, et par des arrêtés en forme de jugements. Ce qui est encore plus étrange, le conseil d'Etat reçoit l'appel de ces prétendus jugements; et l'on voit des habitants venir, des extrémités du royaume, à Paris solliciter la permission de plaider devant des juges qui résident au milieu d'eux. Certes, il seroit souvent plus avantageux aux communes de perdre leur procès sans avoir été autorisées à l'entreprendre, que de le gagner après une autorisation aussi péniblement et aussi chèrement obtenue.

Autrefois les communes consultoient des avocats de leur choix, et, pour l'ordinaire, elles s'adressoient à des hommes à qui l'étude des lois et l'habitude des affaires donnoient ce tact qui trompe rarement; et, sur leur avis, l'intendant de la province donnoit son autorisation.

Je n'examine pas si l'on avoit le droit de priver les communes de la faculté de choisir leurs conseils; je dirai seulement qu'il faudroit au moins que ceux auxquels on les force de donner leur confiance réunissent tous les talents, toutes les lumières qu'elles pourroient se procurer ailleurs.

Après avoir ainsi constitué les conseils de préfecture, il restoit trois points à régler : le choix de ces nouveaux

juges, la forme de procéder devant eux, et l'exécution de
leurs jugements. De ces trois objets, le dernier fut le
seul dont on s'occupa. Il fut réglé par une loi du
29 floréal an 10, relative à la voierie.

Après plusieurs dispositions pénales, après avoir
réglé la manière de constater les contraventions, cette
loi ajoute : «Il sera statué en conseil de préfecture; les
«arrêtés seront exécutoires sans *visa* ni mandement
«des tribunaux, nonobstant et sauf tout recours au
«conseil d'Etat; les individus condámnés seront con-
«traints par la voie des garnisaires et la saisie de leurs
«meubles, en vertu desdits arrêtés, qui seront exécu-
«toires, et emporteront hypothèque.»

Satisfait d'avoir ainsi assuré l'exécution des jugements des conseils de préfecture, le gouvernement
s'arrêta. Mieux intentionné, il auroit pris des mesures
et pour se prémunir contre les mauvais choix, en dé-
terminant des conditions d'éligibilité, et pour écarter
l'arbitraire des jugements, en les assujettissant à des
formes légales; mais il vouloit pouvoir disposer et des
jugements et des juges : c'étoit l'essai d'un plan beaucoup plus vaste. On le devina. Les illusions se dissi-
pèrent; et nous vîmes tous le despotisme s'avancer sur
nous. Tour-à-tour audacieux et souple, caressant et
terrible, il entraîna bientôt tous les corps de l'Etat :
tous, intimidés ou séduits, devinrent successivement
ses auxiliaires; le conseil ne fut pas celui qui le favorisa
le moins. L'un des moyens qu'il employa le plus fréquemment, fut de multiplier ses attributions, et d'a-

grandir la compétence des conseils de préfecture.
Comme il étoit le juge d'appel de tous leurs jugements, tout ce qu'il leur donnoit, tout ce qu'il souffroit qu'ils usurpassent sur l'autorité judiciaire tour-
noit à son profit; et il étoit indulgent et libéral par
intérêt.

Chargé, par la constitution, de rédiger les lois et les
règlements d'administration publique, cette attribution lui assuroit toutes celles qu'il jugeroit à propos
de se procurer. S'il n'a pas abusé de cette prérogative
autant qu'il auroit pu le faire, du moins en a-t-il usé
d'une manière assez large. Il s'est rendu l'arbitre de
tous les legs pieux, et le régulateur de tous les échanges
entre les particuliers et les communautés d'habitants,
ou les établissements publics. Il s'est substitué au conseil des prises; il s'est attribué la révision de tous les
arrêts de la cour des comptes; il s'est constitué le réformateur de toutes les jurisdictions ecclésiastiques; et
tous les appels comme d'abus doivent être portés devant lui. Il est encore allé plus loin. Il s'est transformé
en tribunal de police correctionnelle, par l'article 6 de
la loi du 18 germinal an 10, dont voici l'étrange disposition : «Il y a recours au conseil d'Etat contre toute
«entreprise ou procédé dans l'exercice du culte, qui
«peut compromettre l'honneur des citoyens, et dégé-
«nérer contre eux en oppression, en injure, ou en
«scandale public.

«Il y a pareillement recours au conseil d'Etat, s'il est
«porté atteinte à l'exercice public du culte, et à la li-

«berté que les lois et les règlements garantissent à ses
«ministres.»

Mais on ne peut compromettre l'honneur des citoyens que par des injures, que par des inculpations
diffamantes, publiquement proférées; et les citoyens
ne peuvent porter atteinte à l'exercice public d'un culte
que par des violences et des voies de fait. Voilà donc
les injures et les voies de fait dans les attributions du
conseil d'Etat.

Cependant un fait, un discours, ne peuvent être
prouvés que par la déposition de ceux qui les ont vus
ou entendus, en un mot, de ceux qui en ont été les
témoins. L'offensé, pour établir son accusation, et le
prévenu, pour la repousser, sont donc obligés de se
présenter au conseil d'Etat, suivis de tous leurs témoins.
Mais cela est impraticable, quand même le délit n'auroit été commis qu'à une distance de cinquante lieues
de la capitale. Le ministre, car il n'y a pas de ministère
public, le ministre en est donc réduit à prendre l'avis
d'un maire ou d'un préfet: et cependant il s'agit de la
dignité d'un culte, ou de l'honneur d'un citoyen!

Tel fut, sous le rapport du contentieux administratif, l'état des choses jusqu'à l'heureuse époque de la
restauration.

Le roi, pendant sa trop longue absence, avoit conçu
la noble idée de faire asseoir la liberté aux pieds de
son trône. A peine y fut-il monté, que des commissaires réunis par ses ordres rédigèrent, sous sa direction, notre charte constitutionnelle. Ces hommes,

tous connus par de rares talents, se montrèrent dignes de la haute mission dont ils étoient honorés. Cependant on cherche les motifs qui les ont déterminés à ne pas placer un conseil d'Etat dans le gouvernement qu'ils organisoient.

Leur silence à cet égard étonne d'autant plus, qu'ils avoient sous les yeux le conseil qui existoit alors, ce conseil qui, pendant les quatorze dernières années, avoit exercé une si grande influence sur toutes les parties de l'administration publique, auquel nous devons les cinq codes, et presque toutes les lois, presque tous les règlements qui nous régissent aujourd'hui.

L'assemblée constituante ayant donné la proposition des lois aux représentants de la nation, et le dernier ressort du contentieux administratif aux administrations départementales, pouvoit sans inconvenient supprimer le conseil d'Etat; mais comment les rédacteurs de la charte n'ont-ils pas senti que, donnant au roi et cette initiative, et ce dernier ressort, il devenoit nécessaire de l'environner d'un conseil, et même d'un conseil dont les membres fussent tellement couverts de la considération publique, que leur réputation fût aux projets de lois ce que le nom d'un auteur célèbre est à ses ouvrages.

En l'an 8, on ne s'y méprit pas. Après avoir attribué au gouvernement la proposition des lois et l'appel des sentences rendues administrativement, on rétablit le conseil d'Etat, comme une conséquence nécessaire de ces deux innovations. Puisque la charte nous plaçoit dans le même système, pourquoi n'y voyons-nous pas un conseil d'Etat?

Voilà les reproches que l'on fait aux rédacteurs de la charte constitutionnelle. Pour en apprécier le mérite, il faut se rappeler ce que l'on vouloit aux trois époques que nous venons de signaler, c'est-à-dire, en 1791, en l'an 8, et en 1814.

En 1791, on vouloit un roi, mais un roi sans pouvoir; on vouloit aussi que rien ne pût arrêter ce que l'on appeloit l'élan national. Pour remplir ce double objet, il falloit isoler le roi, et le conseil d'Etat fut supprimé; il falloit enlever à la couronne le droit de proposer les lois, et ce droit fut donné au corps législatif.

En l'an 8, on voulut tout le contraire. Telle étoit la déplorable situation de la France, que l'on crut ne pouvoir trouver que dans le despotisme un remède à l'abus que l'on avoit fait de la liberté; et l'on fit une constitution qui renfermoit tous les principes des gouvernements absolus. Cependant, pour faire quelque illusion, on conserva une représentation nationale; mais, comme on ne vouloit qu'un vain fantôme, on lui interdit la parole, et l'on donna au consul la proposition des lois : avec un corps législatif muet, c'étoit lui conférer toute la puissance législative.

Mais, seul, il ne pouvoit pas porter un aussi pesant fardeau : il fallut donc lui donner des coopérateurs; et le conseil d'Etat fut rétabli. Comme, dans l'esprit de la constitution, ce conseil étoit destiné à faire oublier le corps législatif, il fut chargé de la rédaction et des lois et des règlements d'administration publique; enfin il eut des attributions propres, il fut un pouvoir constitué.

En 1814, des vues bien différentes animoient les rédacteurs de la charte. On vouloit un roi, et un roi assez fort pour comprimer les mouvements qui agitoient encore certains esprits ; mais on vouloit aussi que les différents pouvoirs fussent dans un équilibre tel qu'aucun d'eux, pas même celui du roi, ne pût franchir ses limites constitutionnelles : voilà ce que l'on vouloit; et aucune arrière-pensée ne souilloit cette grande et belle conception.

Ainsi, après avoir partagé l'exercice de la puissance législative entre le roi, la chambre des pairs et celle des députés ; après avoir constitué le pouvoir exécutif; après avoir organisé l'administration de la justice; enfin, après avoir donné au roi des ministres responsables, on dut s'arrêter. Quelle place, en effet, pouvoit-on assigner à un conseil d'Etat, dans un système de gouvernement ainsi combiné? Etabli par la constitution, ce conseil auroit formé un pouvoir; et ce pouvoir hétérogène n'auroit pu que gêner les mouvements du corps politique. Ajoutons qu'un conseil d'Etat qui devroit son existence à la constitution seroit indépendant du prince, ce qui choqueroit la prérogative royale.

Mais ce que l'on n'avoit pas fait, ce que l'on n'avoit pas dû faire par la charte constitutionnelle, on le fit quelque temps après. Une ordonnance royale, du 29 juin 1814, créa un conseil d'Etat.

Bien différent de celui qu'il remplace, ce conseil d'Etat, malgré sa dénomination, n'est pas une autorité dans l'Etat; par conséquent son institution n'exigeoit pas l'intervention de la puissance législative; une simple ordonnance suffisoit.

Non seulement cette ordonnance est régulière, mais elle étoit commandée par la nécessité.

Indépendamment du droit de proposer les lois, attaché à sa couronne, le roi tient encore, de sa qualité de chef suprême de l'Etat et de l'administration, trois attributions fort importantes : il juge le contentieux administratif, il prononce sur la mise en jugement des administrateurs, il règle les conflits entre les autorités administratives et judiciaires.

Ce contentieux, ces conflits, ces mises en jugement, donnent lieu à des difficultés dont la solution est subordonnée à des faits qu'il faut vérifier, à des actes et à des titres dont l'appréciation exige souvent plus d'une lecture. Le conseil que la constitution donne au roi, le conseil des ministres, voudroit-il, de ses hautes fonctions, descendre à ces minutieux détails? et, quand il le voudroit, le devroit-il? Non. Les grandes mesures du gouvernement ne suffisent que trop pour absorber tous ses moments, toutes ses méditations, toutes ses facultés. Cependant toutes les décisions qui interviennent sur les affaires administratives sont proclamées sous le nom du roi: il importe donc à l'honneur du trône qu'elles portent l'empreinte de la sagesse et du savoir; il faut donc qu'elles soient proposées par des hommes recommandables sous le double rapport de la connoissance des lois et de l'habitude des affaires; et voilà ce qu'a voulu faire l'ordonnance du 29 juin 1814.

Cependant cette ordonnance, toute sage qu'elle est, toute nécessaire qu'elle étoit, se ressent peut-être de la précipitation avec laquelle elle a été rendue. Avec plus de temps et de réflexion, on auroit été frappé de l'étrange abus que le conseil d'Etat impérial avoit fait du droit de rédiger les lois et de faire les règlements d'administration publique; et, dans un moment aussi solennel que celui d'une restauration depuis si long-temps desirée, on auroit rendu à l'autorité judiciaire tout ce que le pouvoir administratif avoit usurpé sur elle. On ne l'a pas fait; on a laissé les choses dans l'état où on les trouvoit. Je me trompe; on est encore allé plus loin : on vient d'ajouter au contentieux administratif, déja si fort au-delà de ses limites naturelles, le droit de statuer, incidemment à des questions de domicile, sur les droits les plus précieux des citoyens. L'article 6 de la loi du 5 février 1817, concernant les élections, porte : «Les difficultés relatives à la jouissance des lois «civiles et politiques du réclamant seront définitive-«ment jugées par les cours royales; celles qui concer-«neront ses contributions, ou son domicile politique, «*le seront par le conseil d'Etat.*»

Voilà ce que l'on appelle aujourd'hui le contentieux administratif.

Si l'on se reporte sur ce que l'on vient de lire, on

voit que les pouvoirs administratif et judiciaire, depuis si long-temps confondus et disséminés entre les différents fonctionnaires publics, sont enfin séparés par des lois des mois de septembre et d'octobre 1790.

Et, quant à la ligne qui sépare ces deux pouvoirs, il résulte de la loi du mois de septembre, que la contestation est judiciaire toutes les fois qu'il est question de statuer sur les rapports des citoyens entre eux ; et qu'elle n'est administrative que lorsqu'il s'agit de prononcer entre des particuliers et le gouvernement, agissant non comme propriétaire, mais comme gouvernement (1).

Cet ordre de choses s'est maintenu jusqu'en l'an 8.

A cette époque, le conseil d'Etat, supprimé en 1790, est recréé : mais, à la différence de l'ancien, le nouveau, constitutionnellement établi, a des attributions qui lui sont propres. Il en abuse, pour rendre chaque jour moins sensible la ligne séparative des pouvoirs

---

(1) Pour se convaincre que tel est l'esprit de la loi du 11 septembre 1790, il ne faut que se reporter sur la nomenclature des difficultés dont elle attribue la connoissance aux corps administratifs. On voit que, dans toutes, le gouvernement est partie, si ce n'est dans le cas d'un dommage procédant du fait personnel d'un entrepreneur de travaux publics ; mais on ne peut regarder cette disposition que comme une erreur échappée au rédacteur de la loi, à moins que l'on ne veuille dire qu'étant à présumer que le dommage, quoique du fait personnel de l'entrepreneur, a tourné au profit de l'entreprise, il pourroit paroître convenable de soumettre la plainte du réclamant au jugement des corps administratifs.

judiciaire et administratif. Le gouvernement favorise ces entreprises, parcequ'il tend au despotisme, et que, pour arriver à ce but, on ne voit rien de mieux que de faire prévaloir l'administration sur les tribunaux.

Ce conseil d'État avoit à peine six ans d'existence, qu'il étoit déja tellement surchargé d'affaires contentieuses, que, pour les instruire, on se voit dans la nécessité de placer auprès de lui une compagnie d'avocats (1).

Au mois de juin 1814, création d'un nouveau conseil d'État. Quoiqu'il ne succède pas à celui qu'il remplace, cependant il recueille, comme à titre d'héritage, non seulement ses attributions, mais toutes ses usurpations sur l'autorité judiciaire; et l'on augmente encore le nombre des avocats au conseil.

Cela nous rappelle ce qui se passa du temps du chancelier Poyet. *Ce magistrat, dit Pasquier, qui avoit été, dès le berceau, élevé à façonner des procès, commença de prêter l'oreille aux parties privées, tellement qu'il s'établit gens qui font actes de procureurs et avocats en ce conseil, tout ainsi qu'aux simples jurisdictions subalternes; voire, et y ont été quelquefois taxés les dépens par des maîtres des requêtes, coutume véritablement indigne de ce grand tribunal de France.*

---

(1) Elle doit son existence à un décret du 23 juin 1806. L'article 33 porte: *Il y aura des avocats en notre conseil, lesquels auront seuls le droit de signer les requêtes et mémoires des parties, en matière contentieuse.*

CHAPITRE XXX.

Du Conseil d'Etat actuel, considéré dans ses rapports avec le Contentieux administratif.

Le conseil d'Etat a des panégyristes et des détracteurs. Ceux-ci en demandent la suppression, comme étant inutile ; les autres prétendent qu'il doit être maintenu tel qu'il est. Cette lutte est remarquable en ce que, les uns jugeant le conseil d'Etat d'après ce qu'il est, et les autres, comme s'il étoit ce qu'il doit être ; les deux opinions sont fondées sur des motifs également plausibles. Il faut donc commencer par établir l'état de la question.

Le conseil d'Etat n'étant pas constitué par la charte, n'est pas un pouvoir (1) ; n'étant établi par aucune loi,

_____

(1) « Les conseillers du roi, à proprement parler, ne sont ni offi- « ciers ni commissaires, et n'ont autres lettres en ce royaume qu'un « simple brevet signé du roi.... Et la raison péremptoire pour quoi le « conseil ne doit pas avoir commandement, est que, s'il avoit puissance « de commander ce qu'il conseille, la souveraineté seroit au conseil, et « les conseillers d'Etat, au lieu d'être conseillers, seroient maîtres. » Bodin, *République*, liv. III, chap. 1.
  Loyseau parle dans les mêmes termes du conseil du roi : « Le conseil « privé du roi n'a point de jurisdiction ordinaire, et les conseillers d'i-

ce n'est pas même une corporation. Il ne s'agit donc pas de savoir s'il est un corps dans l'Etat, s'il a une existence politique, et encore moins s'il a une jurisdiction. La négative n'est pas susceptible du moindre doute. Mais il est également certain que le roi a la faculté d'appeler auprès de sa personne des hommes dignes de sa confiance, de les honorer du titre de ses conseillers, et de les charger du soin de préparer ses décisions sur les points litigieux dont le jugement lui appartient (1).

Ceux qui prétendent qu'il faut supprimer le conseil

« celui ne sont que commissaires; aussi n'ordonnent-ils rien en leur « nom, mais font toujours parler le roi en tout ce qu'ils ordonnent: « comme, au pareil, fait encore le parlement, ensuite de ce qu'il faisoit « lorsqu'il étoit le conseil du roi. » *Des Offices*, liv. I, chap. 3, n° 87.

(1) C'est non seulement un droit, mais un devoir pour les rois, de s'environner de sages conseillers; « Car, dit Bodin, dans sa *République*, « il n'y a rien qui plus autorise les mandements d'un prince, que de les « faire passer par un conseil sage. »

Cette maxime a été solennellement proclamée dans les circonstances suivantes, que je rapporte telles qu'elles sont consignées dans la *Bibliothèque du Droit françois de* BOUCHEUIL, au mot *Arbitrage*.

« Le roi Louis XII, étant nommé arbitre en 1494, par les ducs de « Gueldre et de Julliers, manda à son parlement de lui donner avis s'il « pouvoit appeler en jugement tel conseiller qu'il estimeroit. Le parle- « ment, après avoir longuement délibéré sur cette matière, fut d'avis « que l'arbitrage et compromis, dans la personne du roi, avoit cet effet, « et ainsi devoit être entendu, que sa majesté pouvoit appeler en juge- « ment tel conseiller qu'elle aviseroit, *parceque c'est comme le vrai* « *office d'un vrai prince; et lui est comme devoir, de ne rien ordon-* « *ner sans conseil.* »

d'Etat comme inutile, doivent donc aller jusqu'à soutenir que jamais le roi ne peut statuer sur des points litigieux; ou, ce qui est la même chose, qu'il n'y a point de contentieux administratif, et que toutes les contestations qui peuvent s'élever entre le gouvernement et des particuliers doivent être renvoyées devant les tribunaux.

Il n'y auroit pas de contentieux administratif! Ainsi, lorsqu'en vertu du pouvoir que lui donne la charte de faire les règlements nécessaires pour la sûreté de l'Etat, le roi auroit pris une mesure qui froisseroit des intérêts privés, il faudroit interdire toute espèce de réclamation aux particuliers lésés, ce qui seroit injuste; ou, ce qui pourroit avoir les conséquences les plus désastreuses, soumettre ces règlements aux tribunaux : mais alors des hommes étrangers à l'administration, qui en connoissent à peine les premiers éléments, et dont souvent les vues ne s'étendent guère au-delà des limites de leur jurisdiction, pourroient arrêter l'exécution d'une mesure à laquelle le salut de l'Etat seroit attaché.

Ainsi, lorsque, dans sa sollicitude, le roi auroit jugé que la sûreté du royaume exige que telle ville ouverte soit fortifiée, et qu'il en auroit donné l'ordre, si les propriétaires des terrains que doivent occuper les nouvelles fortifications s'opposoient à l'exécution de l'ordonnance, le gouvernement seroit forcé de la défendre devant les tribunaux; et là, comme personne ne peut être exproprié que pour cause d'utilité publique, là s'agiteroit le point de savoir si les relations d'amitié qui existent entre nous et les puissances voisines né rendent pas cette précaution superflue.

Encore un exemple. Les forces de l'Etat sont déployées; une compagnie a pris l'engagement de fournir à tous les besoins de l'armée : mais cet engagement, elle le remplit si mal, que les soldats manquent des choses les plus nécessaires, et que le seul moyen de sauver l'Etat est d'annuler le traité fait avec cette compagnie.

Mais ce traité est une convention synallagmatique; et toutes les conventions sont sous la garde des lois et des magistrats qui en sont les organes. Cependant, si l'affaire est soumise aux tribunaux, si elle est assujettie aux formes d'une procédure régulière, tout sera perdu, il n'y aura plus d'armée long-temps avant l'obtention du jugement définitif. La loi suprême, celle devant laquelle toutes les autres se taisent, le salut de l'Etat, *salus populi*, autorise donc le gouvernement à se constituer juge dans sa propre cause, à résilier lui-même l'engagement qu'il a contracté, et à substituer, sans forme de procédure, à cette compagnie infidèle ou négligente, des fournisseurs plus vigilants, et de meilleure foi.

Maintenant, je le demande à ceux qui repoussent jusqu'à l'idée d'un contentieux administratif : Dans les circonstances que je viens d'exposer, seroit-il raisonnable de forcer le gouvernement à s'adresser aux tribunaux? Pourroit-on, sans le plus grand danger pour la chose publique, l'assujettir aux formes lentes et solennelles des jurisdictions ordinaires? Non: Dans ces circonstances, dans vingt autres semblables, il faut, pour l'instruction et l'examen de ces sortes d'affaires, un mode spécial et particulier; une espèce de tribunal qui, comme le conseil d'Etat, soit dans le gouvernement; qui en ait toujours l'esprit, quelquefois le secret, et dont la marche rapide soit toujours en accord avec ce qu'exigent la sûreté de l'état et les besoins de la société.

Que l'on ne dise donc plus qu'il faut supprimer le conseil d'Etat comme étant inutile. Mais l'opinion de ceux qui prétendent qu'il doit être maintenu tel qu'il est actuellement est-elle mieux fondée? ou, en d'autres termes, est-il vrai qu'exclusivement concentré dans le contentieux administratif, le conseil d'Etat n'entre jamais dans le contentieux judiciaire?

Le roi est le chef de l'Etat; il en est le suprême administrateur, et toute justice émane de lui : ainsi l'autorité judiciaire et le pouvoir administratif résident éminemment dans sa personne. Mais, quant à l'exercice de ces deux prérogatives, il y a une différence qui doit être remarquée, et sur laquelle je vais m'arrêter un instant.

La charte constitutionnelle dit, à la vérité, que toute justice émane du roi; mais elle s'empresse d'ajouter que la justice est administrée par des juges que le roi institue. Elle ne s'arrête pas là : elle imprime à leur institution le sceau de l'irrévocabilité; elle veut qu'après les avoir nommés, le roi ne puisse pas les révoquer.

La charte s'exprime bien différemment, lorsqu'elle s'occupe de l'administration. Le roi en est le chef; toute administration, comme toute justice émane de lui: mais, à la différence de la justice, il n'est pas obligé de déléguer l'administration; la charte dit, et rien de plus: Le roi nomme à tous les emplois de l'administration publique; disposition purement facultative, qui laisse au roi la liberté d'administrer lui-même, ou par des mandataires de son choix, de rappeler à lui les branches de l'administration qu'il auroit pu confier à certains administrateurs, et de les révoquer tous, lorsqu'il le juge à propos.

Telle est donc la ligne de démarcation entre le contentieux administratif et le contentieux judiciaire: dans le domaine du premier, se placent toutes les affaires qui, par leur nature, sont soumises à la décision du roi; et dans les attributions du contentieux judiciaire, il faut ranger toutes celles dont le roi est obligé de déléguer la connoissance à des fonctionnaires qu'il institue, mais qu'il ne peut pas révoquer.

Mais quelles sont les affaires qui, par leur nature, sont soumises à la décision du roi? On ne peut pas s'y méprendre. Puisque, dans la personne du roi, le droit de juger dérive du droit d'administrer, et que sa qualité de juger est attachée à celle d'administrateur, il faut nécessairement reconnoître que sa compétence comme juge se concentre dans la sphère administrative.

Le conseil d'Etat agit-il dans cette sphère? lui-même

peut-il croire qu'il s'y renferme, lorsque, par des délibérations qui doivent être converties en jugements sous la dénomination d'ordonnances royales, il applique les dispositions du code pénal à des particuliers qui ont commis des dégradations sur les routes, à ceux qui, par des voies de fait, troublent l'exercice des cultes, aux ministres de ces mêmes cultes, qui, dans l'exercice de leurs fonctions, outrageroient des citoyens, et feroient d'un ministère de paix et de charité un instrument de vengeance et d'oppression?

Lorsque, dans les cas où il y a abus, il réforme des actes émanés de la jurisdiction ecclésiastique?

Lorsqu'il reçoit l'appel des sentences des tribunaux de commerce, en matière de prises maritimes?

Lorsque, incidemment à des questions de domicile, il statue sur l'état des citoyens?

Enfin, lorsqu'il prononce sur des intérêts privés, sur des difficultés qui, étrangères au gouvernement, ne concernent que des particuliers, et dont la décision est subordonnée aux lois civiles, de commerce ou de police ?

Je ne crois pas me tromper en disant que les lois qui avoient conféré ces différentes attributions au conseil d'Etat impérial sont toutes abrogées par les dispositions de notre charte constitutionnelle, qui portent: *La justice s'administre au nom du roi, par des juges qu'il institue, et qui sont inamovibles. — Nul ne pourra être distrait de ses juges naturels. — Il ne pourra être créé de commissions et tribunaux extraordinaires. — Les*

lois actuellement existantes, ET QUI NE SONT PAS CON-
TRAIRES A LA PRÉSENTE CHARTE, *restent en vigueur.*

On ne peut donc pas se le dissimuler : en se perpé-
tuant dans les usurpations du conseil d'Etat impérial,
en commettant lui-même de nouvelles entreprises sur
les tribunaux, le conseil d'Etat trouble l'ordre des jurisdictions, distrait les citoyens de leurs juges naturels,
aggrave les maux inséparables des contestations judiciaires, se met en opposition avec la charte constitutionnelle, et fournit des armes à ses détracteurs, en
leur montrant, au centre d'un gouvernement où tous
les pouvoirs sont définis, divisés et circonscrits par la
constitution, une réunion d'hommes sans pouvoirs
constitutionnels, qui, se transformant tantôt en juges
civils, tantôt en tribunal de police correctionnelle,
délibèrent et prononcent sur les plus grands intérêts
des citoyens, et s'arrogent des fonctions déléguées aux
tribunaux par la charte constitutionnelle.

Je m'étois proposé d'examiner les opinions pour et
contre le conseil d'Etat. Je crois avoir établi que l'on
ne doit s'arrêter ni à celle qui tend à ce qu'il soit maintenu tel qu'il est, ni à celle qui en provoque la suppression; qu'il faut le conserver, mais le faire rentrer
dans ses limites naturelles.

L'article 91 de l'ordonnance de Blois terminera ce
Chapitre. Cet article est d'autant plus digne de fixer l'attention du gouvernement et des chambres, que, consigné dans l'une de nos plus célèbres ordonnances, il
exprime le vœu des états-généraux. En voici les termes:

« Au regard de notre conseil privé et d'Etat, ayant en
« cet endroit, comme en tous autres, bénignement reçu
« les remontrances qui nous ont été faites par nos états;
« *afin aussi de le rétablir en sa première dignité et*
« *splendeur*, et que dorénavant notre dit conseil ne soit
« occupé ès causes qui gisent en jurisdiction conten-
« tieuse : voulant conserver la jurisdiction qui appar-
« tient à nos cours souveraines et justices ordinaires,
« avons renvoyé les instances pendantes, indécises et
« introduites en icelui notre dit conseil, tant par évo-
« cation qu'autrement, par-devant les juges qui en
« doivent naturellement conoître, sans que notre dit
« conseil, à l'advenir, prenne conoissance de telles
« et semblables matières; lesquelles voulons être trai-
« tées par-devant nos juges ordinaires, et, par appel, en
« nos cours souveraines, suivant nos édits et ordon-
« nances. »

CHAPITRE XXXI.

Des Conflits de Jurisdiction entre l'Autorité judiciaire et le Pouvoir administratif.

Nous sortons du cercle des affaires administratives.
Le droit de régler les conflits entre l'autorité judiciaire
et le pouvoir administratif ne dérive pas du droit d'ad-

ministrer; cette prérogative vient de plus haut. Je m'explique.

Dans tous les Etats, la nature du gouvernement est déterminée par la manière dont les pouvoirs sont divisés. S'ils sont confondus et réunis dans la main d'un seul, il y a despotisme; quelque sage que soit leur division, il y a anarchie toutes les fois que, sortant de leur sphère d'activité, ils se heurtent et s'entre-choquent.

Dans toute société bien organisée, il y a donc nécessairement une autorité investie du droit de contenir les différents fonctionnaires dans leurs limites constitutionnelles, et de les y faire rentrer lorsqu'ils se permettent de les franchir: cette autorité doit donc se trouver dans notre constitution. Elle y est en effet.

Aux termes de la charte, la puissance législative s'exerce concurremment par le roi, la chambre des pairs, et celle des députés; au roi seul appartient le pouvoir exécutif; l'autorité judiciaire est déléguée aux tribunaux; le roi nomme des ministres qui sont responsables, et qui font partie de l'organisation constitutionnelle.

Ils en font partie, comme agents nécessaires dans toutes les mesures d'exécution; comme membres essentiels des conseils du roi, dont les résolutions ne peuvent avoir d'effet que lorsqu'elles sont revêtues de la signature de l'un d'eux; enfin, comme interposés entre le roi et la loi, afin de concilier l'inviolabilité de la personne sacrée du roi avec ce qu'il doit lui-même à l'autorité des lois.

Voilà donc la puissance publique répartie entre quatre grands pouvoirs : le roi, ses ministres, les deux chambres, et les tribunaux.

Mais là ne s'arrête pas notre constitution : elle pourvoit à ce qu'aucun de ces pouvoirs ne sorte du cercle qu'elle trace autour de lui ; et voici de quelle manière.

Elle oppose l'accusation des ministres aux entreprises du pouvoir exécutif ; et, désormais tranquille du côté de la couronne, elle constitue le roi le gardien de toutes les bornes qu'elle a posées, le défenseur de tous les droits, le régulateur de tous les pouvoirs ; en un mot, *le chef suprême de l'Etat.*

C'est cette qualité de chef suprême de l'Etat, qui autorise le roi à proroger les deux chambres, et même à dissoudre celle des députés.

C'est en cette même qualité qu'il destitue ses ministres et tous les administrateurs, et que, par l'organe de ses procureurs généraux, il met les juges en accusation.

Enfin le pouvoir qui appartient au roi d'arrêter les invasions de l'autorité judiciaire dans le domaine du pouvoir administratif, en élevant les conflits, dérive encore de cette même qualité de chef suprême de l'Etat.

Telles sont nos garanties constitutionnelles. Ainsi nous avons, contre les écarts du pouvoir exécutif, la mise en accusation des ministres ; contre la désobéissance des ministres, la destitution ; contre les excès des chambres, leur prorogation ; contre la prévarication des juges, l'action en forfaiture ; enfin le conflit contre les entreprises des tribunaux sur l'administration.

Ce droit d'arrêter les entreprises des tribunaux sur les corps administratifs, complette le système de nos garanties. Sa suppression laisseroit un vide qui en dérangeroit toute l'économie.

Cependant les conflits sont l'objet de fréquentes déclamations.

On dit : Les préfets sont chargés d'élever les conflits ; et ce droit éminent, ce droit attaché à la qualité de chef suprême de l'Etat, ils l'exercent arbitrairement, et sans aucune espèce de responsabilité. Cependant, tel est l'effet presque magique de ce mot *conflit,* que, sitôt qu'il plaît au préfet de le prononcer, toutes les cours de justice sont paralysées. Ce n'est pas tout. Comme aucune loi ne détermine le temps pendant lequel il doit être statué sur le conflit, le jugement définitif peut être indéfiniment ajourné : alors, au mépris des plus saintes lois, il y aura des citoyens pour qui les tribunaux seront fermés, à qui toute justice sera déniée; et voilà de l'anarchie.

On ajoute : C'est rétablir les anciennes évocations au conseil d'Etat, qui jetoient tant de désordre dans l'administration de la justice ; et dont la suppression est un des grands bienfaits du nouvel ordre de choses.

Il faut bien en convenir : ces critiques ne sont pas sans fondement; il n'est que trop vrai que les abus qu'elles signalent existent. Mais pour cela faut-il abolir les conflits? Non. Il y auroit encore plus d'inconvénients à livrer le domaine de l'administration aux invasions des tribunaux : il faut donc conserver l'insti-

tution, mais en corriger les abus; et cela n'est pas difficile. Il n'est question que de rétablir les choses dans
l'état où elles étoient avant le décret qui a investi les
préfets du droit d'élever les conflits.

Ce décret est du 13 brumaire an 10 (1802). Alors on
organisoit le despotisme qui ne tarda pas à peser sur
la France; et, pour pouvoir agrandir à volonté le
domaine de l'arbitraire, il importoit d'avoir sur tous les
points de la France des agents toujours prêts à interdire aux tribunaux la connoissance des affaires que l'on
vouloit soustraire à l'inflexible sévérité des lois.

Avant cette époque, et dans l'intervalle qui s'étoit
écoulé depuis 1790, nous n'avions ni préfets pour élever les conflits, ni conseil d'Etat pour les juger; mais
il ne venoit à l'esprit de personne que des administrateurs révocables, qui ne présentent à la société aucune
garantie légale, pussent avoir le droit de statuer comme
juges sur des questions d'Etat, sur des droits de propriété, sur des intérêts purement privés; en un mot,
sur des difficultés subordonnées soit aux conventions
des parties, soit aux dispositions des lois civiles, de
commerce et de police : enfin le contentieux administratif n'étoit pas encore sorti de ses limites naturelles,
et les ministres suffisoient à tout.

Ainsi, proposer, comme remède aux abus qui exci-
tent tant et de si justes clameurs contre les conflits, de
nous replacer dans l'état où nous étions avant le décret du 13 brumaire an 10, c'est dire, en d'autres
termes, qu'il faut faire rentrer le contentieux admi-

nistratif dans le domaine qui lui est assigné par la nature des choses.

Le problème ainsi réduit, la difficulté se concentre dans le point de savoir quelles sont les bornes naturelles du contentieux administratif. Nous l'avons déjà dit ; mais on ne peut trop le répéter.

Comme, dans la personne du roi, le droit de juger dérive de celui d'administrer, sa compétence comme juge embrasse toutes les difficultés qui peuvent s'élever en matière administrative, mais elle ne s'étend pas au-delà.

Ainsi, par exemple, le roi peut exiger l'abandon de quelques propriétés particulières pour l'utilité publique.

Ainsi, par mesure de haute administration, le roi peut faire des règlements sur l'usage des propriétés publiques, sur l'exploitation des mines et des carrières, sur la hauteur des eaux et le curage des rivières.

Sa qualité d'administrateur suprême l'autorise encore à ordonner tout ce qu'il croit convenable pour donner plus d'extension au commerce, pour favoriser l'industrie, pour encourager l'agriculture, pour faciliter le débit des denrées par l'établissement de nouvelles foires et de nouveaux marchés, pour augmenter la facilité des communications, pour rendre les routes plus commodes et empêcher leur dégradation.

Enfin, comme dépositaire des deniers publics, et chargé d'en surveiller l'emploi, c'est encore par ses ordres, et sous sa direction, que toutes les créances sur l'État doivent être liquidées.

Dans tous ces cas, dans toutes les circonstances analogues, les particuliers dont ces règlements froissent les intérêts, peuvent s'opposer à leur exécution; la justice du roi le leur permet: mais c'est à lui qu'ils doivent adresser leurs respectueuses remontrances; et c'est lui seul qui en est le juge.

De même, si un citoyen croit avoir à se plaindre de la décision d'un ministre, d'un acte administratif quelconque, c'est devant le roi qu'il doit se pourvoir, c'est au roi seul qu'il appartient de statuer sur sa réclamation.

Toutes les difficultés qui peuvent s'élever sur l'intelligence, l'interprétation et l'exécution des traités passés entre l'administration, les fournisseurs des armées et les entrepreneurs des travaux publics, doivent encore être terminées administrativement; c'est encore le roi qui en est le juge.

Voilà, du moins à peu de choses près, les difficultés qui, par leur nature, entrent dans le contentieux administratif.

Que l'administration se renferme dans cette sphère, elle aura certes une jurisdiction encore assez étendue, et la société ne sera plus fatiguée par ces nombreux conflits qui, quelquefois sous les prétextes les plus frivoles, suspendent le cours de la justice, et forcent un malheureux plaideur à venir à grands frais, des extrémités du royaume, défendre devant le conseil d'Etat, le droit de plaider devant son juge naturel.

On voit, en effet, par la nomenclature des affaires

qui, par leur nature, appartiennent au contentieux
administratif, que, dans toutes le gouvernement est
nécessairement partie; que, dans toutes, il est demandeur ou défendeur. Si c'est lui qui attaque, il connoît
trop bien ses attributions, il est trop jaloux de les
conserver pour s'adresser aux tribunaux; et si, par
hasard, il s'y trompoit, il n'attendroit pas qu'un préfet
vînt l'avertir de sa méprise.

Il n'y a pas plus de difficulté dans le cas où l'administration est attaquée, où l'un de ses agents est traduit devant les tribunaux pour un fait ou pour un
acte administratif.

Cet agent, qui sait très bien que ce n'est pas aux
tribunaux qu'il doit compte de sa gestion, déclinera
la jurisdiction de celui devant lequel il sera cité; et cependant, soit par lui-même, s'il occupe un rang assez
élevé, soit par l'intermédiaire de son supérieur, s'il
ne remplit que des fonctions subalternes, il informera
le ministre de l'atteinte portée au pouvoir administratif. Le ministre fera rendre, sous sa responsabilité,
une ordonnance, par laquelle il sera fait défense au
tribunal de connoître de l'affaire; ou bien, incertain
sur la question de compétence, et ne voulant pas la
décider lui-même, il en abandonnera le jugement au
tribunal. Dans ce dernier cas, l'agent administratif
suivra sur son déclinatoire: s'il est accueilli, s'il est renvoyé devant les corps administratifs, l'affaire sera terminée; mais si le déclinatoire est rejeté, il sera procédé
comme nous le dirons dans le Chapitre suivant.

Je reviens au cas où le ministre a jugé que l'affaire étoit administrative.

Une ordonnance royale a élevé le conflit, et a fait défense au tribunal de continuer les poursuites. Néanmoins, par un excès de pouvoir qui constitue un véritable délit, le tribunal se sera permis de statuer définitivement: mais cette entreprise est sans influence sur le conflit; il est élevé, et il doit produire tout son effet. Le jugement sera donc déclaré nul, et même les juges, suivant la gravité des circonstances, pourront être mis en accusation: mais par qui?

Mais l'ordonnance de conflit ne donne-t-elle pas au pouvoir administratif, par une sorte de litispendance, le droit d'annuler le jugement, et d'infliger aux juges les peines qu'ils peuvent avoir encourues? Nullement. Le roi, qui, par une disposition formelle de la charte, a renoncé à l'exercice de l'autorité judiciaire, s'est, à plus forte raison, interdit la faculté de juger les jugements et les actes émanés de cette autorité; et quant aux peines, il ne peut provoquer l'application des lois pénales que devant les tribunaux, et par l'organe de ses procureurs judiciaires.

Cependant l'ordonnance de conflit n'aura pas été impunément enfreinte; l'autorité du roi sera vengée. La loi du 27 ventôse an 8 y a pourvu. Cette loi prévoit le cas où un juge a commis un excès de pouvoir, où, au mépris d'une défense légale, il s'est permis de statuer sur une affaire qui étoit hors de sa compétence; et son article 80 porte: «Le gouvernement, par la voie

«de son commissaire, et sans préjudice du droit des
«parties intéressées, dénoncera au tribunal de cassa-
«tion, section des requêtes, *les actes par lesquels les*
«*juges auront excédé leurs pouvoirs, ou les délits par*
«*eux commis relativement à leurs fonctions.* La sec-
«tion des requêtes annulera ces actes, s'il y a lieu, et
«dénoncera les juges à la section civile, pour faire à
«leur égard les fonctions de jury d'accusation : dans ce
«cas, le président de la section civile remplira toutes
«celles d'officier de police judiciaire et de directeur
«de jury; il ne votera pas.»

J'ai dit plus haut que les préfets ne tenoient le droit
d'élever les conflits que d'un simple décret, que du décret du 13 brumaire an 10. Avant cette époque, nous
avions deux lois sur cette matière, la première, du
14 octobre 1790, la seconde, du 21 fructidor an 3.
La première ne parle que du roi et de ses ministres;
dans la seconde, un directoire et le corps législatif sont
substitués au roi, mais il n'y est également question
que des ministres. Ainsi, telle est l'importance que ces
deux lois attachent au droit de suspendre le cours de
la justice, qu'elles n'en confient l'exercice qu'à des
agents responsables.

Je vais rapporter les dispositions de la première de
ces deux lois, parceque l'on y voit très bien l'esprit dans lequel cette partie de notre organisation
a été constituée. Elle porte : «Les réclamations d'in-
«compétence à l'égard des corps administratifs ne se-
«ront en aucun cas, du ressort des tribunaux: elles

«seront portées au roi, chef de l'administration géné-
«rale; et, dans le cas où l'on prétendroit que les mi-
«nistres de sa majesté auroient fait rendre une déci-
«sion contraire aux lois, les plaintes seront adressées
«au corps législatif.»

Cette loi donne lieu à trois observations.

1° Elle ne parle que des réclamations d'incompétence *à l'égard des corps administratifs*, ou, ce qui
est la même chose, de la réclamation d'un citoyen
qui, traduit devant un corps administratif, demanderoit son renvoi devant les tribunaux. Là s'arrête la
prévoyance du législateur. Il ne s'occupe ni du cas où
un administrateur seroit cité devant les juges ordinaires, ni de celui où un particulier, traduit de même
devant son juge naturel par un autre particulier, prétendroit que l'affaire est administrative. Comment
expliquer un pareil silence? Cela n'est pas difficile.

D'abord, quant au dernier cas, il ne pouvoit pas
être prévu: en effet, avant l'an 8, c'est-à-dire, avant
les entreprises du conseil d'Etat impérial sur les tribunaux, il n'étoit encore tombé dans l'esprit de personne que l'on pût soumettre des affaires privées au
jugement d'un corps administratif; et des particuliers
ne peuvent être divisés que sur des intérêts privés,
que sur des difficultés dont la solution est subordonnée aux dispositions des lois civiles.

A l'égard de l'administrateur qui seroit traduit devant un tribunal à raison d'un fait administratif, le
législateur devoit s'en rapporter à la vigilance de l'ad-

ministration, qui, nécessairement informée par son agent de l'atteinte portée à sa jurisdiction, ne manqueroit pas d'arrêter les poursuites par une ordonnance royale.

Cela confirme ce que j'ai déja dit, et même plus d'une fois, qu'à l'époque où l'on s'est occupé de la séparation des pouvoirs administratif et judiciaire, on étoit loin de penser que des délits commis par des particuliers, que des démêlés qui s'éleveroient entre eux pussent jamais entrer dans le contentieux administratif.

2° C'est au roi, et au roi seul, comme chef suprême de l'administration générale, qu'elle confère le droit de statuer sur les conflits. Sous le régime actuel, le préfet ne prononce pas définitivement; mais il n'en est pas moins vrai qu'il préjuge la compétence des tribunaux, qu'il ordonne la discontinuation des poursuites, en un mot, qu'il suspend le cours de la justice: et, sous ce rapport, un arrêté qui élève le conflit est l'un des actes les plus éminents de la puissance publique. Il y a bien plus: si, comme quelques uns le prétendent, le conflit peut être élevé même après que le différent est terminé par un arrêt de cour souveraine, il faut reconnoître dans les préfets un droit que la constitution refuse au roi lui-même, le droit d'arrêter l'exécution des arrêts.

3° Notre loi ajoute: *Dans le cas où l'on prétendroit que les ministres du roi ont fait rendre une décision contraire aux lois, les plaintes seront adressées au corps législatif.*

Après avoir constitué la couronne juge entre les tribunaux et les corps administratifs, une législation sage et prévoyante devoit prendre les mesures propres à garantir aux citoyens qu'ils ne seront pas impunément distraits de leurs juges naturels. C'est ce que fait la loi en disposant que le particulier qui croira que la décision qui lui ordonne de procéder devant les corps administratifs est illégale, adressera ses plaintes au corps législatif.

Libres de toutes entraves, et sans aucune espèce de responsabilité, les préfets exercent le droit d'élever les conflits avec l'indépendance la plus absolue; ils peuvent révoquer un premier arrêté par un second, et celui-ci par un troisième. Enfin, lorsque, après de longues et ruineuses procédures, l'affaire est renvoyée devant les tribunaux, il ne reste à la partie, pour tout dédommagement, que le droit d'accuser notre législation.

Cependant, jamais les lois ne doivent être offensées, jamais les citoyens ne peuvent être inquiétés dans la jouissance de leurs droits, sans qu'il puisse y avoir lieu soit à une accusation devant les chambres, soit à une action devant les tribunaux.

Je déclare, en terminant ce Chapitre, que, dans tout ce que j'ai dit sur le contentieux administratif, je n'ai pas entendu parler de la loi qui a placé dans ce contentieux les difficultés qui naissent des ventes nationales. Cette loi ayant été commandée par une saine politique, je la respecte. Je pense que, sous ce rapport, les choses doivent demeurer dans l'état où elles sont actuellement. Et quant à l'époque à laquelle il conviendra de rendre ces sortes d'affaires aux tribunaux, époque qui ne peut pas être éloignée, je m'en rapporte, comme je crois que tous les gens sages doivent le faire, à la prudence et à la sollicitude du gouvernement.

CHAPITRE XXXII.

Suite du Chapitre précédent. Du Cas où il n'y a qu'un simple Déclinatoire, sans Conflit.

J'AI dit, dans le Chapitre précédent, que je m'occuperois dans celui-ci de la manière de procéder sur les déclinatoires, dans le cas où le conflit ne seroit pas élevé. Je remplis cet engagement.

Une affaire est portée devant le juge ordinaire; le défendeur en décline la jurisdiction, et demande son renvoi devant un corps administratif: que doit faire le juge? Prononcera-t-il lui-même sur sa compétence, et, s'il la croit fondée, retiendra-t-il l'affaire; ou, sur la simple prétention qu'elle est administrative, suspendra-t-il les poursuites, et attendra-t-il, pour les reprendre, qu'une décision émanée du conseil d'Etat l'ait déclaré compétent?

Long-temps on a pensé, et même assez généralement, qu'une demande en renvoi au pouvoir administratif suffisoit pour suspendre l'action de l'autorité judiciaire, et que, si le juge avoit prononcé, ce n'étoit pas par la voie de l'appel devant un tribunal supérieur qu'il falloit se pourvoir contre la sentence qui auroit rejeté le déclinatoire, mais par le recours au conseil de préfecture, qui statueroit sur la compétence, sauf l'appel au conseil d'Etat. En conséquence, il arrivoit assez souvent que les cours d'appel, et celle de cassation elle-même, saisies de ces sortes de questions, ordonnoient, avant faire droit, que les parties se retireroient devant les corps administratifs.

On fondoit cette opinion sur l'article 27 de la loi du 21 fructidor an 3, qui veut que l'administration soit seule juge des conflits qui s'élèvent entre elle et les tribunaux. C'étoit faire une bien fausse application de cet article. Une demande en renvoi n'élève pas un conflit; ce n'est qu'un simple déclinatoire. Il n'y a un véritable conflit entre les deux pouvoirs que lorsqu'il existe un arrêté du préfet qui réclame l'affaire comme administrative: ainsi, jusqu'à ce que ce conflit soit élevé, et qu'il en ait été justifié au juge saisi de l'affaire, la loi du 21 fructidor n'est pas un obstacle à ce qu'il prononce, même sur la question de compétence, sauf l'appel et le recours en cassation.

Mais ce n'étoit pas seulement sur la loi du 21 fructidor que l'on se fondoit pour prétendre qu'une simple demande en renvoi devant les corps administratifs suffisoit pour paralyser les cours judiciaires : on étoit principalement entraîné vers cette opinion par la tendance que l'on croyoit apercèvoir dans le conseil d'Etat, à donner de l'extension au pouvoir adminis. tratif; et l'on ne manquoit pas de motif pour justifier cette manière de voir.

Enfin les saines maximes ont prévalu, et l'on a senti que c'est précisément parceque l'administration est seule juge de sa compétence, que les tribunaux doivent statuer définitivement sur toutes les affaires qu'elle ne réclame pas par un acte positif élevant le conflit.

En conséquence, il est aujourd'hui bien établi que, toutes les fois qu'il n'y a pas de conflit, un simple déclinatoire, par lequel une partie demanderoit son renvoi devant une administration, ne suspend pas l'action des tribunaux, et qu'en cas d'appel et de pourvoi en cassation, l'affaire doit suivre la hiérarchie judiciaire.

Ce point est définitivement réglé par un avis du conseil d'Etat du 11 novembre 1811. Je vais le rapporter en entier, à raison de son importance.

«Le conseil d'Etat, qui, d'après le renvoi ordonné, «a entendu le rapport de la commission du conten- «tieux, sur une requête de la commune de Brest, ten- «dante à ce qu'il plût:

« 1° Casser et annuler, comme incompétent, un arrêt «rendu par la cour d'appel de Rennes, le 4 juillet 1808, «dans la cause en instance entre ladite commune et les «héritiers *Thomas Le Mayer de la Villeneuve;*

« 2° En conséquence, ordonner que les lettres-pa- «tentes des 15 mars et 10 avril 1685, portant réunion «du domaine de Tranjoli à la commune de Brest, ainsi

«que l'arrêt du conseil, du 24 mars 1698, qui a réglé
«l'indemnité due, pour ladite réunion, à *Thomas Le*
«*Mayer de la Villeneuve*, propriétaire originaire du-
«dit domaine, seront exécutés selon leur fôrme et
«teneur, et qu'en exécution desdites lettres-patentes
«et arrêt du conseil, la commune de Brest sera main-
«tenue dans la possession des diverses parties du do-
«maine de Tranjoli, réuni à la ville, avec défense aux
«héritiers Le Mayer, et à tous autres, de l'y troubler.

«Vu l'arrêt de la cour d'appel de Rennes, du 4 juillet
«1808;

«Vu un arrêt de la cour de cassation, du 24 octobre
«1809, portant qu'il sera sursis à statuer sur le pour-
«voi de la commune de Brest envers l'arrêt de la cour
«de Rennes, jusqu'à ce qu'il ait été prononcé par le
«conseil d'Etat sur la question de savoir si l'affaire dont
«il s'agit est de la compétence de l'autorité adminis-
«trative;

«Vu les mémoires produits par les héritiers Le
«Mayer, lesquels soutiennent que la cour de Rennes
«étoit compétente pour statuer sur la question qui lui
«étoit soumise :

«Considérant que si, par les dispositions de l'ar-
«ticle 3 de la loi du 7 octobre 1790, de l'article 27 de
«la loi du 21 fructidor an 3, et de l'article 11 de l'arrêté
«du 5 nivose an 8, c'est au gouvernement qu'il appar-
«tient de prononcer sur la compétence des tribunaux
«ou des corps administratifs, cette règle n'est appli-
«cable néanmoins qu'au seul cas où il existe un conflit

«*positif*, résultant de la revendication faite par l'auto-
«rité administrative, ou un conflit *négatif*, résultant
«de la déclaration faite par les autorités judiciaire et
«administrative; que l'affaire n'est pas dans leurs attri-
«butions respectives;

« Que, hors ce cas, l'autorité supérieure dans la hié-
«rarchie, soit judiciaire, soit administrative, doit
«prononcer sur les exemptions d'incompétence qui
«lui sont présentées, et qu'ainsi la cour de cassation a
«le droit d'annuler les arrêts et jugements qui auroient
«violé les règles sur la compétence, comme les autres
«lois dont la garde et la conservation sont confiées à
«cette cour;

« Que, dans l'affaire de la commune de Brest contre
«les héritiers Le Mayer, il n'existoit aucun conflit, ni
«positif, ni négatif; mais seulement la commune avoit
«proposé, contre l'arrêt de la cour d'appel de Rennes,
«des moyens d'incompétence sur lesquels la cour de
«cassation est autorisée à prononcer, en statuant sur
«l'admission ou sur le rejet du pourvoi;

« Que l'arrêt de sursis prononcé par cette cour n'a pu
«la dépouiller d'un droit de jurisdiction qui lui appar-
«tient essentiellement, puisque, en pareille circon-
«stance, le gouvernement lui-même lui a renvoyé la
«connoissance de jugements qui paroissoient cou-
«traires aux règles de compétence, ainsi que cela ré-
«sulte d'un arrêté du 2 germinal an 5, inséré au Bulle-
«tin des lois:

«Est d'avis qu'il n'y a lieu de prononcer sur la requête

«de la commune de Brest, et de faire droit à l'arrêt de
«renvoi rendu par la cour de cassation; devant laquelle
«la commune devra se retirer, pour faire statuer sur
«tous les moyens présentés à l'appui de son pourvoi
«contre l'arrêt de la cour d'appel de Rennes, du 4 juillet
«1808;

«Et que le présent avis soit inséré au Bulletin des
«lois.»

CHAPITRE XXXIII.

*Des Conflits négatifs, et du cas où une Ordonnance
royale peut déclarer un Jugement, même en dernier
ressort, nul et comme non avenu.*

On donne la dénomination de *conflit négatif* à la
déclaration faite par deux autorités, l'une judiciaire,
l'autre administrative, qu'une affaire successivement
soumise à leur décision n'est pas dans leurs attributions respectives.

Il y a donc conflit négatif toutes les fois qu'une cour
de justice, saisie d'une affaire, la renvoie devant un
corps administratif, et que celui-ci se déclare incompétent pour en connoître.

Cependant ces deux pouvoirs, sans supériorité l'un
sur l'autre, sont respectivement dans une indépendance

absolue : un tribunal ne peut pas annuler un acte administratif; et l'administration est dans la même impuissance à l'égard des actes judiciaires.

Voilà donc un procès interminable, puisque toutes
les avenues de la justice sont fermées aux parties. Il
n'en est pas ainsi.

Au-dessus de tous les pouvoirs s'élève un pouvoir
régulateur, qui plane également sur l'ordre judiciaire
et sur l'ordre administratif, et qui est le juge de toutes
les compétences. Ce droit éminent est attaché à la qualité de chef suprême de l'Etat, et réside dans la main
du roi.

Les parties s'adresseront donc au roi, qui, d'après
la nature de l'affaire, les renverra, soit au tribunal
qui s'en est dessaisi, soit au corps administratif qui a
refusé d'en connoître.

Là ne doit pas s'arrêter la sollicitude du régulateur
suprême. Le tribunal auquel il a renvoyé l'affaire s'en
étoit dessaisi par un jugement : ce jugement, en opposition avec l'ordonnance de renvoi, sera un obstacle
à son exécution, jusqu'à ce qu'il soit réformé; et le
juge qui l'a rendu ne peut pas lui-même en prononcer
la réformation. Le roi est donc autorisé, par la force
des choses, à déclarer qu'il n'y a pas lieu à faire droit
sur ce jugement, et qu'il doit être regardé comme non
avenu.

CHAPITRE XXXIV.

De la Mise en jugement des Agents du Pouvoir exécutif.

Il y a, dans l'exercice du commandement militaire et du pouvoir administratif, un certain arbitraire, que les circonstances justifient toutes les fois qu'elles le rendent nécessaire : mais l'abus est si voisin de l'usage, que la société seroit exposée aux plus grands dangers, si ceux qui, par la nature de leurs fonctions, sont autorisés à s'écarter quelquefois des règles établies, ne voyoient pas continuellement le glaive des lois suspendu sur leur tête. Ce qu'ils auroient fait dans une occasion, bientôt ils le feroient dans toutes ; et ce qui ne doit être qu'une exception rare deviendroit le principe habituel de leur administration.

Je viens de parler des lois ; j'ajoute que la crainte des poursuites judiciaires peut seule en imposer à des hommes que l'habitude du pouvoir ne plonge que trop dans une sorte d'ivresse dont les ames les plus fortes ont peine à se défendre. Il n'y en a que trop d'exemples. Les gouverneurs et les lieutenants pour le roi dans les provinces avoient abusé des pouvoirs attachés au commandement militaire avec un tel excès, que, vers la fin du quinzième siècle, ils·s'étoient arrogé le droit de donner des lettres de noblesse, de grace et de légitimation; de pourvoir aux offices de notaires et d'huissiers; d'établir des foires et des marchés; d'évoquer à eux les affaires pendantes devant les tribunaux; et de faire ouvrir les prisons à ceux qu'ils vouloient soustraire aux peines qu'ils avoient encourues (1).

Le gouvernement, qui n'avoit pas su prévenir ces abus, entreprit enfin de les réformer. Il publia des lois répressives; mais il étoit trop tard: les lois furent méprisées. Un premier édit de 1499 en imposa si peu, que douze ans après on se vit oblige d'en donner un second. Celui-ci ne fut pas plus respecté; et les désordres continuèrent. L'autorité du roi, secondée de toute la puissance des états-généraux du royaume, les proscrivit de nouveau par l'article 274 de l'ordonnance de Blois. Tout l'effet de cette ordonnance fut de rattacher à la couronne les droits régaliens usurpés sur elle; mais les vexations particulières, les arrestations arbitraires et les entreprises sur les tribunaux continuèrent.

L'ordonnance de 1629 nous apprend que, même encore à cette époque, c'est-à-dire, cinquante ans après l'ordonnance de Blois, *le roi recevoit des plaintes de divers endroits des fréquents empêchements donnés par*

---

(1) Cela est plus développé dans le Chapitre dernier, dans lequel je traite du commandement militaire, considéré dans ses rapports avec l'autorité judiciaire.

les gouverneurs à l'exécution des sentences et arrêts de
nos cours de parlement.

La puissance législative sentit enfin la nécessité de
s'appuyer sur l'autorité judiciaire ; et l'on inséra dans
cette ordonnance de 1629 l'article 209, dont voici les
termes : « S'il est fait plainte contre aucun de ceux qui
« commandent aux places fortes, de quelques violences
« commises sur nos sujets, enjoignons à nos juges or-
« dinaires des lieux, à peine de privation de leurs char-
« ges, de recevoir lesdites plaintes de ceux qui s'adres-
« seront à eux, et d'en informer ; et les informations
« étant faites, les envoyer closes et scellées aux procu-
« reurs généraux de nos parlements, au ressort des-
« quels ils seront, pour être, par nosdits parlements,
« procédé contre ceux qui se trouveront avoir commis
« lesdites violences, suivant la rigueur des ordonnan-
« ces ; enjoignons, à cette fin, à nosdits procureurs
« généraux, de faire toutes les poursuites nécessaires,
« à peine d'en répondre en leur propre et privé nom. »

Les cours de justice répondirent à l'appel du législateur ; et même, lorsque, environ quarante ans après,
on établit les intendants de province, les parlements,
raisonnant *à fortiori,* jugèrent qu'ils étoient compris
dans les mesures prescrites par l'ordonnance de 1629.

Alors toutes les plaintes furent écoutées, toutes les
vexations, toutes les entreprises, tous les actes arbitraires furent signalés et dénoncés par les procureurs
généraux. Ce redoutable ministère public, la plus
belle des institutions modernes, se montra par-tout,

inspira par-tout une terreur salutaire. On vit pâlir, devant les jugements, des hommes qui naguère bravoient les plus saintes lois; et l'ordre fût rétabli, bien moins par des condamnations que par la crainte d'en subir.

Cependant ces administrateurs, ces commandants militaires n'étoient pas livrés à de vaines recherches, à de frivoles tracasseries : le roi veilloit sur eux; et toutes les fois qu'il le jugeoit à propos, il évoquoit l'affaire et toute la procédure à lui et à son conseil privé; et, d'après l'examen de cette procédure et de toutes les pièces de l'instruction, il décidoit dans sa sagesse s'il statueroit lui-même, ou s'il renverroit l'affaire devant les tribunaux.

C'est ainsi que l'on concilioit, avec la protection que le roi doit à ses agents, l'obligation où il est de garantir ses sujets de tous les genres de vexation.

Mais une loi de 1790 ayant aboli les évocations, on crut devoir abandonner cette manière de régulariser les poursuites des tribunaux contre les agents du pouvoir exécutif.

Cependant restoient, et le principe qui constitue le chef de l'Etat juge de tous les actes administratifs, et celui que nous venons de voir consigné dans l'article 209 de l'ordonnance de 1629, qui veut que les délits des administrateurs et des commandants militaires soient poursuivis par les procureurs généraux, jugés et punis par les cours de justice. Jusqu'alors, toutes les fois que le concours de ces deux pouvoirs avoit donné lieu à quelques froissements, les évocations avoient fait prévaloir l'autorité du roi ; et l'ordre public exigeoit qu'il en fût encore ainsi. Il falloit donc rendre à la prérogative royale l'équivalent de ce qu'elle avoit perdu par l'abolition du droit d'évoquer ces sortes d'affaires. Il y fut pourvu par les textes qui suivent.

« Les officiers municipaux ne peuvent être mis en «jugement pour des délits administratifs, sans une autorisation préalable des administrateurs du département.» (*Loi du* 14 *décembre* 1789, art. 61.)

« Il est défendu aux juges, sous peine de forfaiture, « de citer devant eux les administrateurs, pour raison « de leurs fonctions.» (*Loi du* 24 *août* 1790, art. 7.)

« Les directeurs généraux sont autorisés à traduire «devant les tribunaux les agents inférieurs de leurs «administrations.» (*Décret du* 9 *pluviose an* 10.)

« L'autorisation préalable du gouvernement, qui est «nécessaire pour traduire en justice ses agents, ne fait « pas obstacle à ce que les magistrats chargés de la pour- «suite des délits informent et recueillent tous les ren- «seignements relatifs aux délits commis par les agents «du gouvernement ; mais il ne peut être, en ce cas, «décerné aucun mandat, ni subi aucun interrogatoire «juridique, sans une autorisation préalable du gou- «vernement.» (*Décret du* 9 *août* 1806.)

« La peine sera d'une amende de 100 fr. au moins, « et de 500 fr. au plus, contre chacun des juges qui, « après une réclamation légale des parties intéressées,

«ou de l'autorité administrative, auront, sans auto-
«risation du gouvernement, rendu des ordonnances,
«ou décerné des mandats contre ses agents ou prépo-
«sés, prévenus de crimes ou délits commis dans l'exer-
«cice de leurs fonctions. La même peine sera appliquée
«aux officiers du ministère public qui auront requis
«lesdites ordonnances ou mandats.» (Art. 129 *du Code
pénal.*)

Une nuance fort remarquable distingue ces deux
législations.

L'ancienne laissoit un libre cours à l'instruction du
procès; le fonctionnaire inculpé étoit abandonné, au
moins momentanément, à la rigueur des poursuites
judiciaires; et, pendant que l'intrigue s'agitoit à la cour,
les formes s'accomplissoient dans les tribunaux. Enfin,
lorsque le roi se déterminoit à évoquer la procédure,
il y trouvoit tous les documents propres à éclairer sa
justice; et l'arrêt du conseil qui déclaroit qu'il n'y avoit
lieu à accusation étoit du moins rendu en parfaite connoissance de cause.

Aujourd'hui, après une première instruction, le
juge est obligé de s'arrêter; il ne lui est pas même
permis d'interroger le prévenu. Il ne pourra continuer
les poursuites que lorsqu'il y sera autorisé par une
ordonnance royale; et cette ordonnance est toujours
rendue sur une procédure nécessairement très incom-
plette. Ajoutons que, si la permission d'agir se fait
trop long-temps attendre, les preuves dépériront, et
le crime jouira d'une impunité scandaleuse.

Encore un mot. Dans l'ancien régime il falloit un arrêt du propre mouvement pour arrêter les poursuites; aujourd'hui le silence du roi suffit seul pour les suspendre indéfiniment. Je ne me permettrai pas de décider auquel de ces deux régimes est due la préférence; mais je ferai les réflexions suivantes.

J'observe d'abord que ce n'est pas des lois nouvelles que le roi tient cette attribution; que tous ses prédécesseurs en ont joui; et que le maintien de l'ordre public exige qu'elle réside dans ses mains. Mais on peut en abuser! Cela est vrai; et même c'est peut-être de toutes les prérogatives de la couronne, celle dont l'abus a été le plus fréquent. Eh bien! il faut en surveiller l'exercice avec une vigilance qui en impose à la faveur, et qui déconcerte l'intrigue. Cela est facile dans un gouvernement représentatif; et c'est tout ce que l'on peut raisonnablement faire.

En second lieu, frappé des effets que produisit l'ordonnance de 1629, je m'arrête sur la différence qui existe entre les moyens de répression qui sont propres au pouvoir administratif, et ceux qui appartiennent à l'autorité judiciaire.

La destitution est le *maximum* des peines que l'administration peut prononcer; et cette destitution est arrêtée dans le secret d'un ministère : les motifs en sont inconnus au public, et souvent même à celui qu'elle frappe. Quelque juste qu'elle soit, on peut donc toujours la présenter comme provoquée par la délation, comme l'ouvrage de la prévention ou de la calomnie ; et c'est ce que ne manque jamais de faire le fonctionnaire destitué. Il se rend l'accusateur du ministre qui l'a condamné ; et ses clameurs, propagées et par ses amis, et par les ennemis du gouvernement, finissent par lui obtenir l'intérêt que l'on refuse rarement à ceux que l'on croit opprimés.

Les procédés judiciaires ont bien une autre solennité : l'accusation est publique ; c'est publiquement que les témoins déposent et que les débats s'agitent. L'accusateur et l'accusé se présentent, l'un sous l'égide de toutes les garanties qui peuvent faire triompher son innocence ; l'autre avec toutes les armes propres à faire éclater la vérité. La société tout entière concourt en quelque sorte à ces grands actes de la puissance publique ; et comme, avant le jugement, rien n'a été négligé pour en assurer la justice, il ne reste, après qu'il est rendu, aucun moyen d'échapper à la flétrissure qu'il imprime.

Enfin je remarque que, dans les lois nouvelles, il n'est question ni des gouverneurs, ni des lieutenants de roi, ni des commandants de place ; cependant ils peuvent aussi vexer les citoyens, et commettre des actes arbitraires.

CHAPITRE XXXV.

De la Police.

Le mot *police*, dans le sens le plus étendu, signifie *règlement de la cité*.

Ainsi envisagée, on pourroit définir la police, la pratique de tous les moyens d'ordre, de sûreté et de tranquillité publique; et, sous ce point de vue, elle se partageoit en police civile, police criminelle, police militaire, police religieuse, et police économique.

Dans un sens moins étendu, et suivant l'acception commune, on appelle règlements de police ceux qui sont directement relatifs aux choses qui peuvent être regardées comme communes à tous, soit par leur nature, soit par leur destination, soit enfin parceque tous ont le droit et le besoin d'en user.

Les choses communes par leur nature sont l'air, le feu et l'eau.

A l'égard de l'air, la police n'a aucune mesure à prendre pour en procurer la jouissance; mais elle doit écarter les obstacles qui pourroient s'opposer à son libre et entier usage. En conséquence, elle prohibera tout ce qui pourroit en intercepter la circulation, comme des édifices trop élevés dans les grandes villes;

ou en altérer la salubrité, comme des immondices, des eaux croupissantes près les habitations, et des animaux morts laissés gisants sur la terre.

Il en est de même de l'eau; la police doit défendre tout ce qui pourroit la rendre mal-saine: mais son devoir s'étend plus loin; elle doit empêcher que ceux qui ont le droit d'en disposer ne le fassent d'une manière qui porte préjudice aux autres. C'est cette obligation qu'elle remplit lorsqu'elle règle la hauteur des déversoirs des usines, celle des digues et chaussées des étangs, celle enfin des batardeaux sur les petites rivières.

Il appartient également à la police de régler l'usage du feu de manière à prévenir les accidents qu'il pourroit occasionner. A cet effet, elle a le droit d'inspecter les cheminées, de déterminer la distance des forêts à laquelle il sera permis d'allumer des feux, et de défendre aux propriétaires eux-mêmes d'entrer avec de la lumière dans des édifices qui renfermeroient des matières faciles à s'enflammer.

Les objets communs par leur destination sont les temples, les places et les rues des villes, bourgs et villages; les théâtres, les maisons de jeu, les auberges, les cabarets, et généralement tous les lieux publics (1).

_____

(1) Nous ne parlons pas des palais de justice, et autres édifices consacrés à l'exercice de l'autorité publique, parceque la police en appartient aux magistrats auxquels ils sont destinés.

La police doit avoir sans cesse les yeux ouverts sur tous ces objets.

Dans les temples, elle doit défendre tout ce qui pourroit causer du scandale ou troubler l'exercice du culte.

Elle assurera la tranquillité, la sûreté, la libre circulation dans les rues et les places, en prohibant les attroupements, les rixes, le port d'armes, dans certains cas, à certaines personnes, la divagation des animaux nuisibles; les encombrements; les dépôts de matériaux, l'exposition sur les fenêtres d'objets dont la chute pourroit occasionner des accidents, et en ordonnant le redressement de certaines rues, l'élargissement d'autres, et la démolition des édifices qui menaceroient ruine.

Les théâtres présentent quatre objets à la sollicitude de la police : les spectateurs, les acteurs, les pièces représentées, et les heures de représentation. Elle doit veiller à ce que rien ne trouble la tranquillité des spectateurs, à ce que les acteurs ne choquent ni la décence ni le public, à ce que les auteurs respectent les mœurs et le gouvernement, enfin à ce que les spectacles ouvrent et ferment aux heures les plus compatibles avec l'ordre public et les habitudes des citoyens.

Ce que je pourrois dire relativement aux maisons de jeu, aux auberges et aux cabarets, est connu de tout le monde. Je rappellerai seulement que la police a le droit d'enjoindre aux aubergistes de présenter aux magistrats la liste des étrangers qu'ils reçoivent, d'ordonner que les maisons de jeu et les cabarets seront fermés à telle ou telle heure, et même de les supprimer.

Les choses communes, parcequ'elles sont plus ou moins nécessaires à l'existence de l'homme, et que tous ont le droit et le besoin d'en user, sont les comestibles qui les nourrissent, et généralement toutes les denrées qui leur sont indispensables, les manufactures et métiers qui les habillent; enfin les chemins, les rivières navigables et leurs bords, envisagés comme moyens de transport des différents objets nécessaires à la vie et aux commodités de l'homme.

Les droits et les devoirs de la police, relativement aux denrées et comestibles, sont d'en prévenir la pénurie, de régler le prix de quelques unes, d'en surveiller la qualité, et d'en déterminer le poids et la mesure.

De l'obligation de prévenir la pénurie des denrées et des comestibles, dérive le droit de régler le commerce des grains, d'en permettre ou d'en défendre l'exportation, et d'en extraire d'une province pour les faire passer dans une autre; de diriger également le commerce des animaux qui se débitent dans les boucheries de la manière la plus convenable à l'approvisionnement des grandes villes, et, à cet effet, d'établir les marchés et les foires qu'il croit propres à remplir cet objet; de surveiller l'emploi des combustibles, et, en conséquence, de permettre ou de défendre, suivant les localités, l'établissement des usines à feu; de fixer, d'après la nature du sol, l'âge au-dessous duquel les

68.

bois ne pourront être coupés; d'ordonner qu'à telle distance de la capitale ou de telle autre grande ville, on ne pourra convertir en charbon que les bois de trois ou quatre pouces de diamètre, et que ceux d'une circonférence plus considérable seront exploités en bois de chauffage; enfin d'empêcher la dépopulation du gibier et la dévastation des rivières, en prohibant la chasse et la pêche dans certaines saisons, et dans toutes avec tels pièges ou tels instruments.

La police doit aussi surveiller, avec l'attention la plus scrupuleuse, et la vigilance la plus active, la qualité de toutes les denrées exposées en vente, et qui sont nécessaires à la vie; ce qui comprend les drogues médicinales et tout ce que renferme la pharmacie.

Relativement à la taxe, l'influence de la police ne s'étend pas, à beaucoup près, aussi loin : elle se borne à régler le prix de quelques denrées, telles que le pain, la viande de boucherie, et le bois à brûler.

Mais inutilement taxeroit-on les denrées, inutilement soumettroit-on leur qualité à l'examen le plus attentif, inutilement enfin prendroit-on les voies les plus sages pour assurer la bonne foi du commerce, si les poids et les mesures n'étoient pas déterminés d'une manière invariable, et si leur fidélité n'étoit pas garantie par une empreinte émanée de l'autorité publique. C'est encore à la police qu'il appartient de donner cette garantie (1).

(1) Avant la loi très récente qui établit l'uniformité des poids et des mesures en France, rien n'étoit plus varié. Les mesures de capacité,

On place également dans la classe des choses communes, par le besoin que les hommes en ont, les étoffes pour les vêtir, et une multitude d'objets qu'ils doivent aux travaux et à l'industrie des manufacturiers et des artisans. En conséquence, les manufactures et les métiers sont encore dans les attributions de la police : son devoir, à cet égard, consiste principalement à veiller à la bonne qualité des matières premières, à la

---

telles que les boisseaux ; celles de longueur, telles que les arpents, les perches, les toises, différoient dans presque toutes les provinces. Il y avoit moins de variété dans les poids. En voici les raisons.

Le droit de donner mesure et de nommer des arpenteurs publics étoit attaché à toutes les grandes seigneuries, comme fait de haute police. Les hauts barons ne manquoient pas d'user de cette prérogative ; et, pour que l'on ne pût pas s'y méprendre, ils avoient soin d'adopter une mesure différente de celle de leur voisin. Il y avoit à la vérité un office de grand arpenteur du royaume, qui nommoit des arpenteurs jurés : mais d'abord ils ne furent établis que pour les domaines du roi ; et lorsque l'ordonnance de 1575 les autorisa à exercer leurs fonctions dans les terres des seigneurs, le mal étoit fait. D'ailleurs cette ordonnance, rendue dans des temps de trouble, fut mal exécutée.

Il n'y avoit pas la même variété dans les poids, parceque, très anciennement, il existoit dans toutes les provinces *des rois des merciers*, que l'on appeloit aussi visiteurs de poids et balances, qui étoient nommés par le grand chambellan, et dont les fonctions étoient de visiter et vérifier, même dans les terres des seigneurs, les poids crochets et balances de tous les marchands. François Ier ayant supprimé, en 1545, l'office féodal de grand chambellan, et réuni cet office à la couronne, les rois des merciers furent nommés par le roi jusqu'en 1597, époque à laquelle ils furent supprimés à raison des monopoles qu'ils commettoient, et sur les représentations de l'assemblée tenue à Rouen en cette même année.

manière de les employer, à la bonne foi dans les indications, enfin à prendre les mesures les plus convenables pour que tous ceux qui exercent une profession aient non seulement les connoissances qu'elle exige, mais la facilité que donnent l'expérience et l'habitude, afin que la main-d'œuvre ne soit pas portée à un prix trop haut.

Mais tout cela tient à des détails aussi multipliés que minutieux, dont la plupart échapperont nécessairement à la vigilance de la police; car les gouvernements ne peuvent ni tout voir ni tout faire : quelle est donc la meilleure manière de pourvoir à cette partie si importante de l'administration publique?

Les législateurs les plus sages croyoient avoir résolu ce problème par l'établissement des apprentissages, des maîtrises, en un mot, des corporations d'arts et métiers.

Alors rien de plus simple que la police des métiers. « Elle consistoit (dit Loyseau, *des Seigneuries*, ch. 9, « art. 49 et 50) dans le droit de réunir en corporations « ceux qui les exerçoient, leur donner des statuts ou « leur permettre d'en faire, leur nommer ou leur per- « mettre d'élire des chefs ou syndics; recevoir les plain- « tes des membres de la corporation, et y faire droit; « enfin recevoir et juger les rapports et procès verbaux « des visites que les syndics étoient tenus de faire chez « chacun d'eux. »

Cet ordre de choses n'existe plus en France. Les assemblées nationales n'ont vu dans les jurandes que des entraves imaginées par le despotisme; elles ont supprimé les corporations d'arts et métiers. La surveillance quelquefois inquiète, mais toujours active et toujours éclairée des jurés et syndics est aujourd'hui confiée à des fonctionnaires qui n'ont ni leur pratique ni leur connoissance, de manière que le public n'a guère d'autre garantie de la perfection et de la bonne qualité des marchandises que la concurrence entre les manufacturiers et marchands, et la bonne foi de chacun d'eux.

Cependant les raisons qui avoient fait établir les corporations n'ont rien perdu de leur force : si elles étoient bonnes, elles le sont encore, et l'expérience peut y ramener; il ne sera donc pas inutile de rappeler les principales.

Elles sont de deux sortes : les unes relatives à la prospérité du commerce; les autres puisées dans le grand intérêt de la liberté civile.

On trouve les premières dans le *Traité du Droit public de* DOMAT (1). On y lit :

«Il importe à l'Etat que tous ceux qui exercent une «profession aient les connoissances qu'elle exige. La «bonne qualité des matières premières, la manière de «les employer, la fidélité dans les poids et mesures, «importent également au commerce; mais tout cela «tient à une foule de petits détails, et sur-tout à une «surveillance tellement continuelle, que les gouver-

(1) Liv. I, tit. 13, sect. 1.

«nements ont senti que le mieux étoit de confier cette
«surveillance à des hommes du même art et de la même
«profession, ayant l'amour de leur état, et dont la pro-
«bité, depuis long-temps éprouvée, ne souffriroit pas
«dans les autres ce qu'ils auroient rougi de se permettre
«à eux-mêmes. Pour atteindre ce but si moral et si
«utile au commerce, on permet aux maîtres de chaque
«métier de former un corps, et de faire des statuts et
«règlements, avec l'approbation du prince ou de la
«justice; et c'est pour l'observation de ces règlements
«qu'on nomme dans ces corps quelques uns d'entre
«eux, sous le nom de gardes et de syndics jurés, qui
«sont préposés pour faire observer les règlements,
«visiter les ouvrages, et juger s'ils sont tels qu'ils doi-
«vent être par les statuts.

   «Ces corps ont leurs officiers communs, leurs droits,
«leurs priviléges et leur police pour l'observation des
«statuts et des règlements qui doivent maintenir le
«bon exercice de l'art et du métier; et ils doivent ré-
«pondre des contraventions à ces règlements. »

   Un de nos publicistes à qui Montesquieu doit beaucoup, et ce mot renferme un grand éloge, Bodin, s'é-
levant à de plus hautes considérations, envisage les
corporations d'arts et métiers dans leurs rapports avec
la liberté des citoyens. «Il y en a, dit-il, qui ont été et
«sont d'avis que tous les corps de communauté soient
«abolis; ils ne regardent pas que les républiques et les
«familles même ne sont que des communautés.

   «Pour une absurdité qui advient d'une bonne ordon-

«nance, ils veulent abolir l'ordonnance même. Les
«colléges mal réglés ont de grands inconvénients; il
«faut les bien régler. La république peut s'en passer;
«mais il est bon d'en avoir, parcequ'il n'y a rien de
«meilleur pour maintenir les états populaires et ruiner
«les tyrannies. Les justes royautés sont maintenues
«par la médiocrité de certains états, corps et commu-
«nautés bien réglés; aussi le tyran s'efforce de les abo-
«lir, sachant bien que l'union de ses sujets entre eux
«est sa ruine inévitable.» (Liv. III, chap. 7.)

L'histoire est d'accord avec ce profond publiciste.
Le sage Numa établit des corporations d'arts et métiers (1); Tarquin-le-Superbe les abolit : elles furent
recréées immédiatement après son expulsion; Néron
les supprima de nouveau.

Je reviens à la police.

---

(1) «Numa distribua tout le peuple en plusieurs corps, séparés cha-
«cun par des intérêts particuliers: il le distribua donc en divers mé-
«tiers, de musiciens, d'orfèvres, de charpentiers, de teinturiers, de
«cordonniers, de tanneurs, de forgerons, et de potiers de terre; il
«réunit en un seul corps tous les artisans d'un même métier, et insti-
«tua des assemblées, des fêtes et des cérémonies de religion convenables
«à chacun de ces corps.» PLUTARQUE, *Vie de Numa.*

Ces corporations, établies par les Romains dans les Gaules, s'y étoient
maintenues; et nous les avions encore, avec leurs fêtes religieuses,
leurs assemblées, leurs officiers et leurs statuts, lorsqu'en 1790 notre
assemblée dite constituante, croyant faire un grand pas vers la liberté,
en brisant toutes les barrières dont le temps et la sagesse de nos pères
avoient environné l'autorité royale, abolit toutes ces petites républiques.

Comment pourvoiroit-elle à l'approvisionnement des marchés, des foires des grandes villes; comment parviendroit-elle à verser le superflu d'une province dans celles qui manquent du nécessaire; comment enfin procureroit-elle aux différentes parties de l'Etat les choses indispensables à la vie, si la surveillance des chemins et des canaux navigables ne lui appartenoit pas?

Cette partie de la police a six objets principaux :

1° La largeur des chemins (1);

2° Leur entretien et leur réparation;

3° L'établissement et le curement des fossés qui les bordent;

4° Leur commodité, ce qui emporte le droit de défendre de les encombrer (2);

---

(1) Même des chemins vicinaux. « L'administration publique fera « rechercher et reconnoître les anciennes limites des chemins vicinaux, « et fixera, d'après cette connoissance, leur largeur suivant les loca- « lités, sans pouvoir cependant, lorsqu'il sera nécessaire de l'augmenter, « la porter au-delà de six mètres, ni faire aucuns changements aux che- « mins vicinaux qui excèdent actuellement cette dimension. A l'avenir, « nul ne pourra planter sur le bord des chemins vicinaux, même dans « sa propriété, sans leur conserver la largeur qui leur aura été fixée en « exécution de l'article précédent. » Loi du 9 ventose an 13, art. 6 et 7.

(2) Un arrêt du conseil, du 17 juin 1721, entre à cet égard dans les détails suivants : « Le roi, en son conseil, ordonne que les fossés faits « et ceux qui sont à faire seront entretenus par les propriétaires rive- « rains, chacun en droit soi.... fait sa majesté défense à tous particuliers « de troubler les entrepreneurs dans leurs travaux; de combler lesdits « fossés, et de labourer au-dedans de leur largeur; d'y mettre aucuns

5° Leur conservation, et par conséquent le droit de régler le poids des voitures, la hauteur et la largeur de leurs roues, et la longueur de leurs essieux (1);

6° Leur agrément, tels que le pavé et les plantations d'arbres (2).

« fumiers, décombres ou immondices, soit en plaines, soit dans les « villes, bourgs ou villages où passent lesdites chaussées; d'y faire au- « cune fouille, et de planter des arbres ou haies vives, sinon à six pieds « de distance des fossés séparant le chemin de leurs héritages, et à cinq « toises du pavé où les fossés ne seront pas faits. »

(1) Un règlement du 4 mai 1624 fixe à cinq pieds dix pouces la longueur des essieux.

(2) Ce qui concerne la plantation des routes est réglé par une loi du 9 ventose an 13, dont voici les dispositions: « Les grandes routes de « l'empire non plantées, et susceptibles d'être plantées, le seront en « arbres forestiers ou fruitiers, suivant les localités, par les proprié- « taires riverains.

« Les plantations seront faites dans l'intérieur de la route, et sur le « terrain appartenant à l'Etat, avec un contre-fossé qui sera fait et en- « tretenu par l'administration des ponts et chaussées.

« Les propriétaires riverains auront la propriété des arbres et de leurs « produits; ils ne pourront cependant les couper, abattre ou arracher, « que sur une autorisation donnée par l'administration préposée à la « conservation des routes, et à la charge du remplacement.

« Dans les parties de routes où les propriétaires riverains n'auront « point usé, dans le délai de deux années, à compter de l'époque à « laquelle l'administration aura désigné les routes qui doivent être « plantées, de la faculté qui leur est donnée par l'article précédent, le « gouvernement donnera des ordres pour faire exécuter les plantations « aux frais de ces riverains; et la propriété des arbres plantés leur « appartiendra aux mêmes conditions imposées par l'article précédent.

« Dans les grandes routes dont la largeur ne permettra pas de planter

Tels sont les objets soumis à l'autorité de la police. Cette nomenclature n'est pas tout-à-fait exacte; mais je fatiguerois, si je voulois entrer dans tous les détails de cette partie. Je me bornerai donc à rappeler que la règle générale est qu'il faut placer dans les attributions de la police toutes les choses communes, soit par la nature, soit par leur destination, soit parcequ'elles sont tellement nécessaires à l'homme, que tous ont le besoin et le droit d'en user

La police de l'Etat appartient à l'autorité investie du droit de faire sur ces différents objets des statuts, décrets ou règlements.

Mais quelle est cette autorité? Est-ce la puissance législative? est-ce le pouvoir administratif? est-ce l'autorité judiciaire?

D'abord, ce n'est pas l'autorité judiciaire. « Le droit « de police, dit Loyseau (1), consiste proprement à « pouvoir faire des règlements particuliers pour tous « les citoyens de son détroit et territoire; ce qui excède « la puissance d'un simple juge, qui n'a pouvoir que « de prononcer entre le demandeur et le défendeur, et

---

« sur le terrain appartenant à l'Etat, lorsque le particulier riverain vou- « dra planter sur son terrain à moins de six mètres de la route, il sera « tenu de demander et d'obtenir l'alignement à suivre, de la préfecture « du département. Dans ce cas, ce propriétaire n'aura besoin d'aucune « autorisation particulière pour disposer entièrement des arbres qu'il « aura plantés. »

(1) *Traité des Seigneuries,* chap. 9, n° 3.

«non pas de faire des règlements sans postulation d'au-
«cun demandeur, ni audition d'aucun défendeur, et
«qui concernent et lient tout un peuple. Mais ce pou-
«voir approche et participe davantage de la puissance
«du prince, que non pas celui du juge, attendu que
«les règlements sont comme lois et ordonnances par-
«ticulières.»

Dans ce passage, Loyseau ne nous parle que de la
puissance du prince. Ecrivant dans une monarchie, et
sous des rois qui réunissoient la puissance législative
et le pouvoir exécutif, il devoit s'exprimer ainsi; mais,
dans les gouvernements mixtes, il y a une distinction à faire.

La puissance règle la manière de constater les contraventions, détermine les peines, crée et organise les
autorités qui doivent les appliquer. La puissance législative s'arrête là, et laisse toute la partie réglémentaire
au pouvoir administratif.

Mais les règlements de police commandent à tous
les citoyens; tous sont obligés de leur obéir: ce sont
donc de véritables lois; leur confection ne peut donc
appartenir qu'à la puissance législative.

Cette manière de voir ne seroit pas juste. Il y a une
différence essentielle entre les lois proprement dites et
les règlements de police.

La loi, qui doit être puisée dans la nature des choses,
dont l'objet est d'établir le meilleur ordre possible, est
perpétuelle, au moins dans l'intention du législateur.
Les règlements de police, faits pour les circonstances,

doivent changer avec elles. La loi est la même pour tous; les peines qu'elle prononce frappent également tous les citoyens. Comme l'objet de la police est moins de punir que de corriger, elle peut graduer les peines suivant l'état des personnes, leurs habitudes, leurs caractères, plus ou moins disposés à troubler l'ordre public, et même suivant les localités, tel délit de police pouvant avoir des conséquences plus graves dans les villes que dans les campagnes, dans les grandes cités que dans les communes moins populeuses. Enfin la police, ayant pour but non seulement de punir les délits, mais de les prévenir, mais de paralyser à l'instant même tout ce qui menaceroit la sûreté ou la tranquillité des citoyens, doit agir avec une activité égale à celle du cours des événements. Au contraire, de longues et profondes méditations doivent mûrir les délibérations de la puissance législative; et sa marche, déja nécessairement si lente, est encore retardée par l'appareil qui doit environner ses résolutions.

Il nous reste encore trois questions à examiner :

1° Le prince peut-il et doit-il déléguer le droit de faire des règlements de police?

2° A qui doit-il faire cette délégation? doit-il la faire au pouvoir administratif ou à l'autorité judiciaire?

3° Convient-il qu'il réunisse la partie réglémentaire à la partie contentieuse, c'est-à-dire, qu'il confère à la même autorité le droit de faire des règlements et celui de les appliquer?

Sur la première de ces trois questions, il y a une distinction à faire. Les règlements de police sont de deux sortes : les uns intéressent la généralité des citoyens ; les autres ne disposent que pour telle commune ou tel territoire. A la première classe appartiennent ceux relatifs aux rivières navigables, aux grandes routes, aux poids et mesures, et autres objets semblables. Ceux qui ne statuent que sur des objets d'un intérêt local appartiennent à la seconde.

Les règlements généraux ne doivent et ne peuvent émaner que du prince : cela sort de la nature des choses. Mais il est de sa sagesse de déléguer le droit de faire les règlements locaux et particuliers. Les motifs en sont très bien déduits par Loyseau(1), dans le texte que nous allons transcrire.

« Il est vrai que le roi, ne pouvant tout savoir, ni « être par-tout, et par conséquent ne lui étant pas pos- « sible de pourvoir à toutes les menues occurrences « qui arrivent en tous les endroits de son royaume, et « qui requièrent d'être réglées promptement, permet « à ses principaux officiers, soit des cours souveraines, « soit des villes, de faire des règlements, chacun au « fait de leurs charges, qui ne sont pourtant que pro- « visoires, et faits sous le bon plaisir du roi, auquel « seul appartient faire lois absolues et immuables. Mais « ces règlements n'ont point force, sinon jusques à « tant qu'ils soient révoqués, soit par le roi, ou par les

(1) *Des Seigneuries*, chap. 3, n° 12.

«successeurs des magistrats qui les ont faits, ou en-
«core par eux-mêmes.»

Au chapitre 9 du même traité, ce judicieux écrivain
continue en ces termes :

«Ces règlements doivent être fondés sur quelques
«considérations particulières pour les lieux où ils sont
«faits. *Autrement ils appartiennent au prince....* Dans
«une ville où l'autorité est divisée, une seule doit être
«investie de la police.»

Voyons maintenant à qui, de l'autorité judiciaire ou
du pouvoir administratif, le prince doit déléguer le
droit de faire ces règlements, qui, s'ils ne sont pas de
véritables lois, en ont le principal caractère, puisqu'ils
commandent à tous, et que personne ne peut les enfreindre sans encourir les peines qu'ils prononcent.

L'histoire de la législation des différents peuples
présente beaucoup de variétés sur ce point (1).

---

(1) Les lois romaines donnoient la police locale aux édiles, officiers
de l'ordre administratif. Comme aujourd'hui les maires de nos communes sont substitués à ces édiles, nous allons rapporter les textes qui
les concernent. C'est le meilleur commentaire de nos lois nouvelles
sur ce point.

*Ædiles studeant ut quæ secundùm civitates sunt viæ adæquentur,
et effluctiones non noceant domibus, et pontes fiant ubicumque oportet. L. unic., tit. 10, ff. de Via publica et si quid.... etc.*

*Curent autem ut nullus effodiat vias, neque subruat, neque cons-
truat in viis aliquid.... Ædiles autem mulctent secundùm legem, et
quod factum est dissolvant. Eod. tit., §. 2.*

*Studeant autem ut ante officinas nihil projectum sit vel proposi-
tum, præterquàm si fullo vestimenta sicet, aut faber currus exterius*

En France, le régime de la police n'étoit rien moins qu'uniforme. Avant ces derniers temps, le droit de faire les règlements de police étoit confié, dans chaque territoire, à celle des autorités locales qui, par sa composition et ses lumières, paroissoit devoir le mieux remplir cette importante fonction : dans certaines villes, ce droit étoit annexé au pouvoir municipal; dans d'autres, le bailliage ou la sénéchaussée en étoit investi. Dans quelques unes, il étoit confié à un officier qualifié lieutenant-général de police; ailleurs les municipaux ne pouvoient l'exercer que conjointement avec les juges. Enfin, dans toutes les seigneuries particulières, et notamment dans les villages qui n'avoient pour administrateurs qu'un syndic, la police appartenoit constamment à la justice du lieu.

La nouvelle organisation judiciaire et l'abolition des justices seigneuriales ayant nécessité sur tous les points de la France des changements dans cette partie, le droit de faire les règlements de police a été enlevé aux tribunaux, et placé dans les attributions du pouvoir administratif. C'est le dernier état.

Des trois questions que nous nous sommes proposées, il ne nous en reste plus qu'une à examiner; celle de savoir s'il convient que la police réglementaire et

---

ponat; ponant autem et hi, ut non prohibeant vehiculum ire. Eod. tit., §. 4.

*Non permittant autem rixari in viis, neque stercora projicere....
neque pelles jacere.* Eod. tit., §. ult.

la police contentieuse soient réunies ou divisées, c'est-
à-dire, si l'autorité qui a fait les règlements doit connoitre des infractions et appliquer elle-même les peines
qu'elle a déterminées.

Le problème étoit résolu depuis long-temps : « On
« ne donne point d'exemple, dit Domat (1), de charges
« qui n'aient que des fonctions de police sans aucunes
« fonctions de justice; car l'administration de la police
« renferme l'usage de l'autorité de la justice : ainsi les
« charges même municipales, dont une des fonctions
« est la police des villes,.... ont aussi la fonction de juger
« les différents qui naissent entre particuliers, pour le
« fait de la police, et de faire, avec les officiers royaux,
« les règlements nécessaires, et en maintenir l'obser-
« vation.»

Domat ne parle que des villes royales, c'est-à-dire,
de celles où la justice ordinaire s'exerçoit au nom du
roi. Dans la majeure partie de ces villes, la police
appartenoit aux corps municipaux : à la vérité, et cela
étoit très sage, ils étoient obligés de se réunir aux
juges royaux pour la confection des règlements; mais
ils étoient seuls juges des délits. Dans les justices seigneuriales, ces deux fonctions étoient également réunies, et presque toujours dans la main des juges.

Enfin la règle que la partie contentieuse de la police
ne devoit jamais être séparée de la partie réglementaire
étoit si généralement reçue, que l'ordonnance de Mou-

---

(1) *Traité du Droit public*, liv. II, tit. 1, sect. 1, n° 20.

lins ayant, dans chaque ville royale, confié la police à six notables élus chaque six mois, dont deux officiers de justice et quatre bourgeois, leur confère non seulement le droit de faire des règlements, mais celui de punir les délits.

Cet ordre de choses n'existe plus. Voici la série d'idées qui a conduit à l'état actuel.

On a d'abord établi qu'il existoit deux sortes de police, l'une administrative, et l'autre judiciaire; que l'objet de la première étoit de prévenir les délits, et, par suite, de faire les règlements; que celui de la seconde étoit de juger les prévenus et d'appliquer les peines. S'élevant ensuite à de plus hautes considérations, on a dit : Point de liberté civile, si les pouvoirs ne sont distincts et séparés. Il seroit donc également dangereux, et de conserver aux tribunaux le droit de faire les règlements de police, puisque ce sont des actes administratifs, et d'autoriser les corps administratifs à juger les infractions à ces mêmes règlements, parceque ce seroit les admettre à l'exercice du pouvoir judiciaire.

Cette théorie est belle; mais est-elle applicable au régime de la police? On peut en douter (1).

La police s'exerce sur des actions de tous les jours, de tous les instants, sur des détails le plus souvent

---

(1) Le doute vient d'être résolu, au moins en partie, par le Code de procédure criminelle; qui confère aux maires des communes le contentieux de la simple police, concurremment avec le juge de paix.

70.

minutieux en eux-mêmes, et qui n'ont d'intérêt que dans un rapport assez éloigné avec l'ordre public. Son objet n'est pas de punir les crimes, d'effrayer par des exemples, de retrancher de la société des coupables qui en menaceroient l'existence; mais de corriger des habitudes inquiétantes pour la tranquillité des citoyens, de forcer les hommes à suivre certaines règles, de faire que personne ne puisse être troublé dans l'usage des jouissances communes, enfin de réprimer des délits légers par de légères punitions : ces délits, quoique essentiellement de même nature, puisque tous résultent de la contravention aux règlements, reçoivent néanmoins, des circonstances et du caractère de ceux qui les commettent, des teintes toutes différentes.

Deux hommes, l'un paisible, ami de l'ordre, l'exemple de la cité, l'autre turbulent, audacieux, l'effroi de ses concitoyens, seront tombés dans la même contravention : les deux délits seront matériellement les mêmes; mais il n'y a personne qui ne sente que les moyens de répression doivent être différents, s'il est vrai, comme nous venons de le dire, que l'objet de la police est moins de punir que de corriger, que de réprimer des habitudes qui pourroient mettre en danger la tranquillité publique, et de forcer ceux qu'un intérêt commun réunit, à vivre sous des règles communes.

C'est avec ces sages tempéraments que s'appliquent les statuts de police, lorsque la partie réglementaire et le contentieux sont dans la main du même magistrat. Maître de modifier et d'interpréter les règlements, puisqu'ils sont son ouvrage, puisque personne, mieux que lui, n'en peut connoître l'esprit. A l'un, il en applique les peines dans toute leur sévérité; il les adoucit pour un autre; il se contente de donner un simple avertissement à un troisième; justice est rendue à tous, et les formes de la police, formes qui ont toujours une teinte d'arbitraire, n'effraient que les méchants.

Lorsque l'administration de la police est partagée entre deux pouvoirs indépendants et sans aucune espèce d'action l'un sur l'autre, que c'est l'administrateur qui fait les règlements et le juge qui les applique, ce régime discrétionnaire est impraticable. Immobile devant la barrière qui sépare les deux pouvoirs, courbé sous l'autorité du règlement, le juge ne peut ni modifier ses dispositions ni adoucir les peines qu'il inflige. Obligé de frapper en aveugle, il ne lui est permis de prendre en considération ni les lieux, ni les circonstances, ni les personnes; il n'a pas même, comme les jurés, le droit de mettre dans la balance l'intention et la moralité des prévenus : de manière que les statuts de police prennent, dans leur exécution, le caractère des lois criminelles les plus absolues; ce qui choque la nature des choses, et confond tous les principes de cette matière.

Il est sans doute inutile d'observer que ces réflexions ne s'appliquent qu'à cette police de tous les jours et de tous les instants, que j'appelle police locale; et que le prince, dans l'impossibilité de tout faire, est obligé de déléguer l'exécution des règlements émanés de lui.

~~~~~~

CHAPITRE XXXVI.

Du Commandement militaire, envisagé dans ses rapports avec l'Autorité judiciaire.

L'objet de ce Chapitre est de prouver, non par des raisonnements, mais par des exemples, que les princes ne peuvent s'opposer avec trop de sévérité aux entreprises que les commandants militaires, et en général tous les dépositaires de la force publique, pourroient se permettre sur l'autorité judiciaire. Je puiserai dans nos fastes mêmes les faits qui établissent cette importante vérité.

Lors de l'invasion des Francs, des Goths et des Bourguignons, la Gaule étoit divisée en dix-sept provinces(1); et, dans chacune de ces provinces, Rome avoit un préposé chargé de l'administration publique et du recouvrement des impôts.

_____

(1) C'étoient les quatre Lyonnoises, les deux Belgiques, les deux Germanies, la Séquanique, les Alpes grecques et pennines, la Viennoise, les deux Aquitaines, la Novempopulanie, les deux Narbonnoises, et les Alpes maritimes. C'est cette division que l'Église a suivie dans l'établissement des métropoles.

Les conquérants adoptèrent ce mode d'administration. Comme les Romains, ils partagèrent les Gaules en arrondissements ou districts, et la manutention de ces arrondissements fut confiée à ces soldats d'élite que Tacite appelle *comites*, compagnons du prince, dont le privilége, comme le devoir, étoit de combattre à ses côtés, de vaincre ou de mourir avec lui.

Il n'étoit pas possible de réduire à des fonctions purement civiles des hommes qui ne connoissoient et qui n'estimoient que la profession des armes. Il fallut donc ajouter à l'administration dont étoient chargés les préposés des Romains, le droit de conduire à la guerre et de commander les hommes de l'arrondissement.

En réunissant ainsi le pouvoir militaire à l'administration civile, on commettoit une grande faute; on en fit encore une plus grande, en conférant à ces préposés, qui dès-lors prirent la qualification de *comtes*, l'exercice de l'autorité judiciaire.

Cependant on avoit pris les mesures les plus propres à contenir ces nouveaux magistrats. Ils n'avoient que des commissions révocables à volonté; et des envoyés du prince, parcourant les comtés, surveilloient toutes leurs opérations.

Mais un prince ne sait jamais bien précisément ce qu'il donne lorsqu'il confère le commandement de la force, parcequ'il est impossible de prévoir jusqu'à quel point et de quelle manière on peut en abuser sous un gouvernement foible et dans des circonstances difficiles.

Les comtes, mauvais administrateurs, plus mauvais juges, mais toujours bons capitaines, se montrèrent sujets fidèles tout le temps que leur ambition fut comprimée par le courage et l'énergie des rois ou des maires du palais, c'est-à-dire, jusqu'à la fin du règne de Charlemagne; mais, sous ses foibles et malheureux successeurs, l'esprit d'insubordination éclata de toutes parts, et bientôt les comtes arrachèrent de Charles-le-Chauve le capitulaire de l'an 877, qui rendit leurs offices héréditaires et leurs gouvernements patrimoniaux. De juges amovibles qu'ils étoient, ils devinrent les magistrats propriétaires de leur territoire; et le prince, ainsi dépouillé des principaux attributs de la souveraineté, ne conserva sur ces gouverneurs héréditaires d'autres marques de supériorité que le droit d'en exiger l'hommage et un vain serment de fidélité. Alors tout prit une face nouvelle; le gouvernement cessa d'être monarchique; les rois ne furent plus que les chefs de la hiérarchie féodale; et, soumis eux-mêmes à la loi des fiefs, qui n'étoit guère alors que la loi du plus fort, ils trouvèrent constamment des ennemis et des rivaux dans les hommes qui, quelques années auparavant, n'étoient que leurs mandataires.

Cette lutte, qui renversa la deuxième race, a duré jusqu'au règne de Louis XI. A force de sagesse dans les conseils, de suite dans les plans, de vigueur dans leur exécution, ce prince et les rois ses prédécesseurs étoient enfin successivement parvenus à réunir les grands fiefs au domaine de la couronne. Mais la réunion de chaque province avoit nécessité la nomination d'un gouverneur ou commandant, chargé d'y maintenir l'ordre par l'action de la force publique. À peine ces nouveaux gouverneurs furent-ils établis, qu'ils s'arrogèrent les prérogatives des premiers, et que la troisième race se trouva menacée d'un événement semblable à celui qui avoit renversé la seconde.

On a peine à concevoir de pareils excès. Pour y croire, il faut lire les ordonnances qui les ont réprimés; on y voit que les gouverneurs et lieutenants-généraux pour le roi donnoient, dans leurs commandements, des *lettres de grace, de pardon, de légitimation, d'ennoblissement, de foires et marchés; qu'ils nommoient aux offices de notaires et sergents; qu'ils s'efforçoient de connoître des affaires tant civiles que criminelles de partie à partie, et qu'ils évoquoient les causes pendantes devant les juges ordinaires.*

Cet ordre de choses appartient au quinzième siècle. L'ordonnance de 1499 (1), qui fait de ces écarts le tableau que nous venons de tracer, les proscrit de la manière la plus impérative.

Les cours de parlement n'avoient pas attendu que cette ordonnance de 1499 éveillât leur zèle pour la conservation des droits de la couronne. On voit, en effet, qu'en 1484, lorsque Louis XII, alors duc d'Orléans, présenta au parlement ses lettres de gouverneur

---

(1) Article 70. Il faut y joindre l'article 42 de celle de 1512. L'une et l'autre sont rapportées dans le tome 3 du *Recueil de* FONTANON, p. 836.

de Paris, cette cour ne voulut les enregistrer qu'après que ce prince eut fait serment de ne rien entreprendre, ni sur son autorité, ni contre la justice ordinaire.

En 1514 et en 1519, la même cour exigea un semblable serment du duc de Vendôme et du comte de Saint-Pol, nommés successivement gouverneurs de Paris.

Placés sous les yeux du prince, comprimés par l'autorité toujours agissante du parlement, les gouverneurs de Paris ne paroissent pas avoir tenté de franchir les bornes de leurs pouvoirs; mais dans les provinces, les entreprises continuèrent, les vexations se multiplièrent au point que les états du royaume, successivement assemblés à Orléans et à Blois, en firent le sujet le plus grave de leurs doléances.

Les ordonnances rendues sur ces plaintes renouvellent les dispositions des précédentes; celle de Blois porte (1): «Avons déclaré que lesdits gouverneurs ne «peuvent, et leur défendons donner aucunes lettres «de grace, pardon, légitimation, foires et marchés, et «autres semblables; d'évoquer les causes pendantes «par-devant les juges ordinaires, leur interdire la con-«noissance d'icelles, et s'entremettre aucunement du «fait de la justice; leur enjoignons toutefois, où besoin «seroit, de prêter aide et secours de force militaire à «justice, pour l'exécution des sentences et jugements «de nos prévôts de Paris, baillifs et sénéchaux, et arrêts

_____

(1) *Ordonnance de Blois, de* 1579, art. 274.

« de nos parlements; et tenir les pays à eux commis en
« sûreté, les garder de pilleries, visiter les places fortes,
« et nous avertir des entreprises qu'on pourroit faire
« en nos royaumes, pays et terres de notre obéissance,
« qui sont de leurs gouvernements. »

Après la publication de cette ordonnance, les cours
de parlement, qui, depuis un siècle, déployoient
contre les gouverneurs tout ce qu'elles avoient d'énergie, redoublèrent d'efforts, et, puissamment secon-
dées par l'autorité royale, elles les obligèrent enfin à
reconnoître que le droit de donner des lettres de grace,
d'ennoblissement et de légitimation, appartient exclusivement à la couronne.

Mais il ne fut pas si facile d'arrêter leurs entreprises
sur l'autorité judiciaire.

On voit, par l'article 209 de l'ordonnance de 1629,
qu'à cette époque le roi *recevoit des plaintes de divers
endroits des fréquents empêchements donnés par les
gouverneurs à l'exécution des sentences et arrêts tant
des juges ordinaires que des cours de parlement.*

Il falloit donc un remède plus efficace que les simples
défenses portées dans l'édit de 1499, et dans les célèbres
ordonnances d'Orléans, de Moulins et de Blois. Ce
remède, on le trouva en ordonnant, sous des peines
graves, non seulement aux parlements, mais aux juges
ordinaires, d'informer de toutes les vexations que les
gouverneurs et commandants des places pourroient
commettre.

Ces injonctions sont consignées dans l'article 204

de l'ordonnance de 1629, que nous croyons devoir transcrire.

« S'il est fait plainte contre aucun de ceux qui com-
« mandent aux places fortes, de quelques violences
« commises sur nos sujets, enjoignons à nos juges
« ordinaires des lieux, à peine de privation de leurs
« charges, de recevoir lesdites plaintes de ceux qui s'a-
« dresseront à eux, et d'en informer, et les informa-
« tions étant faites, les envoyer closes et scellées aux
« procureurs généraux de nos parlements, au ressort
« desquels ils seront, pour être, par nosdits parlements,
« procédé contre ceux qui se trouveront avoir commis
« lesdites violences, suivant la rigueur des ordonnan-
« ces; enjoignons, à cette fin, à nosdits procureurs géné-
« raux de faire toutes les poursuites nécessaires, à peine
« d'en répondre en leur propre et privé nom. »

Cette mesure en imposa. L'usurpation n'osa plus se montrer à découvert; mais, toujours agissante, elle minoit sourdement ses digues, et les auroit de nouveau renversées, si les rois ne les avoient continuellement raffermies par des règlements qui, toutes les fois que les gouverneurs tentoient quelques entreprises sur l'ordre public et sur l'autorité judiciaire, les répri-moient à l'instant même.

Ces règlements existent; tous, conformes à celui donné le 8 mars 1635 (1), sur les représentations du

_____

(1) Il est rapporté en entier par BONIFACE, tome 3, liv. I, tit. 5, chap. 1.

parlement de Provence, font les *défenses* les plus ex-presses aux gouverneurs et lieutenants-généraux des provinces *de prendre connoissance des affaires de justice,.... d'entreprendre de casser, surseoir, ni em-pêcher directement ni indirectement l'exécution des arrêts;.... d'élargir les prisonniers, les changer de prison, ni faire emprisonner aucuns de leur autorité, sans ordonnance précédente de justice, ni les envoyer dans les châteaux et forteresses, ni donner retraite dans les places fortes à ceux contre lesquels il y a décret de justice.*

FIN.

TABLE DES MATIÈRES.

A.

D.

E.

F.

G.

H.

I.

L.

M. N.

O.

R.

V.

FIN DE LA TABLE DES MATIÈRES.

ERRATA.

Pag.		Lig.		Lisez:
49,	not. col. 2,	4,	εὔεκζον	εὔεκζον
55,	not. col. 1,	5,	המסעלים	המסעלים
65,		3,	en 392	vers 392
96,	not. col. 1,	4,	féve Grecque	féve Égyptienne
122,		28,	contient dans son	contiennent dans leur
128,		22 et 23,	Forskal (M. Sonnini	Forskal; M. Sonnini
151,		17,	صاص	ص
206,		10 et 11,	Sakhara	Sakkara
208,		14,	الشمع	الجبل
235,	not. col. 1,	1,	ακρόπολιτ	ἀκρόπολιτ
266,		28,	قفضوه	قفضوة
302,	not. col. 1,	1,	والجر	والاجر
379,		30,	Bahirèh	Bohaïrèh
405,		23,	خَلوكى	خَلوق
451,	not. col. 1,	1,	ωσπερ	ὥσπερ
478,	col. 2,	30,	Encyclopädisch	Encyclopädische
501,		28,	camp des Perses	Camp des Perses
526,		19,	En	Est
527,		10,	En	Est
596,		12,	d'Aschmouneïn	d'Oschmouneïn

www.ingramcontent.com/pod-product-compliance
Lightning Source LLC
Chambersburg PA
CBHW031725210326
41599CB00018B/2508